河南省高等学校人文社会科学重点建设研究基地科学发展与农民权利研究中心
河南省重点学科河南农业大学马克思主义理论一级学科　资助
河南农业大学马克思主义与中华优秀传统文化研究中心

博弈伦理学

鹿　林　著

河南人民出版社

图书在版编目(CIP)数据

博弈伦理学 / 鹿林著 . —郑州 ：河南人民出版社，2018.12(2021.2 重印)

ISBN 978-7-215-11711-2

Ⅰ. ①博… Ⅱ. ①鹿… Ⅲ. ①博弈论-应用-伦理学 Ⅳ. ①B82

中国版本图书馆 CIP 数据核字(2018)第 147309 号

河南人民出版社出版发行

(地址:郑州市郑东新区祥盛街 27 号 邮政编码:450016 电话:65788055)

新华书店经销　　河南新华印刷集团有限公司印刷

开本　710 毫米×1000 毫米　1/16　印张　26

字数　410 千字

2018 年 12 月第 1 版　　2021 年 2 月第 2 次印刷

定价：58.00 元

序

李德顺

改革开放以来,整个中国社会的伦理道德环境和面貌发生了历史性的变化,这既是思想解放的必然结果,也是整个经济社会发生根本变化的必然表现。无论是学术界的专家学者还是社会上的普通大众,无不为社会上所不断发生的伦理道德事件、现象和问题展开了一场又一场社会性的道德思考和论辩,涉及义利之辨,集体与个人之争,道德主体责权利的统一与否,社会公德与个人私德,职业道德与个人品质,道德的进步与退步、传统美德与现代道德,德性与规范,道德的绝对性与相对性、普遍性与特殊性,普世伦理与道德金规,德治与法治等。然而不无遗憾的是,这些思考与争论,看似非常地热闹,但往往浮于表面,多半满足于就事论事,或只注重概念的自我平衡而回避了现实问题,更不敢揭露深层的矛盾。一些重大的、深层次的理论问题,至今并没有得到很好的澄清,鲜有理论上的深刻反思与总结,更没有为当下的社会主义精神文明建设,特别是道德建设提供积极的、有益的理论建议和指导。

从根本上说,伦理道德问题无不是价值问题,对伦理道德问题的分析离不开科学的价值论思维方法。建立在马克思的实践唯物主义基础上的马克思主义价值论是科学地分析伦理道德问题的理论工具,也是有效化解各种伦理道德难题,从而顺利走出伦理道德困境的一条出路。自觉地立足于马克思的实践唯物主义、唯物史观,就能够认识到,绝不可抽象地讨论伦理道德问题。脱离一定的社会,脱离一定的人,脱离一定的时代,脱离一定的社会生活实践,将道德看成是外在于并高悬于社会现实生活之上的东西,用这种伦理道德观念来说明和解决现实社会中复杂的伦理道德问题,总是出现种种奇谈怪论,加剧思想和理论上的混乱。

自觉地将伦理道德问题看成是社会历史发展的产物,承认伦理道德本质上是人与人之间在社会生活实践中历史地确立起来的一定人伦社会关系、结构、秩序、规范和要求,是具有鲜明的主体性的人与人之间的价值关系,就要将伦理道德问题如实地还原到现实生活世界中来,还原到具体的社会历史时期,还原到活生生的社会生活实践之中。应该说,确切意义上的伦理道德生活主体,是伦理道德权利、义务与责任相统一的承担者。尽管伦理道德生活主体在现实生活中表现出不同的层次和类型,但只有始终保持权利、义务和责任的统一,才能科学地实现社会伦理道德的进步。

鹿林博士撰写的《博弈伦理学》一书,尝试用马克思主义价值论的方法分析思考当代伦理道德领域的现象和问题,是其多年刻苦学习、独立思考的成果。这部专著立足于一定现实生活的主体及其实践追求,深入辨析"伦理"与"道德"两个范畴,揭示伦理生活与道德生活的不同境界和精神实质,揭示伦理道德生活内在的动力机制与发展规律,表达了对美好生活的深切理解和期待。而将博弈论的方法论引入伦理学研究中,试图为解决当代社会伦理道德难题提供一种新的思路和方法,则是本书的鲜明特色。虽然我本人对博弈论没有研究,也不觉得伦理道德问题应该纳入一种博弈化的情境,但作者借用此方法,能够对伦理学研究中的许多问题重新进行现实化的思考和诠释,并形成了能够自圆其说的一家之言,也是一个值得肯定的理论创新之举。

欣闻鹿林的《博弈伦理学》将由河南人民出版社出版,基于上述心得,特为之序。

2018 年 5 月 5 日

目　录

导　言

众所周知,苏格拉底曾认为伦理道德问题并不是什么小事,而是一个从根本上关乎我们应当如何生活的问题。如果说宇宙中万物纷繁复杂、世界上万事扑朔迷离,已经让我们陷入了迷惑与不断的探索之中,那么,现实生活中的伦理道德现象和问题亦是变幻不已,让我们难以轻易地理解和把握。伦理道德问题直接关乎人们应当如何生活,它不仅直接牵制着哲学家们的思考,而且也会迫使任何一个人在生命的某一时刻触及相关话题,在心灵深处叩问生活的意义和价值。对于一个高度自觉因而渴望过上幸福美好生活的人来说,面对现实生活中纷繁复杂的伦理道德现象和问题,如果没有一个比较科学的视角来观察、认识,没有一种比较合理的方法来把握,那么,他就很容易陷入迷茫之中,就很容易迷失自我,进而陷入烦恼和痛苦之中,最终错失自己有限的生命时光,甚至毁灭自己。

第一节　伦理学的现代困境及其向生活世界的回归

人类社会的急剧变化所造成的极端复杂的伦理道德现象和问题,使任何伦理学理论都面临着这样那样的挑战,都显得捉襟见肘,遇到了一时难以克服的现代困境。人们应对现代社会复杂的伦理道德现象和问题的同时,也在反思伦理学自身存在的问题。当学者们深刻地认识到任何伦理道德现象和问题归根结底都是人们在现实生活中,在与其他人的交往中,在与整个社会的碰撞与融合中发生的现象和问题时,因而不约而同地顺应现代哲学整体回归生活世界的基本趋势,呼唤伦理学向生活世界的回归或转向。的确,回归或转向生活世界是伦理学走出现代困境的根本出路。

一、伦理学遭遇的现代困境及其实质

现代生活的高度复杂多变是造成伦理学现代困境的直接原因。不难理解，每天呈现在人们面前的尖锐而复杂的伦理道德问题，都是由极度复杂化的现代社会问题导致的。

由资本逻辑支配和物质经济利益驱动的现代科学技术呈现出飞速发展的态势，特别是信息技术、网络技术、空间技术、生物技术、海洋技术等高新技术，彻底地改变了人类的生存方式、交往方式和认识视野。一方面人类在社会物质生活和经济往来方面的联系更加紧密，另一方面呈现在人类面前的整个世界变得前所未有地开阔和深远；一方面人类在整个宇宙中越来越彰显出超越了地球上任何其他生物的无比优势性和主体性，看似成为整个世界或大自然的主宰，另一方面人类又发现自身在整个无限广阔、无限发展着的宇宙中的极端渺小性和生命的无比短暂性，一生看似整个宇宙生成演化过程中的一个瞬间。现代基因技术、器官移植技术、生物克隆技术，不仅可以任意地进行器官移植、基因改造、生物克隆，而且还能控制胚胎发育、自由选择婴儿性别、控制生命过程和实施安乐死。这些既改变着人们对生命的理解，又颠覆了人们对死亡的传统认知，人类在能够不断地实现自我完善，变得无比强大的同时，也越来越认不清自己究竟是谁，生命的界线变得越来越模糊，到底哪一种状态是真实的自我，已无法准确地判定。

现代科学技术不仅引发了人类对自身在宇宙中的处境、身份和地位的重新思考，引发了人类对自身生命和存在的思考，而且还引发了每个人对自己在现实社会生活中的存在和价值的思考，引发了各个国家、各个民族在人类社会文明发展史上，在整个世界舞台上，在国际经济、政治、文化生活中的地位和价值的思考。现代网络技术、信息技术造就的网络虚拟世界既在现实世界之外，又与现实世界不可分离，每一个人游离于真实与虚拟之间，一方面可以在网络虚拟世界里自由驰骋，另一方面又不得不去面对现实世界里高度紧张的生活带来的压力、烦恼与焦虑。每天无比多样、大量的信息充斥生活，控制着电脑与手机，使人们无所适从，辨不清真实的自我。赵汀阳指出："财富、技术和享乐的疯狂发展很可能是幸福的错误替代物，它们把人们的思想引向生活的细枝末节，而掩盖了最要命的根本问题，即人的幸福和人类的命运。”[①]不仅如此，现代生产技术、制造技术既使人类创造了无比丰富的物质财富，建构了庞大的物质世界，也导致了严重的环境污染、生态破坏和物种锐减问题，致使人与自然之间的关系高度紧张，更导致了不同国家、民族之间发展的不均衡，导致了更为严重的贫穷、饥荒和灾难。整个世界在无比高度融合的同时，各个国家、民族之间深层次的文化冲突、信仰冲突更加尖锐地突显出来。持续不断的局部战争、地区战争将数以百万的平民变身为流离失所、无家可归的难民，将无数已保存几千年的历史文化遗产、遗址瞬间摧毁，乃至化为乌有。核战争爆发的可能性始终存在，各种形式的恐怖袭击更使人们的神经每天处于高度的紧张状态。无数企业在无限拓展发展空间，获取巨额利益的同时，商业诚信缺失、欺诈盛行，各种商业广告、商业营销充满着欺骗与误导，在广泛参与经济救济和公益慈善事业的同时，又建造着自己庞大的消费帝国，生活极度地浪费与奢侈。高度开放和融合的世界既无比地开阔了人们的视野，又极大地促进了人们的交流和往来，每个人不仅属于自己的国家和民族，是每天所生活的世界里的公民，而且成为暴露在所有世人面前的世界公民，发生在每个人身上的事情乃至一举一动，都会成为一个在世界范围内引发广泛关注和热议的话题。不仅各个国家、民族之间的平等问题没有得到彻底的解决，而且在同一国家、民族内部，男女之间的平等问题、各种职业之间的平等问题、家庭成员之间的平等问题也没有得到彻底解决，各种不平等现象依然大量存在，而人与动物之间的平等更是一个可以想象但无法真正实现的理想。社会政治生活中，法律制度越来越完善、严格，而腐败现象却屡禁不止，在一些资本主义国家里各种腐败丑闻上至国家总统下至社会基层管理者，均难以幸免。各种思想文化思潮此起彼伏，彼此冲突、较量，严重冲击着人们的观念，各路“仙人”“大神”纷纷粉墨登场，各逞其能，试图影响和控制其他人，以达到不可告人的目的。一言以蔽之，日新月异乃至瞬息变化的现代科学技术已经彻底改变了整个世界的面貌，已经彻底地让每个国家、每个民族、每个单位、每个组织、每个

① 赵汀阳：《修订版前言》，《论可能生活》，中国人民大学出版社 2004 年版，第 6 页。

企业、每个家庭、每个人都毫无例外地置身于一个无比变动和复杂化的世界之中,使之遭遇着前所未有的复杂问题。

由现实世界和生活极度复杂化所引出的复杂问题,直接冲击着人们的伦理道德思考,挑战着传统意义上的任何伦理学理论。人与自然之间究竟存在着什么关系?应该确立什么样的关系?人类是大自然的主人吗?是宇宙中唯一的最高级的动物吗?是宇宙的主宰吗?动物究竟有没有不可侵犯和抹杀的权利?它们是否需要给予关怀和善待?特别是,如果说可以给予垂死之人以临终关怀,那么,对即将遭受宰杀的动物来说是否同样应当如此?万物究竟有没有内在的价值和存在的意义?人的生命的界线究竟在哪里?我们究竟有没有权利改造和组建基因?我们凭什么权力移植人或动物的器官?克隆出来的人以及制造出来的越来越智能化的机器人究竟算不算真正的人?我们是否应当给他以人的平等待遇并自觉地尊重他的道德人格和生命选择?尤其是如何理顺我们与他之间的辈分或伦理关系?纵使当事人同意,家人有没有权力请求医生对其实施安乐死,从而任意地改变大自然的规律而决定他人的生命?个人在极端痛苦情形下的请求是否表达了他内心真正的自由意志?未出生的胎儿乃至受精卵究竟是否算人,该不该享受所谓天赋的人权?父母有没有资格通过现代医疗技术提前根据自己的意愿决定婴儿的性别和生命?甚至将即将出生的婴儿任意处置?在现代网络技术制造出来的虚拟世界里,一个人究竟呈现出什么样的道德身份?享有什么样的伦理道德权利?是否需要担当相应的伦理道德义务和责任?在资本逻辑支配的市场经济条件下,诚信和道德究竟具有什么意义?道德是否也是一种资本?企业家或商人对穷困地区或穷人实施的经济救济,从事的公益慈善活动,是否抱有特别的动机,是否为了塑造企业或个人的品牌形象、扩大知名度,以吸引更多人的关注、赚取更多的经济利益?究竟具不具有道德价值?政府工作人员在明知违背法律的情况下遵照单位领导或上级部门的决策推进工作,究竟是违法犯罪的行为还是应该给予表彰的恪尽职守?上至部分国家领导人下至基层管理者,贪污巨款高达数亿,远远超出其生活所需,几辈子都花销不完,究竟为了什么?特别是一些个人品德一向端正、生活极端节俭的"小官巨贪",一旦被抓,一切不复存在,生命的意义究竟何在？世界上一些国家和民族倡导着自由、平等、博爱，却始终容不得其他国家的人民自由地选择自己的发展道路、传承自己的文化，干预、侵略其他国家和民族，导致严重的地区灾难和无数流民背井离乡，他们是否真正地理解了自由精神，尊重了其他国家和民族的平等，表达了最纯粹的博爱？……这无穷无尽的现实问题要求人们给予令人信服的回答或解答，更要求伦理学给予解释和说明。而在伦理学的研究过程中，在人们的伦理道德思考中，还有一些故意虚构的伦理道德难题或困境挑战着人们的智慧，亟待人们去破解。然而传统的伦理学已经无力应对这些极端复杂的现实问题以及故意虚构的伦理道德难题的挑战，而靠单纯的道德说教或几条戒律的劝诫早已苍白无力。因此，正如曹刚所说："传统的伦理学理论和道德规范体系难以适应这种变化，也难以为解决这些道德难题，走出道德困境，提供一个合理的理论指引和现实的解决方案。"①

伦理学正是在回应现实问题的挑战中，在试图为解决道德难题，走出道德困境提供一个科学的理论基础和现实解决方案的努力中，获得了创新和发展。当代生态伦理学、环境伦理学、生命伦理学、医学伦理学、身体伦理学、胚胎伦理学、动物伦理学、科技伦理学、经济伦理学、商业伦理学、政治伦理学、制度伦理学、家庭伦理学、教育伦理学、网络伦理学、性伦理学、女性主义伦理学、人权伦理学、代际伦理学、空间伦理学、全球伦理学、宇宙伦理学等应用伦理学的出现，还有元伦理学等，都无限地开阔了人们的伦理学研究视野，人们对现实复杂问题解释的思路得到了不断的拓展，方法得到了不断的创新。毫不夸张地说，这些多层次、多领域、多视角的伦理学研究，使伦理学呈现出前所未有的繁荣态势。而伦理学成为当代显学，更激发了无数深切关注人类命运和美好幸福生活的人们从更为科学、更为创新的视角思考上述极端复杂的现实问题，去迎接更尖锐的挑战，去梳理人们的认识和思路，去平衡和安顿世人的心灵。

从实质上说，现代社会迅猛发展和高度复杂化导致的上述伦理道德问题，特别是各类道德难题，以及令人困惑、烦恼乃至痛苦而又无法走出的道

① 曹刚：《伦理学的新维度：道德困境中的三类道德难题》，《哲学动态》2008 年第 11 期。

德困境，都说明了我们当代伦理学研究虽然取得了极大的进展，但依然无法全面、彻底地从理论上找到更科学的解释和说明。就中国的实际，戴茂堂、谢家建指出："现实生活的道德困境在很大程度上可以理解为中国当代伦理学的理论困境的逻辑结局或结果。"[①]事实上，道德难题、道德困惑既发生在当代中国，也发生在世界上其他民族，归根结底发生在世界上的各个角落，除了有中国人所面对的特殊性，也有全人类所面临的普遍性，而道德难题和道德困境的存在只能说明对整个人类来说当代伦理学自身还存在着问题和缺陷。也就是说，伦理学自身的理论基石、根本原则、逻辑框架存在着内在问题，既不能实现自身的逻辑自洽，也无法合理地解释和解决现实伦理道德生活遇到的矛盾和问题，消除世人思想和心灵中的困惑和矛盾，根本无法有效地促进整个社会的持续健康发展。

二、伦理学向生活世界的回归

伦理学研究的使命在于科学、合理地解释和说明现实生活中的伦理道德现象和问题，帮助人们消除思想和心灵中的困惑和矛盾，从而引导人们解决道德难题，走出道德困境，以有效地促进整个社会的持续健康发展。因此，伦理学研究提供的是方法论、思路和方案，而不是具体的结论和规范。然而，想深入研究伦理学，就必须全面地审视伦理学自身的性质与规定，去揭示伦理学在整个哲学中的地位和作用，而这从根本上无法脱离对哲学以及哲学与人及其现实生活世界之间关系的思考和把握。事实上，伦理学之所以在现实生活中遇到各种问题和挑战，从根本上来说在于遗忘了哲学的本性，忽视了哲学、伦理学与人的现实生活世界之间的关系，忽视了人之所以为人的存在根据，忽视了对人的生命价值和生活意义的追求和探索。如此一来，伦理学对伦理道德现象和问题的解释和说明总是脱离了一定的生活世界，要么用某一些生活世界里的伦理道德原则、观念、规范和要求来评判发生在另一些生活世界里的看似相同的伦理道德现象和问题，要么用不同层面的生活世界里的伦理道德原则、观念、规范和要求来评判某一特定层

---

① 戴茂堂、谢家建：《中国当代伦理学的理论困境》，《湖北大学学报》2017 年第 4 期。

面的生活世界里的伦理道德问题，要么用不同历史时期的伦理道德原则、观念、规范和要求来看待当下发生的伦理道德现象和问题，因此，归根结底，没有能够科学地立足于人的现实生活世界，做到具体问题具体分析。客观而言，伴随着哲学向人的现实生活世界的回归，当代伦理学研究亦呈现出向现实生活世界回归的趋势，无论对伦理学自身的反思还是对现实伦理道德问题，特别是对道德难题和道德困境的解释和说明，都争取立足于现实生活世界。无疑这是伦理学近些年来发展的总体趋势，也是伦理学获得创新发展和生机的新契机。

从根本上说，伦理学永远是哲学的重要分支，甚至从某种意义上来说，任何哲学研究都是伦理学研究，或者说任何彻底的哲学研究不可避免地触及伦理学，甚至以伦理学为最终的归宿，这在古代尤其如此。古代哲学家对宇宙万物的思考和对世界秩序的探索，从根本上来说都蕴涵着对人自身的生命存在、生命价值和生活意义的思考，因而也是在宇宙的视域里全面考察人与自然、人与人以及人与社会伦理道德交往关系，思考人在宇宙或世界之中的地位，思考每一个人在社会中的地位，以及相应的权利、义务和责任。因此，如果深入地去思考哲学，就会发现哲学总是内在地蕴涵着伦理学，而当我们考虑在现实社会中应当建立起一种什么样的哲学时，实际上就潜在地蕴涵着我们对什么样的伦理学是我们最需要的伦理学的期待。面对当代中国现实，李泽厚曾指出："伦理学是多种多样的，有不同层次，有各种规范伦理学，各种职业道德学，有医学伦理，商业伦理，生态伦理等等，但是我们讲的是作为哲学的伦理学，因此就牵涉到我今天讲的到底什么是哲学，到底中国有没有伦理学的问题，我们今天能不能建立一个具有中国特色，但又有世界普遍意义的伦理学？这个世界普遍意义不仅仅是限定在现在而且主要是指向未来，这是不是我们应该做的或者可以做的一件事？"[①]因此，在哲学领域里，伦理学（Ethics）专门研究人的行为和人的价值的道德领域。然而，客观而言，人们往往将精力高度集中于人的行为和人的价值、人的伦理道德观念等的历史演变，忽视了对作为一种特定学科的"伦理学"自身的研究。

① 李泽厚：《伦理学纲要续篇》，生活·读书·新知三联书店2017年版，第278页。

伦理学研究实际上涵盖两个方面:一是对伦理道德现象的研究,即研究人的行为,伦理道德价值原则、观念、规范及其社会历史基础和根源,研究其发生、发展和演变;一是对伦理学本身作为特定学科的研究,即对伦理学自身内在基本概念、原理和构成要素的研究。显然,这两种研究既存在着内在联系,又存在着根本区别。如果说人们往往侧重于伦理道德现象的研究,从而能够科学地揭示伦理道德现象得以产生的社会历史基础和根源,因而为科学地解决现实生活中的伦理道德问题提供科学的方案,那么,对伦理学本身的研究则无疑能够为前一种研究提供必要的学科、学理支撑。就目前而言,学者们已经初步意识到加强伦理学本身的研究,或者说加强元伦理学研究,对提升伦理学研究水平的重要意义以及推进这种研究的迫切性、必要性。例如,樊浩强调:“时至今日,中国的伦理传统已经发生了巨大而深刻的变化。但是,无论揭示还是研究这些变化,以往的努力往往都聚焦于伦理的现象形态,尤其是伦理观念和伦理存在(如伦理关系、伦理生活等)诸方面,结果正如人们已经感受到的那样,虽然可以现象地部分复原已经发生的变化,但解释和解释者本身最终却不幸陷入解释的‘碎片’之中,而不能为这些变化提供完整的现象学图景和更具哲学根据尤其是精神哲学根据的合理而有力的解释。其原因在于:解释的触须只游刃于‘伦理现象’而未深入到‘伦理本身’,即伦理的概念或人们关于伦理的观念经过时代的涤荡在道德哲学层面所发生的那些更具根本意义的变化。”①因此,加强伦理学本身的研究,而不是单纯地解释和说明伦理道德现象和问题,才是伦理学研究的根本出路。但是,正如上述,伦理学本质上属于哲学,只有深入地揭示哲学的本性,真正地揭示人自身在整个宇宙的生命中存在的实质,揭示人的生命价值和生活意义,全面地思考人与自然、人与人以及人与社会的伦理道德交往关系,科学地界定人在宇宙或世界之中的地位、每一个人在社会中的地位,以及相应的权利、义务和责任,才能合理地理顺人与自然、人与社会、人与他人以及人与自身之间的伦理道德关系,进而解决现实生活中遇到的各种复杂的伦理道德问题,特别是道德难题,走出伦理道德困境。

① 樊浩:《“伦”的传统及其“终结”与“后伦理时代”》,《哲学研究》2007年第6期。

自20世纪20年代以来，整个现代西方哲学呈现出了一个鲜明的发展趋势，即向现实生活世界的回归。如果说从笛卡尔开始的近代哲学将哲学的主题高度聚焦于认识论，因而专注对外在的、独立于人的世界的探索，结果最终遗忘了人自身和人的生活世界，那么，现代哲学，无论生存论转向、语言学转向、解释学转向乃至后现代主义，无不直接或间接地表现出对人的存在和价值的凸显，表现出对人的现实生活和生存的关怀，人与自然的关系、人与社会的关系、人与人的关系以及人与自身的关系都得到了重新审视。归根结底这一切都体现了哲学向人的现实生活世界的回归。李文阁指出："回归生活世界是马克思以来的西方哲学或现代哲学的普遍趋向，也是现代的基本或根本精神。可以这样说，尽管并不是每一位现代哲学家都明确提出了生活世界这一概念，尽管他们的哲学存有分歧，有时甚至存在着如施太格缪勒所言的那种'无法沟通'的'分歧'，但是，只要他是一位现代哲学家（非时间意义，而是指思维情趣上的），只要他意欲表达一种时代感觉，他都会自觉或不自觉地以自己的方式拒斥近代科学世界，向人自身，向生活世界回归。"①哲学向生活世界的回归，从根本上表现了哲学对人的生存、生活、生命价值和生活意义的重新追寻和重视，而这正是伦理学所关注的最核心的主题。哲学向现实生活世界的回归，既客观地造成了伦理学和政治哲学代替传统的认识论和知识学而成为第一哲学，又为伦理学研究创造了新的契机。毕彦华指出："重返生活世界、找回失落的主体意识是未来国际化时代伦理学的重要发展趋势。"②实际上，这种回归现实生活世界的趋势和精神不可避免地会引发伦理学的变革。庞立生强调："转向生活世界的伦理学变革，不仅意味着当代伦理学的研究主题与具体领域发生了转移，也意味着伦理学的理论信念与理论范式正在发生变化。"③因此，人们对哲学主题认识的转换和哲学向现实生活世界的回归转向，不仅引发了哲学进而伦理学研究方式的变化，而且从根本上引发了哲学进而伦理学自身的变革。

回归生活世界的当代伦理学研究，直接立足于对现实生活世界的观察

① 李文阁：《回归现实生活世界》，中国社会科学出版社2002年版，第4页。

② 毕彦华：《何谓伦理学》，中央编译出版社2010年版，第264页。

③ 庞立生：《转向生活世界的伦理学变革》，《道德与文明》2009年第2期。

和对伦理道德现象与问题的思考，这种视角的转换本身必然产生新的理论结论。庞立生指出："现实生活世界问题频出的道德状况与人的道德生活的现代困境表明，传统的规范伦理学所承诺的道德理想及其悬设的道德规范在理解和解决现时代伦理生活实践问题上呈现脆弱性。这使得当代伦理学的研究不得不把目光从对普遍化的道德原理和道德体系的知识论建构转向对以现代性为背景的现实生活世界的道德关切。"①在他看来，"在这种变革中，当代伦理学研究实现着从体系意识向问题意识的转变，引发了应用伦理学的勃兴和德性伦理传统的当代复兴，从而使伦理学的人学价值意蕴得以彰显。当代伦理学的发展还需要在此基础上，进一步面向现实生活世界，实现问题意识与理论意识的互动、德性伦理与规范伦理的整合、道德共识与差异伦理的和谐"②。因此，当代伦理学变革的实质就是回归生活世界，直面现实生活中的伦理道德现象和问题，放弃纯粹的普遍意识、体系意识而更加注重理论与现实、德性与规范、道德共识与差异伦理的融合与互动，归根结底，更自觉地承认生活世界是一切伦理道德问题派生的生活场域，任何伦理道德现象和问题只有真正地诉诸一定的生活世界才能得到合理的解释或解决。因此，立足现实生活世界，不仅使伦理学研究能够全面地审视传统伦理学中各个流派理论体系的优点和不足，而且还能为新的伦理道德现象和问题的分析提供前所未有的思路和方法，从而在综合吸收前人研究成果的基础上科学地解决现实伦理道德问题。

如前所述，当代人类社会是一个由资本逻辑支配和物质经济利益驱动，由现代科学技术的日新月异乃至瞬间变化改造着的极度复杂的社会。事实上，如果深入人类生活世界，又会看到实际上又存在着无数层次不同、类型千差万别的具体生活世界，正是这些无数具体的生活世界在相互接触、碰撞、交流、渗透、融合的过程中形成了人类生活世界的复杂整体③。客观而言，在任何一个具体的生活世界里，伦理道德现象和问题繁芜丛杂地滋生出来，呈现在人们面前，而任何一个伦理道德现象和问题又具体地关涉着非常

① 庞立生：《转向生活世界的伦理学变革》，《道德与文明》2009 年第 2 期。
② 庞立生：《转向生活世界的伦理学变革》，《道德与文明》2009 年第 2 期。
③ 鹿林：《论人的生活世界》，《哲学研究》2007 年第 9 期。

现实的个人的生存、生活和生命存在，人们现实地运用着既定生活世界里的伦理道德原则、观念和规范评判着这些现象和问题，因而任何试图超越具体生活世界去抽象地认识和分析伦理道德问题的想法，都显得不着边际。因此，伦理学的研究只可能立足当代生活世界的客观现实，对生活世界的各个层面、各个维度、各个领域、各个阶段进行深入的乃至专题性、典型性的研究，从而对特定生活世界里的伦理道德现象和问题给予比较科学的、具体的乃至令人信服的分析和说明，以解决问题，消除人们遇到的思想困惑和现实矛盾，促进社会健康、持续、和谐发展。客观而言，当代各种应用伦理学的风起云涌，无不证明了伦理学回归生活世界直面现实生活中各种极度复杂的伦理道德问题，尝试以不同视角和方法分析和解决，以期给予比较科学、合理的结论或方案的努力。

然而，一旦伦理学回归现实生活世界，立足于生活世界的伦理学创新就必然势不可挡。全面地考察伦理学研究的总体态势和当代前沿，以图做出新的理论创新，是任何真正的思想者和理论家看似狂妄但又值得肯定的想法。但由于当代人类生活世界已经高度复杂化、分化，各个具体的、特殊的生活世界里的伦理道德现象和问题本身又都具有高度的复杂性、特殊性，而伦理学研究也已经高度专门化、深化，试图全面地考察伦理学研究的总体态势和当代前沿，是一项极为艰巨、棘手甚至极具风险的工作，但同时也是极具思想诱惑力的工作。基于这种情形，万俊人不无感叹地说："任何试图总览生活世界之某一方面的前沿或者检视某一学科发展前沿的理论努力，都是极具风险的学术行为，然而却又是极具思想诱惑和现实关切意义的理论尝试。其最大的思想诱惑力在于：无论是对生活世界之前沿侧面的总览，还是对学科发展之前沿问题的检视，都不仅会大大强化学科理论——尤其是人文社会科学理论——与生活现实之间的关联和张力，而且会因此大大刺激理论创新的活力。对于这种关联和张力的强化，真正的思想者和理论家总是抱有不言而喻的期待。在某种意义上说，若能较为深刻地洞察和把握这种关联和张力，并找到或运用适当的理论方式方法分析之、解释之，甚或证成有关主题、观点，进而合理预期其理论或思想的发展方向、潜能和限度，定当优先领略时代思想和理论的前沿风光，获得某种学术话语的主动权。”① 这也就是说，纵使总览人类生活世界整体乃至其某一个方面的前沿及其研究都极为艰难，极具风险，但它本身所具有的思想诱惑力和现实关切却能够强化学科理论与生活现实之间的关联与张力，从而刺激理论创新的活力，在新的思路和方法的运用下分析和解释问题，不断地创造新的理论范式和新的理论成果，推动伦理学的创新和发展。

第二节　生活博弈论与博弈伦理学

伦理学向生活世界的回归，为伦理学破解现代困境找到了基本出路。然而，伦理学向生活世界的回归，究竟要从哪个角度深刻地揭示伦理道德现象发生的机制，揭示伦理道德现象的本质，找到解决伦理道德问题的思路和方法，却依然是一个悬而未决的问题。因此，虽然不少人顺应哲学回归生活世界的基本趋势而提出“伦理学向生活世界回归”的口号，但每个人所关注的焦点和问题并不一样，在对回归生活世界对伦理学意味着什么样的变革以及究竟如何分析伦理道德现象和问题上，却没有形成比较一致的看法。在无数宣称伦理学回归生活世界的主张中，有一个明显的表现值得高度注意，那就是运用博弈论（Game Theory，又称“对策论”或“游戏论”）的方法论分析和阐明伦理道德现象和问题，试图从根本上揭示伦理道德现象和问题发生的内在机制。现代语境中从经济学领域异军突起的博弈论，已经突破经济学的领域，以其特殊的超强解释力广泛地影响着政治学、社会学等人文学科，成为创新性地解决问题的重要思路。事实上，经济学意义上的现代博弈论所分析和解决的博弈问题是相对有限的，因为它只解决理性人之间的旨在输赢的博弈，而忽视或回避了博弈活动的多个维度和多个层面。我们认为，博弈（或游戏）是几乎涵盖人类生活各个维度、方面或领域的活动，生活博弈是人类生存、生活和发展的内在动力机制，是一切伦理道德问题产生的最终根源，以生活博弈论为视角，能够更清楚地分析和阐明各种复杂的伦

① 万俊人：《当代伦理学前沿检视》，《哲学动态》2014 年第 2 期。

理道德现象和问题的实质。

一、生活博弈论:深入分析伦理道德现象的新视角

众所周知,博弈文化具有深远的历史传统和深厚的文化蕴涵。然而,正如汤姆·齐格弗里德所指出:“尽管人类进行博弈游戏的历史已经有上千年,进行经济交换的时间可能也有这么长,但直到20世纪,才有人把这两者用数学方法明确地结合在一起。”①将传统的赌博活动和棋牌游戏与数学紧密结合起来从而创立博弈论,是天才数学家约翰·冯·诺依曼(John von Neumann)的伟大创举。而伴随着经济学领域里博弈论作为重要的分析方法论和工具的兴起,特别是由于1994年诺贝尔经济学奖颁发给了约翰·C. 海萨尼、约翰·F. 纳什和莱茵哈德·泽尔腾,以表彰“他们在非合作博弈均衡理论方面的先驱性贡献”②,博弈更引起了人们的高度关注。如今,将博弈思想特别是成熟化的博弈论运用到除经济学以外的其他学科,用博弈论的思维方法分析和解决其他学科里的复杂问题,已经成为重要的研究趋势。

诚如戴维·克瑞普斯和阿里尔·鲁宾斯坦所指出:“博弈论不仅仅是经济学的分支,它还抽象地分析利益冲突问题。因此,博弈论远远超出了经济学的范围。我们发现博弈论概念和模型具有在多个领域使用的一种发展趋势:政治科学家使用博弈论检验政治制度,哲学家发现博弈论是重新检验规范和社会制度的工具,生物学家发现博弈论为分析自然界生物间的利益冲突提供了框架。”③现如今,经过几代数学家的努力,一方面,博弈论已经成为经济学领域里,特别是微观经济学家的非常标准化、专业化的分析工具;另一方面,博弈论思想已经突破经济学范围而广泛地渗透到人文社会科学领域和自然科学领域。除纯粹的自然科学研究外,将博弈论视为重要的工具分析社会生活中遇到的各种理论问题,在世界上已经不是一种新鲜事,而中

① [美]汤姆·齐格弗里德著,洪雷、陈玮、彭工译:《纳什均衡与博弈论》,化学工业出版社2013年版,第18—19页。

② [美]哈罗德·W.库恩编,韩松、刘世军、张倩伟、宋宏业译:《博弈论经典·评论》,中国人民大学出版社2004年版,第3页。

③ [美]哈罗德·W.库恩编,韩松、刘世军、张倩伟、宋宏业译:《博弈论经典·评论》,中国人民大学出版社2004年版,第4页。

国也不例外。例如：张践明强调用博弈论研究社会历史，能够弥补恩格斯“历史合力论”的不足①；吴炳章揭示了迄今为止的语用学理论在分析语言现象时的不足，从博弈论角度阐明了语言交际中的博弈问题，从而提出了一个新的认知语用学理论分析框架——交际博弈论；孙光海、陈立生成功地将博弈论引入媒体研究，提出了传媒博弈论，用以分析现代各大传媒根据不同环境、针对不同竞争对手及竞争活动采取不同的最佳策略，以应对媒体竞争的问题②；虞晓芬、傅剑用博弈论分析了社会力量参与下保障性安居工程中各方的博弈问题，并为政府决策提供了新的参考③；卢强等人推动博弈论在电力系统里的应用研究，来分析电力系统规划、电力市场、调度、控制等方面多个利益主体在决策时的博弈问题，以试图给出更为科学的解决方案④；等等。毫无疑问，这些研究既拓展了博弈论研究的范围，也有效解决了许多社会生活中或各个学科发展中遇到的难题。

然而，现代意义上的博弈论，即经济学意义上纯粹的博弈论，其理论视角毕竟还存在着极大的局限性，还不能有效地、全面地、彻底地分析和解释涉及社会生活的丰富的博弈现象。不可否认，经济学领域里的博弈论经过古诺（Cournot）、冯·斯塔克尔伯格（Von Stackelberg）、伯德川（Bertrand）、波雷尔（Borel）、斯坦豪斯（Steinhaus）、策梅罗（Zermelo）乃至约翰·福布斯·纳什（John Forbes Nash）等数学家的持续努力，早已高度数学化、模型化、符号化，成为经济学，特别是微观经济学领域里非常深奥和专业化的分析工具。客观而言，自从数学诞生起，数学思维就体现了纯粹化、标准化、理想化的典型特征，自古希腊以至现在无不如此，博弈论更是对经济生活中极度复杂的利益竞争和较量的数学化。例如，纳什在最简单的二元博弈典型现象“讨价还价”情形的分析中，就强调了数学化、标准化、理想化的必要性。他说：“在一般情况下，我们将讨价还价问题理想化，假设双方都是完全理性

① 张践明：《博弈论：解读社会历史的新工具》，《湘潭大学学报》2005年第3期。

② 孙光海、陈立生：《传媒博弈论》，生活·读书·新知三联书店2008年版。

③ 虞晓芬、傅剑：《社会力量参与保障性安居工程演化博弈及政府规制》，《系统工程理论与实践》2017年第12期。

④ 卢强、陈来军、梅生伟：《博弈论在电力系统中典型应用及若干展望》，《中国电机工程学报》2014年第9期。

的,每一方能够确切比较他对各种事物的满意度,他们的谈判技巧是相同的,每一方都充分了解对方的品味和偏好。为了给出讨价还价问题的理论方法,我们将该问题抽象化以建立数学模型,从而发展理论。”[1]事实上,经济学领域里狭义的博弈论正是通过抽象化、理想化以建立起数学模型而发展起来的。然而,现实生活中大量极度复杂的现象和问题经过数学化、抽象化、理想化,也往往失去了现实生活所包含的大量信息和真实性,对现实的博弈影响因素的认识势必存在着极大的偏差乃至根本性的错误。例如,在赌场上,参赌的双方很难谈得上都是完全理性的,对赌博的期待及其满意度可能完全不同,更不要说具有同等水平的赌博技术乃至充分了解对方的品味和偏好。因此,博弈的数学化既成就了经济学上纯粹的博弈论,也造成了生活上狭义的博弈论。当然,纵使如此,将博弈论引入对伦理道德现象和问题的思考,已经成为重要的趋势乃至热点。弗莱彻指出:“在人们考虑论证问题中,游戏理论不但应用于经济学,而且已被应用于伦理学。”[2]将博弈论应用于伦理学,给伦理学带来了创新发展的新契机,一些伦理道德现象和问题的博弈属性被深刻地揭示了出来,这种研究如今在国内已经成为明显的趋势。不言而喻,在博弈论研究中,许多论题本身都涉及伦理道德问题,乃至非常棘手的伦理道德难题。例如,在著名的“囚徒困境”案例中,两个囚徒在彼此隔离的状况下彼此无法信任对方,无法坚守攻守同盟,各人最终选择了对自己最有利的策略,但是这种意义上的伦理道德问题研究毕竟立足这种狭义的博弈论之上,还不能更有效地、更全面地、更彻底地分析和解释伦理道德现象和问题。当前,无论是国外还是国内,在阐释伦理道德的博弈属性时,无不基本上停留在从这种狭隘的博弈论视角来说明各个生活领域里的伦理道德问题的层面上。例如,尚费军指出:“博弈论与伦理学相关,就在于‘博弈论所揭示的各种互动问题是道德哲学必须要解决的问题’,博弈者所面临的问题通常也是道德问题。就这两者的理论联结而言,作为博弈论

---

① [美]哈罗德·W.库恩著,韩松、刘世军、张倩伟、宋宏业译:《博弈论经典》,中国人民大学出版社2004年版,第4页。

② [美]约瑟夫·弗莱彻著,程立显译:《境遇伦理学》,中国社会科学出版社1989年版,第97页。

主要依据的‘囚徒困境’,更是在对这一论题的讨论中占据了中心地位。”①毫无疑问,由于人们立足于经济意义上的博弈论(即这里所说的狭义的博弈论及其“囚徒困境”)来看待伦理道德现象和问题,因而特别强调“囚徒困境”的中心地位。客观而言,从博弈论,尤其是从“囚徒困境”案例来分析伦理道德现象和问题,特别是所谓的“道德难题”或“道德困境”,成为伦理学研究一个热点。叶文彦、高慧颖从这一视角分析了“德福统一”这一伦理道德生活中最受伦理学家关注的话题②。倪瑞华指出:“博弈论为人们研究各类问题提供了一个有效的系统分析工具,把博弈论引入到道德领域的研究有助于解决许多长期困扰着人们的道德难题。”③杨少涵则进一步强调:“博弈论是研究理性决策人在冲突局势中抉择行为的理论,它的一些基本原则和方法,对于摆脱道德困境具有参考借鉴的价值。”④客观而言,基于同样思维模式和思路的研究很多,但这种研究停留于用博弈论揭示某些伦理道德现象和问题的博弈属性,而无法更全面地分析和解释伦理道德生活中更为复杂多样和普遍的现象和问题的实质。

事实上,尽管经济学领域里完全数学化的博弈论看似非常专业,大量地运用着标准化的术语和符号,进行着严格的推理和演算,因而需要做深入的专业研究才能弄明白。但不可否认的是,从中国博弈文化史来看,博弈论本身源于现实生活中的博和弈,即六博和围棋。而博弈论所揭示的博弈文化的精神实质,即当事人彼此间的有策略的交往、互动、较量、竞争、斗争和游戏,恰恰广泛地体现于现实生活的各个方面、各个领域、各种活动。赵汀阳指出:“其实博弈问题(即游戏问题,Game)本来也是哲学中最重要的问题之一,维特根斯坦就是哲学博弈论的代表人。当代哲学中关于政治、社会、伦理、历史等问题的讨论实际就是关于人类博弈的基本条件和问题的研究,甚至在哲学中最纯粹的、过去一向仅仅研究人与知识对象之间的单纯关系的

---

① 尚费军:《博弈问题及其伦理意蕴》,《深圳大学学报》2009 年第 6 期。

② 叶文彦、高慧颖:《“囚徒困境”视角下的德福统一》,《绵阳师范学院学报》2009 年第 9 期。

③ 倪瑞华:《道德难题的博弈论解析》,《中南财经政法大学学报》2005 年第 4 期。

④ 杨少涵:《道德困境的博弈分析》,《开封大学学报》2007 年第 2 期。

知识论在今天也已经不得不把博弈问题看作是它的一个方面。”①他还进而指出，福柯、哈贝马斯、萨义德、亨延顿等人在知识与权力、知识与对话、知识生产与文化背景、知识体系与文化体系间的合作可能性等方面的研究，“都几乎是纯正的博弈论眼光的研究”。但哲学意义上的博弈论毕竟不限于经济学、数学意义上的狭隘意义。赵汀阳强调：“哲学式的博弈研究不是经济学/数学意义上的标准化研究，而是‘广义的’。后期维特根斯坦就已经明确地以‘游戏’（博弈）为研究单位去分析所有哲学问题，无论语言、数学还是生活/日常实践。哲学化的博弈研究的意义在于它更广阔地意识到任何博弈所牵动的所有条件和所有问题这样一个彻底开放的语境，它与经济学/数学意义上的博弈论可以形成研究性的互补。”②不仅如此，按照赵汀阳的说法，两者还遵循着不同的“思想语法”：“比较简单地说，经济学/数学意义上的博弈论的思想语法是：给定如此这般的条件，某个博弈或者存在着形成某种均衡的规律或者不存在确定的博弈方法。而哲学化的博弈论的思想语法则是：任意一个博弈，它的博弈条件是否是清楚的、可以相信的和可以接受的。可以看出，哲学化的博弈研究是一种对博弈的反思性研究，它试图发现令人讨厌的但是事实上不得不考虑的‘任何求解中的困难’。”③事实上，广义的博弈是人们每天都始终在发生着的生活事实，我们的生活根本无法离开博弈而存在。现实生活中大量存在着的博弈现象，构成了人们不可回避的生活内容，只是我们因为太熟悉了而缺乏深入的反思。事实上，这正是博弈论被引入社会科学特别是政治学、伦理学等学科的重要基础。然而，将博弈论运用于伦理学研究，最具重大意义的绝不是揭示某些伦理道德现象和问题的博弈属性，而是博弈伦理学的由此诞生。

博弈伦理学将博弈论视为根本的方法论和分析工具，重点不在运用纯数学模型来分析现实生活中的伦理道德现象和问题，而更主要地是从广义上彰显博弈文化的精神实质，更侧重于普遍存在的生活博弈。从根本上说，所谓生活博弈，就是指人基于生存、生活和发展需要而与自然、社会、人及自

① 赵汀阳：《博弈问题的哲学分析》，《北京行政学院学报》2005 年第 3 期。
② 赵汀阳：《博弈问题的哲学分析》，《北京行政学院学报》2005 年第 3 期。
③ 赵汀阳：《博弈问题的哲学分析》，《北京行政学院学报》2005 年第 3 期。

身展开的交往、互动、较量、竞争、斗争与游戏。这种广义的博弈,既涵盖了人类社会生活的各个方面、各个领域、各个维度,又蕴涵了博弈的各种类型、各种层次、各种境界,而博弈当事人的博弈收益也根据不同类型、不同层次和不同境界存在着实质性的差异。其中,生存斗争是生活博弈的根本动力。生活博弈究竟采取什么样的形式或类型,具有什么样的性质和境界,完全取决于客观的社会历史发展水平,取决于社会历史发展的具体形势和趋势,取决于博弈当事人具体的生活境遇和生存问题。

如果暂时忽视掉复杂的情形,单纯从博弈发展的历史逻辑来看,那么,基于肉体生存需要掠夺和占有生活资料的无任何规则的搏杀,即直接将对方杀死乃至敲骨吸髓地吃掉,是最为野蛮的、最为低级的博弈形式,而无论搏杀究竟是凭借自己远胜于对方的强大力量还是利用各种计谋或隐蔽手段,如借助捕猎工具的猎杀和隐蔽武器的暗杀,其性质是一样的。相比无规则的搏杀,特别是单凭暴力、武力或强力对弱者的无规则搏杀,有规则的搏杀,如决斗乃至遵循规则的战争,就显得文明些,但在决斗和战争中不完全遵循规则,如互派间谍或偷袭,亦是一种普遍现象,任何当事人恪守规则都是极端愚蠢的。纵使搏杀变得有规则,因而呈现出一种文明景象,变成理性的人之间的较量,但搏杀毕竟以杀死对方为目的。相比而言,征服对方借以掠夺和占有对方的身体、物质财富、经济利益,则是比搏杀高级一些的博弈形式。例如,通过战争征服其他国家和民族,通过角斗征服其他人,或者使他为自己服劳役,或者占有其物质财富、经济利益,已经远远比杀死对方更有价值和意义。尽管战争、暴力和角斗在此依然存在着有无规则的问题,但总比杀死对方要文明些。当然,有规则的战争和角斗依然借助纯粹的暴力、强力,还不是凭借最能彰显人超越于动物之上的智力这一文明力量。通过制订各种规则,以规范和约束人们在博弈过程中的行为,有序地解决发生在各种情况下的矛盾和冲突,实现利益和财富的公平交换和分配,是博弈更为文明的形式,如最原始意义上的博,即六博。毫无疑问,各种形式的赌博乃至有奖竞赛,基本上都是智力上的博弈,当然,其中不可避免地存在着体力上的较量。这种以最终赢得对方的物质财富乃至退化到近乎野蛮搏杀的豪赌、恶赌,如以赢得对方的生命或局部肢体(如头、手、脚等)为目的,或以对其家人的霸占和奴役为标的相比，都比仅仅运用纯粹的体力、强力、暴力或武力文明得多。在此过程中，规则的制订和遵循本身存在着是否科学、严谨的问题，而博弈能够不断地推动规则的规范化，从而达到博弈双方之间真正的客观公正，而不是进一步诱使各方隐藏自己的黑心。超越这一层面，博弈不再以纯粹的物质财富、经济利益的获得和占有为目的，而更加注重精神利益的获得。比如，不再是狭义上的博，如六博，而是下围棋，即真正意义上的弈，那么，人所获得的是心理上、精神上的刺激和愉悦。当然，从纯粹的赌博到做各种游戏，如下棋时依然带有某些赌博色彩的打赌，尽管促进游戏或激发当事人兴趣的标的不再是纯粹的、较多的物质财富或金钱，是一个漫长的过渡过程。与通过游戏获胜从而获得一定的物质财富或经济利益达到精神或心理上的愉悦和满足相比，纯粹为了精神利益或心理满足而游戏就具有了更积极的生活意义。但是，如果说依靠智力甚至一定程度上的体力获得社会声誉或名望，即好名声、好名誉，很可能依然带有功利色彩，那么，纯粹不再以任何外在的物质利益乃至狭隘的精神利益为标的，而是以最内在的精神利益，即心灵利益为标的，这种意义上的博弈就从外部的物质世界转移到了内在的精神世界，转向了自己最内在的心灵，由此人所能够享有的就是超越了任何世俗层面的精神生活、心灵生活。毫无疑问，这是博弈所能够达到的最高的、最文明的境界，所具有的最高级、最文明的形式。因此，单纯从发展的历史逻辑来说，生活博弈确实遵循着一条从野蛮到文明、从物质到精神、从外在到内在的逻辑规律，而随着博弈的深化和发展，人实际上不断地超越了野蛮状态而进入了文明的伦理生活境界之中，并进而超越纯粹的伦理和功利层面而进入到了道德生活境界之中。

万俊人指出："在今天的知识社会里，由于伦理学作为一门特殊人文学知识的文化局限和功能限制，我们也许不能再期待一种全能的伦理学知识体系，但是，探索和建构一种或诸种具有现实解释力和价值约束力的道德理论或伦理学类型，却不仅是可以合理期待的，而且也是当今中国伦理学界的一份不容推脱的理论责任。"[①]以生活博弈论为伦理道德现象和问题分析的

---

① 万俊人：《走在道德生活世界的前沿》，《光明日报》2004 年 12 月 14 日。

理论视角，就是为了尝试着构建出一种新的伦理学理论，即博弈伦理学。马克思曾经指出："人们按照自己的物质生产率建立相应的社会关系，正是这些人又按照自己的社会关系创造了相应的原理、观念和范畴。"[①]一种理论体系，总是人们以一个特定的理论视角或方法来分析和解决某一领域里某些特定现象而形成的以一定原则为基础，以一定的观念和范畴为要素的逻辑严密、系统完整的一套理论。这一套理论因为转换了研究视角，运用了新的研究方法，因而能够使人们阐释清楚以往用其他理论所不能清楚地阐释的问题，使人们更深刻地理解问题的本质和要害。当然，由于任何理论视角和方法都只可能是一种视角、一种方法，由此形成的研究模式注定同样存在着自身的局限性、有限性，它在清楚地阐明一些问题的同时，极可能从另一个方面遮蔽了另一些问题，或者使人们在现有的理论体系分析下能够看清楚的问题变得模糊。当然，思想理论的创新总是立足前人现有成果的基础上，在为破解理论发展困境寻找更为开阔的理论视角和更为科学的研究方法，积极地、充分地吸取前人现有理论成果的优点和长处，以形成更加科学的理论体系，以尽可能地融贯现有理论，使新的理论具有更宏大的解释力。这是一种努力的方向，也是一种学术的精神，尽管它同时也看似一种奢想。以博弈论特别是以生活博弈论为视角，研究伦理学，创造性地提出和发展一种博弈论视角下的伦理学，即博弈伦理学，本身也存在着这些问题。但是，它为突破伦理学的现代困境，为伦理学研究开拓一个新思路，帮助人们打破现有思维的僵化模式和思想的硬壳，总是多多少少有一定的益处。

二、生活博弈：一切伦理道德问题产生的最终根源

从广义的博弈论视角来观察人的生活，就会发现博弈无处不在，几乎涵盖生活的各个领域、各个维度，换句话说，生活本身就是一场博弈。如前所述，所谓生活博弈，就是指人立足生存、生活和发展需要而与自然、社会、人及自身展开的交往、互动、较量、竞争、斗争与游戏。其中，人与自然的博弈是生活博弈的首要的、基本的维度，人与社会的博弈是生活博弈的根本维

① 《马克思恩格斯文集》第一卷，人民出版社2009年版，第603页。

度，人与人的博弈是生活博弈的重要维度，而人与自我的博弈则是生活博弈的内在维度。生活博弈在不同的环境和条件下往往表现出不同的性质，其最激烈的表现形式是你死我活的斗争与革命，而最温和的表现形式则是彼此游戏的融洽与和谐。离开复杂多变的生活博弈而抽象地谈论伦理道德问题，不仅毫无意义，而且什么也说不清楚。伦理道德现象不是脱离现实的社会生活而独立存在的现象，相反，任何伦理道德现象和问题最终都是从社会生活中派生出来的，作为社会生活的最核心的活动机制，生活博弈是一切伦理道德问题产生的最终根源。

如果不是迷信于宗教的虚构，我们应当清醒地认识到，人不是上帝创造的，而是自然的产物，他来自于自然界，他首先也面对着自然，因而人与自然的博弈是人的生活博弈的首要的、基本的维度。这在于人既不是无生命的石头，也不是无意识的草木，而是现实的活生生的有肉体、有意识、有意志的生命。马克思、恩格斯指出："全部人类历史的第一个前提无疑是有生命的个人的存在。因此，第一个需要确认的事实就是这些个人的肉体组织以及由此产生的个人对其他自然的关系。"①人本身是一个自然，为了保持自身的肉体生存，满足肉体生存的需要，他首先就要作为一个纯粹的肉体存在者、生命存在者而像动物一样地生存下去。这种最基本的生存欲望和动机本质上具有纯粹的动物性，是由他自身的肉体组织决定的，在人没有真正的意识，因而没有自觉地将自己的生命和行为作为自己的意识和意志把握的对象，从而没有意识、意志地驾驭自己的生命和行为之时，他已经无意识地支配着自己的生命和行为。也就是说，他纯粹是作为动物存在着的。但是，无论人是作为动物存在着、行动着，还是作为有意识的生命体而存在着、行动着，他都没有彻底地摆脱由自己的肉体组织所决定的历史必然性。可以说，正是因为这种历史必然性的决定，人与整个自然界、与其他自然永远无法分离，他既是自然界的一部分，又始终从自然界获取自己的肉体生存的生活资料。马克思曾形象地将自然界比喻成人的"无机的身体"，并强调："自然界

① 《马克思恩格斯选集》第一卷，人民出版社 2012 年版，第 146 页。

是人为了不致死亡而必须与之处于持续不断的交互作用过程的、人的身体。”①以自然界为自己生存的根基，人开始通过改变自然为自己服务，而“一当人开始生产自己的生活资料，即迈出由他们的肉体组织所决定的这一步的时候，人本身就开始把自己和动物区别开来”②。人类历史的开启在于人能够通过自觉的物质生活资料的生产而主动满足自己的肉体生存需要，进而历史性地重新塑造人与自然之间的关系。然而，人与自然交往时在欲望和利益的驱动下往往将自然界视为自己支配、改造和掠夺的对象，从而过分地对待自然、榨取自然、破坏自然，最终导致自然界对人的报复。众所周知，恩格斯曾告诫说：“我们不要过分陶醉于我们人类对自然界的胜利。对于每一次这样的胜利，自然界都对我们进行报复。每一次胜利，起初确实取得了我们预期的结果，但是往后和再往后却发生完全不同的、出乎预料的影响，常常把最初的结果又消除了。”③因此，人在自然界为了维护有机体生命而进行的生存斗争并不能无限地扩大，人在合理地满足肉体生存需要之后还能够与自然和谐相处，因此，人与自然之间的博弈绝不是掠夺与报复，事实上还存在着比较高级的境界。事实上，如果不是过分强调或渲染斗争，而是从客观的现实来看待人与自然之间、人与动物之间乃至动物与动物之间的交往互动，就能够发现实际上除了纯粹的、残酷的生存斗争之外，还存在着比较和谐的关系。作为生命有机体，人的肉体生存需要毕竟是有限的，是能够通过更自觉的物质生活资料的生产而得到满足的。如果说动物在满足了自己的生存需要之后还能够与其他动物和谐相处，那么，人实际上能够在最高的水平上实现与自然的和谐，因为随着人的意识的觉醒和精神的自由，特别是随着心灵世界的开启，整个自然界在人的视野里呈现出全新的形象，它再也不是纯粹的生活资料的来源，通过拟人化过程而具有了情感和意志，从而成为自己生活交往的对象，成为审美的对象，成为精神交流和心灵沟通的对象。事实上，整个现代生态伦理学的根本致思模式就是自由自觉的拟人化思维，它所要处理的人与自然之间的关系依然是人与人之间的关系，而“把

---

① 《马克思恩格斯选集》第一卷，人民出版社 2012 年版，第 55—56 页。

② 《马克思恩格斯选集》第一卷，人民出版社 2012 年版，第 147 页。

③ 《马克思恩格斯文集》第九卷，人民出版社 2009 年版，第 559—560 页。

自然界视为人或人的'无机的身体'毕竟只是一个比喻或拟人化"[1]。自由自觉的拟人化思维是人理性成熟的产物，更是人的意志自由的表现。因而，在自由自觉的拟人化思维中，人与自然之间的博弈就将演变成人与自然之间的伦理道德交往和精神交往，演变成愉悦心灵的审美游戏。当生存斗争意义上的博弈最终演变为人与自然之间的伦理道德交往，演变成心灵游戏意义上的博弈，人与自然最终走向了和解、和谐。

人是自然的产物，也是社会的产物。如果说一些动物在某种意义上是社会性动物，如蚂蚁、蜜蜂、猴子、猩猩乃至狼、狮子等，那么，人更是有意识的社会性动物。但人既是社会的产物因而始终置身于社会，又作为个体生命相对独立于社会，人与社会之间始终存在着博弈，人与社会的博弈是生活博弈的根本维度。马克思、恩格斯指出："生命的生产，无论是通过劳动而生产自己的生命，还是通过生育而生产他人的生命，就立即表现为双重关系：一方面是自然关系，另一方面是社会关系；社会关系的含义在这里是指许多个人的共同活动，不管这种共同活动是在什么条件下、用什么方式和为了什么目的而进行的。"[2]人作为有意识的存在物，他除了意识到自然界的存在外，还"意识到必须和周围的个人来往，也就是开始意识到人总是生活在社会中的"[3]。但是，这只是人的社会意识的起源："这个开始，同这一阶段的社会生活本身一样，带有动物的性质；这是纯粹的畜群意识，这里，人和绵羊不同的地方只是在于：他的意识代替了他的本能，或者说他的本能是被意识到了的本能。"[4]毫无疑问，在这种阶段里，人对自己的物质生活需要的满足是通过有意识的社会物质生产实现的，归根结底是通过与社会上周围其他人之间的分工—合作实现的。从最初自发的基于性别和生理的分工到物质生产与精神生产的分工，乃至更为复杂的分工，任何人都成为社会物质生产、消费的承担者，也成为彼此争夺物质生产资料和生活资料的参与者、博弈者。马克思、恩格斯说："随着分工的发展也产生了单个人的利益或单个家

① 鹿林：《拟人化思维：生态伦理学的致思模式》，《吉首大学学报》2009年第4期。
② 《马克思恩格斯选集》第一卷，人民出版社2012年版，第160页。
③ 《马克思恩格斯选集》第一卷，人民出版社2012年版，第161页。
④ 《马克思恩格斯选集》第一卷，人民出版社2012年版，第161—162页。

庭的利益与所有互相交往的个人的共同利益之间的矛盾；而且这种共同利益不是仅仅作为一种‘普遍的东西’存在于观念之中，而首先是作为彼此有了分工的个人之间的相互依存关系存在于现实之中。”①因此，人既产生于社会之中，也始终与社会存在着博弈。而且，“只要人们还处在自然形成的社会中，就是说，只要特殊利益和共同利益之间还有分裂，也就是说，只要分工还不是出于自愿，而是自然形成的，那么，人本身的活动对人来说就成为一种异己的、同他对立的力量，这种力量压迫着人，而不是人驾驭着这种力量”②。人与社会之间的这种博弈，经历着不同的历史阶段，在不同的历史阶段又表现出各个阶段的特点，但是人与社会的博弈最终在资本主义时代达到了顶点。针对资本主义时代博弈的复杂状况，马克思指出：“在我们这个时代，每一种事物好像都包含有自己的反面。我们看到，机器具有减少人类劳动和使劳动更有成效的神奇力量，然而却引起了饥饿和过度的疲劳。财富的新源泉，由于某种奇怪的、不可思议的魔力而变成贫困的源泉。技术的胜利，似乎是以道德的败坏为代价换来的。随着人类愈益控制自然，个人却似乎愈益成为别人的奴隶或自身的卑劣行为的奴隶。甚至科学的纯洁光辉仿佛也只能在愚昧无知的黑暗背景上闪耀。我们的一切发明和进步，似乎结果是使物质力量成为有智慧的生命，而人的生命则化为愚钝的物质力量。现代工业和科学为一方与现代贫困和衰颓为另一方的这种对抗，我们时代的生产力与社会关系之间的这种对抗，是显而易见的、不可避免的和毋庸争辩的事实。有些党派可能为此痛哭流涕；另一些党派可能为了要摆脱现代冲突而希望抛开现代技术；还有一些党派可能以为工业上如此巨大的进步要以政治上同样巨大的倒退来补充。”③总之，在资本主义时代里，整个社会产生了极大的力量，而任何人、任何阶级、任何政党受到了它的支配，因此人在与社会的博弈中处于极大的劣势中，个人的生命都被异化成愚钝的物质力量。但纵使在此态势之下，马克思却提醒说：“可是我们不会认错那个经常在这一切矛盾中出现的狡狯的精灵。我们知道，要使社会的新生力量很

① 《马克思恩格斯选集》第一卷，人民出版社 2012 年版，第 163 页。
② 《马克思恩格斯选集》第一卷，人民出版社 2012 年版，第 165 页。
③ 《马克思恩格斯文集》第二卷，人民出版社 2009 年版，第 580 页。

好地发挥作用，就只能由新生的人来掌握它们，而这些新生的人就是工人。工人也同机器本身一样，是现代的产物。在那些使资产阶级、贵族和可怜的倒退预言家惊慌失措的现象当中，我们认出了我们的勇敢的朋友好人儿罗宾，这个会迅速刨土的老田鼠、光荣的工兵——革命。”①毫无疑问，人与社会的博弈就这样奇妙，作为现代社会产物的工人，最终又通过革命这一特殊的博弈方式战胜了社会。众所周知，马克思、恩格斯在《共产党宣言》里描绘说：“代替那存在着阶级和阶级对立的资产阶级旧社会的，将是这样一个联合体，在那里，每个人的自由发展是一切人的自由发展的条件。”②当社会成为人的自由联合体，而不再外在于人的时候，只能说明社会是人的社会，而人是社会的人，人与社会本身是不可分割地联系在一起的。因此，社会成为人确证自己的对象，而人成为社会展现自己存在的载体。显然，从人与社会的矛盾和冲突，乃至生死存亡的斗争，再辩证地发展到人与社会的融合与和谐，是人与社会博弈发展的历史逻辑。

作为人的存在的整体的社会毕竟不是具体的人，而人在现实生活中始终面对的恰恰是周围一些拥有具体形式的其他人，与这些人在社会物质生产、生活和交往中发生各种各样的生活关系是最现实、最平凡的生活事实，因此人与人之间的博弈是人的生活博弈的重要维度。不可否认，自从进入文明社会以来，在整个社会中，人具体地以民族、阶级、阶层、群体、个人等不同的形式存在着，因此看似一个人与其他个人之间的博弈，又始终具体表现为阶级与阶级的博弈，同一阶级内部不同阶层之间的博弈，属于某个阶级、阶层的个人与本阶级、阶层的博弈，以及个人与其他个人的博弈，归根结底表现在政治上、经济上、利益上的博弈与斗争。这些不同类型、不同层次的博弈在不同的社会历史时期的表现又是多种多样、变化无穷的。梁漱溟强调：“人对人的斗争存在于国与国之间，阶级与阶级之间，血缘的、地缘的、宗教的、民族的种种不同集团之间，乃至个人与个人之间。事实所在，有目共睹，可尽不必多说。总之一句话，由于人们立场不一致，就要有斗争发生。

① 《马克思恩格斯文集》第二卷，人民出版社 2009 年版，第 580 页。
② 《马克思恩格斯选集》第一卷，人民出版社 2012 年版，第 422 页。

而立场则宽狭大小，此分彼合，千差万别，数之不尽，于是其间明争暗斗亦数不尽。”①因此，人与人之间的博弈是最为复杂的博弈，而这种复杂的博弈状况恰恰构成了蔚为壮观的人类社会历史发展画卷。在最原始、最野蛮的时代，人与人之间的博弈表现为最粗野的你死我活的生存斗争，博弈的直接目的就是杀掉对方。如果说动物的生存斗争仅仅是围绕着生存资料进行，杀掉对方就是为了猎食对方，那么，人们经过反复的实践，最终发现与其杀掉对方倒不如充分地利用对方，使其从事物质生活资料的生产而服务于自己。因此，随着文明的出现和人类社会的发展，最粗野的博弈形式，即搏杀最终被扬弃，杀掉对方变成武力征服对方、以暴力统治对方，再后来就通过经济的、伦理的制度和规范来实现自己的目的，总之，基于社会化的物质生产需要，人与人之间的博弈日益披上文明的外衣，物质利益、经济利益乃至政治利益的争夺变得既文明又隐蔽。然而，在阶级社会里，人与人的博弈和较量毕竟更典型地表现为阶级斗争或政治斗争，甚至不可避免地表现为极端的最终决定你死我活的暴力革命和大规模的战争，乃至众多国家和民族卷入其中的世界大战。正因如此，恩格斯强调：“把历史看做一系列的阶级斗争，比起把历史单纯归结为生存斗争的一些没有多大差异的阶段，内容丰富得多，而且深刻得多。”②表现为阶级斗争的人与社会之间的博弈，其极端的形式依然如同野蛮时代一样是你死我活的生存斗争，因为它决定着人的生死存亡，这种形式在资本主义社会里达到了顶点：“在资本家和资本家之间，在工业部门和工业部门之间以及国家和国家之间，生死存亡都取决于天然的或人为的生产条件的优劣。失败者被无情地淘汰掉。这是从自然界加倍疯狂地搬到社会中来的达尔文的个体生存斗争。动物的自然状态竟表现为人类发展的顶点。”③然而，一旦达到这种顶点，极端野蛮的博弈实质就会暴露出来。恩格斯曾指出：“在历史上各个时期中，绝大多数的人民都不过是以各种不同的形式充当了一小撮特权者发财致富的工具。但是所有过去的时

① 梁漱溟：《人类创造力的大发挥大表现》，《梁漱溟全集》第三卷，山东人民出版社 2005 年版，第 420 页。

② 《马克思恩格斯文集》第九卷，人民出版社 2009 年版，第 549 页。

③ 《马克思恩格斯文集》第九卷，人民出版社 2009 年版，第 290 页。

代,实行这种吸血的制度,都是以各种各样的道德、宗教和政治的借口来粉饰的:教士、哲学家、律师和政治家总是向人民说,为了他们自己的幸福他们必定要忍饥挨饿,因为这是上帝的意旨。而现在却完全相反,自由贸易论者蛮横宣称:'你们工人是奴隶,并将永远做奴隶,因为只有你们当奴隶,我们才能增加自己的财富和幸福,因为你们不做奴隶,我们这个国家统治阶级就不能继续统治下去。'于是,压迫的秘密现在终于揭开了;现在幸亏有自由贸易论者,人民才终于能够清楚地了解自己的处境;现在问题终于直截了当地提出来了:有我无你,有你无我!"①不同阶级、阶层之间的政治博弈,特别是权力博弈、权力掠夺,必要时不得不以消灭对方的肉体存在乃至毁尸灭迹、诛灭九族等极端残酷的手段来达到目的。只有在彻底地消灭阶级和阶级斗争的社会里,即只有在彻底地推翻资本主义社会、消灭资本主义生产制度后建立起来的共产主义社会里,在自由人的联合体里,才能彻底地消灭人与人之间的矛盾和斗争,彻底地实现人与人之间的和谐。推翻资本主义制度的共产主义革命具有最后的决定性意义,马克思曾给予高度评价:"只有在伟大的社会革命支配了资产阶级时代的成果,支配了世界市场和现代生产力,并且使这一切都服从于最先进的民族的共同监督的时候,人类的进步才会不再像可怕的异教神怪那样,只有用被杀害者的头颅做酒杯才能喝下甜美的酒浆。"②毫无疑问,由于共产主义社会本质上是自由人的联合体,因而人与人之间的关系变成了自由和谐的关系,而且人与人之间的自由和谐,还将深刻地体现为精神交往和心灵沟通上的互动与和谐,归根结底体现为心与心的互动、共鸣与和谐。显然,从极端野蛮的搏杀,到搏倒、征服、统治、奴役,再到彼此凭借智力的文明较量,最后到彼此间凭借智慧的自由交往与互动,乃至心灵上的共鸣与和谐,标志着人们博弈境界的不断提升,更标志着人们整体精神境界和伦理道德觉悟的提升,标志着人类文明的进步。

如果说从人与自然之间的博弈逐渐过渡到人与社会之间的博弈,再进而过渡到人与人之间的博弈,已经标志着人逐渐地从纯粹的生存斗争中,从

① 《马克思恩格斯全集》第十卷,人民出版社 1998 年版,第 177 页。
② 《马克思恩格斯文集》第二卷,人民出版社 2009 年版,第 691 页。

满足自身的肉体存在、政治存在、社会存在需要中解放出来，那么，人实际上最终还存在着与自我的博弈：人不仅实际地与自己的自然存在着博弈，而且还与自己的心灵存在着博弈。如果说人与自然的博弈内在地蕴涵着人与自己的自然之间的博弈，那么，严格意义上的人与自我的博弈就是人与自己的心灵之间的博弈，显然，这是人的生活博弈的内在维度。客观而言，无论人与自然之间的博弈还是人与社会之间的博弈以及人与人之间的博弈，在获得物质生活资料、社会政治权力和地位等的同时，不可避免地产生着思想上、精神上、心灵上的问题，因此，人始终面临着如何解决的矛盾和冲突。如果说这些问题主要表现为如何更好地规范和协调人与自然、人与社会、人与其他人之间的矛盾和冲突，以实现各个方面生活关系的和谐，那么，人实际上始终面对着自己的心灵。身体的健康并不意味着心理健康、精神健康、心灵健康，精神上的愉悦和心灵自由是人彻底地解决一切矛盾和冲突之后的最终体现。为了实现精神愉悦和彼此心灵和谐，特别是使自己达到心灵上的宁静、安顿、自由与和谐，就必须科学地规范自己的思想和行为，必须确立自己向往的人生理想目标和生命境界，特别是道德人格埋想，使自己能够在现实的行动中彻底地摆脱各种因素的束缚和制约，真正地朝着目标前进。由于人与自我之间进行博弈具有最内在的隐蔽性，因而它实际上从根本上决定着人的其他各个维度上的博弈。事实上，任何一个人如果不能很好地规范和协调与自我的博弈，那么，他势必在其他各个维度上的博弈中始终处于高度紧张的状态之中，其结果必然造成更严峻的心灵冲突。

在现实生活中，无论是哪一个层次、哪一个领域里的伦理道德问题，归根结底都是从现实生活博弈中产生的，换句话说，生活博弈就是一切伦理道德问题产生的最终根源。可以说，这是博弈伦理学最核心的观点，是博弈伦理学思考一切伦理道德问题的理论出发点。

三、博弈伦理学：旨在揭示伦理道德动力机制与规律的伦理学说

立足现实生活世界，从人们彼此间的伦理道德生活入手来剖析伦理道德现象，深刻地揭示伦理道德现象背后实际上都隐含着物质利益、经济利益乃至精神利益博弈的实质，揭示人们伦理道德行为内在的动力机制和规律，

揭示人们从伦理生活向道德生活的超越历程，揭示人们通过伦理道德博弈不断创造和改善伦理道德生活世界的历史趋势，是博弈伦理学的任务。

通过生活博弈论视域来窥视伦理学的本质，并不在于全面认识、梳理甚至彻底解决人类伦理道德生活领域里的全部问题。伦理道德生活中涉及的因素极为复杂，不是单凭生活博弈论能够全面解释清楚的，因为虽然生活博弈论比较全面地解释了人类社会生活各个领域、各个维度、各个方面的博弈现象，但博弈伦理学着眼于人类对美好幸福生活的追求与自由和谐伦理道德生活世界的塑造，因而更多地研究理性存在者之间的游戏活动或交往互动，而不是研究一切现象。当然，这也不可避免地受到经济学意义上的狭义博弈论的影响。威廉·庞德斯通指出："博弈论只研究对赢感兴趣的、有完善的逻辑思维能力的游戏者参与的博弈。只有当你相信你的对手（一个或几个）既是理性的，又是希望赢的，而你自己在玩的时候也始终憋着一股劲儿，要力争为自己取得最好的结果，这样的博弈才是博弈论分析的对象。"①相反，以人们的伦理道德生活为切入点，以生活博弈论为重要理论工具，深入探索人们为了实现自己的物质利益、经济利益乃至精神利益而进行博弈的内在机制，只是为揭示伦理学的本质提供一个比较可行的方案。博弈伦理学研究，如同一切伦理学研究一样，不仅在于科学地分析和解释伦理道德现象和问题，而且还内在地蕴涵着对人类美好幸福生活的向往。因此，从根本上说，博弈伦理学所指出的伦理道德博弈过程中所可能遵循的价值原则和实践原则，并不是人们实际上所选择和遵循的原则的全部，相反，它们仅仅是着眼于伦理道德良性博弈，即日益自觉、理性的甚至明智的伦理道德当事人为了更好地推进博弈，为了更科学地实现自身利益，为了更快地提升自己的伦理道德境界而提出来的。正如周升普、郑春林所指出："这是因为，道德问题本质上是个人、他人以及社会整体的利益博弈、分配及最大化问题。"②因此，那些明显地有悖于伦理道德博弈，如导致零和博弈的消极原则，即极端地违背人类社会基本伦理道德价值的所谓原则，如"人不为己，天诛

① ［美］威廉·庞德斯通，吴鹤龄译：《囚徒的困境》，中信出版社2015年版，第59页。

② 周升普、郑春林：《道德滑坡之困与道德评价体系的合理重建》，《江苏教育研究》2010年第1期。

地灭”“宁愿我负天下人，不让天下人负我”，等等，则不是博弈伦理学讨论的重点。

立足于生活博弈论来审视伦理道德问题，首先就是拒绝脱离现实伦理道德生活实际抽象地探讨伦理道德生活领域里的各种复杂现象和问题，而是深入每个现实的人生存、生活在其中的生活世界去揭示伦理道德现象产生的根源，揭示伦理道德生活对人之所以成为人的价值和意义，深入伦理道德博弈活动之中揭示其内在动力机制和发展规律。实际上，无数事实证明，任何脱离人的生活世界对伦理道德现象的说明都是不着边际的，任何脱离人们复杂的伦理道德境遇和情形，脱离复杂的、具体的、感性的伦理道德行为和现象发生的环境、条件、机缘和影响因素而抽象描述、概括出来的所谓伦理道德原则、规范或规律，并不能有效地解释和说明现实伦理道德生活，甚至一旦它们触及现实复杂的问题就注定扞格不入，显得苍白无力。因此，抽象地说明的伦理道德现象与人的生存、生活和发展无关，与人的人生追求和生命价值探索无关，而抽象概括出来的看似非常纯粹因而具有必然性的伦理道德原则、规范或规律，实际上无法面对现实生活中的无限复杂性。与此相反，一旦我们真心地深入生活世界，基于复杂的伦理道德生活，从生活博弈论的角度来动态地审视伦理道德现象和问题，那么，我们就能够透过各种复杂的表面现象而揭示伦理道德现象发生的深层根源，揭示伦理道德博弈的内在动力机制和发展规律，从而更加准确地、更有针对性地说明现实生活中遇到的各种复杂的伦理道德问题。

人世间的伦理道德现象纷繁复杂，如果说世俗的眼光无法揭示其背后的实质、内在的发生发展机制，那么，在这一问题上，生活博弈论则能够显示出其特别的优越性。这在于以生活博弈论来观察和揭示伦理道德现象的实质、伦理道德博弈的内在动力机制和基本规律，不仅能够更加准确地、更有针对性地说明问题，而且能够使看似非常复杂的问题变得简洁明了。建立在生活博弈论基础上的博弈伦理学认为，任何伦理道德问题本质上都是伦理道德生活主体或当事人在与自然、与社会、与其他人、与自身打交道的过程中发生的问题。而这种打交道，其实质就是伦理道德生活主体之间的博弈互动，任何当事人为了实现自己的伦理道德目标或更好地达到自己的博弈预期或效果,都必然根据自己的伦理道德价值原则、观念和规范形成必要的、最佳的、最理想的博弈策略和伦理道德实践理念,及时地、科学地、灵活地回应和反馈对方,从而推动博弈活动不断向前发展,最终创造出彼此和谐的伦理道德生活秩序和心灵秩序。博弈伦理学认为:由于每个现实的人的根本立场不同,侧重于物质利益、经济利益追求的伦理人实际上进行着伦理博弈,遵循着伦理博弈机制,伦理博弈机制本质上是三元博弈,其实质是人与他者之间的博弈;而侧重于精神利益、心灵利益的道德人进行着道德博弈,遵循着道德博弈机制,道德博弈机制本质上是二元博弈,其实质是人与自我的博弈。从博弈伦理学看来,任何真正有理性的、明智的人都势必遵循着从伦理博弈到道德博弈的升华规律,从而使自己不断地超越伦理生活而进入道德生活,即不断地提高自己的生活境界,而由此他就超越了三元博弈机制进入二元博弈机制,遵循着从人与他者博弈向人与自我博弈转化的内在规律。

博弈伦理学发现,如果说人超越三元博弈机制而进入二元博弈机制,从人与他者博弈转向人与自我博弈,就实现了从伦理生活向道德生活的超越,那么,整个社会上越来越多的人逐渐实现了这种超越,就意味着人们通过伦理道德博弈而不断地创造和改善了我们的伦理道德生活世界,归根结底创造了一个秩序良好、文明礼貌、美德盛行的世界。这正如赵汀阳所说:"博弈最终不仅是为了产生均衡,不仅是为了产生公正的制度——这些都是阶段性成果——还应该为了产生一个好的世界。"①

从博弈论视角研究伦理学,既是博弈论研究的深化和拓展,也是伦理学研究的创新和发展,而从广义的博弈论特别是生活博弈论,来研究伦理学中的重大理论问题和伦理道德生活中的重大现实问题,或许能够给人们思考相关问题提供一个全新的视角,开显出一个全新的世界。当然,这种研究从整体上来说依然是刚刚起步,因此这里呈献出来的不成熟的想法希望起到抛砖引玉的作用,它的粗糙、肤浅有待在进一步的研究中加以消除。

① 赵汀阳:《博弈问题的哲学分析》,《北京行政学院学报》2005 年第 3 期。

第一章　生活博弈论视域下的伦理道德生活

尽管认识和观察伦理道德现象和问题的视角有许多种，然而真正说来，只有深入人的生活世界，立足于人的生活本身，特别是立足于伦理道德生活本身，人们才能更深刻地认识和把握伦理道德现象背后的实质，揭示其发生的内在机制和根本规律。对伦理道德现象和问题的认识和把握，所以特别强调生活博弈论视域，就在于它能够直接以人的伦理道德生活为切入点，深入把握伦理道德现象的实质，进而能够揭示伦理道德的内在博弈机制。生活博弈论是博弈伦理学的理论基础，从生活博弈的角度能够清楚地说明任何伦理道德现象归根结底都历史地发生在一定的生活世界之中，而伦理道德生活归根结底是人之所以为人的生活方式，任何伦理道德问题都是具体的，都产生于具体的博弈境遇，其解决也最终取决于生活博弈，对于自觉的人来说，他能够在博弈的过程中不断地提升自己的德性修养，摆脱伦理的三元博弈机制而进入道德的二元博弈机制之中，最终超越物质、经济基础上的伦理生活而进入精神、心灵上的道德生活，从而从一个伦理人转变、升华为一个道德人，即一个自由自律、心灵和谐的人。

第一节　伦理道德发生的生活场域与伦理道德生活实质

马克思主义相信人是历史地生成的，并不存在抽象的、凝固不变的人性，而人作为自觉自由的生命存在者，与动物存在着根本的区别，人能够把自己的生命活动作为自己意识和意志控制的对象。人所参与的群体生活本质上是一种伦理道德生活，伦理道德生活就是人之所以为人的基本的生命活动方式和生活方式。如果说人通过自觉的创造活动所建构起来的生活世界本质上是人的一切生活实践得以实现的基地，是人的生命活动得以展开，生活意义得以求索，生命价值得以实现的生活空间，因而是人进行人际交往或社会交往的伦理道德生活得以发生的生活场域，那么，以人际交往或社会交往为根本途径或载体的伦理道德生活就是人作为社会人而存在，因而成之为人的基本生活方式。

一、生活世界：伦理道德现象和问题发生的生活场域

任何伦理道德现象归根结底都发生于一定的生活世界之内，生活世界就是伦理道德现象发生的生活场域，脱离生活世界或生活场域，因而脱离任何生活关系或生活问题的所谓伦理道德问题，是根本不存在的。然而，任何现实的生活世界本质上都是一个历史地形成的文化世界，因而是拥有着自己独特的文化传统和价值观念体系、伦理道德体系的世界。一切伦理道德现象最终都是基于生活世界里既定的文化传统、价值观念体系和伦理道德体系而派生和发展的。生活在一定生活世界之内的人，如果不是无知或盲目自大，都不应该忽视和否定在他之外的无数其他可能生活世界及其历史地形成和发展着的文化传统、价值观念体系和伦理道德体系的存在，归根结底不应该忽视和否定其他人无限可能的生活、生存和发展。

客观而言，脱离了一定的生活世界，因而脱离了一定的文化传统、价值观念体系和伦理道德体系，也就根本不存在伦理道德现象和问题。如同爱尔维修所说："如果我生在一个孤岛上，孑然一身，我的生活中就没有什么罪恶与道德了。我在那里是既不能表现道德，也不能表现罪恶的。那么我们对道德和罪恶这两个名词必须怎样了解呢？必须了解为对社会有益的行为和有害的行为。"①也就是说，任何伦理道德问题必然发生在社会生活中，发生在与周围其他人的交往中，发生在具体的生活事务之中。任何伦理道德

① 普列汉诺夫著，王太庆译：《唯物主义史论丛》，生活·读书·新知三联书店 1961 年版，第 66 页。

现象或问题归根结底都是人在社会生活中与其他人发生的生活问题或生活矛盾的反映,都是与其他人、与复杂的生活事务紧密地联系在一起的,或者说掺和在一起、纠缠在一起的。毫无疑问,没有人无缘无故地抽象讨论伦理道德问题,或者说抽象地探讨善恶、好坏、是非问题。因为,善恶、好坏、是非总是基于一定的伦理道德体系或观念的,没有相应的伦理道德体系或观念,任何事情都没有可讨论的基础。高来源指出:“受康德的道德形而上学理论影响,每当我们把道德放在哲学视域中来审视的时候,常会陷入一种抽象而思辨的境地。似乎只有通过抽象而普遍化的追问之后,道德之善才会被我们认可、把握。但时代本身的变化以及由此所生成的生存境遇的差异性都促使着道德哲学本身视角的转换及其问题本身的变换,道德哲学所关心的问题也应该回归到道德存在的基础——生活世界中来。”①因此,生活世界才是伦理道德现象和问题得以产生的现实生活场域,而伦理道德现象和问题归根结底是复杂的生活问题在伦理道德层面的表现,是现实的生活主体在与生活世界里的其他人打交道的过程中基于生活、生存和发展的斗争和矛盾而产生的问题。一定的生活世界归根结底是一群特殊的人通过长期的交往实践而形成的伦理道德世界,在其中,历史地形成了为全体成员所普遍承认或认同的伦理道德价值原则、观念和规范(或行为准则)。所以,任何脱离具体生活世界或伦理道德世界的伦理道德问题论辨,都是毫无意义的。

事实上,人的生活世界或伦理道德世界并不具有揭示物理世界里的普遍规律的物理。严格地说,物理世界独立于任何的生活世界,因而超越任何人,揭示客观事物或事物存在、运动和发展的规律的真理,即物理,具有面向所有人而言的普遍有效性或真理性。然而对人而言,不同的生活世界里所理应遵循的伦理道德价值原则、观念和规范,或者说人们所以能够在某一生活世界里成为人的道理,即情理,则总是体现着绝对性与相对性的统一,或普遍性与特殊性的统一。因为,一方面,不同生活世界里的人们,或者说生活在不同民族文化传统里的人,对现实生活和世界的认识和理解,基于各种

① 高来源:《实践哲学视域下道德的文化维度》,《中国社会科学报》第416期,2013年2月19日。

因素的影响和制约而表现出极大的差异，很难客观地评价绝对的是与非；另一方面，生活在地球上的所有人毕竟都属于人类，共同构成了人类生活世界，因而存在着可通约的共性，基于对客观事物存在、运动和发展的普遍规律的共识，形成着具有普遍性的伦理道德规范或行为准则。事实上，存在着这样一种规律：生活世界越小，其中的伦理道德规范越具有特殊性、相对性，而生活世界越大，其中的伦理道德规范越具有普遍性、绝对性。因此，人们一方面发现“五里不同俗，十里改规矩”，另一方面又意识到“人同此心，心同此理”，认识到在人的伦理道德问题上总是不能完全忽视特殊性与普遍性、相对性与绝对性之间的辩证统一关系。因此，对于人而言，既客观地存在着面向所有人而言的所谓“物理”，即具有绝对性、普遍性的物质世界里的真理，又客观地存在着面向特定生活世界里的人们而言的所谓“情理”，即具有普遍性与特殊性、绝对性与相对性相统一的生活世界里的真理。梁漱溟曾指出：“物理是对物的，情理是对人的。两种理皆为人类生活所一日离不开。你不能离开物（自然界之一切）而生活，你就需要通达物理；同时，你不能离开人而生活，你就需要通达情理。难道不是吗？”①物理与情理同样重要，同样不能违背，否则就可能导致很多问题，而人世间的一切问题无不是违背了物理或情理：“人们行事总要合理，既要合乎物理，又要合乎情理。行事违失于理，是谓错误。既然理有两种，亦就有两种不同的错误。违失于物理者，由于知识不足者居多，亦或一时粗心大意，事所难免，可以原谅。违失于情理者，问题便严重得多，恒引起责问忿争。人世间所有争端，往往扩演而为惨剧战祸，不在前一错误而在后一错误，二者固不可等量齐观。”②总之，人的生活世界里的伦理道德问题，其是非、对错、善恶，严格地说属于情理问题，而不属于物理问题，属于一定的文化问题，而不属于纯粹的自然科学问题。詹姆斯·雷切尔斯、斯图尔特·雷切尔斯强调，文化相对主义是一个有吸引力的理论，“因为它基于一个天才的洞见：很多我们认为如此自然的实践和

① 梁漱溟：《今天我们应当如何评价孔子》，《梁漱溟全集》第七卷，山东人民出版社 2005 年版，第 274 页。

② 梁漱溟：《今天我们应当如何评价孔子》，《梁漱溟全集》第七卷，山东人民出版社 2005 年版，第 274 页。

态度其实只是文化的产物”①。客观而言,他们只说对了一面,即他们确实认识到了任何伦理道德现象和问题本质上只是发生在一定的生活世界里的事实,因而无论是认识现象和问题的出发点还是评判现象和问题的态度,都是生活世界特定文化的产物,而忽视了这种文化生活世界里的伦理道德现象和问题毕竟还蕴涵着普遍性、绝对性。事实上,分析伦理道德现象,解决伦理道德问题,判断是非、对错、善恶,必须一方面要认识到具体的或特定的生活世界里的伦理道德规范的特殊性、相对性,另一方面又要注意到人类生活世界的伦理道德规范的普遍性、绝对性,既不能违背了具体的或特定的生活世界里的具体做人,或人之所以成为人的法则,更不能违背了整个人类生活世界里的普遍地做人,或人之所以为人的法则。毫无疑问,只有如此才能真正地称得上遵循了生活世界里的真理,即情理。

既然任何伦理道德现象和问题都是发生在一定的生活世界里的问题,一定的生活世界就是一定的伦理道德现象或问题发生的现实生活场域,那么,相应地,也只有立足于一定的生活世界才能准确地理解这一定的伦理道德现象或问题,而不能盲目地局限于某些人所处的生活世界而忽视了其他人拥有的无数可能的生活世界及其文化传统、价值观念体系、伦理道德体系的存在。客观而言,在人类社会发展的早期阶段,无论哪一民族,其人数和活动地域都是有限的,或者说其生活世界都是有限的,然而在此有限的生活世界里却形成了生活在这里的人们所普遍共知的伦理道德价值原则、观念和规范,即形成普遍认同的人之所以为人的情理,任何人要想在这一生活世界里得到承认从而更好地生活、生存下去,他就必须接受和遵循这些伦理道德规范,认同为人们所普遍认同的情理。相应地,按照这些伦理道德规范或情理而做出的任何惩罚,也能够得到相应的落实,使当事人受到必要的惩罚或责备,而当事人则无法回避这一惩罚。《尚书大传》记载:“唐虞象刑:上刑赭衣不纯,中刑杂屦,下刑墨幪。”就是说,在唐虞之时,只是实施“象刑”,即象征性地刑罚而折辱其人,就能够达到惩治的效果。而“象刑”所以能够达

① [美]詹姆斯·雷切尔斯、斯图尔特·雷切尔斯:《道德的理由》,中国人民大学出版社 2014 年版,第 31 页。

到惩罚或责备的效果，关键在于所受惩罚的当事人就生活在众人共同生活的生活世界里，或者说，所有人都生活在共同的伦理道德世界里，是每天都与其他人发生生活关系或交往的，由于受惩罚的当事人穿着与众人不同，能够通过周围其他人的态度或眼神反观自身，使自己产生羞耻感，从而最终约束和规范自己。再如诚信问题，一般而言，人是需要讲诚信的，但也不是对任何人都讲诚信的。《大学》曰："与国人交，止于信。"这是非常正确的，因为信与不信，不仅涉及对同一事物的认识和理解是否存在着分歧，而且还涉及是否共同为"国人"的问题，即是否为同一个国家的人的问题，如果与对方国家处于敌对状态，盲目地与对方讲诚信，尽可能多地告诉对方所知道的事情或机密，那只能是里通外国的内鬼。因此，既然作为某一生活世界里的情理的伦理道德规范，体现了绝对性与相对性、普遍性与特殊性的统一，而人类生活世界的伦理道德规范具有最大的绝对性和普遍性，因此，当伦理道德问题发生在不同层面的生活世界里时，就必须根据具体情况来客观地做出评判。一方面，要认识到具体而特殊的生活世界里的伦理道德规范因为总是绝对性与相对性、普遍性与特殊性的统一，因而只具有相对的有效性，而不具有绝对的有效性，它们一般而言对生活在其他生活世界里的人不具有有效性或约束力。伦理道德规范或情理的相对有效性，总是相对于特定的生活世界以及生活其中的人们而言的，三者之间是彼此规定的。客观而言，伦理学上很多的伦理道德问题，特别是纯粹的形而上的道德悖论问题，无不是有意或无意地忽略了伦理道德规范、生活世界以及生活在此特定生活世界里的人们三者之间的彼此规定性导致的。换句话说，往往将具体而特殊的生活世界里的伦理道德问题直接置于整个人类生活世界来考虑，过分地强调绝对性、普遍性而忽视了相对性、特殊性，没有认识到在人类社会发展的一定历史时期，这种相对性、特殊性还是不可否定的客观事实。因此，现实生活中的伦理道德问题，总是发生在一定的生活世界里的问题，这一定的生活世界既可能是具体而特殊的生活世界，如某些民族、国家生活世界，地域生活世界，又可能是超越具体而特殊的生活世界的人类生活世界，即地球上所有人共同生活的世界。讨论和分析伦理道德问题，不能不考虑所属的生活世界及其层次问题，因而应立足于一定的生活世界及其层次而有针对性地给予解决。毫无疑问，只有这样才能有助于消除和避免许多从传统伦理学看来无法解决的抽象的伦理道德悖论问题。尤其是，任何一个人都不能仅仅局限于自身生活世界而否定其他人无限多的可能生活世界的存在，否定其生活世界内部历史地传承和发展着的思想文化、价值观念和伦理道德体系，而我们人类的生活世界整体就是由无数可能的生活世界共同构成的，而每一个可能的生活世界都意味着特定的伦理道德生活主体的具体生活、生存和发展，意味着他们自己的人生追求和现实命运。

事实上，人们在历史上、在现实生活中，往往发生了很多伦理道德方面的争议，这些争议似乎是一些无法解决的问题，但如果深究就会发现，这些争议和问题之所以出现，就是人们忽视和否定了某些伦理道德现象和问题本质上只能属于一定的生活世界，属于具体的伦理道德生活场景这一事实。而这从根本上说，也忽视了任何伦理道德归根结底都是属于一定的生活群体或人的，因而是具有鲜明的主体性特征的。李德顺等人指出："道德总是有主体性的。道德的主体性，是指道德以人为主体，具体的道德总是一定的人的道德；是什么人的道德，就以什么人的社会地位和生活方式为基础，反映他们的社会关系、地位、利益，显示其社会关系所特有的结构秩序和面貌。掩盖或否认自身的主体性道德，必定是虚幻的或虚伪的道德。"①因此，在不同的生活世界里，存在着具有不同主体性的伦理道德，为人们所普遍遵从的伦理道德原则、观念和规范本质上存在着极大的差异，甚至如恩格斯所强调的"每个社会集团都有自己的荣辱观"②。他举例说："工人比起资产阶级来，说的是另一种方言，有不同的思想和观念，不同的习俗和道德原则，不同的宗教和政治。这是两种完全不同的人，他们彼此是这样地不同，好像他们属于不同的种族。"③在工人内部，人们能够产生彼此相互关爱的同情心理，而不可能与资本家产生相同的感情。"工人的仁慈也表现在其他各个方面，而且其表现形式也是令人愉快的。他们自己就是命途多舛的，所以能同情那

① 李德顺、孙伟平、孙美堂：《精神家园——新文化论纲》，黑龙江教育出版社2010年版，第321页。

② 《马克思恩格斯全集》第三十九卷，人民出版社1974年版，第251页。

③ 《马克思恩格斯文集》第一卷，人民出版社2009年版，第438页。

些境况不好的人。在他们看来，每一个人都是人，而在资产者的眼中，工人却不完全是人。”[①]因此，对同一个伦理道德现象或问题，不同的生活世界里的人们的看法存在着分歧是很正常的现象，而且由于人们并不在同一个生活世界里生活，这些分歧在一定的意义上也没有现实地影响到他们的伦理道德交往。相应地，每一个相对独立的生活世界也正是依赖着自己特别的伦理道德原则、观念、规范或体系而维护着自己的存在。恩格斯指出："古老的自发产生的部落宗教和民族宗教是不传布的，一旦部落或民族的独立遭到破坏，它们便失掉任何抵抗力。”[②]依赖特殊的伦理道德原则、观念、规范或体系而维系各自的生活世界，是现实人类生活世界里的普遍现象。当然，对于整个人类生活世界而言，同样需要具有更高级、更普遍的伦理道德原则、观念、规范或体系来规范和调节人们之间的关系，否则只能导致整个人类社会生活的混乱，对涉及整个人类社会存在和发展的伦理道德问题或矛盾冲突，只能立足于更高的整个人类的立场上来看待。显然，如果立足于整个人类的立场上来说，不仅每个具体生活世界里的伦理道德原则、观念、规范或体系存在着自身的局限性、狭隘性，而且在不同社会阶级、阶层、集团里的伦理道德原则、观念、规范或体系也存在着局限性、狭隘性。因此，无论是穷人、富人，还是工人和资本家，本质上都是人，都应当立足于整个人类的立场上来看待，不仅需要解决各个阶级、阶层、集团内部的伦理道德问题，而且还需要解决各个国家、各个民族之间的伦理道德问题，真正地促使整个人类生活世界的稳定与和谐。客观而言，这种伦理道德思考，所立足的生活世界也是一定的生活世界，只是这个一定的生活世界是人类生活世界，而不再是某个具体的、特殊的生活世界。

总之，我们不能绝对地、抽象地脱离开具体的伦理道德环境来谈论伦理道德现象或问题。这一切都说明，伦理道德现象或问题总是根植于特定的生活世界的，脱离了这一特定的生活和世界，脱离了特定的伦理道德生活主体，它们可能就不再是问题，就不会成为引人关注的伦理道德生活现象。坚

---

① 《马克思恩格斯文集》第一卷，人民出版社 2009 年版，第 438 页。

② 《马克思恩格斯文集》第四卷，人民出版社 2009 年版，第 289 页。

持将具体的伦理道德问题转置入特定的生活世界之中，置入具体的伦理道德环境之中，是我们科学地看待伦理道德问题，从而为之寻找科学的解决方案最值得奉行的原则和立场。从根本上说，这一立场坚持了伦理道德绝对性与相对性的统一，因而具体地立足于特定的生活世界来看待问题，看待不同层次和不同境界上的问题，更有助于问题的分析和解决。

二、伦理道德生活：人之所以为人的生活方式

伦理学自创立之初，就涉及一个有关人生的重要话题：什么样的生活值得一过？毫无疑问，我们任何人为了度过自己的一生都必然面临着对生活方式的选择问题，但是为了过值得过的生活，我们又不是随心所欲地在选择，而是有所目的和标准地在选择。究竟什么样的生活值得一过的问题，既涉及人们对生活目的和价值的求索，也有人们对生活理想状态的期望，因而是一个值得深刻反思的问题。在人类思想史上，有无数的思想家曾深刻地考虑过这一问题，思想家从总体上还是形成了最一般的观点，即人们总是在追求美好幸福的生活，而这样的生活归根结底是伦理道德的生活。正如美国学者凯利·克拉克和安妮·包腾格指出的："尽管他们之间有分歧，可是每个思想家群体都拥有一个共同的观点，即道德（传统的或激进的）与美好生活密切相关。"①如果说遵循伦理道德原则、观念和规范是人追求美好生活的必然途径，那么自觉的伦理道德生活就直接地表现为美好生活。这种直接地追求和实现美好生活的伦理道德生活，从根本上来说就是基于人性能够通过束缚、规范和引导不断地得到改善因而使人向善，使人真正地成为人的生活方式。

客观而言，人作为自然的生命诞生于社会，既具有自然属性，又具有通过社会文化的熏陶和教化获得的社会性，因此是自然存在与社会存在的统一体。对于人而言，人性并非先天就存在的、凝固不变的，相反，它是一个历史地生成的东西，在其中，既内在地蕴涵着自然性、动物性甚至兽性，同时也

① [美]凯利·克拉克、安妮·包腾格著，陈星宇译：《伦理观的故事——人性完善的探究》，世界知识出版社2010年版，第9页。

不断地通过社会化过程发展出人的自觉的向善意识、善良意识。因此，真正说来，任何直接对人性作出的“性恶”或“性善”以及“善恶混”等种种论断，都缺乏科学性，缺乏严密的推导论证。在李德顺等人看来，人性善恶之争“是一个在错误前提下产生的假命题和无谓论争”，他们从哲学价值论高度正确地指出：“‘善恶’(价值)并非属性，它并不为任何事物所固有，而只是作为(事物与人的)关系中的现象，才发生和存在。任何事物本身都不存在所谓固定不变的善恶属性，人性更是如此。”①由此就人性善恶之争这一假命题，他们指出：“这个虚假的前提是：它未经分析和论证，就事先判定了作为价值概念的‘善恶’是一对先验的、可以附着于任何事物的‘属性’范畴。”②虽然人性不是抽象的东西，但人性之所以区别于动物性，或者说人之所以能够区别于动物，其根本的原因实际上在于人通过后天的社会教育、教化而获得了超越动物的规定性，即人能够通过自觉的反思和实践改造，立足于整个社会文化或伦理道德的层面来考虑问题，来判定自己所处的社会地位，来选择自己的伦理道德观念和行为，从而按照社会普遍认同的规则和秩序来生活。李德顺等人还进而指出：“人活着就在做人，但是做什么样的人，这就有高低境界和好坏不同的标准。这其中的一个重要因素就是道德要求。是不是以道德要求待人处事，是我们这个社会做人的一个重要标准。‘做人’不是人的自然本性表现，而是主观努力的结果。总之，要‘名正言顺’，切合自己的身份和地位，履行自己的责任和义务，完成自己的职责和使命，做一个人人景仰的道德高尚的人。”③事实上，人超越自然本性在社会中做人从而获得社会性，过上道德生活，成为道德人，就意味着人的自我完善。凯利·克拉克、安妮·包腾格指出：“道德与人的完善之间的联系是人性。从人性的角度说，道德生活乃是人类最完善的生活。如果人们不回答‘人之为人的根

① 李德顺、孙伟平、孙美堂：《精神家园——新文化论纲》，黑龙江教育出版社 2010 年版，第 136 页。

② 李德顺、孙伟平、孙美堂：《精神家园——新文化论纲》，黑龙江教育出版社 2010 年版，第 136 页。

③ 李德顺、孙伟平、孙美堂：《精神家园——新文化论纲》，黑龙江教育出版社 2010 年版，第 139 页。

本是什么’,就无法回答关于道德本性和美好生活方面的问题。”[1]历史上几乎所有的伦理学理论体系都存在着对人性的认识,以至人性预设或假设。但任何对人性的认识如果没有真正地立足于对现实的人的认识,即不将人作为现实的人来对待,那么,它注定存在着逻辑上的缺陷,注定不能科学地解释现实生活中的伦理道德现象,只能通过一步一步的假设而推演人们的现实生活。事实上,人们的现实生活恰恰是一个非常客观实际的博弈过程,它不是任何人性假设所能够科学地说明的。因此,只能从现实的人的生活、生存和发展的客观实际,从现实的人的客观需要及其现实满足,从人的生命存在和人生追求,来解释和说明人,说明人的伦理道德生活。

为了更好地说明问题,说明伦理道德生活对于不同的人来说具有截然不同的意义,非常有必要清楚地阐明“伦理”与“道德”这两个关系整个伦理学研究的核心概念,而对它们在某种程度上所作的严格区别,更是博弈伦理学得以确立的基础。一般来说,“道德”是相对于政治、经济、文化等范畴的大概念,把它看成一个中性词,很多人实际上就是从这个角度来讨论道德的[2]。但在伦理学研究中,不只有一个“道德”概念,还有“伦理”概念,“伦理”(ethics)与“道德”(moral)是两个极其相近又存在着实质性差别的概念。然而,多年来,太多的人不加辨析地把“伦理道德”一块运用,甚至视为一码事,直接看作一个概念,而在普通民众心目中,两者的界限更是模糊不清。无疑“伦理”与“道德”是紧密地联系在一起的概念,而通常情况下,我们对于各种社会现象或问题,根本不可能直接地、明确地断定哪些是伦理的,哪些是道德的,而只能笼统地称为“伦理道德现象”或“伦理道德问题”。而且,在很多时候、很多场合下,没有必要严格区分“伦理”和“道德”,把它们联合起来运用恐怕更合适,而加以分别则显得多余。但正因为两者存在着千丝万缕、无法彻底分割的联系,因此在一定程度上又造成人们对它们的认识相当笼统、模糊。不可否认的是,在不少场合下,两者又存在着实质性的差别,对它们作出更清晰、明确、细微的区别,则非常必要,否则就会含糊问题,尤其

① [美]凯利·克拉克、安妮·包腾格著,陈星宇译:《伦理观的故事——人性完善的探究》,世界知识出版社2010年版,第9页。

② 李德顺、孙伟平:《道德价值论》,云南人民出版社2005年版,第6页。

无法让人更清楚地去澄清社会上纷繁芜杂的伦理道德现象，去衡量不同人的内在品质和思想境界的高下，进而对当事人作出更切合实际的道德评价。如果说普通民众对这种区别和联系不甚关心，无须作深入的思考，那么，对于深究学理的学者来说，则是一个不可回避的理论问题。如宋希仁就强调："在学理研究和阐述中还是应该严格加以区分，明白它们之间的区别和联系。"①

实际上，伦理与道德的关系及彼此间的细微差别，无论是历史上还是当代学术界，不少学者曾经有过不少精辟的论述和阐释。众所周知，率先对伦理与道德作出明确区别的是黑格尔。他在《法哲学原理》中强调："道德和伦理在习惯上几乎是当作同义词来用，在本书中则具有本质上不同的意义。"②事实上，黑格尔所以作出这种区分，在于不满意于康德局限于个体道德而忽视甚至否定伦理的重要性，相反，他认为除了个体道德，社会伦理是一个非常重要的领域，两者具有不同的规定和旨趣，即道德更指向个体，而伦理更指向社会。他说："一个人做了这样或那样一件合乎伦理的事，还不能就说他是有德的；只有当这种行为方式成为他性格中的固定要素时，他才可以说是有德的。德毋宁应该说是一种伦理上的造诣。"③显然，道德超越于伦理具有更高的境界，即伦理在于人的行为方式合乎伦理规范，而道德则是沉淀于人的性格中的内在素质，是长期的道德实践陶冶成的道德德性。进入现代以来，不少哲学家继承了黑格尔对伦理与道德进行严格区分的做法，其中最具有代表性的是海德格尔和哈贝马斯。海德格尔认为，在古希腊语中，"ethike"的原始意义就是人的住所、场所，归根结底就是让人成为人之所"是"的场所，它不仅使人"是其所是"，而且使人成为一种真正意义上的"在场"存在。无疑，海德格尔是在更宽广的社会生活领域里运用伦理概念的，即伦理归根结底具有超越个体道德的社会品格。众所周知，哈贝马斯倡导的商谈伦理学是一种典型的人际交往伦理学，即交互主体性伦理学，因此也超出个体道德的狭隘领域而进入广阔的社会生活，这无疑受到了黑格尔的

① 宋希仁：《伦理与道德的异同》，《河南师范大学学报》2007 年第 5 期。
② ［德］黑格尔：《法哲学原理》，商务印书馆 1961 年版，第 42 页。
③ ［德］黑格尔：《法哲学原理》，商务印书馆 1961 年版，第 170 页。

启发,即客观精神和道德向伦理生活的转化体现为一种扬弃。在李泽厚看来,“伦理”与“道德”两个词语,由于一个来自希腊,一个来自罗马,本身都包含着内外两个方面,但尽管如此还是有必要将它们分别开来使其各有所指,即来自希腊文的“ethic”专指“外”,而来自拉丁文的“moral”专指“内”,虽然这可能令人感到不方便和不习惯,但“中国语言无此问题,将伦理专指外在社会规范,道德专指个体行为和心理,顺理成章”①。他强调:“我讲的‘外’就是指伦理,伦理就是风俗、习惯、制度、秩序、规范这一套东西。道德是人的道德行为,它建立在人自觉的道德心理之上。道德心理是指意志、情感还有观念,这是我讲的‘内’。”②他强调:“我以中国语言为桥梁作此内外的理论区分,突出了群体社会要求与个体道德行为、外在规范与内在心理(亦即内与外、己与群)的关系,便能更好地解答不作区分所带来的好些疑难和问题。”③而结合对海德格尔与哈贝马斯的分析,龚群指出:“我们也将遵从黑格尔,给‘伦理’与‘道德’这样两个概念赋予特定的内涵——将‘伦理’的内涵与其社会层面的内容关联起来,把‘道德’的内涵与个体层次的内容关联起来。这样就有了‘社会伦理’与‘个体道德’这样两个概念。”④对此问题,宋希仁亦总结说:“简单地说,伦理被看做人与人之间合理的经过人为治理的关系,道德被看做伦理秩序应有的调节规范和人之德操、风尚。”⑤也就是说,伦理超越了个人,是规范家庭、社会、国家的规章制度和礼俗伦常,而道德恰恰是个体性的内在品质,它要通过个人的内在良知、自觉的希求和实际行动来彰显。针对伦理与道德的区别与联系,李萍等人作出了比较详细的总结,概括其观点,主要有:“伦理”更具客观性、外在性、手段性、社会性、普遍性、双向性,其核心价值是正当、适当、合适、合宜等,是基础的价值,是准则,其本质的东西是共处中的公平与适度,因此是人们之间的相互要求,其约束依赖于人们基于共识的公正与正义感;而“道德”更多地适用于个人,更具有主

① 李泽厚:《伦理学纲要续篇》,生活·读书·新知三联书店2017年版,第343页。
② 李泽厚:《伦理学纲要续篇》,生活·读书·新知三联书店2017年版,第294页。
③ 李泽厚:《伦理学纲要续篇》,生活·读书·新知三联书店2017年版,第343页。
④ 龚群:《社会伦理十讲》,中国人民大学出版社2010年版,第6页。
⑤ 宋希仁:《伦理与道德的异同》,《河南师范大学学报》2007年第5期。

观性、内在性、个体性、特殊性、目的性、单向性，其核心价值是善、美德、德性、好等，是超越的价值、终极价值，其约束依赖于个人的心性；总之，“伦理似乎是各个个人的道德价值中那个相互重叠的部分”，“而道德则是这种价值向个体倾向延伸的部分”[①]。由此，他们对“社会伦理”与“个体道德”做出区别与规定，并强调：“当表示规范、理论的时候，我们较倾向于使用‘伦理’一词，而当指称现象、问题的时候，我们更倾向于使用‘道德’一词。”[②]在赵汀阳看来，“伦理”与“道德”具有不同的层次：“‘伦理’表明的是社会规范的性质，而‘道德’表明的却是生活本意的性质。道德是一个以存在论为基础的目的论概念。”[③]这一看法，更明确地揭示了伦理在公共社会生活中呈现出来的外在规范性和道德在个人内在精神生活中呈现出来的内在目的性。不过，坚持从政治、经济相对应的道德概念讨论道德的多数学者，并不特别强调道德是相对于个人及其内在性的。例如，李德顺等人指出：“个人可以因其出身、地位和传统而加入或选择某一道德主体的行列，却不能单独成为道德主体。相反，在一切道德规范面前，个人及其行为都是受一定道德约束和评判的对象，所以从严格的意义上说，道德行为主体恰恰是道德规范的客体。”[④]实际上，这里的“道德”是不加区别的“伦理道德”，即广义上的道德。毫无疑问，伦理与道德的区别与联系，是一个客观存在的事实，只有深入地辨析彼此间的细微差别，才能更科学地阐释复杂的伦理道德现象，把握和评价人们的伦理道德行为。

在博弈伦理学里，“伦理”一词除了在伦理学意义上运用，如果与“道德”连用，即“伦理道德”既用于指称不可分割的普遍存在着的伦理道德现象和问题，也用于指称人在人生意义上不可分割的存在方式，而在特定的语境下，如果分别开来，伦理侧重于人在社会物质生活、经济生活中遵循和恪守最基本的伦理规范，而道德侧重于增强自身的德性而不断地修德，因而对于

---

① 李萍：《伦理学基础》，首都经济贸易大学出版社 2004 年版，第 22 页。

② 李萍：《伦理学基础》，首都经济贸易大学出版社 2004 年版，第 22—23 页。

③ 赵汀阳：《论可能生活》，中国人民大学出版社 2004 年版，第 17 页。

④ 李德顺、孙伟平、孙美堂：《精神家园——新文化论纲》，黑龙江教育出版社 2010 年版，第 321—322 页。

具有不同的人生追求的人来说，伦理生活与道德生活是完全不同的概念。概括说来，如果说伦理生活还只是一个偏重于对社会性的、外在的伦理规范的遵循因而仅仅是一个有伦理秩序的生活，那么道德生活则是基于生活的目的的最值得过的生活，因此真正道德的生活不仅在于客观地遵循了外在的伦理规范从而过上了有秩序和规律的生活，而且从一开始就自觉地追求生活的意义，从而实现了人自身内心的和谐，达到了心灵上的自由与快乐。也就是说，伦理生活使人成为一个公共生活领域里的遵循社会伦理规范和秩序的人，从而是赢得了所有生活世界成员认同和接受的人，因而在此生活世界里作为一个独立的成员而存在，归根结底是作为一个独立的人而存在的生活者。按照伦理规范生活，实际上就是“尽为人之道”[①]。董仲舒说：“行有伦理。”[②]也就是说，伦理生活本质上就是人所以为人的基本生活方式。毫无疑问，只要人能够遵循所有社会成员普遍承认的伦理规范，那么他就是一个得到彼此认同的人，而相反，如果他违背了这些伦理规范，破坏了生活世界里的伦理秩序，即归根结底他触犯了所有人对人之所以为人的公共理解或普遍理解，那么他就不再按照普遍的标准而被承认为是人。梁漱溟说：“甚么叫伦理？伦就是伦偶——即是二人彼此相关。换句话说，就是人生必定在相关系中。天地间不会只有一个人的道理，一个人亦是不能活的。人生下来，必有其相关之人，人就在这彼此相关系中而生活。彼此相关系，而互以对方为重，这样就叫做伦理。在相关系中，彼此互相尊重，这个就是伦理。”[③]对于任何人来说，其真正的存在只可能是在现实生活中的存在，然而这种存在本身也是与其他人的存在不可分割地联系在一起的。从个人的角度而言，他人进入我的生活世界在于我对他的认可和接纳，然而我对他的认可和接纳本质上是把他作为与我一样的人的行为，因而所确立的是人与人之间的关系。陈赟指出：“对他人的接纳展现了一个人与人之间的维度，这个维度为彼此的各尽其己提供了可能性。但人与人之间的那个维度不是抽

① 《春秋繁露·五行对第三十八》。

② 《春秋繁露·人副天数第五十六》。

③ 梁漱溟：《中国民众的组织问题》，《梁漱溟全集》第五卷，山东人民出版社 2005 年版，第 793 页。

象的，而是展开在人伦或伦常生活中。每一个人在某一个时刻都处在一定的位置上，而由这个位置引发了人与人之间的关系形式，自我如此，他人亦如此。自我所经常与之相遇的他者，总是各种伦常关系中的他人，因而，接纳他人，不能脱离关系形式来进行。”[①]尤其是，只有在伦理关系或伦常关系中，人才真正地成为自我，而他人才真正地成为他人。正如他所说：“那些在不同伦常位置上与自我当下交接的他人，也只有在伦常中才得以真正作为他人而进入自我的生活世界，伦常不仅是对自我性的肯定，同时也是对他人的他者性的肯定。”[②]因此，正是因为人们建立起了伦理关系，遵循了伦理或伦常，人们才真正作为社会人而存在，从而在超越动物层面的意义上塑造起彼此间的社会关系和社会生活秩序，而任何实际上发展起来的社会关系注定是伦理的关系，实际地确立起来的生活世界也必然是伦理生活世界。诚然，狭隘意义上的伦理层面还比较在意于功利，超越这种低层次的是真正意义上的道德生活。因此，停留于功利意义上的伦理层面的人毕竟还不是最高层次上的人，人要想成为人，成为真正意义上的、高尚的人，还必须进而成为超越了伦理层面而进入道德层面的道德人。道德生活直接以生活为目的并执着地在现实生活中追求生活意义，因而道德使人成为一种超越性的存在，即使他超越一个生活世界对人的最基本的界定，而实现着整个生活世界对人的本质的向往和追求。特别是，真正意义上的道德人，实质上总是在要求自己，因而是他自己在追求自己的超越现实的理想道德人格，在塑造着自己的道德形象。正如克尔凯郭尔曾指出的那样，“道德人的标志更多的是将成为什么而不是现在是什么”[③]。也就是说，他不再在用道德要求别人，而是在用道德要求自己，在塑造自己超越当下的存在。显然，这一种要求是一种内在的要求，是个人对自己心灵的不停拷问。克服自己的有限性，不断地实现自己的超越和完善，就是人自身赋予的终生使命。因此，梁漱溟认为除了从社会学方面说明道德，还应当从人生方面说明道德，否则只会产生对道德

① 陈赟：《中庸的思想》，浙江大学出版社2017年版，第150—151页。
② 陈赟：《中庸的思想》，浙江大学出版社2017年版，第152页。
③ 转引自[美]凯利·克拉克、安妮·包腾格著，陈星宇译：《伦理观的故事——人性完善的探究》，世界知识出版社2010年版，第111页。

的误会。他说:“道德是什么?即是生命的和谐,也就是人生的艺术。所谓生命的和谐,即人生生理心理——知、情、意——的和谐;同时,亦是我的生命与社会其他人的生命的和谐。所谓人生的艺术,就是会让生命和谐,会作人,作得痛快漂亮。”①因此,真正说来,道德是人生的艺术,而不仅在现实的物质生活上而且在精神生活上,在内心的心灵生活上,实现自我,超越自我,达到全面而丰富的自己,达到自己的人格完善和德性完美,达到人与生活世界里的其他人之间生命上的和谐、心灵上的和谐,因而从某种意义上达到至善的境界,就是道德人的现实生活、生命历程。博弈伦理学基于普通大众对遵循伦理规范而过最正常的伦理生活的尊重,期望每位生活主体最终都能够通过不断的伦理道德博弈而提升伦理道德觉悟从而过上追求和实现自身生活意义的道德生活,真正地实现整个社会的自由和谐与每个人的心灵和谐。正由于此,赵汀阳强调:“道德问题才是伦理学的根本问题。”②

因此,伦理道德生活对我们每个人的生存、生活和发展,特别是对于有目的的人生,具有无比重要的意义,它不仅是我们成就自我、完善自我的途径,也是确证我们自身的成长和价值的客观历程。在现代新儒家的代表中,方东美发展出了一个以价值为中心枢纽的机体主义思想体系,在他看来,“天下最真实不过的莫过于健动创造的人生界,生活其中,人人都可以采取不同的方式,经由尽性功夫,而为善去恶——以体现‘至善’理想”③。不断超越的道德人与那种仅仅要求别人却从来不追求自己的道德提升的人实质上存在着根本性的区别。那种仅仅要求别人应当道德高尚,因而经常用较高的道德标准来苛求别人的做法,严格地说是极不道德的行为。实际上,那些经常拿“道德”来说事,来评判别人的人,其行为本身是极为功利的行为,因为他所借用的“道德”仅仅成为他个人进行伦理道德博弈的第三种力量罢了。与之相反,在道德人的眼光里,人生就是一个不断超越、自我实现、自我

① 梁漱溟:《朝话 · 道德为人生艺术》,《梁漱溟全集》第二卷,山东人民出版社 2005 年版,第 87—88 页。

② 赵汀阳:《论可能生活》,中国人民大学出版社 2004 年版,第 17—18 页。

③ 韩路易:《方东美先生与中国哲学精神》,载方东美著《中国哲学精神及其发展》(上),中华书局 2012 年版,第 5 页。

完善的历程，而不断地超越构成了自己的完整人生叙事，从一个纯粹的自然人发展和进化到一个社会人，再从一个普通的伦理人发展和进化到一个道德人，使内在的德性不断充实，使整个生活呈现出美德，构成了一个人完整的生命，而只有在这种不断的生成和发展之中，人才能深切地体验到生活之中的快乐，并在与其他人的伦理道德生活交往互动中，在彼此间的生命和谐与心灵和谐中，创造和享受美好幸福的生活。这诚如赵汀阳所说："生活是每个人的存在论事业。"①人只有不断自觉地去追求，去创造，去做人，才能真正地作为人而存在，作为自己而存在，才能享有美好幸福的生活和心灵的自由。可以说，这一思路是博弈伦理学所阐述的伦理道德博弈发展的总体规律和价值取向，这在随后的论述里将展现得更为具体而详尽。

第二节　生活博弈环境：伦理道德问题发生的具体境遇

伦理道德问题不仅发生于一定的生活世界，而且必须以特定的伦理道德境遇为客观的背景，这就是生活博弈环境。因此，真正说来，伦理道德博弈环境就是现实的伦理道德问题发生、发展、演化的现实境遇。任何伦理道德博弈环境之所以能够成为伦理道德问题生成和演化的客观背景，完全在于它为伦理道德问题的生成和演化设置了无数具体而现实的影响因素，也就是说，正是这些影响因素的客观存在及其彼此间的相互影响和作用，造成了伦理道德问题只可能受制于其影响而呈现出具体的特征来。

一、伦理道德问题都是具体的

不言而喻，当谈论伦理道德现象或问题时，我们不能抽象地谈论，而是必须明白我们所谈论的伦理道德现象或问题究竟归属于哪一个国家、民族或社会，究竟归属于哪一个国家、民族在哪一个时代的社会，甚至究竟归属于哪一个具体伦理道德生活场景或情境，归根结底，归属于哪一个特定的生活世界。因为，一方面，人类社会毕竟存在着众多的国家、民族和区域，存在

① 赵汀阳：《论可能生活》，中国人民大学出版社2004年版，第19页。

着不同的人类群体，这些国家、民族、区域或人类群体事实上都历史地传承着自己的文化传统、价值观念、生活方式和伦理道德观念，因而对于同样一个事实，不同的国家、民族、区域或人类群体，由于观察和评判问题的价值观念、伦理道德观念或规范的不同，所作出的评判往往存在着极大的差异，甚至出现相反的结论；另一方面，无论哪一个国家、民族的文化价值观念、伦理道德观念都不是凝固不变的，而是随着社会历史的发展不断改变着的，因此在不同的时代或历史时期，乃至在更为具体的伦理道德生活境遇或情形下，由当时的伦理道德原则、观念和规范所营造或派生出来的伦理道德问题是根本不同的，因而看似具有相同特征的伦理道德现象或问题，如果按照一成不变的思路来思考和解决，就可能导致严重的冲突。

所谓伦理道德问题都是具体的，不仅是说伦理道德问题或现象总是发生在一定的生活世界里，而且还重点在于说伦理道德问题或现象总是发生在一定的、具体的伦理道德生活主体身上，发生在一定的当事人身上。现实生活中，每个人都是现实的人，有着各种现实的生活问题，如自己每天的工作和劳动，每天需要面对和处埋的工作单位里和社会上的各种人际交往、人情世故，夫妻之间的相处，家里老人的赡养和子女的教育，自己的身体健康及医疗保健，等等，特别是为了满足自己物质生活需要而每天每时每刻都发生着的生活问题，即吃喝拉撒问题或以往常说的“柴米油盐酱醋茶”问题，非常琐碎，它们真正地构成了他的生活实际，甚至可以说直接决定了他的生命存在方式、存在状况、存在质量。这些问题，不仅对每个人来说是真实的，而且对具有不同身份、地位、年龄、性别和经济收入的人，更是表现得非常具体。众所周知，恩格斯曾批判费尔巴哈对这种现实的人的忽视，指出：“在宗教哲学里，我们终究还可以看到男人和女人，但是在伦理学里，连这最后的一点差别也消失了。”[①]事实上，在伦理学中，对于男人和女人来说，每天所面对的生活问题是极为不同的，而他们也在具体的伦理道德生活中承担着不同的角色，因而享有着不同的伦理道德权利，担当着不同的伦理道德义务和责任。因此，除了不能脱离一定的生活世界，不能脱离一定的伦理道德体

① 《马克思恩格斯文集》第一卷，人民出版社2009年版，第290页。

系、观念、规范而谈论伦理道德问题，还必须具体地结合伦理道德生活主体或当事人自己的客观情形和状况来谈论伦理道德问题。特别是，任何具体的伦理道德问题，本质上都是紧密地关系着按照伦理道德体系、观念和规范而规定着的伦理道德权利、义务和责任的，因而具体的伦理道德问题总要落实到相应当事人的伦理道德权利、义务和责任之上，否则，我们还是在空谈伦理道德问题，还没有真正地认识到伦理道德问题涉及现实不同人的物质利益、经济利益、精神利益或心灵利益问题，还没有真正地解决和处理好人们在具体的利益分配和享有之上的矛盾和冲突，还没有真正地规范和协调好人们彼此之间的生活关系、交往关系和心灵关系。

因此，事实上只有立足于生活世界的角度，因而着眼于不同类型和不同层次的生活世界，特别是着眼于不同生活主体具体的生活境遇，才能科学地分析和评判不同类型和不同层次的伦理道德问题，才能给出令人比较信服的结论，才能解决人们在现实的物质利益、经济利益乃至精神利益、心灵利益上的冲突和矛盾，从而有效地规范和协调人们彼此之间的生活关系、交往关系和心灵关系，实现各个当事人心灵上的自由和谐。众所周知，在传统的伦理学思路里，始终存在着道德相对主义和道德绝对主义之争，但无论是道德相对主义还是道德普遍主义（或道德绝对主义），事实上无不是脱离了现实生活世界而形成的抽象伦理学观念，而两者之间彼此争执，谁也说服不了谁，关键在于它们的根本方法存在着同样脱离现实生活世界和人的生活实践的致命缺陷。正如李义天所指出的："严格地说，世界上只有伪装成'道德相对主义者'的人，而没有真正的'道德相对主义者'。这就如同没有真正的'道德普遍主义者'一样——因为，同样没有人可以跳到世界之外去找到那把能够贯穿世界本身的公共尺度。所以，道德相对主义其实跟道德普遍主义一样失败。"①从现实生活世界来看，任何伦理道德问题既不是绝对的，也不是相对的，恰恰是既具有绝对性又具有相对性，是绝对性和相对性的统一。过分强调绝对性因而成了绝对主义者，或过分强调相对性因而成了相对主义者，都无疑忽视或否定了伦理道德问题得以产生的生活世界。事实

① 李义天：《美德伦理学与道德多样性》，中央编译出版社 2012 年版，第 266—267 页。

上，在当代伦理学发展中，境遇伦理学从一定的意义来说已经是回归生活世界的伦理学。作为境遇伦理学的创始人，约瑟夫·弗莱彻强调："境遇伦理学旨在达到一定背景下的适当——不是'善'或'正当'，而是合适。"[①]他所谓"达到一定背景下的适当"完全是立足于当下的生活事实和现实境遇而做出的伦理道德判断。当然，境遇伦理学在发展的过程中，由于过分强调这一要求，亦往往存在着不同程度地忽视伦理道德原则和规范的不好倾向。

总而言之，只有立足于现实生活世界，立足于当下的生活事实和伦理道德博弈当事人面临的生活境遇，才能对一定的伦理道德现象和问题给予科学的分析和解释，任何脱离现实生活世界，脱离伦理道德博弈当事人的伦理道德思考，都是毫无意义的。

二、伦理道德问题产生于伦理道德博弈环境

如果说伦理道德现象或问题本身都是特定生活世界里的具体现象、具体问题，我们因此对其的任何讨论或分析都不能脱离这一特定生活世界的客观背景，那么，我们还应当深刻地看到，从更根本上来说，伦理道德现象或问题本身都是特定的伦理道德博弈环境的产物，它本身受制于这一博弈环境。如上所述，在伦理学发展史上，将伦理道德现象或问题的产生和发展更多地归因于环境和由环境而造成的特殊境遇的观点被称为"境遇伦理学"。在 20 世纪 20 年代，美国实用主义大师约翰·杜威曾比较系统地论述过境遇伦理学思想，而在 40 年代境遇伦理学之所以成为道德神学的一个重要流派，涌现出一批以约瑟夫·弗莱彻为代表的从神学立场阐发基督教境遇伦理学思想的学者，就在于它深刻地揭示了环境和境遇在人们的伦理道德生活中所具有的至关重要的作用。撇开弗莱彻等人的神学立场，事实上任何伦理道德问题或现象都是在特定的环境或境遇中产生的，因此，正如他所说："哪里有了境遇所提出的问题，哪里就有真正的伦理学。"[②]因此，离开具体的伦

① [美]约瑟夫·弗莱彻著，程立显译：《境遇伦理学》，中国社会科学出版社 1989 年版，第 18 页。

② [美]约瑟夫·弗莱彻著，程立显译：《境遇伦理学》，中国社会科学出版社 1989 年版，第 119 页。

理道德博弈环境或境遇,就没有真正的伦理学问题。

伦理道德博弈环境之所以能够影响和决定人的伦理道德行为,在于它实际地存在着一个内在的机制,使得蕴涵于环境中的所有因素能够发挥其相应的作用。显然,不同伦理道德博弈环境的根本区别完全在于蕴涵其中的博弈机制存在着根本性的差别。也就是说,博弈机制是伦理道德博弈环境中的内在机制。客观而言,一个人的行为之所以是道德的或非道德的,从根本上不仅取决于人的个人道德品格,而且还取决于他所置身其中的伦理道德环境、情境或者说具体的伦理道德境遇,因为这一伦理道德环境、情境或境遇不仅客观地预先为他设置了伦理道德观念体系、规范体系,因而预先为他设置了伦理道德义务,即必须完成的分内责任,规定了他必须满足的伦理道德要求,而且为他的任何言行举止都提供了客观的伦理道德判断尺度,也就是说,在他能够为自己的行为设定目的之前,他所有可能发生的行为都已经客观地被设置了伦理道德情境框架,这一框架既是他自己思考和解答伦理道德问题的可能空间,而且也实际地影响和制约着他的行为。因此,一个人的伦理道德行为,往往不仅具有鲜明的个人特征,而且还注定带有明显的情境特征①。

当然,纵使伦理道德问题都产生于特定的环境、情境或境遇,也并不意味着任何伦理道德问题仅仅具有相对性、特殊性而不再具有绝对性、普遍性。客观而言,作为“境遇伦理学”的代表人物,弗莱彻的确是一个典型的道德相对主义者②。然而,当弗莱彻深刻地认识到伦理道德问题或现象的境遇性特征或情境特征的同时,他实际上忽视了伦理道德问题或现象本身还具有的绝对性或普遍性。这在于,任何伦理道德问题或现象本质上都是发生在人类身上的问题或现象,而伦理道德问题或现象的具体性、特殊性或相对性本质上都是相对于共性或普遍性才是有意义的。忽视了伦理道德的共性、普遍性而过分地或孤立地谈论其相对性、特殊性,仅仅坚持伦理或道德

① 刘松博、梁丹宁、杜晓琳:《非道德行为概念辨析及相关研究进展》,《经济理论与经济管理》2010 年第 7 期。

② [美]约瑟夫·弗莱彻:《中译本序》,《境遇伦理学》,中国社会科学出版社 1989 年版,第 6 页。

的相对主义、特殊主义，从而过分夸大环境、情境或境遇的影响力，这种意义上的"境遇伦理学""在道德实践中，它常常把境遇与道德规范对立起来，夸大境遇因素，否定规范的作用，因而会使人的行为陷入无原则的、实用主义的、不择手段的非道德主义的泥潭"①。事实上，弗莱彻本人对于不重视律法、规则或规范的反律法主义也是持反对态度的，在他看来，与律法主义者专注律法及其规定相反，非律法主义者过分强调人们进入决断境遇时对任何原则、规范或准则的否定或抛弃，其中尤以诺斯教派为代表："他们的道德决定是随意的、不可预言的、无规律的、十分不规则的。道德决定是一种本能，完全是无规则的、纯粹特定的和偶然的。他们在任何境遇下都不遵守任何预期路线。确切地说，他们是不守律法的，也就是无规则的。他们不但'不受律法之键的约束'，而且实际上全然是'即席创作者'，临时做出决定而理智上不负责任。"②"境遇伦理学"的确试图在律法主义和反律法主义之间寻求最佳的状态，避免像弗莱彻所说的"从一个极端跳到另一个极端，只会如同从油锅跳进火坑"那样的弊病③，比较重视律法或伦理道德规范和准则在特定道德境遇中对道德决断的意义。基督教境遇论者把"爱"奉为绝对的善，因而仅仅根据"爱的需要"而遵守或违反道德律或伦理道德规则。从某种意义上说，这种境遇伦理学很容易毫无原则地解释"爱"，因为毕竟每个人所理解的"爱"具有很强烈的主观色彩，难以避免陷入无原则的、实用主义的、不择手段的非道德主义的泥潭。事实上，对于任何一个伦理道德问题或现象来说，既是产生于具体的、特定的生活世界里的问题或现象，因而具有特殊性，对它的分析和解决必须充分地考虑到现有伦理道德原则或规范所可能允许的范围和空间，又是属于整个人类生活世界里的问题或现象，因而具有普遍性，对它的分析和解决又必须充分地考虑到整个人类伦理道德原则或规范所具有的共性和绝对性，从而尽可能地做到既尊重特殊性又体现

① 石毓彬：《前言〈境遇伦理学〉何以轰动?》，载约瑟夫·弗莱彻著《境遇伦理学》，中国社会科学出版社 1989 年版，第 5 页。

② [美]约瑟夫·弗莱彻著，程立显译：《境遇伦理学》，中国社会科学出版社 1989 年版，第 14 页。

③ [美]约瑟夫·弗莱彻著，程立显译：《境遇伦理学》，中国社会科学出版社 1989 年版，第 17 页。

普遍性。

归根结底,造成伦理道德问题或现象的伦理道德原则、规范或准则本身是变化的,它们永远在特殊性与绝对性、相对性与普遍性之间寻求平衡,这是人类实践发展,特别是伦理道德实践,对更加和谐的伦理道德生活世界理性追求的必然趋势,而不可能是僵化不变的。李德顺指出:“绝对主义和相对主义这两种极端的见解,实质的逻辑都是否认道德本身的发展。”①因此,如果不是极端地而是辩证发展地看待问题,许多伦理道德问题都能够根据其客观发展着的伦理道德境遇得到最合理的分析和说明。

三、伦理道德问题的解决取决于生活博弈的发展

事实上,具体而现实的伦理道德博弈环境不仅生成一定的伦理道德问题,而且还规定着这一伦理道德问题的解决,也就是说,这一伦理道德博弈环境已经内在地蕴涵了如何解决本身所能够解决的伦理道德问题的机缘,而伦理道德问题的最终解决取决于生活博弈的辩证发展。因此,一方面,人们对伦理道德问题的思考必须始终置身于具体的伦理道德博弈环境,伦理道德的博弈最终取决于生活的博弈。另一方面,生活博弈的辩证发展最终改变着伦理道德博弈的环境,从而最终解决了发生在当事人之间的伦理道德问题。伦理道德问题,特别是思想观念上的、心灵上存在着的问题最终只可能通过现实的社会生活的实践改变而得到彻底的消除。

客观而言,按照既定的伦理道德体系或博弈环境,任何伦理道德现象都是可以解释的,任何伦理道德问题也都是可以解决的,即根本没有无法解释和无法解决的伦理道德问题,没有真正意义上的伦理道德困境。事实上,在一定情况下,所谓伦理道德问题或伦理道德困境的出现,恰恰意味着伦理道德观念体系已经遭到了新的伦理道德观念的挑战,产生了内在不可解决的冲突。这种已经蕴涵着内在冲突的伦理道德体系,使得不同的人根据自己的需要,分别选择对自己最有利的伦理道德思想、观念、规范、信念、信仰为

---

① 李德顺:《社会伦理演进中的元道德问题》,《走向民主法治——当代中国政治文明的价值体系初探》,法律出版社 2011 年版,第 138 页。

自己服务,而对自己不利的则有意回避或抵制,因而造成了伦理道德当事人之间就同一件事或同一个伦理道德行为给予了不同的思考和评判。事实上,这种冲突根本不是消除不了的。因此,尽管如此,伦理道德博弈环境恰恰要求伦理道德当事人按照彼此能够接受的条件让步于对方,因为如果不能做出妥协,那么,人们就势必不可能再生活、生存在一起。从这里可以看出,伦理道德的博弈归根结底取决于生活的博弈,而生活的博弈必然表现为伦理道德的博弈,由生活博弈中产生的生活问题,产生的伦理道德问题,最终也只能通过生活博弈的辩证发展而解决。

如果说伦理道德博弈往往还停留在言语上、思想上、精神上、心灵上,那么,生活博弈从来都是一个具体的实践过程。也就是说,生活博弈实际上是行为主体之间在复杂的交往互动中彼此力量的较量过程,而不是仅仅停留于言语上、思想上、精神上、心灵上。毫无疑问,言语是博弈的重要载体或媒介,在很多场合下它能够发挥非常大的现实影响力,这是现代语用学研究的重要内容。但是,言语毕竟只是伦理道德博弈的一个方面,现实的博弈过程往往极为复杂,许多其他载体或媒介,如肢体或行动,往往更具有影响力或决定作用,从而实际上引导着或改变着博弈的发展。我们对言语上的交锋或博弈,既必须给予高度的重视,又不能过分迷信。我们对一个人的伦理道德判断,不能偏执于他是否说过或没说过什么样的话,而应当着眼于他的具体实践和行动,因为行动更能证明他的德性、动机和目的。与纯粹的外在言语博弈(如辩论、说理乃至对骂等)相比,思想上、精神上以至心灵上的博弈则更为深刻,能够深远地影响着一个人各个方面的现实生活乃至身心健康。但纵使如此,与上述一切相比,生活博弈则更为直接、现实、根本。客观而言,任何其他形式的博弈,如语言博弈乃至精神博弈,归根结底都派生于现实的生活博弈。众所周知,马克思、恩格斯特别强调:“不是意识决定生活,而是生活决定意识。”[①]语言以及思想、观念和意识本质上都是现实的物质生活过程的产物,是具体的物质生产和物质交往的产物。因此,以物质生产、物质交往为基础的现实生活博弈最终决定着语言博弈、精神博弈和心灵博

① 《马克思恩格斯文集》第一卷,人民出版社2009年版,第525页。

弈，它既不是纯粹的思维想象，也不是触动心灵的情感体验，相反，它是一个极端现实而冷峻的生活事实和生活过程。

客观而言，任何伦理道德问题，无论存在于生活的哪一个层面，无不最终能够找到现实的生活根源，因而任何伦理道德博弈，如果不是诉诸纯粹的内心解决，即将现实生活中外在的矛盾通过自我精神境界的提高而转移到内心，并在内心加以化解，那么，最终也将随着生活博弈的现实推进而得到有效的解决或化解。马克思、恩格斯强调："共产主义者既不拿利己主义来反对自我牺牲，也不拿自我牺牲来反对利己主义，理论上既不是从那情感的形式，也不是从那夸张的思想形式去领会这个对立，而是在于揭示这个对立的物质根源，随着物质根源的消失，这种对立自然而然也就消灭。"①因此，真正说来，伦理道德博弈问题最终必将随着生活博弈得到解决或消灭。也就是说，随着社会物质生产、生活的发展，任何意义上的伦理道德问题要么顺便得到了解决，要么直接就被消灭了，不再成为一个问题。这对于个人是如此，对于整个社会历史发展也是如此。恩格斯曾经说："如果群众的道德意识宣布某一经济事实，如当年的奴隶制或徭役制，是不公正的，这就证明这一经济事实本身已经过时，其他经济事实已经出现，因而原来的事实已经变得不能忍受和不能维持了。"②总之，一些伦理道德问题之所以成为道德难题，造成道德困境，关键在于没有认识到生活博弈自身存在着发展，没有认识到随着生活博弈的演变和发展，它们终将失去现实值得讨论的价值和意义。

坚持从生活博弈的发展看待伦理道德问题，特别是伦理道德博弈过程中出现的道德难题和道德困境，就能够不局限于狭隘的伦理道德生活范围，而从更广阔、更发展、更现实的视域找到解决问题的途径和方法。

第三节　伦理生活与道德生活：生活博弈的不同境域

现实的人既是自然存在、肉体存在，又是社会存在、精神存在，既要满足

---

① 《马克思恩格斯全集》第三卷，人民出版社 1960 年版，第 142 页。

② 《马克思恩格斯全集》第二十一卷，人民出版社第 1965 年版，第 209 页。

自己的物质生活需要、肉体生命发展需要，又要满足精神生活需要、心灵生活需要。然而，人们的物质生活需要、肉体生命发展需要、精神生活需要乃至心灵生活需要，无不是在现实的物质生产、生活过程中，在现实的与其他人发生的物质交往、经济交往、社会交往和精神交往的过程中，在一定的生活世界里产生和得到满足的。因此，任何人都不可避免地基于现实的物质生产、生活而与生活在共同生活世界里的其他人发生着这样那样的物质利益、精神利益乃至心灵利益上的矛盾、冲突和博弈。当这些矛盾、冲突和博弈还没有触及国家的政治法律制度，因而不是依赖政治法律规范而主要依赖社会舆论和个人自律来规范、约束和调节时，人们实际上处于伦理道德生活层面上。但严格说来，那些更多地关心自己的物质利益、经济利益得失的人，尽管可能具有较高的文明素质因而知道约束自己的行为，但基本上还是依赖社会舆论规范、约束和调节彼此间的思想和行为，他们实际上生活在伦理的层面；而那些更多地关心自己的精神利益乃至心灵利益的人，不仅具有高度的文明素质而且具有较高的道德自觉乃至道德信仰，他们主要依赖个人自律而规范、约束和调节自己与其他人之间的关系，因而实际上生活在道德层面。因此，伦理生活和道德生活实际上既是人的两种不同的生活境界，也是现实生活博弈的两种不同境域，即不同人生境界的人实际上是在两种不同的境域里进行着两种不同的生活博弈。“境遇”与“境域”是两个极为相近的范畴，但实际上存在着一定的区别，前者侧重于说明伦理道德博弈的现实环境和形势，而后者侧重于说明伦理道德博弈的境界和层次。因此，“境域”具有更高的伦理道德价值和意义。

一、人的两种生活境界：伦理生活与道德生活

毋庸置疑，纵使每个人都是社会人，生活在同一个社会上或公共生活世界里，但由于所受的文化教育，特别是伦理道德教育不同，形成了不同的世界观、人生观和价值观，因而事实上每个人又都是具有自己的理想信念和人生追求，具有自己的生活境界，过着不同类型或层次的生活的人。客观而言，伦理生活和道德生活就是具有不同理想信念和人生追求的人所参与和拥有的两种生活类型，它们意味着两种不同的生活境界。确切说来，伦理生

活是人们为了满足物质生活需要或肉体生存需要因而实现和维护物质利益、经济利益的社会性生活，是遵循社会普遍性公共伦理规范的生活，是最正常不过的日常生活、世俗生活；而道德生活则是人们为了满足精神需要，特别是心灵需要因而实现和维护精神利益、心灵利益的既具社会性又具个人性的生活，是既遵循社会道德规范又遵循个人德性规则的生活，是最敏感不过的精神生活、心灵生活。如果说伦理生活是任何一个文明的社会人普遍参与的公共生活，那么，道德生活则是那些自觉地追求崇高美德的高度文明的部分人有限参与的特殊性生活，甚至是个人拥有的私人生活。而且，如果说伦理生活具有最大的规范性，每个人参与伦理生活就在于要形成良好的生活习惯，即遵循整个社会伦理规范，那么，道德生活则具有最大的创新性，任何一个具有高度生命自觉和人生追求的人都会不断地开拓自己的人生境界或生命境界，创造性地发明和创立新的崇高美德，从而对整个社会起着最大的引领作用。

如果不是抽象地考虑问题，而是睁开眼睛深入观察人的现实生活，我们就会发现任何人都是现实的人。马克思主义唯物史观科学地揭示了现实的人的基本特征，是科学的伦理学得以奠立的基础。从唯物史观来看，现实的人首先是作为肉体存在的人，是一个自然的生命有机体，一个纯粹自然的存在或纯粹的自然存在，而作为这样的存在，他首先要满足自己肉体生存的需要，使自己的生命有机体存活下去，否则他最终根本无法作为自然存在而存在。也就是说，如果没有了生命，他连自己作为自然存在的资格都将丧失掉。但是，这种首先作为肉体存在的现实的人，并不是孤立地存在着的，也就是说，他不是脱离开其他人，脱离开社会而存在的，相反，满足肉体存在、自然存在所需要的一切生活资料都是通过社会和其他人实现的。一个人之所以是一个现实的人而不是一个虚幻的人，一个极为简单的事实是，他本身在他还没有去思考这些问题，去萌生脱离开社会和其他人而生存的想法的时候，他就已经作为一个纯粹的无意识的动物或生命体而被生在这个社会上，被生在一个家庭中。也就是说，在他还没有任何意识，同时也没有任何的能力来抗拒的时候，就作为父母生命的延续和爱情的结晶而被带到世上。按照海德格尔的说法，他是被抛入这个世界的。然而，人根本区别于动物。

人纵使是被抛到这个世界上，是作为父母的附属物被带入这个世界上，但他在现实生活世界里的出现却是一个极端重要的事件，因为如果说从生命有机体或肉体生存的角度来看，他的确是一个纯粹的小动物，吃喝拉撒与自然界里的动物没有根本性的区别，但他又绝不仅仅是一个小动物，无论他是否意识到，而且在这个时候他也根本无法意识到，甚至纵使他意识到了，他也无法否认的是，在他生下来的那一刻，现实生活中已经编织好的社会关系网，特别是伦理关系网，就笼罩在他的身上，他立刻就成为进一步编织新的网络的纽结点。也就是说，在他诞生之前，他的社会身份已经基本被预先确定下来，而他的诞生则使预先确定的身份立刻变成现实。因此，人虽然作为生命有机体，作为肉体而出现在世界上，但他是作为社会的存在，作为具有社会意义的生命有机体而诞生的，各种社会关系、伦理关系已经规定了人的本质。人没有抽象的本质，也没有抽象的人性，人的一切都将随着人的现实的社会化，随着人为了满足生命存在、肉体存在而进行的社会物质生产和物质交往，随着为了得到社会其他人对自己的社会身份、伦理身份的认可和接受，随着自己的社会伦理道德权利、义务和责任的享有、履行和担当而发生着变化，从而使他成为一个活生生的现实的人。众所周知，马克思强调："人的本质不是单个人所固有的抽象物，在其现实性上，它是一切社会关系的总和。"[①]在这里，"一切社会关系"至少蕴涵着血缘关系、伦理关系、物质生产关系和社会交往关系，而任何一个人只有在这些关系中不断地实现自身，确证自身，才能获得自己最真实的存在和最完整的本质，才能越来越成为一个独立的现实的人。针对独立性对于人所具有的决定意义，马克思指出："任何一个存在物只有当它用自己的双脚站立的时候，才认为自己是独立的，而且只有当它依靠自己而存在的时候，它才是用自己的双脚站立的。"[②]因此，任何人只有用自己的双脚站立于世界之上，独立地担当着一切社会关系赋予他的身份、权利和义务，从而通过社会和其他人满足着自己的肉体存在需要和社会生活需要时，他才真正地拥有了自己的社会本质和社会现实性，成为

① 《马克思恩格斯选集》第一卷，人民出版社2012年版，第135页。

② 《马克思恩格斯文集》第一卷，人民出版社2009年版，第195页。

一个真正意义上的现实的人。

作为一个现实的人，任何人如果想过上为整个社会或生活世界所承认的正常生活，特别是真正具有独立性的生活，他就必须自觉地遵循社会生活规律，认识、接受和遵守为社会上其他人普遍遵守的伦理道德原则、观念和规范，履行伦理道德义务，担当伦理道德责任，从而更自然地、更自由地享有伦理道德权利，以最终成为一个独立的、自由的人。但是，对于不同的人来说，由于伦理道德觉悟程度的不同，实际上存在着两种生活境界，即伦理生活和道德生活。

从根本上说，伦理生活是侧重于梳理伦理关系的生活，而道德生活则是侧重于梳理心灵关系的生活。也就是说，伦理生活本质上表现为人与其他人为了规范和协调彼此之间的关系而进行的生活，而道德生活本质上表现为人通过与其他人的精神交往、情感交往而规范和协调自己的心灵与其他人的心灵，特别是人与自己内在心灵之间的关系而进行的生活。如上所述，人处于复杂的社会关系之中，其中既有血缘关系、伦理关系，也有基于此而产生的社会物质生产关系、社会交往关系，等等，为了梳理这些关系，他就必须始终主动地规范和协调这些关系。其中，对于他来说，为了满足自己的生命存在或肉体生存需要而在社会物质生产和交换过程中派生出来的物质生产关系、物质财富分配关系、经济关系就是最为重要的内容。所谓伦理生活，特别是正常的伦理生活，不仅是一种生活类型，而且也是一种生活境界，它是一个人清楚地认识到必须通过一定的社会物质生产和社会交往才能满足自己的物质生活需要，才能使自己的肉体存活下去，因而自觉地遵循社会交往所普遍遵循的伦理道德规范的生活；是渴望通过社会或其他人对他的认可和接受而正常地获得自己的物质利益或经济利益的生活；是关注于自己的物质利益最大化的生活。也就是说，对于一个具体的人来说，伦理生活并非仅仅涉及伦理道德问题或事务的生活，而是实现、维护和保障伦理关系的生活，是有规则和秩序的生活，即有“伦”的生活。伦理生活的关注点在于有规则、有秩序地获得自己的物质利益、经济利益，以实现物质利益、经济利益的最大化。然而，人并不是一个纯粹的肉体存在，他也是一个精神存在。人的精神生活、情感生活、心灵生活具有超越性，能够超越纯粹的物质生活、肉体生活而追求精神愉悦、情感融洽乃至心灵的自由与和谐，这就促使他过一个有思想、有修养、有境界的道德生活。如果说，作为一个肉体的存在，人可能存在着这样那样的缺陷或不足，如身患疾病，身体残疾，肢体不全，身材矮短、肥大或畸形，皮肤粗糙，长相丑陋，如此等等，因而在社会生活中总存在着一定的困难和障碍，最终导致在现实物质生活中不可能达到最期望的理想状态，满足不了同别人一样的物质利益或经济利益需要，那么，作为精神性存在，人却能够不断地超越当下物质生活的困境而实现精神生活的满足，追求和实现超越物质利益的精神利益，特别是实现自己的心灵利益，充分地享受精神上、心灵上的自由与和谐。

客观而言，道德生活依然需要实现和维护现实社会生活中的伦理关系、伦理秩序，但从根本上来说它超越了人单纯依赖伦理规范来规范和调节自己的思想和行为的境界，而倾向于为自己的人生设定一个理由充足并使自己信服和激动的理想目标，并通过自觉地加强道德修养或德性而在更高的层面上规范自己，因而它表现为个人性的精神生活，甚至确切来说是私人的心灵生活。不可否认，我们任何一个人都生活在公共生活世界里或社会上，我们的一切精神生活或心灵生活都离不开社会生活，离不开他人而独自享有，但道德生活本质上是既依赖社会又不局限于社会，既依赖与他人的关系又超越这种关系的生活。从根本上来说，道德生活是奠基于社会公共伦理生活基础之上的精神生活，是奠基于精神自由和心灵自由的生活，因而是既具有公共性又具有私人性的生活，是既具有继承性又具有独创性的生活。归根结底，道德生活体现为基于现实社会生活之上的个人或私人的精神生活、心灵生活，是面向自己的未来生命无限敞开的生活，是探索生命价值和意义的无限可能的生活。如果说最正常的伦理生活就是能够获得社会普遍认可和接受的生活，是最寻常的生活，那么，道德生活则始终处于变动之中，处于不断的超越过程之中，它引导着生活主体不断地克服现有的无论自身还是客观社会环境所造成的困难和障碍，彻底地使自己从已达到的道德境界中超越和突破出来，去追求和探索自己无限可能的生活境界。因此，道德生活就是使人不断提升的生活，它不再满足于成为普通的社会人，特别是成为仅仅关注物质利益、经济利益得失的功利人、伦理人，而是期望和渴求成为自己心目中的理想人、道德人，成为一个自己值得欣赏和尊敬的人，一个自己打心底里敬佩和皈依的人。毫无疑问，在这种追求中，在道德生活中，无论是自身肉体上所存在的任何缺陷和不足，或是任何社会环境中复杂的困难和障碍，都将不再具有任何决定性的意义，都将消失为无须重点考虑的对象，相反，他对自己的意义，对自己的生命存在和人生价值的认识和理解，最终成为他头脑中思考的唯一重要的对象。伦理生活与道德生活之所以是不同的生活境界，还在于，当一个人纵使向另一个同样具有理性的人证明自己的道德追求是合理的、正确的，并劝说他接受时，那个人虽然承认这种正确性、合理性但并不必然地追求什么崇高的道德，相反，宁愿依然过着自己的伦理生活。

当然，一般而言，作为两种类型、两种境界的生活，伦理生活和道德生活并不是割裂的，而是紧密联系在一起的，任何一个正常的、现实的人都应当自觉地过着两种生活，而不能仅仅重视其中的任何一种。毫无疑问，我们既不能脱离伦理生活、物质生活、经济生活而空谈道德、崇高与奉献，也不能无视道德生活、精神生活、心灵生活而过分世俗、功利与算计。如果在伦理生活的层面上大谈道德而从根本上忽视或否定人们正常的物质利益或经济利益需要，只可能导致很多现实物质生活的困难与矛盾；相应地，如果在道德生活的层面上大谈功利而从根本上忽视或否定人们正常的精神利益或心灵利益，则只可能导致许多内在精神生活的紧张和冲突。以物质生活为基础的伦理生活和以心灵生活为导向的道德生活，紧密地构成了一个逻辑链条，使人在超越了动物层面之后继续向前、向上超越，从而在解决了物质生活问题基础之上不断地解决精神生活和心灵生活问题，最终使自己超越功利的伦理生活而过上崇高的道德生活，达到精神上的愉悦和心灵上的自由和谐。可以说，正是沿着这一逻辑链条，人最终使自己成为一个真正超越了伦理人的道德人，归根结底这就是人的自我生成、自我发展与自我完善之路。

二、伦理生活的精神诉求：守规而中庸

伦理生活是人自觉地超越纯粹的野蛮状态而进入文明状态之后最先过上的有规则、有秩序的生活。相比低下的野蛮状态和更高级的文明状态，它

既是人的一种生活类型，也是人的一种生活境界，而那些自觉地立足伦理立场，处于伦理生活境界里从而过着这种伦理生活的人，就是标准的伦理人。由于伦理生活本质上在于实现和维护现实生活中基于社会物质生产和社会交往的伦理关系，因而它更强调对伦理价值原则、观念和规范的接受和遵循。如果深入剖析伦理生活，就会看到，其最高的精神诉求就是守规而中庸，就是伦理人自觉地遵循、恪守社会伦理规范，以此为自己思想和行为的最高衡量标准，始终做到思想和行为的适度、中庸，即通常所谓的“中规中矩”。换句话说，伦理人以遵循、恪守伦理规范为旨归，以达到中庸为最高境界。这种守规而中庸的伦理行为本质上依然是一种他律的、功利的行为，因此伦理生活的境界实质上就是功利境界。

如果撇开泛泛而谈的伦理道德生活，而是关注狭隘意义上的伦理生活，我们就会发现，它之所以为伦理生活，关键在于它实际上在塑造和维护伦理关系，以确保伦理关系的稳定与有序，归根结底在于维护整个社会生活的伦理秩序。客观而言，伦理关系或伦理生活秩序的塑造和维护完全凭借一定的伦理价值原则、观念和规范，而伦理人之所以超越了纯粹的自然状态或野蛮状态，就在于他能够自觉地把自己的社会行为视为自己的对象，把握和调控自己的行为，使之符合社会上普遍达成共识和认同的伦理价值原则、观念和规范，而自己对社会伦理规范的遵循和恪守旨在实现个人物质利益、经济利益的最大化。赵汀阳强调：“如果你试图得到某种利益，你就不得不参加某种生活游戏；如果你参加什么游戏，就必须遵守什么游戏规则。事情就是这样。遵守规则与什么是好事什么是坏事无关。当我们真切地去理解规范，就知道规范是谋取利益的一种技术性手段。当然，这只是关于规范的‘要领’。”①因此，追逐物质利益、经济利益的最大化是一个伦理人自觉地遵循伦理价值原则、观念和规范的最初意图。换句话说，在任何场合下他之所以去严格地遵循伦理规范，并不是他的思想境界非常地高，尤其是不能说他道德境界非常地高，而只能说他具有高度的自觉意识和清醒的规则意识，他知道只有按照整个社会所认同的游戏规则参加社会游戏，游戏才不至于出

① 赵汀阳：《真切的解释和灵活解释》，《直观》，福建教育出版社2000年版，第92页。

现混乱而造成参与游戏的人彼此反目，最终导致游戏系统崩溃，无法持续玩下去。这也就是说，严格地遵循、恪守社会伦理规范，就是对整个社会游戏规则的维护，而这是赢得所有参与社会交往、社会利益分配的无数其他人认同、信任的必要前提。毫无疑问，如果不能够严格地遵循、恪守社会伦理规范这一公共社会游戏规则，那么，自己就势必不能取信于人，或纵使一时取得信任而最终失信于人，而最后的结果就是遭到众人的排斥，从而无缘于分配社会利益的公共游戏。因此，真正说来，伦理生活的精神实质只是守规而中庸而已，而且人之所以严格要求自己循规蹈矩，做到中规中矩，就在于有外在的力量在迫使他不得不如此，他害怕遭到众人排斥，从而害怕最终造成个人物质利益、经济利益的损失。这种由外在力量支配或制约着的循规蹈矩现象，说明任何意义上的伦理行为归根结底都是一种他律现象。也就是说，无论是担心其他社会成员谴责、排斥自己，还是担心自己的不当行为导致在后续的交往博弈过程中失去不应当失去的潜在利益，或造成更大的损失，因而迫不得已地或自觉地遵循、恪守伦理规范，乃至更自觉地将现有社会的伦理价值原则、观念和规范奉为自己的信仰对象从而打内心地践履，伦理行为都只可能是一种他律行为。显然，这种他律的伦理行为所营造起来的境界只可能是功利境界。

客观而言，能够自觉地认识和把握现实生活的伦理价值原则、观念和规范，从而自觉地遵循、恪守伦理规范，相比于各种无视伦理规范，甚至各种试图遵循伦理规范而在现实中却又未能很好地做到的情况来说，做到中规中矩，尤其是达到中庸，是一个非常艰难的事情，已经是一个很高的境界。众所周知，在中国，“中庸”一词来自中国传统儒家，而在西方伦理思想史上则来自古希腊的亚里士多德。孔子曾感叹道：“中庸其至矣乎！民鲜能久矣。”[①]在他看来，中庸是人对伦理道德规范践履的最高境界，普通人在日常伦理道德生活中很难始终如一地做到。因而孔子也曾感叹达到中庸的艰难程度，说：“天下国家可均也，爵禄可辞也，白刃可蹈也，中庸不可能也。”[②]意

① 《中庸·第三章》。
② 《中庸·第九章》。

思是说，无论是治理国家，还是辞退爵禄，乃至踩踏明晃晃的锋利刀刃，都比不上做到中庸艰难。的确，无论何种意义上的规范，人们对它的遵循或践履，虽然能够在不少情况下做到丝毫不爽，但终归难以做到每天、每一次都能够如此。要想认真地遵循或践履，就必须始终保持着高度的自觉，始终严格地要求和规范自己的思想和行为，从而将对规范的遵循和恪守的最高的中庸状态视为自己的生活追求。因此，这种守规而祈求中庸的精神，是高度自觉的伦理人在既定的社会里或伦理道德生活世界里达到被社会普遍认可和接受，乃至达到自己内在心灵宁静所呈现出来的可贵的伦理精神。严格地说，伦理生活是任何人都必须过的生活，自觉地认识和遵循自己身处其中的社会或生活世界里的伦理价值原则、观念和规范，尽可能地做到对规范的遵循和恪守，是每个公民或社会成员的必要义务。因此，守规而祈求中庸的伦理精神，不仅无可厚非，而且值得肯定。

当然，守规而中庸实际上在伦理道德意识不同的人那里存在着不同的境界，因而其具有的伦理道德意义存在着极大的差别。事实上，任何一个历史时期，的确有不少的人非常注重对社会规范的遵守，力争成为一个具有良好的社会公德的人。对于他们来说，遵守伦理规范或规则成为他们关心的核心问题，能够严格地按照伦理规范做人做事，就成为问题的最关键的实质，达到中庸是他们的最高追求。但是，很多人仅仅停留于功利的层面上，缺乏更进一步的追求，结果是，他们所看重的是伦理规范本身，特别是伦理规范为社会所普遍认可和接受的一面，即伦理规范本身在社会上的认可度或通行性，相反，这种伦理规范本身是否具有合理性、科学性，则不是他们所考虑的重点。也就是说，尽管某种伦理规范可能存在着问题，但如果这种伦理规范依然为社会上大多数人所认可和遵循，还没有彻底地退出历史舞台，那么，他们依然以遵循、恪守这种规范为行为原则。因为，他们之所以去遵循、恪守这种可能已经产生争议但依然还普遍流行的伦理规范，在于只要他们遵行、恪守就能够获得大多数人的同情，最起码不会遭到否定。可以说，这是最为保险和务实的做法。如果说随着社会历史的发展，这种伦理规范最终丧失了其现实合理性，他们依然能够为自己当前的行为寻找合适的借口加以开脱，如“此一时彼一时，毕竟那个时候这种伦理规范还是社会普遍认可的,那时那样做并没有什么明显的过错”。因此,这些人对社会伦理规范的遵循和恪守,停留在外在直观的中规中矩的层面上,归根结底停留在低级的中庸水平上,即墨守成规的境界上。梁漱溟指出:“所谓老规矩大半都是有意义的那个意思,就是:这样做法既成为一种规矩,在当初一定曾经被人重视过;重视就必定有点道理。当初总是大家都觉得于事实有帮助,才教人学习循守,然后才能普遍地传之久远。大概天才不够或精神不十分充裕的人,所谓普通人,老规矩可以帮助他,使他所做的事情能够大体做得不错,可以够分数。老规矩就是这样的一个东西。但真有天才或精神充裕的人,却不一定要按老规矩作,非如普通一般人非按规矩走不可。”[①]客观而言,人们之所以以遵循、恪守伦理规范为最高要求,完全在于他们试图在社会上达到一种完全庸常的状态。在社会上存在着相当比例的这些墨守成规的规矩人,是缺乏反思精神和进取精神的人。但是,对于具有自觉的反思精神和伦理道德追求的人,因而渴望不断地超越自己的人来说,守规而中庸恰恰是不断地向崇高的道德境界过渡的重要环节。众所周知,孔子非常欣赏他的得意弟子颜回,称赞道:“回之为人也,择乎中庸,得一善,则拳拳服膺,而弗失之矣。”[②]即颜回的做人方式就在于选择了中庸之道,如果悟到一条有益的道理,就牢牢地记在心里,真诚信服,而且永远不把它丢失。因此,在不同的人那里,守规而中庸其境界是根本不同的。特别是,这种不同的境界在不同的视野里又会呈现出不同的伦理道德意义。《后汉书》记载:“张湛矜严好礼,动止有则。或谓湛伪诈,湛闻而笑曰:‘我诚诈也。人皆诈恶,我独诈善,不亦可乎?’”[③]也就是说,一些人自觉地遵循伦理道德规范,自认为是一种追求善的行为,而另一些人却认为是一种伪善、诈善。可以说,这种现象或评价在社会上普遍地存在着,而在日益讲究现代文明的市场经济条件下,尤其显得突出。事实上,如果把刻意符合伦理道德规范的行为,即好礼,称为“诈善”,那么,那些敢于承认自己的确像许多人想象的那样是真诚地在诈善的人,始终做到对伦理规范或礼的遵循或恪守,即“动止有则”,相比于胡作非

① 梁漱溟:《朝话·谈规矩》,《梁漱溟全集》第二卷,山东人民出版社2005年版,第106页。

② 《中庸·第八章》。

③ 《后汉书·张湛传》。

为从而肆意践踏伦理规范的人，依然具有值得肯定之处。这种意义上的诈善，尽管不具有多少道德意义，但它毕竟体现了一个人在公共生活中的基本文明素质，因为它符合礼仪规范。

守规而中庸的伦理精神之所以值得肯定，关键在于它是整个社会文明的根本要求，也是每一个人超越自然状态、野蛮状态进入文明状态，为进一步超越伦理层面进入道德层面必须学习和奉行的精神。众所周知，孔子对于中庸之道的认识，远不只是强调遵循伦理规范，而还在于强调真正的君子实际上是追求更超越的道德境界或道的，理应不拘于小节而做到内心与道的契合。严格地说，这种要求内在契合而不是对世俗社会伦理道德规范表面中规中矩的做法，本质上已经逐渐地超越了一般伦理的层面而跃进到道德的层面。当然，我们也不能就认为这种超越已经具有无限高的境界，就已经达到了至善。因为，无论是孔子还是某一个历史时期的人，他们对“道”的理解，往往又是有限的。也就是说，他们心目中的“道”往往隐喻的不是人类社会自身本性所决定的，因而是人之所以为人的本质所决定的内在规律，相反，往往是他们所自以为最具神圣性而事实上具有鲜明的阶级属性、阶级价值倾向的思想原则。客观而言，真正意义上的至善，只有立足于人类社会，立足于人的本质，立足于具体而现实的社会历史发展，立足于整个人类的利益，才能做到最基本当然也是最高的概括和抽象。因此，对于守规而中庸的伦理精神，既要充分肯定其现实的合理性，又要认识到它的不足，特别是低层次上的墨守成规，而理应通过反思而发现伦理规范，特别是现有伦理规范的不足，自觉地超越伦理层面而追求更高的道德境界。

正是因为伦理精神体现为守规而中庸，因此在现实的生活中，伦理博弈在表面上就体现为博弈当事人看谁更准确地认识和理解了伦理规范，看谁更严谨地恪守了伦理规范，看谁更自觉地担当和履行了伦理义务，看谁具有更高度的文明素质和修养。一方面，过分在意于物质利益、经济利益的人最终在实质上成了标准的精致的功利主义者，而另一方面，逐渐地超越了物质利益、经济利益而更在意于自己对伦理规范遵守的德性基础的人，最终超越了伦理境界而进入到道德生活层面之上。事实上，沿着这条逻辑链条而超越到道德层面，过上真正的道德生活，从而更科学、合理地塑造和建构人们之间的伦理道德关系和秩序，是所有人之所以为人的应有义务。

三、道德生活的精神诉求：修德而致善

如果说伦理旨在强调人们对伦理价值原则、观念和规范的自觉遵循、恪守，因而其精神诉求是守规而中庸，那么，那些自觉地立足道德立场，反思自己的德性乃至外在的伦理价值原则、观念和规范的科学性、合理性，并最终不断超越伦理层面而进展到道德生活境界的人，就真正地成了纯粹的道德人。对于道德人来说，以追求和实现物质利益、经济利益需要的伦理生活并不是不重要，它的确重要，因为它构成了人的正常社会生活的基础，没有必要的物质生活或经济生活，人就不可能首先作为独立的肉体主体而存在，但这样的生活对于自己的整个生命或人生来说重要而不更重要，必要而不具有最终的决定意义。道德人以物质生活为基础，甚至在物质生活基础极为薄弱或物质生活环境和条件极差的情况下，更注重于个人道德修养、道德情操、道德人格、道德境界的提升，或者说，他们淡化了物质利益、经济利益，而以精神利益乃至心灵利益为诉求对象，以追求道德价值和实现自我完善为宗旨。如此一来，道德人不仅通过不断地加强和锤炼自己内在的德性，超越了伦理规范所设置的功利境界而祈求超功利的道德境界，而且还进而自由自觉地为自己创设新的德性规则，以进一步加强道德自律。显然，与伦理生活的精神诉求为守规而中庸不同，道德生活的精神诉求是修德而致善。当一个人自觉地加强个人的道德修养或德性，从而超越任何功利意图时，他的行为就具有了真正的道德价值，而不再是手段性的伦理价值。

客观而言，德性首先是一个人过正常的伦理道德生活所必备的内在品质。亚里士多德认为，“每种德性都既使得它是其德性的那事物的状态好，又使得它们的活动完成得好”，“如果所有事物的德性都是这样，那么人的德性就是既使得一个人好又使得他出色地完成他的活动的品质”①。对于人而言，要想过上正常的伦理道德生活，要想成为一个普遍地被社会或生活世界里其他人认可和接受的人，即作为一个正常的人、好人而存在，就必须具备

① ［古希腊］亚里士多德：《尼各马可伦理学》，商务印书馆2003年版，第45页。

伦理道德德性。“德性”作为人的内在品质,尤其是作为人不断地实现生命境界超越的基础,因归根结底最终能使人导向崇高的道德境界,它才获得了“德性”的说法。一般情况下,“德性”就是人借以践履伦理道德规范的内在品质,但如果更加详细地分辨,那么,它还可以划分为两个层次,即作为伦理生活基础的伦理德性和作为道德生活基础的道德德性。伦理德性是人作为一个伦理人应当具备的内在品质,而在现实生活中,一旦人丧失了这种内在品质,或者说人的内在品质不足以使他过上正常的伦理生活,人们还经常以“瞧你那德性”这一说法来指摘他的行为。人们之所以这样指摘,就是认为他的内在品质还不足以应对现实的伦理生活,还无法保证对伦理规范的正常遵循,进而还期待着他不断地完善内在品质,不断地增进德性以达到正常的要求。与之不同,道德德性是在坚实的伦理德性之上形成的能够遵循和恪守具有更高境界的道德原则、观念和规范的内在品质,它本身是人通过长期的伦理道德生活实践积淀起来的,是人自觉地加强伦理道德修养的结果。如果说伦理德性是一个人在正常的、普通的公共伦理生活中遵循伦理规范、享有伦理权利、履行伦理义务所必备的德性,那么,道德德性是一个人在公共道德生活中遵循具有更高道德要求的道德规范、享有道德权利、履行道德义务所必备的德性。在一般语境中,这两个方面都可以称为“公德”,然而“公德”一词本身却蕴涵着两个维度或层次,它既可能指人们在公共社会生活中应该具备的最普通、最基本的德性,也可能指人们在公共生活中所期望具有的最值得欣赏和赞美的德性,因此,前者可以称为“公民道德素质”,而后者可以称为“内在美德”。通常,当我们指责一个人没有公德意识时,实际上就是在前一种意义上说,而不是说他没有美德,因为当我们指责他时不是期望他有什么崇高的美德,而是指责他没有具备在公共生活里最基本、最起码的伦理德性。然而,道德生活并不是仅仅体现为人按照社会普遍推崇的道德价值原则、观念和规范与社会上的其他人打交道,而且还体现为人按照自己所创设的德性规则与自己内在的心灵打交道。与整个社会所普遍推崇和赞美的道德规范相比,德性规则是具有高度道德觉悟和崇高道德信仰的人,基于个人最崇高的道德价值原则和观念,为了更严格地规训、锤炼和磨砺自己的德性而创设出来的私人规则。按照这种更严格、更具道德价值和意义的德性规则不断地规训、锤炼、磨砺德性，一个人就势必超越了整个社会上普遍推崇和向往的道德境界趋向于更加崇高的至善境界，超越整个社会普遍欣赏和赞美的道德人格而趋向于自己所信仰的至善道德形象。因此，如果面向公共道德生活而言的道德德性称为崇高美德，那么，面向自己的内心道德生活或德性生活的道德德性则可称为至善美德。当然，这都是从作为个人的内在德性的角度而言的，因为“公德”“崇高美德”或“至善美德”这些概念本身还蕴涵着由伦理道德价值原则和观念等所规定的其他内容，不只是体现于个人身上的德性。归根结底，德性是一个人超越纯粹的自然状态、野蛮状态进而过上正常的社会伦理道德生活所应当具备的内在品质，而随着个人伦理道德觉悟的不断提升，特别是随着个人对更崇高道德境界和更纯粹道德人格的追求逐渐地超越整个社会普遍推崇、欣赏和向往的道德境界而趋向于至善境界时，德性就具有了更纯粹的意义，它标志着一个人之所以为人，为自己所欣赏和认可的人的内在规定性。

毋庸置疑，一旦人不再特别关注于自己在物质利益、经济利益上的得失，而更注重自己的精神生活乃至心灵生活时，他更在意于如何去实现和满足自己的精神利益需要和心灵利益需要，在意于如何实现自己所祈求的道德理想境界和道德人格形象，从而达到自己精神上的愉悦和心灵上的自由和谐。而为了实现对自己来说崇高的目的，他只有不断地提高自己的道德觉悟，加强自己的德性修养，归根结底在更严格的意义上规训、锤炼、磨砺自己的德性，使之更纯粹、纯正。因为只有如此，他才能在不断的伦理道德生活实践中，在现实的与其他人进行的伦理道德博弈中达到自己期待的目标，取得个人道德建设上渴望的成就。因此，对于一个真正具有较高道德觉悟和道德修养的人，即一个道德人，修德而致善，而且旨在致于至善、止于至善，就成为他人生追求超越的历史使命。事实上，真正具有高尚道德品质的人已无心再算计自己物质利益、经济利益的得失，这些对于他来说相对次要，乃至无关轻重；相反，在其一切思想和行为中，起支配作用的是给予自己无限行动力量的道德德性、道德信仰和道德理念。在他的道德理念中，不仅蕴涵着他对整个伦理道德世界理想状态的想象和追求，而且蕴涵着他对自身道德形象和道德人格的塑造。他坚信通过不断加强自身的道德修养，能够使自己无限地去追求、趋近自己的道德理念所支撑着的伦理道德理想世界，并最终与道德理念契合为一。这构成了他的道德信仰。因此，对于道德人来说，他与任何他人打交道，所真正确立起来的是道德关系，然而道德关系归根结底就是他与自身之间的关系。换句话说，人尽管是与其他人打交道，然而从本质上来说是与自己打交道，是与自己心目中作为自己心灵皈依的道德理念，即道德上理念化的自身在打交道。这也说明，真正以道德为诉求对象的道德人，尽管他时时刻刻生活在现实的公共生活世界之中，生活在与周围其他人打交道的过程中，然而他实际上一直生活在自己构建的道德世界之中。并且，他不仅通过自己点点滴滴的思想和行动去建构自己的道德世界，塑造自己的道德形象，以成为一个心灵纯洁的、自由自在的人，而且还唯恐自己力不从心，时时要求自我反省。曾子曰："吾日三省吾身：为人谋而不忠乎？与朋友交而不信乎？传不习乎？"[①]实际上，任何一个真正以道德为自己追求目的的人何尝不是如此？不言而喻，对于道德人来说，社会伦理规范并非不重要，然而道德却具有比伦理规范高得多的价值，具有更大的重要性，在他们心目中，他们的思想和行为不仅需要超越伦理规范所蕴涵的有限价值，而且在无限地创造着价值。从根本上来说，道德人凡事都从高处着眼，从至善着眼看待，因而具有超越的眼光。蔡元培强调："人生之正鹄，至善也，具足之生活也。"[②]将至善视为人生的目的因而不懈地追求至善，是道德人的根本规定性。因此，从至善着眼来反观自己的伦理道德行为，特别是真正涉及自己的内在心灵生活的道德行为，即德行，就使人彻底地超越了伦理生活中仅仅遵循、恪守伦理规范因而守规而中庸的境界，特别是超越了中规中矩、墨守成规的境界。

客观而言，尽管不是每个人都有高度的道德觉悟和道德修养，因而成为一个道德人，从而根据自己的道德信仰，为自己创设新的德性规则以规训、锤炼、磨砺自己的德性，以使之更纯粹、纯正，进而实现自己崇高的道德人格理想，但我们也不能否认在现实社会中始终存在着这样的人。对于他们来

① 《论语·学而》。

② 蔡元培：《伦理学原理》，《蔡元培全集》第一卷，中华书局1984年版，第417页。

说，他们通过创新德性规则加强自己的德性，不仅使他们的道德行为实际地创造着道德价值，而且任何一次新的道德行为本身都确立起一个创造道德价值的新规则。因为道德从来不是凝固不变的，而是随着人们伦理道德生活实践的发展而在原有的基础上不断创新的。梁漱溟强调："道德不离开事实而高于事实，在原有基础上有所提高，自新不已。"①事实上，"自新不已"可以看做道德发展的本性，这种道德领域的不断创新恰恰是这些道德人不断创造出来的。换句话说，道德人新的道德行为本身始终在提供着、确立着创造道德价值的新范本。如果说那些整日停留在伦理生活层面上的伦理人、功利人，归根结底是通过外在的伦理规范来约束自己的，那么，任何一个真正意义上的道德人实际上就是一个心灵自由意义上的道德自律的人，即自由自觉地运用甚至创造道德规则来约束和提升自己行为的人。追求道德自律和心灵自由，使道德人成为整个社会真正意义上的精神独立者，并且随着历史的发展现实地成为整个伦理道德生活世界里的精神标杆和精神榜样。

当然，需要指出的是，修德而致善并不是纯粹个人的事情，至善也不是纯粹个人的主观想象，相反，修德是基于所处伦理道德生活世界公共生活中所要求的伦理德性而又超越守规则而中庸的自觉行为，特别是经过反思现有伦理道德原则、观念、规范的科学性、合理性之后的理性行为，而致善是基于对生活世界里所有人普遍向往和追求的崇高美德进行反思之后对更具科学性、合理性的崇高美德乃至至善美德的追求。过分强调道德的个人性、主观性、自由性，只可能导致伦理道德生活的混乱。李德顺警告说，如果"人们都以各自的道德原则、道德追求为标准去处理事物，谁都可以'替天行道'，就会导致法外执法、各行其是、私设公堂，甚至无法无天，造成精神、文化上的无政府主义、自由主义，现实中的团伙帮派割据，甚至邪教和黑社会组织泛滥"②。因此，尽管道德原则、道德追求存在主观性、个体性、多样性，然而任何真正意义上的修德致善或至善追求并非是脱离现实社会生活的纯粹主

① 梁漱溟：《人心与人生》，《梁漱溟全集》第三卷，山东人民出版社2005年版，第733页。

② 李德顺：《"以德治国"的误区——答〈理论动态〉杂志记者问》，《走向民主法治——当代中国政治文明的价值体系初探》，法律出版社2011年版，第156页。

观创造，相反，它注定根源于现实生活，而又引领现实生活，符合道德发展的客观规律。

第二章　伦理道德博弈的机制与实质

博弈伦理学使人们对伦理道德现象能够进行深入的分析，揭示现象背后伦理道德在现实生活中发挥作用的机制，特别是能进而透过伦理道德机制使人更深层地揭示当事人彼此交往互动的内在机制。任何伦理道德问题的产生、发展和演化，不仅存在着一种将各种因素全面地涵盖其中并促成各种因素彼此相互影响制约的机制，而且还存在着伦理道德当事人在最根本的意义上进行交往互动的内在机制，即伦理道德博弈机制。事实上，伦理道德博弈机制是对伦理道德现象发生的复杂社会因素相互作用的机制进行高度抽象或简化的产物，也就是说，它是伦理道德现象所能够发生、发展和博弈的最简约化的"社会机制"。可以说，只有深入揭示隐藏于伦理道德现象背后的伦理道德博弈机制，才能更科学地把握和揭示伦理道德的本质，严格地区别伦理与道德的不同境界，从而科学地评判人们的伦理道德行为。当然，广义的伦理道德博弈机制实际上既包括狭义上的伦理博弈机制，也包括狭义上的道德博弈机制。就两者的实质而言，伦理博弈遵循的是三元博弈机制，而道德博弈遵循的是二元博弈机制。

第一节　伦理道德博弈机制：当事人交往互动的内在机制

毫无疑问，伦理道德之所以能够发挥规范和调节人们的思想和行为从而达到塑造和维护社会秩序的作用，在于伦理道德形成了一套完整的机制。伦理道德机制事实上涵盖着各种因素，这些因素彼此相互影响、相互作用，共同规范和束缚着人们的思想和行为，使人们能够按照一定的伦理道德原则实现伦理道德目标。对于伦理道德机制而言，虽然各种因素已经经过了必要的抽象和概括，但毕竟还不是最高意义上的抽象和概括，许多相同或相近的因素依然作为非常重要的内容体现于机制之中。实际上，如果再对这些因素进行必要的概括和抽象，直接抓住其实质，将它们简约为不可再简约的伦理道德博弈中的一方或一元，那么，我们就能够从根本上揭示伦理道德当事人进行伦理道德博弈的内在机制。伦理道德博弈机制是比伦理道德机制更为深层和本质的机制，是伦理道德机制内在的精神实质。

一、伦理道德机制：伦理道德功能的内在运作机制

伦理道德现象普遍存在于一切社会生活领域，伦理道德远远比法律更广泛地发挥着对人们的规范、约束和引导作用。然而，伦理道德之所以能够发挥其功能和作用，就在于其具有内在的区别于法律凭借国家暴力或公共权力的特殊机制。从根本上说，在伦理道德价值原则、观念、规范发挥作用的过程中，存在着多种多样因素的参与，正是这些因素的综合参与和相互作用，才形成了影响和支配人们的思想和行为的力量。因此，伦理道德功能和作用的发挥实际上取决于伦理道德生活中各种因素相互作用、相互制约、相互促进的内在机制。归根结底，所谓伦理道德机制，就是伦理道德功能得以运作和发挥作用的内在机制，是伦理道德生活中各种因素相互作用、相互制约、相互促进的内在机制。事实上，只要我们深入地剖析伦理道德现象，揭示伦理道德为什么能够发挥规范和调节人们的思想和行为的作用，从而塑造稳定的伦理道德秩序的原因，就能够认识到伦理道德现象背后实际上都隐藏着一定的伦理道德机制；而孤立地思考伦理道德问题，只可能被表面的现象所迷惑。但从塑造良好社会秩序的角度来说，伦理道德机制本身存在着是否具有科学性、合理性的问题，可以说，伦理道德机制是否科学、合理直接影响着伦理道德功能和作用的发挥，并最终影响着良好社会风尚的形成。

“伦理道德机制”概念，特别是“道德机制”概念，在学术界存在着广义与狭义之分。广义上的“伦理道德机制”或“道德机制”，是指伦理道德在整个社会或某一社会生活领域里起着维护秩序和调节关系的作用，如刘京菊、金海平指出，“人类调整自己行为方式、规范社会秩序有两种机制，即法律机制

和道德机制”，而道德是实现社会从无序到有序的“内在机制”[①]。与此广义不同，博弈伦理学所说的“伦理道德机制”是就其狭义来说的。具体说来，狭义上的伦理道德机制是隐藏在复杂的伦理道德现象背后由各种因素相互影响、相互促进、相互制约而综合地促使伦理道德发挥功能和作用的过程和方式。不言而喻，伦理道德现象无比地复杂，任何置身于伦理道德生活之中的人，最初无不为复杂的伦理道德现象所迷惑和困惑，都会因自己的无知而陷入伦理道德生活带来的烦恼和痛苦之中。一方面，人们仿佛看不到伦理道德的存在，而另一方面却感觉到它无处不在，它始终都在发挥着自己的功能和作用，以约束、规范和引导着人们，来惩罚和告诫着人们，使人不能完全地按照自己的想法去行动。客观而言，人们之所以为伦理道德现象所迷惑、困惑，就在于没有深刻地揭示在伦理道德生活中发挥各种各样作用的各种因素。事实上，如果深入地分析伦理道德生活，透过表面繁芜丛杂的现象，就能够发现各种各样的因素都在以这样或那样的形式发挥着自己特殊的作用，而正是因为任何因素都可能有自己的特殊性和特殊作用，它们彼此间相互影响和制约，整个伦理道德就形成了一股不由任何人控制的力量，从而有力地束缚、规范、引导、促进、激励着人们的思想和行为。确切地说，这些存在于伦理道德生活中的因素包括客观的社会历史发展基础和背景、物质生产环境和技术、传统伦理道德观念、社会风俗习惯、社会时尚、政治法律制度、具体伦理道德规范和行为准则、社会伦理道德奖惩机制、个人伦理道德追求和理想信念、社会舆论、道德楷模、个人伦理道德德性、道德修养或文明素质，等等。事实上，在任何一个人身上，这些因素都发挥着或潜在或明显的作用，这些因素的相互影响和制约，综合地使伦理道德运转了起来，从而发挥出自己特殊的功能和作用。伦理道德机制客观地发挥着极其重要的作用，然而学术界却没有很好地论述过，一些重要的伦理学辞典也没有专门作

① 刘京菊、金海平：《道德：从无序到有序的社会内控机制》，《理论月刊》2002 年第 6 期。

为词条予以收录①，只有少数学者涉及这一问题。严格地说，不少学者讨论的是广义上的道德机制，即强调的是如何在整个社会或某一个领域里发挥道德作用的问题。而少数学者虽然认识到狭义上的伦理道德机制本质上指实现和发挥伦理道德功能和作用的机制，但也存在着认识不到位的现象。如郭永军指出："所谓道德机制是指保证道德准则正常发挥作用的有机系统，它主要由人的良心信念、道德传统习俗、道德舆论机制、道德建设管理机构、道德典型、道德典章、道德仪式、道德环境、道德文艺载体等内容构成。"②这是将道德准则作用的正常发挥视为了核心。李德顺强调："对于国家、社会、集体来说，则重在建立一套合理有效、助人向上的道德机制，包括公正敏锐的反应机制、扶正祛邪的舆论环境、赏善罚恶的激励机制等。"③这一说法比较清楚说明了，一套合理有效的道德机制至少包括反应机制、舆论机制、激励机制等内容。总之，伦理道德机制的良好运行涉及极为复杂的因素，不仅内在地包含着伦理道德本身的因素，而且还涉及一些外在的其他因素，正是这些因素的综合作用，伦理道德才发挥出维护和调节整个社会生活的作用。但不管怎么说，正如江雪莲所强调的："任何社会，一旦忽视道德机制在社会制度中的地位和作用，决不可能有健康的良性运行。"④

在现实生活中，不仅要认识到伦理道德机制的存在，而且还必须认识到由各种伦理道德因素相互作用形成的伦理道德机制本身存在着是否科学、合理的问题，而不具有科学性、合理性的伦理道德机制不仅不能发挥其正常的功能和作用，而且还会导致整个社会伦理道德生活的恶化。所谓世风日下、天下混乱，从根本上说就是伦理道德机制丧失了其功能。真正科学、合理的伦理道德机制实际上能够确保伦理道德生活的正常秩序，实现和维护

① 如美国学者弗吉利亚斯弗姆主编的《道德百科全书》(湖南人民出版社 1988 年版)、中国学者宋希仁、陈劳志、赵仁光主编的《伦理学大辞典》(吉林人民出版社 1989 年版)和朱贻庭主编的《伦理学大辞典》(上海辞书出版社 2011 年版)均没有收入"道德机制"或"伦理道德机制"词条。

② 郭永军：《对道德机制建设内容的探讨》，《山东医科大学学报》1997 年第 3 期。

③ 李德顺：《公民的道德权利不是软权利》，《与改革同行——中国特色社会主义的哲学理路之思》，黑龙江教育出版社 2008 年版，第 277 页。

④ 江雪莲：《伦理学研究的当代使命》，《齐鲁学刊》2002 年第 2 期。

伦理道德生活中的公正，真正地起着规范、引导和鼓励人的作用，从而更有效地促进社会文明进步与社会和谐。伦理道德机制究竟是否科学、合理，在于它是否真正地实现和维护了伦理道德生活中的公正。伦理道德生活的公正，严格地说就是伦理道德公正，具体可以再划分为伦理公正和道德公正。也就是说，科学的伦理道德机制能够通过各种因素的相互影响、相互作用和相互促进，有效地促进人们遵循伦理道德规范，按照整个社会普遍认同和接受的伦理道德价值原则和观念，实现物质利益、经济利益乃至精神利益和心灵利益的交换和分配，从而达到人们彼此间利益分配的客观公正以及精神和心灵的沟通交流，达到维持整个社会生活秩序、伦理道德秩序和心灵秩序的目的。在此过程中，伦理公正侧重于伦理生活层面上的物质利益、经济利益的交换和分配，而道德公正侧重于道德生活层面上的精神利益、心灵利益的交换与共享。因此，科学的伦理道德机制是形成良好的社会风尚，塑造良好的社会生活秩序或伦理道德生活世界秩序的重要因素。

然而，从博弈伦理学的角度来看，伦理道德机制虽然已经是伦理道德功能运作的内在机制，但毕竟还不是伦理道德博弈当事人相互交往、互动和博弈的内在动力机制。

二、伦理道德博弈机制：伦理道德博弈的内在动力机制

客观而言，全面地梳理和分析伦理道德机制所涵盖的各种因素，科学地解释各种因素之间的内在逻辑关系，已经为我们认真分析、阐释和解决伦理道德问题提供了极大方便。但是，在分析的过程中，也不难发现，事实上，伦理道德机制内在的各种因素完全可以再进一步归纳、概括和抽象，因为它们本质上属于更高意义上的类。因此，如果再进一步努力，使它们简约为不能再简约的东西，就能够发现，实际上伦理道德的博弈就不是各种具体因素的博弈，而只是参与博弈的仅有几方的博弈，如两个或三个力量在博弈。无疑这种意义上的博弈才能是真正意义上的博弈，这种机制才是最内在的机制。因此，伦理道德博弈机制是从本质的层面上全面地观察和考量伦理道德博弈精神实质的内在机制。

考察伦理道德博弈机制不再将目光高度集中到伦理道德在整个社会或

某一社会生活领域里如何发挥伦理道德作用的问题上，而是集中到伦理道德博弈是如何进行的问题上。从这一角度来看，伦理道德博弈机制实质上是指伦理道德博弈活动和博弈过程中参与博弈的当事人推进博弈发展的内在动力机制。也就是说，它所考察的是伦理道德博弈活动和过程中参与博弈的当事人彼此根据对方的选择和决策相应地采取对策从而形成相互影响、相互作用、相互支配、相互制衡的形式和方法。事实上，如果深入到伦理道德博弈活动之中去，深入到具体的动态发展着的博弈过程之中去，就会发现任何一个伦理道德博弈当事人都处于高度的戒备状态，从而形成了彼此间不可分割的相互关系。当事人会深刻地认识到，自己的任何选择和决策都注定是产生效果的——要么是积极的效果，要么是消极的效果，而这些效果又会反馈过来影响自己的下一步选择和决策。因此，人不得不对自己的选择和决策进行审慎的思考。立身于博弈场域里的任何当事人，当他在做出选择、决策或行动时，他都要反复地权衡自己这种未然的、可能的行为随之会引发对方什么样的反应或回应，因此，他必须时刻保持高度的清醒意识，准确地预判着对方的可能反应。他要作出有意义的选择和决策，而不是轻易地、盲目地选择，随意地作出决策，因为一旦他随意地选择、决策或行动，很可能在接下来的博弈中因对方的反馈超出了自己的预想而使自己陷入纯粹的被动状态之中。任何荒谬的要求和荒唐的想法在伦理道德博弈之中都将遭受彻底的挑战和抵制，都无法在现实中实现。不可否认，在伦理道德博弈中，当事人很多话语和行为往往是随机的，并没有经过深思熟虑，然而这些话语一旦说出、行为一旦做出，就不可避免地引发新的博弈，使当事人彼此陷入无法解脱的纠缠之中，使博弈持续下去。事实上，这种博弈既持续地与他人进行着，而且还会持续地与自己内在的心灵进行着，即纠结于自己何以说出那些不该说的话，做出那些不该做的事，会考虑自己的这些话和行为究竟会在现实的伦理道德生活世界里产生什么样的影响和结果，与自己塑造起来的道德人格和向往的道德形象是否相符、一致，如此等等。客观而言，任何一个人实际上只要生活在一定的伦理道德生活世界里，他就势必不可避免地陷入或进入某种博弈，因而实际地服从或遵循着某种博弈机制。博弈机制的客观存在是博弈伦理学得以奠基的理论前提，而从博弈伦理学研究伦理道德生活及其内在的动力机制，远比一般伦理学抽象地讨论伦理道德究竟如何在社会秩序塑造上发挥功能和作用更有意义和价值。

当然，严格说来，伦理道德博弈机制可以划分为狭义的伦理博弈机制和道德博弈机制。因此，与之相一致，伦理当事人按照其伦理道德修养的境界，完全可以划分为伦理人和道德人。也就是说，伦理人与道德人在各自的主体生活中实际上遵循着不同的博弈机制，即伦理人遵循的实质上是伦理博弈机制，而道德人遵循的是道德博弈机制。这两种机制存在着根本性的区别，是伦理人与道德人不同的伦理道德修养和人生境界追求在伦理道德活动中的必然体现。

第二节　伦理博弈的内在机制与精神实质

伦理人遵循的博弈机制实质上是伦理博弈机制。这看似同语反复，然而却揭示了一个客观事实，即一方面伦理人对伦理博弈机制的遵循，不仅是一种自觉的表现，而且他的任何思想和行为从来没有摆脱、也不愿意摆脱伦理博弈机制的制约或束缚；另一方面伦理人始终处于伦理生活的层面上，没有实现实质性的超越。情况之所以如此，根本上在于伦理人始终是功利的人，即伦理人始终都在考虑着自己物质利益、经济利益的最大化，而且自觉自愿地遵循着伦理博弈机制，坚信只有通过遵循这种机制才能达到彼此间的物质利益、经济利益较量和分配上的公正，进而在既不违背自己的利益原则又不伤害他人利益的情况下实现自己物质利益、经济利益的最大化。因此，这种狭义的伦理博弈机制不仅全面地彰显了伦理或伦理生活的精神实质，使之严格地区别于道德或道德生活，而且还鲜明地刻画了伦理当事人的功利形象。

一、伦理博弈的内在机制：三元博弈

现实的伦理道德生活极为复杂，始终存在着各种利益上的冲突和较量，如果透过复杂的现象作深层的分析，就能够看到直接造成冲突的是人们的物质利益或经济利益。严格说来，伦理人已经超越了原始野蛮时代完全凭

借暴力或强力来争夺和维护自己的食物或物质利益的阶段。他知道,如果单纯依靠暴力,自己不仅不能长久地实现自己利益的最大化,而且最终还可能导致自己利益的彻底损失。在文明的时代里,人为了实现自己物质利益、经济利益的最大化,就不得不考虑其他人的存在及其利益,因为其他人或他者恰恰是创造整个社会利益的前提,没有其他人,就没有了社会存在,自己也就根本不可能持续地在社会上实现自己的私人利益。更何况,对于伦理人来说,生活在文明的时代里,毕竟还追求着一定程度上的文化修养,而这同时是自己追求的精神上的利益。因此,真正高素质的、最纯粹的伦理人既是自己物质利益、经济利益的实现者、维护者,同时也是他人物质利益、经济利益的维护者,在实现自己利益最大化的过程中也注意维护和实现他人利益的最大化,他们已经超越了野蛮时代的粗野状态而成了理性的文明人。但是,伦理人毕竟是纯粹的功利人,是最文明的、最懂得算计的功利人。这也说明,真正自觉地参与伦理博弈的人,本质上都是社会伦理道德规范、文明礼仪的自觉遵循者,是公共生活世界秩序的自觉的尊重者、维护者。严格地说,高度自觉的伦理人,特别是精致的利己主义者,是人类进入现代社会才出现的,本质上是现代文明的产物,因为正是资本主义社会市场经济的规则使人们之间的利益较量和博弈更趋于理性,而伦理博弈亦获得了最典范的意义。

作为英国古典政治经济学学科体系的缔造者,亚当·斯密不仅深刻地从资产阶级立场上揭示了现代资本主义市场经济运行的机制和规律,而且他本人还是现代资本主义社会伦理道德体系的重要奠基者。亚当·斯密从人的利己本性出发,认为利己主义是人的一切经济行为的根本动机,从而深刻地揭示了伦理博弈的实质。按照他的观点,人的天性都是自私的,因而在原始情感中,我们都会立足在自己的立场上将自己一点纤小的利益得失看得比跟我们没有特殊关系的另一个人的重大利益还巨大和重要,会激起更大的欢乐或悲哀以及更多的想望或嫌恶,因而别人的利益根本无法与我们自己的利益相提并论,绝不能阻止我们做任何事物去推进自己的利益,但是这样一来,就势必严重损害他人的利益。他强调:“在我们对那些对峙的利益作出公允的比较,就必须改变我们的立场。我们看待那两种利益时,不能从我自己的立场出发，也不能从他的立场出发，不能用我自己的眼光看问题，也不能用他的眼光看问题，而必须使用第三者的立场和第三者的眼光。这个第三者对两者的任何一方都无特殊关系，能在二者之间作不偏不倚的判断。这就是从那里可以等距离地看事物。观察二者的唯一位置，也是从那里可以对二者作出正确比较的唯一位置。”①因此，虽然在现实的伦理生活中，我们确实只能看到两个人在交往和较量，但为了能够确保我个人的利益，以实现我个人利益的最大化，我就不能简单地仅仅依赖我个人的力量，而需要一位能够对我们两个人之间的利益较量进行不偏不倚、公正评判的人。这样一个能够不偏不倚地作公正评判的人必须是自由的，因为只有自由，他才能做到不偏不倚，才能客观公正地评判博弈当事人之间的任何利益诉求的正当性、合法性。事实上，生活中这样的现象比较普遍，正如陈家琪所指出的：“当发生争执的时候，我们要寻找一个第三者，一个没有直接利害关系的人，让他来仲裁；有利害关系，他就不自由，不自由，我就不会信他。遗嘱的证明人一定不能与遗嘱的利益有关。这个道理很简单，就如裁判不能就是运动员一样。”②也就是说，第三者之所以能够作出不偏不倚的公正判断，就在于他是自由的，他与正处于利益博弈和较量状态之中的任何一方都不存在特殊的利益关系，因而能够等距离地看待事物或当下的利益博弈和较量。总之，真正的伦理博弈，看似只是存在于身处博弈现场的双方或两个人之间的博弈，但实际上是三者之间的博弈。如上所述，伦理博弈已经超越了野蛮时代仅仅依靠暴力来剥削、掠夺其他人利益的境界，它是文明社会里人们实现自己利益最大化的合理途径。

既然伦理博弈客观地蕴涵了第三者，即从第三者立场对伦理博弈双方利益博弈和较量进行不偏不倚、公正判断的第三人，那么，就应当清楚地认识到，伦理博弈的内在机制最终可以归约或简化为“三元博弈”。所谓“三元博弈”，就是说在伦理人看来，他的任何伦理行为归根结底都是在三方较量的过程中实现的。具体来说，三方是指我、你、他。由于我与你之间的伦理

① ［英］亚当·斯密著，林国夫、吴良健、王翼龙译：《亚当·斯密通信集》，商务印书馆 1992 年版，第 90—91 页。

② 陈家琪：《当代哲学问题九讲》，北京大学出版社 2014 年版，第 135 页。

交往或物质利益较量,为了实现彼此利益的最大化,我们二人都不得不考虑第三者作为判断者的影响,因而第三者实际上成了影响我们二人博弈行为的力量,而我们二人最终的博弈结果恰恰就是我们三者之间博弈的结果。也就是说,看似只有两个人的博弈,实际上不可避免地存在着三方的力量,任何一方的力量都发挥了重要作用,也都同样不容忽视和否定。因为只有如此,我们才能最终实现各自利益的最大化,否则,任何一方的利益都将受到一定程度上的损失,纵使在当下没有受到损失甚至还有所增益,但不能保证彼此间需要长期交往的关系,从而在后续的伦理交往和利益较量中遭受现在意想不到的、更严重的损失乃至惩罚。因此,任何真正意义上的伦理博弈,总是存在着第三者的博弈,是三方力量的较量。赵汀阳指出:“人们在想到一个共同体时很容易想到的最简单模式是二人博弈,因为二元是最简单的关于‘多’的表达模式,就好像人际问题可以简化为二人问题。其实许多至关重要的人际关系例如‘结盟’、‘选举’、‘搭便车’等都不可能在二元关系中被表达,因此,逻辑上足够正确表达人际关系的最简单模式是三人关系。我相信这一修改可以从根本上改变许多哲学问题。”[①]特别是,如果进一步深究,我们会看出,伦理博弈内在的三元博弈机制,其实质是我对对方的伦理道德行为,以第三者的存在或可能发生的影响、制约、干涉或惩罚为背景,做到充分利用而不受制于第三方,即通过第三方达到自身伦理道德利益的最大化和伤害或损失的最小化。三元机制内,尽管第三者可能仅仅是两个博弈者设想或虚构的,三者依然构成了一个特殊的生活世界,形成了彼此互动的场域。在此场域中,每一个当事人既意味着拥有一定的伙伴,因而使自己的伦理选择增加了多种可能性或扩大了自身活动的余地,同时也意味着可能树立更多的对手,减少了伦理选择的可能性,使自己的伦理选择空间缩小,从而实际上受制于对方。因此,三元机制中,每个当事人的自由意志的表达实际上遇到了挑战,而人更多的精力不得不投入到彼此关系的协调上。实际上,为了更好地利用第三者的关系和力量来扩大自己的伦理活动空间,增加自身的伦理道德利益、避免伦理伤害,当事人就必须科学地规范

① 赵汀阳:《博弈问题的哲学分析》,《北京行政学院学报》2005年第3期。

和协调与第三者的关系,使第三者能够积极地作用于自己的伦理活动所直接指向的对方。

在不同的伦理学派或伦理思想家那里,三元博弈中的“他者”的表现形态是多种多样的,即他者既可能是一个具体的人、一个具体的组织或机构,也可能是一个虚拟的、想象的人,更可能是神魔鬼怪,甚至就是伦理规范本身。毫无疑问,具体的人是指直接或间接地存在或生活于自己身边的人,他具体而真实,我们也最能明白,我们许多现实的伦理道德生活都不可避免地存在着至少三方的当事人,甚至当我们仅有两个人时,一旦我们两个人发生了难以解决的纠纷或争执,如果不是简单地诉诸暴力来解决问题,我们就会找一个其他人,特别是找一个我们两个人都彼此信得过的人或长辈来给予评理或评判。但又有很多时候,我们不方便找到第三者,或者说不可能在现实生活中找到最客观公正的人,我们往往就幻想着能够出现这样的人。因此,第三者很可能就是在现实生活中找不到的、根本不存在的人,而是一个虚拟的、想象的人乃至神魔鬼怪,例如上帝、阎王、魔鬼,而天堂是他们许诺给那些遵从伦理道德规范的人们将来投生以享受幸福的去处,地狱则是他们惩罚那些不遵从伦理道德规范犯下罪恶的人们的地方。事实上,任何的宗教都在试图解决人们在现实生活中的伦理博弈问题,都在为伦理博弈提供需要在场的第三者或他者,只是经历了从自然宗教向现代宗教的发展,这种第三者意识存在着一个从不自觉到自觉的变化。众所周知,中国先秦墨子强调“明鬼”,佛教设想出十八层“地狱”,用以惩罚人间罪恶,而在西方的基督教中,上帝全知、全能、全在,他能够监督和评判人世间的一切伦理道德行为,并能够在最终的末日审判中对所有的人进行公正的审判,从而决定将他们送往天堂或投入地狱。事实上,作为解决现实生活中的伦理博弈矛盾和冲突的模式或途径,宗教及其所虚构、幻想的人格化鬼神能起的作用是有限的,而且随着人类理性的发展很容易最终受到挑战。而且,从历史事实来说,不少思想家并不是真正地相信宗教里的鬼神,而是充分地利用宗教及其鬼神而已,也就是说,宗教以及鬼神只不过是他们借以解决现实伦理道德问题的工具而已,鬼神只不过是他们为现实社会生活中的伦理道德博弈所提供的第三者、他者而已。墨子并不隐讳自己“明鬼神”的意图,他说:“我有天志，譬如轮人之有规，匠人之有矩。执其规矩以度天下之方圆，曰：中者是也，不中者非也。”[①]在他看来，当时的社会之所以陷于混乱，其根本原因就在于“皆以疑惑鬼神之有与无之别，不明乎鬼神之能赏贤而罚暴也”[②]。鉴于墨子只是强调“天志”和“鬼神”对社会生活伦理道德行为的规范和约束作用，在冯友兰看来，他的这种学说“就不只是一种宗教思想，而且是一种宗教观”[③]。就墨子何以提出这种宗教观，冯友兰指出：“这些思想反映了当时的小生产者阶层改革现实的软弱无力，幻想通过宗教的形式，以限制残暴的统治者，使统治阶级能够采纳符合他们的利益的学说，改善他们的生活，提高他们的社会地位。”[④]从根本上说，儒家思想中并没有浓厚的宗教鬼神氛围，但汉代的董仲舒却发展出一种“天人感应说”，以借助“天”的力量来规范和约束现实生活中的思想和行为。董仲舒的天人感应说，一方面用来规范和约束被统治阶级或普通民众的思想和行为，以巩固地主阶级的利益；另一方面还借助“灾异”来适当约束和限制以皇帝为中心的君权势力，劝诫皇帝施行“仁政”，以实现整个地主阶级内部不同阶层之间利益的均衡。这种神秘的天人感应说具有很强的欺骗性，甚至就连董仲舒本人亦曾因此而上当，他借汉祖庙失火发挥此说，结果被皇帝识破而差点丧命。明代吕坤指出：“敬事鬼神，圣人维持世教之大端也。其义深，其功大，但自不可凿求，不可道破耳。”[⑤]这实际上揭示了人们运用宗教或鬼神来对抗和平衡伦理道德博弈的实质。事实上，随着人类理性的普遍发展和成熟，以及人类在现实生活中实际地拥有和享有的物质力量、经济力量和政治力量足以使人对抗统治阶级或伦理道德博弈的对方时，宗教及其鬼神最终都会退出历史的舞台。梁漱溟指出：“宗教这样东西饥不可为食，渴不可为饮，而人类偏喜欢接受他，果何所谓呢？这就是因为人们的生活多是靠着希望来维持，而他是能维持希

① 《墨子·天志上》。

② 《墨子·明鬼下》。

③ 冯友兰：《中国哲学史新编》第二册，《三松堂全集》第八卷，河南人民出版社 2001 年版，第 215 页。

④ 冯友兰：《中国哲学史新编试稿》，《三松堂全集》第七卷，河南人民出版社 2001 年版，第 157 页。

⑤ ［明］吕坤：《呻吟语·谈道篇》。

望的。……一般宗教,莫不以其罪福观念,为宰制支配人心之具,而祈祷禳祓成了必不可少的宗教行为,亦就为此。如果我们这个解说不大错,则我们倘无所希冀要求于外,宗教即无从安立。”[①]但是,在现实生活中,宗教以及鬼神之所以还不会轻易地退出历史舞台,完全在于还有相当多的人还不能凭借自己的理性、智慧和力量实现自己的利益和需要。当然,除了这种将人引向生活世界之外,因而借助生活世界之外的力量来参与博弈,还存在着以现有的社会制度或伦理道德规范为依靠力量的现象。这正如吴思所说:“在潜规则的生成过程中,当事人实际并不是两方,而是三方:交易双方再加上更高层次的正式制度代表。双方进行私下交易的时候确实是两个主体,但是,当他们隐蔽这种交易的时候,就变成以正式制度为对手的一个联盟。隐蔽本身就是一种策略,这种策略的存在,反映了更高层次的正式制度代表的存在。”[②]在这里,代表正式制度的力量显然构成了参与博弈的重要力量。

然而,无论是在现实中找到一个具体的第三者,还是通过幻想的方式引入宗教中的上帝或鬼神,以及如同亚当·斯密那样通过伦理意识的自觉而设想第三者,即内心的裁判人,或者外在的社会制度或某些机构,我们都是为我们当下的原本仅有双方当事人的伦理博弈引入了第三方力量,而第三方力量之所以需要引入,就在于我们试图实现和维护我们自己的利益,特别是为了持续有效地实现自己利益的最大化。因此,伦理博弈,归根结底是功利意义上的博弈,对于当事人来说,就是实现功利的目的,而对于客观的情形来说,就是达到彼此利益的最大化。冯友兰强调:“若有人信墨子的话,因欲求上帝等的赏,而行兼爱,则此人的兼爱仍是为我,其境界是功利境界。”[③]事实上,只要伦理博弈引入了第三者,而不管这一第三者具有什么样的性质,即无论他是宗教中的上帝、鬼神或恶魔,还是现实生活中的具体人以及某种机构,就其在伦理博弈中所发挥的作用来说,其实质并没有什么本质上的区别。

---

① 梁漱溟:《中国民族自救运动之最后觉悟》,《梁漱溟全集》第五卷,山东人民出版社2005年版,第76页。

② 吴思:《潜规则——中国历史中的真实游戏》,复旦大学出版社2009年版,第194页。

③ 冯友兰:《新原人》,生活·读书·新知三联书店2007年版,第97页。

二、伦理博弈的精神实质:人与他者的博弈

伦理博弈的内在机制是三元博弈,也就是说,是一个“我”“你”“他”三者之间的博弈。但伦理博弈真正的、最终的目的在于获得切实的物质利益或经济利益,而不论这种利益是否就是当下的利益,因而伦理博弈实际上就是为了对物质利益或经济利益进行必要的分割。而且,这种分割只是在真正的伦理博弈当事人,即我与你之间进行的,因此伦理博弈的实质归根结底就是我与你的博弈。对于我或你而言,第三者只是我们博弈过程中为了实现我们二人各自利益最大化和伤害最小化的平衡力量而已。然而,如果换个角度来看,你不过是一个他者而已,我与你的博弈其实质就是人与他者的博弈,即一个人归根结底是与他者在进行博弈,而利益最终就是在人与他者之间分配的。

我们在现实生活中,事实上经常能够看到这种现象。在极为野蛮的时代或状态下,对于食物、其他物质财富或利益,人们根本谈不上是在分配,而表现为强者、强盗对弱者的野蛮掠夺。伦理博弈只是人类进入文明时代之后的现象。客观而言,中西思想史上有不少思想家深刻地揭示了人类文明掩盖下的伦理道德博弈的实质。西方世界里的霍布斯的思想之所以深刻,就在于他“看到了人心的深处。人类文明薄幕虚饰之下的我们,自私、竞争、欺诈和寻求虚荣”①。对于文明社会,康德亦指出:“人与人生活于相互间的和平状态并不是一种自然状态(status naturalis),那倒更其是一种战争状态;也就是说,纵使不永远是敌对行为的爆发,也是不断在受到它的威胁。因此和平状态就必须是被建立起来的,因为放弃敌对行为还不是和平状态的保证。”②事实上,在文明时代里,伦理博弈总是还受到各种因素的影响而表现出不同的境界。依据伦理博弈双方是否真正地根据理性的博弈并最终客观公正地分配利益或财富为判定标准,可以将伦理博弈划分为三种境界:文明形式掩盖下的不合理的伦理博弈,比较文明的、比较合理的伦理博弈,高度

① [美]凯利·克拉克、安妮·包腾格,陈星宇译:《伦理观的故事——人类完善的探究》,世界知识出版社2010年版,第63页。

② [德]康德:《永久和平论》,《历史理性批判文集》,商务印书馆1990年版,第104页。

文明的、高度合理的伦理博弈。但是，这三种境界的博弈在实际的进展过程中会逐渐地演变成人与他者之间的博弈。

第一种是境界低下的伦理博弈，实际上是违背伦理精神终将蜕变为零和博弈的博弈。这种三元博弈在实际的运作过程中表现为谁究竟与第三者最终结成同盟而消除了用以平衡的外在力量，形成了对另一方的明抢暗夺。换句话说，第三者的出现本来是为了平衡我与你之间的博弈，然而，无论是我将第三者视为自己的同盟，还是你将第三者视为自己的同盟，本身就取消了引入第三者的最初意图，而第三者在此情形之下，虽然依然在外表上作为第三者而存在，但他实际上已经改变了作为博弈局外人的立场，已经为了从我身上或从你身上，甚至从我们二人身上得到一定的利益而丧失了客观公正性。因此，他很可能貌似客观公正地借助已经潜在地形成了的同盟的力量迫使一方接受并不客观公正的利益分配结果。显然，如此一来，无论我与第三者结成同盟的我们或是你与第三者结成同盟的你们，客观地形成文明形式掩盖下的侵害与巧夺，其实质就是偷窃，是不道德的行为。当然，这第一种意义上的伦理博弈不能持久，最终必将导致伦理博弈双方关系的瓦解，因为利益被侵害的一方终将随着认识和观察的深入而了解对方的本性与阴谋诡计。如果说这种博弈毕竟还披着伦理的外衣，还能一时蒙蔽人，即一方还能把对方当成傻子，那么，它总比赤裸裸地抢夺、掠夺显得文明些。第三者真正成为某一方的帮凶进行赤裸裸的、抢夺、掠夺，就已经撕破了伦理道德的外衣，变成了极端野蛮的行径。事实上，我们之所以不愿撕破伦理的外衣，甚至当伦理博弈无法正常地仅凭双方进行下去而寻找彼此信赖的第三者介入以给予必要的协调时，就说明彼此还比较理智，还时刻维护着自身作为文明人或者明事理的人的形象，还不愿为了当下的利益而撕脸面皮，伤了情感与和气。因此，一般的情况下，如果能够确保伦理博弈的持续进行而不致导致零和结局，博弈双方能够认识到任何一方实际上都是自己需要长期交往与合作的伙伴，那么，我们所寻找的第三者就必须真正为双方所信赖，而且第三者也真诚地为双方服务，甚至不需要双方给予任何报酬，这种情形下的博弈就是一种理性化的博弈。因此，如果作为伦理博弈当事人，我们都是比较理性的人，因而具有长远的目光，能够理性地认识到彼此的交往与合作是彼此利益最大化的保障，那么，我们就必须时刻合理地借助第三者的力量来进行博弈，而不是采取任何意义上的计谋，也就是说，不能在彼此的博弈过程中存有任何的邪念。这就是第二种境界，也是正常的、理性的伦理博弈。在此情形下，第三者实际上被均衡地分化到博弈双方身上了。特别是，当所谓的第三者并不是一个真正的、具体的人，而是我们在内心中想象的能够给予我们的伦理博弈活动以客观评判的内心第三者，我们就应当认识到，这一第三者仅仅是实现我们博弈力量均衡的力量而已。这一第三者实际上以某种方式最终内化到我们博弈当事人身上而已。这即是第三种境界的伦理博弈，这是高度文明、合理的博弈，是一种时间上持续的、情感上融洽的博弈。

然而，我与你之间的伦理博弈，换个角度来看就是人与他者之间的博弈。对于博弈当事人来说，他者始终存在，而且牢固地存在着，是不可消解的外在存在，每时每刻的博弈也注定持续地强化着这种存在。因为任何意义上的伦理博弈最终都着眼于现实的物质经济利益的分配，利益的最大化是彼此真正关注的焦点，而最高程度的势均力敌的博弈最终的结果就是均衡地分配、分割了利益，实现了真正的伦理公正。由于伦理博弈的这种实质，由于人之外的他者依然存在，它就不是一种道德博弈，双方在博弈过程中所表现的任何思想和行为都不具有真正道德上的意义，严格地说，双方所呈现的就是是否具有高度的文明素质或公民良好的伦理德性。

就博弈的关注热点而言，由于任何人都重视自己的物质利益、经济利益是否得到了实现、维护和保障，因而他们比较关注如何运用现有的伦理价值原则、伦理观念和伦理规范来约束和协调自己的言行，既不多说一句与己不利的话，也不多做一件与己不利的事。彼此为了实现、维护和保障自己利益的最大化，就尽可能通过与对方激烈的、持续的申论、诘难而审查现有的伦理价值原则、观念和规范，使之变得清晰而明确，甚至想使之变成像法律规范和纯粹的技术一样具有精确的可操作性，以便直接、恰如其分地分割利益，做到彻底的客观公正，而不致产生任何的意见和怨言。因此，高度精明而算计的人就这样使自己头脑里原本模糊的伦理价值原则、伦理观念和伦理规范彻底地清晰起来，使自己许多不成熟的糊涂观念彻底地消除掉，头脑始终保持着高度的清醒与灵明,使自己始终处于时刻准备投身战斗的临战姿态,高度戒备地观察着博弈对方的一举一动,警惕着博弈对方下一步所可能做出的任何一个行动。因此,他者不可化解,他者就是敌人,尽管这种敌人不再需要通过直接的武力加以消灭,而需要通过高度文明的方式来对待。

第三节　道德博弈的内在机制与精神实质

整日纠缠于伦理博弈的当事人,过分地精明和算计,最终必将导致人情的冷漠、生活的麻痹、精力的衰竭和心灵的痛苦。梁漱溟指出:"人类最大的长处是理智,就是会计算、会较量,俗话说就是心眼多。任何动物,不及人的心眼多;而人类最大的危险,也就是理智能使生活落于阴冷、沉滞、麻痹。计算,是人类在行动之前的一种心理作用,其他动物不能。但是计算太多了,便会落于寡情而沉滞。凡事计算、较量、左右瞻顾,便会至于麻痹。人类至此,是最大危险,而生活也必感觉痛苦。"①因此,过分纠缠于物质利益、经济利益,虽然实现了利益最大化,却导致了精神利益、心灵利益的损失,甚至得不偿失,这就说明了纯粹的伦理博弈存在着极大的偏颇与局限。那些更自觉地追求精神利益、心灵利益的人,归根结底追求精神愉悦和心灵自由的人,逐渐地超越了功利境界而进入了道德境界,从伦理生活转变为道德生活。道德生活是道德人的生活,而道德人本质上就是心灵人,即心灵生活者。道德博弈重点关注的不再是物质利益、经济利益,而是精神利益或心灵利益,即博弈当事人更强调自己的精神愉悦和心灵自由。因此,对他来说,他根本不再需要借助第三者的力量来平衡博弈,来取得物质利益、经济利益分配上的客观公正,而是在精神的层面上寻求与自己的内心相平衡,与志同道合者或知音的心灵相游戏。

一、道德博弈的内在机制:二元博弈

道德生活本质上是以人内在的精神生活、心灵生活为主导的生活,因而

---

① 梁漱溟:《朝话·谈戏》,《梁漱溟全集》第二卷,山东人民出版社2005年版,第137页。

根本区别于整日盘算物质利益、经济利益得失的伦理生活。这种根本性质的转变最终促进人们伦理道德博弈类型的转变，即人们由于更多地关注精神利益、心灵利益的得失，更自觉地追求精神愉悦和心灵自由而超越狭隘的伦理博弈进入道德博弈。道德博弈的境界之所以超越伦理博弈，完全在于道德人所面对的伦理道德行为对象直接就是对方，不再有第三者，也就是说，我的任何伦理道德行为只需考虑作为对方的你，即人之外唯一的他者，而不再以第三者（可能对自己的伦理道德行为的任何后果进行评价、干涉、惩罚的另外一个他者）为背景。在此博弈活动中，我直接地把你视为我的伦理道德行为的直接对象，即你就是我的对象，我与你不仅处于完全同等的地位，即任何人都不再凭借或利用第三者，也根本不考虑第三者是否存在，或者说，第三者存在与否已经无关紧要，甚至根本没有这方面的丝毫观念，我们所考虑的只是与自己处于同等地位的对方，而且我明确地认识到，我们彼此的存在恰恰是以对方为前提的："我，是相对于你的我；而你——能够成为一个我——是相对于我的你。"[①]我与你不只是纯粹外在的对立，而且我依赖于你，你依赖于我，我们处于完全不可分割的联系之中，处于生存论意义上的共在存在之中，我们彼此构成了一个特殊的生活世界，也正是由此，我的生活的意义和价值，都只能通过你的生活的意义和价值体现出来，反之亦然。因此，道德人所遵循的博弈机制是我与你之间没有第三者存在的二元博弈。

客观而言，作为现实的人，任何人都是肉体存在和精神存在的统一体，既要满足物质生活的需要，也要满足精神生活的需要，特别是，作为最内在的精神生活，心灵生活更根本地标志着人的特殊存在，而满足其需要是人成为自己的必要途径。因此，人在现实的伦理道德生活中，不仅需要与其他人处理和解决发生在物质生活领域里的物质利益、经济利益上的矛盾和冲突，而且也需要处理和解决发生在精神生活领域里的精神利益乃至心灵利益上的矛盾和冲突。精神利益乃至心灵利益是相对于实现精神愉悦和心灵自由

① ［美］约瑟夫·弗莱彻著，程立显译：《境遇伦理学》，中国社会科学出版社 1989 年版，第 38 页。

而言，它本质上是超越物质利益、经济利益的利益，是更为根本的利益。尽管在此“利益”一词存在着泛化的嫌疑，然而它对于伦理道德博弈当事人来说，确实是他满足精神需要、心灵需要的客体。如上所述，如果一个人整日陷入伦理博弈之中，因而整日盘算着个人物质利益或经济利益的得失，势必造成与其他人之间情感的冷漠和生活的麻痹，造成自己心灵的痛苦和烦恼。消除这种精神上、心灵上的痛苦与烦恼，本质上就需要满足精神需要和心灵需要，使自己的精神真正愉悦起来，使自己的心灵真正自由起来，因此，精神愉悦和心灵自由成为更根本的利益关注点。毫无疑问，那些率先具有这种觉悟的人，在与其他人的伦理道德生活交往中，在具体的博弈过程中，真正地追求精神愉悦和心灵自由时，就转换了立场，即从伦理生活的立场转换到道德生活的立场，开启了超越狭隘的伦理博弈的道德博弈。只不过是，当我具有较高的伦理道德觉悟或修养，自觉地尊重自己的道德人格，从而生活在道德层面上或处在道德境界时，作为博弈的对方当事人却未必如同我一样，即具有相应的伦理道德觉悟或修养，自觉地尊重自己的道德人格，自觉地追求精神利益和心灵利益。事实上，在现实生活中，我很可能面临着各种各样的人，其伦理道德觉悟或修养水平参差不齐。因此，当我自觉地进入道德生活层面，处于道德境界之中时，我很可能需要运用各种不同的伦理道德策略来面对对方，以回应他的各种伦理道德行为，归根结底，我很可能始终徘徊于伦理博弈与道德博弈之间。但是，对于我来说，只有当我彻底地超越了物质利益、经济利益的束缚和制约，真正地立足于道德生活立场，追求着道德境界，不再计较对方是否如同我一样具有较高的伦理道德觉悟或修养，是否认识到并尊重自己的道德人格，是否采取我所期望的伦理道德选择，我依然着眼于我的精神利益、心灵利益，因而去追求精神愉悦和心灵自由时，我才彻底地进入了道德博弈。俗话说“不跟你一般见识”，就是真正地开启了道德博弈的道德人的博弈态度。当然，纵使如此，纵使精神利益和心灵利益成为核心关注点，也并不意味着放弃了物质利益或经济利益的诉求，而只是物质利益或经济利益的得失不再是关注的焦点而已。如果说我在自觉地将精神利益和心灵利益视为最核心的利益，不再太在意于物质利益或经济利益的得失，作为博弈的对方当事人，你也同样如此，那么，我们所进行的博弈就将成为纯粹的道德博弈。显然,这是伦理道德博弈的理想境界,这是拥有同样胸怀和境界的人自觉追求精神生活、心灵生活的必然结果。二元博弈是精神生活、道德生活层面上的博弈机制,它所表达的恰恰是人与人之间的纯粹道德关系。赵汀阳指出:"二元模式和三元模式的区别就是理想和现实的区别。二元模式虽然不足以正确表达人际关系,但如果讨论道德问题则极具优势,著名者如孔子的'仁'和列维纳斯的'面对面'理论。这暗示着一个深刻的道理:二人关系有着人之间的对话、交往、合作和分享的单纯理想本质。"[①]因此,真正的道德博弈,是道德人之间的博弈,如果不是这样,那么,最起码自觉发起道德博弈的人是一个纯粹的道德人,他能够立足于人的立场上来看待自己和对方,他知道至少需要尊重自己的道德人格,需要自觉地追求自己的道德生活和道德人生而不管对方目前究竟如何。

然而,纯粹的道德博弈依然是一种现实的博弈,因为它活生生地进行在两个不可抹煞的博弈当事人之间,也就是说,我直面着你,你也直面着我,我们两个人都是客观的存在,都是鲜活的生命,都具有独立的道德人格,都是具有博弈力量的一元。因此,无论对于谁来说,物质利益、经济利益以及以此为基础的精神利益、心灵利益都是客观的利益,纵使我们都不再太在意物质利益、经济利益的得失而更关注和追求精神利益、心灵利益,但对于每一个人的合理的利益要求都必须给予尊重和满足,而不能以任何的理由和借口抹煞掉。这就要求我们不仅要实现物质利益、精神利益的合理分配,而且还要实现精神利益、心灵利益的合理分享,要使每一个人的精神愉悦起来、心灵自由起来,只有如此我们才能达成彼此间情感上的融洽和心灵上的自由和谐。客观而言,如果说物质利益、精神利益的分配能够通过精确的数量来计算,因而纵使博弈当事人无法协调好分配关系还能够在第三者干预的情形下实现博弈的均衡,最终达到客观公正,那么,精神利益或心灵利益问题,在博弈中就难以具体而精确地衡量,因而也难以通过所谓第三者的协调与平衡达到真正意义上的客观公正。对于过分在意于物质利益、经济利益得失的伦理博弈而言,尽管在现实生活中存在着一些调解人,能够通过适当

① 赵汀阳:《博弈问题的哲学分析》,《北京行政学院学报》2005 年第 3 期。

的劝说、撮合、斡旋而化解博弈当事人之间的怨气和仇恨，但毕竟难以彻底地让双方享有精神上的愉悦和心灵上的自由，从而达到彼此间情感上的融洽和心灵上的自由和谐。事实上，真正纯粹的道德博弈只能是道德人之间的博弈，是两个均已超越了伦理生活层面从而立足于道德生活境界的人进行的博弈，是两个人都旨在最终满足精神需要、心灵需要的博弈。因此，理想状态中的纯粹的道德博弈是两个具有独立的道德人格的当事人完全自由地立足于道德生活层面为着精神的愉悦、情感的融洽和心灵的自由和谐而进行的博弈，是完全不再依赖任何第三者而自觉地进行精神上、情感上、心灵上交流与互动的博弈。

处于真正纯粹的道德博弈中的当事人既然不再依赖任何第三者而把对方视为直接的对象，视为与自己的道德人格或心灵的唯一的博弈力量，道德博弈也就彻底消除了宗教的任何痕迹，换句话说，彻底地去掉了宗教的外衣。因此，不要说任何现实的第三人，纵使宗教意义上的上帝或鬼神，也已经不再参与博弈，博弈直接现实地发生在当下的伦理道德生活之中。这种现象说明，没有第三者的参与或作为评判者，博弈依然在持续进行，而且还在进一步深化，也说明，纵使失去了宗教的支持，道德依然存在，而且只有自觉地撕掉宗教的外衣，人才真正使自己成为一个道德人。因此，真正意义上的道德人，总是出于自觉地超越了宗教意识的道德意识，总是能够做到自律，彻底地摆脱各种形式乃至最高形式即宗教形式上的他律。梁漱溟强调："生命力很强的人，他可以不随俗，他能够自觉自律，不随俗，所以不管旁人的诽笑、反对，本着自己的自觉自律来行动。"[①]客观而言，对于很多人来说，能够不随俗，能够不管旁人的诽笑、反对，本着自己的自觉自律来行动，是已经非常艰难的事情。如果这种自觉自律表现得更为彻底，不仅不在意于旁人，而且进而不在意于那对很多人来说具有绝对力量的上帝或鬼神，即宗教上的绝对权威，那么，人就真正地获得了精神上、心灵上的自由，真正地成为精神自由、心灵自由因而道德自由的人。诚然，这是一个漫长的过程。梁漱溟指出："道德是从宗教慢慢分化出来的，是社会文化一极大进境。唯自觉

① 梁漱溟：《这个世界会好吗——梁漱溟晚年口述》，东方出版中心 2006 年版，第 314 页。

自律是道德之真；然而实际上人之自觉自律岂易言哉？一般人总随顺社会习俗和风尚行事而已。你随顺社会习俗风尚而无违，亦就被看做是有道德的人了。”[①]毫无疑问，真正的道德人并不是随顺社会习俗风尚的人，而是追求崇高道德境界的人，是真正地认识到并尊重自己的道德人格的人，是彻底地摆脱了任何外在力量从而实现了精神自由、心灵自由的人。因此，对于这样的道德人来说，他们所进行的伦理道德博弈才是真正纯粹的道德博弈，在其中不存在任何第三方力量。

毋庸讳言，对于任何道德人来说，真正纯粹的道德博弈需要高度的道德自觉，在现实生活之中并不保证自己始终能够做到。相比而言，人们往往徘徊于伦理博弈与道德博弈之间，从而选择了一种特殊的博弈机制，它介于纯粹的三元博弈与纯粹的二元博弈之间。例如，中国传统儒家伦理道德所采取的博弈机制，就既不是纯粹的三元博弈，也不是纯粹的二元博弈，而是接受二元博弈但又没有完全摆脱三元博弈痕迹的二元博弈。传统儒家伦理道德这种特殊的博弈机制，典型地体现在“慎独”思想上。梁漱溟指出：“慎独之‘独’，正指向宇宙生命之无对；慎独之‘慎’，正谓宇宙生命不容其懈。儒家之学只是一个慎独。”[②]显然，这已经不再纯粹是伦理的层面，而是道德的层面。它实际上近乎是一种道德的博弈机制，即一种二元博弈。梁漱溟甚至说：“儒家所为种种的礼，皆在自尽其心，成其所以为人，没有什么要求得的对象。像一般宗教所以宰制社会人心的，是靠着他的‘罪’‘福’观念；——尤其是从超绝于知识的另外一世界而来的罪与福，存在于另外一世界之罪与福。而孔子对人之请祷，则曰‘丘之祷也久矣’！对人之问媚奥媚灶，则曰，‘不然，获罪于天无所祷也’！又如说，‘非其鬼而祭之，谄也’；‘敬鬼神而远之’；‘未知生，焉知死；未能事人，焉能事鬼’。其全不想借着人类对另外一世界的希望与恐怖，来支配宰制人心，是很明的。”[③]确切地说，“慎独”实际

① 梁漱溟：《今天我们应当如何评价孔子》，《梁漱溟全集》第七卷，山东人民出版社2005年版，第290页。

② 梁漱溟：《人心与人生》，《梁漱溟全集》第三卷，山东人民出版社2005年版，第667页。

③ 梁漱溟：《中国民族自救运动之最后觉悟》，《梁漱溟全集》第五卷，山东人民出版社2005年版，第72页。

上就是伦理道德主体在没有实际的第三者在场的情形下为自己假想出第三者在场来监督自己的道德自觉表现。客观而言，纵使不依赖于外在的鬼神，这种通过假想第三者在场以监督自己的做法，归根结底还是离不开第三者，还以第三者作为自己伦理道德思考的前提。因此，从根本上说，伦理道德主体所陷入其中的伦理道德博弈，归根结底依然是三方之间的博弈。不言而喻，能够自觉地假想第三者在场而实际上第三者并不在场的情形，已经意味着人的高度自觉，即意识到自己必须作为伦理道德主体而存在。然而，由于它实际上还没有完全摆脱伦理意义上的三元博弈的痕迹，因而“慎独”毕竟又是有限的，因为它本身建立在对自己的高度自觉性上，如果有这种自觉，就能够进入道德的层面，而没有这种自觉就堕落回伦理的层面，因而一切都依赖于伦理道德主体是否有这种高度的自觉。这恰如葛剑雄所强调的：“儒家讲君子要‘慎独’，完全靠君子每日‘三省吾身’。可惜放眼整个社会，并非人人君子，靠‘慎独’解决社会问题着实不够现实。”[①]社会问题极为复杂，全面地解决社会问题绝非伦理道德所能做到，还需要诸如法律制度等，但是就伦理道德问题而言，儒家以“慎独”为根本导向的伦理道德博弈机制，其意义也是非常有限的。当然，在现实生活中，儒家的“慎独”思想对于那些具有高度自觉的道德人来说，确实发挥着引领作用，具有不可抹煞的积极意义。然而，正如赵汀阳所指出的：“单纯的二人关系正是道德形而上学的根据。二元人际模式虽是现实的错误表述，却是理想的希望。我们知道，想从三元人际模式的博弈导出二元人际模式的合作是一条艰难之路，但一个好的世界预期要比一个坏的世界预期更有可能生产出好的结果。”[②]

事实上，立足于道德生活立场而追求精神愉悦和心灵自由和谐的道德博弈，永远给人以希望和激励。因此，如何在伦理道德实践中不断地超越伦理博弈而进入到道德博弈，彻底地摆脱狭隘的物质利益、经济利益的束缚和制约，以不断地提升自己的道德修养和道德境界，以创造美好的伦理道德生活世界，是任何一个人都需要解决的伦理道德实践课题。

---

① 葛剑雄：《继承传统文化切忌混淆“精华”与“糟粕”》，《文汇报》2014 年 9 月 1 日。
② 赵汀阳：《博弈问题的哲学分析》，《北京行政学院学报》2005 年第 3 期。

二、道德博弈的精神实质:人与自我的博弈

道德博弈的内在机制是二元博弈,而所谓二元博弈,也就是说,我在现实的生活中直接所面对的对象不再存在第三者,而直接就是你,我已经不需要第三者作为平衡我与你之间关系的力量,也不需要第三者作为一位客观的评判者判断我们之间的博弈是否遵循了社会上为绝大多数人所公认的伦理道德规范,是否达到了客观公正。我自己就是我们道德博弈的评判者,我对我们道德博弈的评判甚至根本不再征求你的意见,不再在意你是否满意,而之所以不再征求你的意见并不是在现实中彻底忽视了你的存在,彻底否定了你的幸福和快乐,彻底否定了你的生命体验和感悟,恰恰相反,我时刻深刻地感悟着你的存在,感受着你的幸福与快乐,从你与我最深层的生命共在、信息融通中分享着你对生命的体验与感悟。因此,超越了伦理博弈的功利层面,外在的物质利益、经济利益已经不再是内心关注的焦点,甚至不再是对象,更甚至不再成为思虑的对象,即不再在头脑里有丝毫的闪现。当然,在此情形下,我并不是将在现实生活中遇到的,在伦理层面没有解决的问题和矛盾转移到了我的内心,相反,由于立场的转换,道德问题已经超越了伦理问题,精神上、心灵上的利益已经超越了物质上、经济上的利益,而且我也并没有否定社会上道德规范的存在,相反,我不仅已经按照社会上为绝大多数人乃至所有人所普遍认可和接受但未必真切履行的道德规范来约束自己,而且已经超越了孔子所谓遵从最高道德规范“从心所欲不逾矩”的境界,更有甚者,我也已经超越了自觉地按照为自己颁布的德性规则来约束自己的境界。也就是说,对于我来说,我已经完全超越了任何外在规范、规则的约束,任何规范、规则乃至内在的德性规则,都成了最自由的规则,心灵在此实现了超越意义上的自由,它不再为任何外在的东西乃至内在的私心杂念所牵制和左右,实现了自由与规则的融合为一,特别是与自己所颁布的德性规则的融合为一。

道德博弈超越了外在直观的伦理道德生活现象,而通过道德洞察深刻地揭示了我与你之间的本质性联系。结果发现,我与你之间的关系,就是直接地面对面的我与你之间的生存论关系。你直接地呈现在我面前,构成了

我之外的唯一对象、唯一他者，即绝对地存在着的他者。因此，在道德的博弈下，你作为我之外的唯一他者，你不是不存在，而是恰恰最真实地存在着，是最紧密地与我联系在一起的生命存在，归根结底，在此情形下，你作为我的伦理道德行为的对象，恰恰就是我在现实社会生活中确证自己的存在和本质力量的不可缺少的对象，是我的生命价值和人生意义得以呈现的载体。但是，也正是因为如此，你从根本上说就是那个虽然与我具有不同的身躯的另一个我。也就是说，你就是我——一个他我，一个虽然在躯体的意义上外在于我的我。因此，你与我不仅不可分割，而且彼此都是对方存在的另一种形式。奥古斯丁曾对所爱的、好像不会死亡的好友的死去倍感伤痛，他说："我更奇怪的是他既然死去，而我，另一个他，却还活着。某一诗人论到自己的朋友时，说得很对，称朋友如'自己灵魂的一半'。我觉得我的灵魂和他的灵魂不过是一个灵魂在两个躯体之中，因此，生命为我成为可怖的，因为我不愿一半活着，也可能我因此害怕死，害怕我所热爱的他整个死去。"①奥古斯丁所引的诗句是同为古罗马人的贺拉提乌斯写的，这句揭示了人超越现实功利境界的彼此生存论关系。显然，将朋友视为"自己灵魂的一半"，将我视为另一个他，将他或你视为另一个我，就是在存在论意义上将你与我融为了一体。毫无疑问，一旦人们清楚地认识到社会上任何一个他人本质都是自己，那么，他的伦理道德行为确切地说就是道德行为，他就从伦理人升华为道德人。如果说伦理人还在乎自己对对方的伦理道德行为还可能受到第三者的影响、制约、干涉、谴责或惩罚，也就是说，还在乎因为第三方而不能实现自身利益的最大化，还可能造成意想不到的损失，那么，道德人对对方的伦理道德行为，实际上明确地意识到那实质上就是对自己的行为，他不仅不会盘算着自己的这种行为是否会造成一定的损失，而且还会主动地去实现对方的利益。这是因为，对方就是自己，实现对方利益的最大化，其实质就是实现自身利益的最大化，归根结底，道德人清楚地意识到自己的任何伦理道德行为实际上必须以实现彼此利益的最大化为自己的根本宗旨。如果说实现利益的最大化，对于伦理人来说偏重于外在的物质利益、经济利益，

① ［古罗马］奥古斯丁著，周士良译：《忏悔录》，商务印书馆2015年版，第61页。

而这些利益归根结底都是以自己的私利为最终的目的，那么，道德人所考虑的就不再仅仅是物质利益、经济利益，而考虑更多的是奠定在物质利益、经济利益基础之上的精神利益、生命利益，而这些利益归根结底恰恰是以彼此间不可分割的生命存在为前提，以你的生命存在、你的幸福美好的生活为目的的。孔子强调："志士仁人，无求生以害仁，有杀身以成仁。"[①]儒家的"仁"，其实质就是二人，就是我与你之间不可分割的生命共在，就是将这种生命共在自觉地视为道德信仰对象的德性要求与修养。孟子说："生，亦我所欲也。义，亦我所欲也。二者不可得兼，舍生而取义者也。生亦我所欲，所欲有甚于生者，故不为苟得也。死亦我所恶，所恶有甚于死者，故患有所不辟也。"[②]在这里，"义"不仅包含着伦理意义上的客观公正，即人们彼此物质利益分配上的均衡与适宜，而且还包含着更高的道德意义。因此，从根本上说，"杀身成仁"和"舍生取义"都超越了一般社会道德要求，它们看似是不可能的现象，但历史上却不乏其人，在生命攸关的时刻，义无反顾地舍弃了自己的生命，去维护、捍卫和实现一个看似与他并不存在任何利益关系的人的生命存在和幸福。事实上，人们之所以不能理解道德人何以能够舍弃自己的现实利益，特别是生命而去维护、捍卫和实现一个现实中根本与他无关的人的生命存在和幸福，就在于他已经将对方视为自己的存在，视为一个仅在躯体上有所区别的另一个我。

然而，如果说人一旦将外在的他者，不再作为对象，而是将对象转化和升华为自己，那么，外在表现中的道德博弈的二元机制就进一步转化为当下的我与未来的我，即现实中的我与道德期望中的我之间的博弈，归根结底，就是现实存在着的肉体之我、现有之我、有限之我与精神存在的心灵之我、未来之我、无限之我之间的博弈。绝对他者变成了另一个我，而我所进行博弈的对方不再直接地是你，而是我自己内心深处的绝对者，即内在的绝对者，这个绝对者就是绝对的自我。绝对的自我是本真的我，是心灵之我，是在理性上趋于极限的自我。这种意义上的自我很容易被想象成上帝，然而

① 《论语·卫灵公》。
② 《孟子·告子上》。

上帝被认为是全知、全在、全能、全善的，而心灵之我祈求着无限性，但从现实性看又仅仅是能思维着的内心灵明或澄明之心，而且这种灵明也是极为有限的，它以人自身客观的肉体为载体，根本不可能在身体上达到全在，更不可能在意识中达到全知，更无能力解决世间的一切问题。但是，这种趋于极限的心灵之我如此真实地呈现于自己的精神生活中，时时关照、审视、催促、警醒和劝诫着当下的自我，使自我摆脱迷茫和困惑，保持清醒和奋进的激情，以不断地实现自我超越。因此，真正意义上的、彻底的道德博弈实质上是人与自我的博弈，归根结底，就是人以心问心的事情，它所追求和实现的是人自身的心灵和谐。对于伦理人而言，私下他需要扪心自问的是，他是否在与他人进行物质利益、经济利益分配时坚持了客观公正的原则，是否有了私心，贪了便宜，侵占了他人的利益，拿了不该拿的东西。相反，对于道德人来说，私下他需要扪心自问的是，他是否真正地将任何对方视为自己不可分割的生命存在，视为自己另外一个我，是否在一次次的道德生活实践中提升了自己的德性修养，是否使自己成为一个心灵和谐的人。

众所周知，先秦诸子中，以惠施、桓团、公孙龙为代表的名辩家，善于论辩，然而，如康有为所言："桓团、公孙龙辩者之徒，饰人之心，易人之意，能胜人之口，不能服人之心。"[①]如果说伦理人私下扪心自问，不仅要胜自己之口，更要服人之心，那么，道德人私下扪心自问不仅要胜自己之口，更要服自己之心。所以道德的博弈之所以根本区别于伦理的博弈，在于它是一种人以心问心的事，是最终追求心灵自由和谐的事。我们知道，古希腊斯多葛学派曾经将对美德生活的追求诉诸心灵的宁静，而一个人为了寻求心灵的宁静，就应当将自己当成潜伏的敌人来警戒。虽然斯多葛学派否定了人必须在与社会、与其他人相互关系中才能实现自己的幸福美好生活的观点，但他们深刻地认识到真正的和谐在于人与自我之间的和谐，在于心灵的和谐。追求内心的和谐就是要破除自身之谜。奥古斯丁在失去自己最要好的朋友最痛苦的时刻，曾经反省说："我为我自身成为一个不解之谜：我问我的灵魂，你

① 康有为：《孔子改制考》，中华书局2012年版，第16页。

为何如此悲伤，为何如此扰乱我？我的灵魂不知道怎样答复我。”[1]奥古斯丁的朋友已经死去，然而在朋友临死之前奥古斯丁还以沉迷被“洗礼”而打趣他，哪知朋友短暂苏醒之后便溘然长逝。因此，对于奥古斯丁来说，他已经无需向自己的朋友忏悔，而之所以向主忏悔，实际上就是求得自己内心的宁静，求得心灵的和谐。梁漱溟说：“道德是最深最永的趣味，因为道德乃是生命的和谐，也就是人生的艺术。所谓生命的和谐，即人生生理心理——知、情、意——的和谐；同时亦是我的生命与社会其他的人的生命的和谐。所谓人生的艺术，就是会让生命和谐，会作人，作得痛快漂亮。”[2]他强调：“此和谐之点，即清明安和之心，即理性。一切生物均限于‘有对’之中，唯人类则以‘有对’超进于‘无对’。清明也，和谐也，皆得之于此。果然有见于此，自尔无疑。若其无见，寻求不到。盖清明不清明，和谐不和谐，都是生命自身的事。在人自见自知，自证自信，一寻求便向外去，而生命却不在外。”[3]然而，人并不是都能够达到这种自觉，而很可能通过各种形式迷惑自己。对此，梁漱溟进而强调：“人之所以高于动物者，信在其理智之优胜，一言一动罔非通过意识而现。然事实上其通过意识也，常不免假借一番说词（寻出一些理由），以自欺欺人（非真清明自主而以清明自主姿态出现）而已。是感情冲动支配意识，不是意识支配感情冲动。人类理智之发达，不外发达了一种分别计算的能力。其核心动力固不在意识上而宁隐于意识背后深处。”[4]显然，如何纠正和规范自己，使自己彻底地达到自见自知，自证自信，而不陷入迷惑和自欺，是一个艰难的自我克服过程。总之，真正的道德不再是规范和协调人与他人外在关系的伦理，而是人自我调节心灵的人生艺术。

事实上，作为人自见自知、自证自信的人生艺术，道德博弈归根结底是道德人道德信仰意义上的博弈活动。也就是说，在他那里，真正规范和协调其心灵的是自己的道德信仰，是自己不断确立和革新的道德理想、道德形象，而不是任何外在的伦理道德规范，甚至不再是为社会所推崇的较高的道

① ［古罗马］奥古斯丁著，周士良译：《忏悔录》，商务印书馆2015年版，第59页。
② 梁漱溟：《朝话》，《梁漱溟全集》第二卷，山东人民出版社2005年版，第86—87页。
③ 梁漱溟：《中国文化要义》，上海人民出版社2005年版，第117页。
④ 梁漱溟：《人心与人生》，《梁漱溟全集》第三卷，山东人民出版社2005年版，第602页。

德规范，更有甚者，也不是他为自己颁布的德性规则。因为，他始终都在突破自己任何一个时间点上既定的道德理想、道德形象，始终都在无意中创设着新的德性规则，始终都随心所欲地遗忘了任何规则。归根结底，这一切都在于他的心灵或意志是自由的，他为自己的生活、生命不断地开拓着新的境界，不断塑造着新的自我。这是一个对自己的生命意义和人生价值无限追问的过程，是一个人生实践循环推进、人生境界不断升华的过程，是一个既有一定目标、目的而又突破目标，趋向人生的最终境界和终极目的的过程。当然，纵使在这种意义上，他依然不能宣称自己已成为道德的化身，或道德依赖他而存在。相对于他而言，实际上还存在无数如此这般地进行着自我博弈的人，存在着整个历史地演变着的伦理道德生活，他只不过是无数这样的人在历史地发展着的社会伦理道德生活中，在社会给予自己的社会地位上和为自己规定的社会身份里权衡与其他人的关系而不断地实现着自我超越的人。他既没有完全摆脱社会先天赋予他的社会地位和社会身份，也没有遗忘自己因享有一定的伦理道德权利而需承担和履行的伦理道德义务和责任，他只是在此基础上还实现着突破和创造，使自己与他人之间的关系更规范、和谐与自由，最终达到心与心的和谐自由，因为只有如此，自己的心灵才能得到安顿、宁静、自由与和谐。

第三章 伦理道德规范的博弈生成

伦理道德规范的实质是什么，以及它们得以形成、确立或制订的最终依据和原则是什么，它们究竟是具有相对性还是绝对性，长期以来是伦理学，特别是规范伦理学探讨的核心问题。因为，规范伦理学旨在探索某种行动按照什么原则和规范成为道德的，以及究竟应该确立或制订什么样的原则和规范以评判所有行为的问题。迄今而言，这些问题并没有得到彻底的解决，各种不同流派的伦理学家对此问题的阐述依然存在着较大的分歧。客观而言，博弈伦理学引入博弈论的分析方法，为揭示伦理道德规范的实质，揭示伦理道德规范的形成、确立或制订的历史性根据，以及其相对性和绝对性问题提供了新的思路。事实上，如果按照博弈伦理学的观点，伦理道德规范归根结底就是人们在伦理道德博弈过程中历史地生成和确立起来的规范和协调人们彼此间伦理道德关系的行为准则，其目的就在于通过社会舆论、信仰信念和个人自律形成良好的人际交往关系，在于塑造自由和谐的生活世界秩序。

第一节 伦理道德规范的博弈实质与历史生成

博弈伦理学确立了广义的博弈论视野，对伦理道德规范的实质和形成给予了博弈论的解读，认为伦理道德规范从历史起源的角度来看，它们并不是先天地、客观地存在着的，也不是上帝、神颁布的，更不是所谓的圣人为普通民众确立起来的，相反，它们实际上只可能是人们基于社会物质生产和社会生活在长期的交往、互动和博弈的过程中产生和发展的，不合时宜的伦理道德规范终将被历史淘汰，而新伦理道德规范又会在人们彼此间的更自觉、更趋理性的博弈互动中创造出来。因此，伦理道德规范一方面存在着因人们理性能力的提高和道德意识的觉醒而造成的辩证生成过程，另一方面相对于一定历史时期的后人来说，获得了某种相对先天性的表象。毫无疑问，从这一角度解释伦理道德规范，就能够避免现代伦理学在解释伦理道德规范时所遇到的困惑和矛盾。

一、伦理道德规范的博弈实质

毫无疑问，伦理道德规范只是社会规范的重要组成部分，而不是全部，与政治法律规范相比，它们不是依赖政治机构及政治暴力强制性地规范和约束人们的硬规范，而是依赖社会舆论、信仰信念和个人自律规范、约束和引导人们的软规范。因此，伦理道德规范需要规范和协调的是人们之间的伦理道德关系而不是政治法律关系。尽管任何社会规范归根结底都涉及物质利益或经济利益及其分配，都需要规范、约束和协调人们彼此间在物质生产交往或经济往来中的矛盾和冲突，但伦理道德规范是通过人们之间的伦理道德生活，通过社会舆论和个人自律而解决的。尤其是，伦理道德规范不仅解决人们彼此间在物质利益或经济利益分配方面的矛盾和冲突问题，而且还深入到人们的精神世界和心灵世界之中，解决人们彼此间在精神利益、心灵利益方面发生的矛盾和冲突，解决心与心之间的矛盾和冲突，特别是解决个人的身心矛盾和冲突，以实现个人心灵的自由和谐。如果说作为纯粹外在社会规范的政治法律规范是对身或外在行为的约束规范，那么，伦理道德规范，特别是狭义上的道德规范则是对心或内在意志的约束规范。而且，如果政治法律规范仅仅强调规范和约束作用，具有消极的意义，那么，伦理道德规范既强调规范作用，又强调范导、引导、超拔作用，则具有更多积极的意义。可以说，正是因为伦理道德规范具有这样区别于政治法律规范的性质，它们实质上在整个社会生活中发挥着远比政治法律规范大得多的作用，它们既在现有社会政治法律制度基础上实现和维护着整个社会生活秩序或生活世界秩序的稳定与和谐，而且历史地超越现有社会政治法律制度而不断地趋向人际关系和个人身心关系的和谐，实现更高境界上的社会生活秩序或生活世界秩序的稳定与和谐。

作为依赖社会舆论、信仰信念和个人自律而发挥功能或起作用的社会规范,即软规范,伦理道德规范实际上就是人们心灵之间的游戏规则。如前所述,“游戏”是一个内涵丰富的概念,对它绝不能仅仅作世俗的理解,即将它理解为某一具体的娱乐活动。“游戏”更深层的意蕴指基于一定的物质利益、经济利益而发生的人与人、人与自身、个人与集体、阶层与阶层、阶级与阶级之间的交往与互动,即博弈。人们彼此之间的游戏或博弈,不仅展现了人们彼此间各种现实力量,如物质力量、经济力量、政治力量之间的较量与互动,而且还蕴涵着人们彼此间精神力量的较量与互动,蕴涵着心灵之间的协调、平衡乃至促进、推动和提升。因此,如果说政治法律规范是不同社会阶级之间多少带有暴力和血腥的政治权力游戏的游戏规则,那么,伦理道德规范则是建立在通过暴力夺取政治权力因而奠定了必要的社会经济制度和政治法律制度之上的整个社会所有人心灵之间的游戏规则。如果说在政治法律游戏之中,不同阶级所体验到的是战胜敌对阶级和政敌,为自己的人民赢得政权,使创造美好生活变得可能的革命胜利的成功喜悦,或失去政权导致的痛苦与无奈,每个人所体验到的是在平时遵循政治法律规范所享有的公民自豪感,或违背政治法律规范受到惩罚时体验到的痛苦与罪恶感,那么,伦理道德生活中的心灵游戏给人带来的则是彼此心灵上的紧张、激动、刺激、痛苦、自由、放松、愉悦。事实上,伦理道德生活远比政治法律生活更为广阔,因而政治法律游戏或权力游戏并不是任何一个人都实际地参与其中,相反,伦理道德生活中的心灵游戏却是任何人都无法避免的,每个人都是心灵游戏的参与者,也是心灵游戏实际的体验者。事实上,纵使一个人独处时,他实际上依然在做着心灵游戏,他既可能在内心与他人的心进行着较量和互动,而且也极可能独自与自己的心进行着较量,与自己所期待的未来的自我进行着较量,以求得自己当下的身心和谐,归根结底求得心灵永远的安顿、宁静、自由与和谐。因此,伦理道德规范就是心灵游戏中的规范,它们所规范、约束和协调的是不同人心与心之间的关系,乃至自己心灵内部的关系,要达到的是人们彼此心灵间的自由和谐以及自己心灵的安顿、宁静、自由与和谐。因此,从根本上说,伦理道德规范实际上就是心灵游戏的规范或规则,就是心灵博弈的规则。

人类社会是历史地发展的，当民族历史还没有转变为世界历史之前，各民族在地球上的各个角落或者说在世界各地，已经历史地生成和发展着，每个民族、国家或社会都历史地形成自己的文化传统，形成特定的伦理道德价值原则、观念和规范，人们在毫不了解其他民族存在的情况下已经开展着民族内部的物质生活交往、精神交往等社会交往活动，进行着各种形式上的博弈，从而历史地形成着伦理道德规范。因为在民族内部，实际上存在着不同的社会阶级、阶层、群体，更不要说不同的家庭乃至个人，不同个人、家庭、群体、阶层、阶级之间始终都存在着博弈。而随着与其他民族的接触与交往，又势必发生与其他民族的较量与博弈。正是在这些博弈之中，伦理道德规范得以确立起来。霍布斯曾强调："群体纵使再大，如果大家的行动都根据各人的判断和各人的欲望来指导，那就不能期望这种群体能对外抵御共同的敌人和对内制止人们之间的侵害。因为关于力量怎样运用最好的意见发生分歧时，彼此就无法互相协助，反而会互相妨碍，并且会由于相互反对而使力量化为乌有。这样一来，他们就不但会易被同心协力的极少数人征服，而且在没有共同敌人的时候，也易于为各人自己的利益而相互为战。"①因此，为了避免彼此相互妨碍和伤害，避免最终因相互反对而使力量化为乌有或同归于尽，就必须确立起不同人、不同家庭、不同群体、不同阶层、不同阶级之间的伦理道德规范。当然，在不同的范围之内，又确立起了更为详细的伦理道德规范。但不管如何，这种旨在为了更好地规范和协调人们的思想和行为以形成和塑造良好社会秩序或生活世界秩序的伦理道德规范，是人们之间长期博弈的产物。因此，正如赵汀阳所说："如何才能形成一条规范，这是一个只能在实践中被解决的问题，通常被认为是'社会博弈'的结果。"②事实上，运用狭义的博弈论来解释社会制度和社会规范的形成机制是博弈论应用研究的重要方面。安德鲁·肖特在《社会制度的经济理论》中提到可能导致社会制度创生的四种基本博弈情境，即协调博弈、囚徒困境博弈、保持不平等博弈和合作博弈③。在协调博弈中，每个参与者虽然不能在全局都

① ［英］霍布斯著，黎思复、黎廷弼译：《利维坦》，商务印书馆 1985 年版，第 129 页。

② 赵汀阳：《论可能生活》，中国人民大学出版社 2004 年版，第 33 页。

③ 徐梦秋等：《规范通论》，商务印书馆 2011 年版，第 236 页。

选择自己最佳的策略因而达到自己最理想的收益，但都试图与对方协调，而不愿意偏离彼此可能达成的均衡点，因为他无法让对方放弃自己的最佳策略。徐梦秋等人强调："协调博弈的情境，可能渗透在许多社会规范之中，成为其得以建构的一个内含的环节。"[①]与协调博弈不同，囚徒困境博弈情形中，博弈参与者彼此互不诚信，所达到的均衡点是非效率的，结局是最糟糕的。"保持不平等博弈"只是协调博弈的一个子类别，"只不过对它来说，保持差异是更好的选择"[②]。与上述三种博弈情境相比，合作博弈具有最合理的性质。客观而言，由于人们不得不生活在同一个生活世界里，或者按照中国传统的说法，生活在同一片天下，就不得不选择合作博弈。徐梦秋等人指出："在许多一次性囚徒困境博弈中，杀、盗、淫、妄是其中的纳什均衡解。但是合作的得益足够大，或者不合作的负得益无穷大（例如导致个体或部落的毁灭等），都可能在演化中诱致相互协调的社会惯例。在足够多次数的重复博弈情境中，就有可能是这样，即某次鹰式的负利益无法接受（例如被谋害而失去生命），或者某些时候鸽式策略的得益足够大（如在良好的市场环境中，诚信带来源源不断的客户），那么人们就可能选择合作的方式，即使得安全承诺、尊重产权、尊重个体意志或者彼此间的诚信成为合作的前提，这就会在一定范围内戒绝负面的行为。"[③]因此，生活在同一生活世界里的人们正是通过重复的、合作的博弈，最终形成彼此认同和接受的伦理道德规范的。当然，广义的博弈论主要是从生活博弈或社会博弈的角度来看待伦理道德规范的形成的，而这是一个无数人广泛参与的历史过程，是一个伦理道德规范不断得到检验、修正和完善的过程。需要指出的是，通过社会博弈形成的伦理道德规范也只具有历史的合法性或合理性而并不具有必然的正当性或科学性。

不仅如此，伦理道德规范的博弈属性，还典型地体现为伦理道德规范在任何时候都既具有绝对性又具有相对性，既维持着最基本的伦理道德关系，又祈求着最崇高的道德境界，因而始终保持着伦理道德博弈的张力。因为，

① 徐梦秋等：《规范通论》，商务印书馆 2011 年版，第 237 页。

② 徐梦秋等：《规范通论》，商务印书馆 2011 年版，第 238 页。

③ 徐梦秋等：《规范通论》，商务印书馆 2011 年版，第 251 页。

一方面,任何伦理道德规范归根结底都是相对于一定的人类群体而言的,即相对于生活于一定的生活世界之内的所有生活主体而言的。换句话说,伦理道德规范从来不是抽象规定的,而总是一定生活世界里的特定人群创造和发展起来的。如果使伦理道德规范脱离一定的生活世界,脱离一定的人群,即伦理道德生活主体,那么,它们就不再具有现实意义。然而,如此一来,相对于一定生活世界来说,伦理道德规范具有绝对性、普遍性,但相对于整个人类生活世界来说,它们却又具有相对性、特殊性,而随着全世界不同民族之间的普遍交往,不同民族间的伦理道德价值观念和规范势必发生一定的冲突、较量和融合,从而始终体现着特殊性与普遍性的较量,最终表现为绝对性与相对性的统一。另一方面,无论在哪一种伦理道德生活世界里,实际上都规定了不同层次的伦理道德规范,以维护、捍卫或祈求着不同的伦理道德价值和伦理道德关系,人们始终会在最低限度的伦理底线和最高境界的道德信仰之间做出自己的伦理道德选择。可以说,伦理道德规范的这些各种状况,无不体现了伦理道德博弈的根本特征。

二、伦理道德规范的历史生成

如果不是将伦理道德现象看成脱离人的现象,因而通过各种形式将伦理道德现象神秘化,那么,就应当理性地承认伦理道德现象总是人在现实的生活世界里发生的现象,伦理道德生活本质上就是人的生活的一部分,相应地,任何伦理道德生活中所发生和产生的一切现象及其规则、规范或制度,本质上也只能是人们在现实的伦理道德交往活动中创造和发展起来的。因此,如果我们不是将伦理道德现象神秘化,而是深入伦理道德现象发生的现实生活世界,深入人们发生伦理道德交往活动的深层社会根源,特别是其物质的、经济的根源,那么,就能够比较清楚地认识到,任何伦理道德规则、规范、标准或制度,本质上都是在人们的伦理道德活动中,在人们长期的交往互动的过程中历史地生成的。换句话说,事实上根本不存在所谓的纯粹先天或先验的伦理道德规范,不存在绝对地脱离了一定的生活世界而普遍地、永恒地适用于所有生活世界、所有时代的普遍价值规范。对于一个特定的生活世界而言,伦理道德规范的历史生成,是一个不以任何人的意志为转移的事情。

人们在社会生活交往过程中,在具体的伦理道德博弈过程中促进社会规范、伦理道德规范的日益生成和创立,并不断丰富和完善,实际上反映了人们对彼此间更好的人际关系、社会秩序、伦理道德秩序的追求。江畅指出:“伦理秩序虽然意味着社会建立了应有的人际关系,但这种应有的人际关系状况有不同的层次。无论从理论逻辑上看还是从社会生活现实看,伦理秩序可以划分为三个层次或三种基本状态:(1)底线的伦理秩序;(2)正常的伦理秩序;(3)美好的伦理秩序。”①因此,对于人们来说,最初促使人产生的伦理道德观念总是最基本的,最初需要创建起来的是最起码的、底线意义上的伦理规范,但是底线的伦理秩序只能维系最基本的人际关系,只能使社会或生活世界不致分裂或瓦解,也就是说,不致使社会或生活世界“崩盘”。毫无疑问,这种借助底线伦理规范来实现和维护人际关系或伦理秩序的社会,并不是一个正常的社会,还没有切实地促进整个社会所有人之间的正常交往。底线伦理只是给人们提供了防范彼此做出过分的伤害对方行为的保障,或者说提供了相安无事的保障,但人们的相安无事并没有正常地促进彼此间的社会交往,特别是社会的物质、经济交往。因此,随着对正常的社会交往需要的产生,人们渴望为这种正常交往创建新的规范。然而,正常的社会交往,客观地促进着社会发展,促进着整个社会所有人对各种物质需要、生活需要和精神需要的满足,而这种意义上的交往和社会秩序建设所凭借的伦理规范,就只是功利意义上的规范,因此,它们是正常的伦理规范,但也只是正常而已,它们所建立和维护的只是正常的伦理秩序而已,它们亦谈不上有什么高尚的道德意义。显然,仅仅依靠正常的伦理规范所维系的正常的伦理生活秩序和伦理生活,还不能满足人们的精神生活特别是心灵生活的需求,人们还渴望创造出更具超越性的道德规范和道德理想来感召人、引领人,以使整个社会形成更优良的社会秩序和更和谐的社会氛围。因此,这是伦理道德产生和发展的历史必然趋势。

伦理道德规范的创造、确立和发展之所以可以看成是一个历史生成的

---

① 江畅:《我国底线伦理秩序面临的挑战及对策》,《湖北社会科学》2014 年第 8 期。

过程，还在于它们本身都基于人们社会生活交往过程中日益发展着的社会生活需要、物质生活需要、经济交往需要，而这些需要无不是历史地产生的，在每个具体的历史时期又有其非常现实的根基。规则最初都是社会物质生产过程的规则，是产生于物质生产领域里的规则，或者说就是生产活动本身的规则，因为只要按照这种生产规则或技术程序，人们就能够达到比较理想的生产效率，生产最可观的劳动产品。梁漱溟指出："当习惯未成时，即不够落实巩固时，每要随时用心揣量而行，效率甚低；及至熟练后，不须劳神照顾，便自敏捷而显著成绩。"①客观而言，社会生产中各种规则的形成是人与自然博弈的结果，即生产规范或规则是人类与自然进行物质、能量、信息交换的博弈过程中形成的有效规则，只要遵循和按照这些规则进行生产，就能够达到最佳的生产效果，或者说就能够与自然进行最大规模和最高程度上的物质、能量和信息交换，付出较少的劳动量就能够创造出最多的劳动产品。对于社会生活来说，规则的产生也具有非常类似的博弈属性，它们是人们之间为了达到比较理想的社会交往效果而逐渐积累和总结起来的实践智慧。李义天强调，道德规则是人们在处理道德问题的长期过程中所总结出来的理智结晶，从事实的层面来看，规则的产生及其被使用不可避免，他指出："这是因为人类的道德生活中存在着相似性，总有一些情境会较为频繁地重复出现。人们通过对这些情境的多次观察与反复提炼，能够比较稳定地把握其中的关键价值和相关诉求，而且，经过长期应对，人们足以积累出一套如何处理这类情境、如何实现（或消除）其中价值的经验做法。这些经验做法得到生活群体的认可，被表述为或规定为各种各样的行为规则。当类似的情境再度出现时，行为者就不必茫然地面对事态状况，也不必试探性地搜索解决方案，而只要准确地判断出当下情境与道德规则的相关性，就可以直接采用规则，按照规则所规定的内容行动。"②这些规则的形成和必要完全在于它们适用了人们解决现实问题的需要，而从更深层的角度来说，它们无不在于满足了人类的社会生活需要、物质生活需要和精神生活需要，归根

① 梁漱溟：《人心与人生》，《梁漱溟全集》第三卷，山东人民出版社2005年版，第679页。

② 李义天：《美德伦理学与道德多样性》，中央编译出版社2012年版，第245—246页。

结底都在于满足了人类生存和发展的需要。梁漱溟强调："任何礼俗制度之形成，必应于人生需要而来，没有需要不会发生，尽有其需要而无其可能，仍然不会发生和存在下去。概略地说来，所云理由者，要当循此两面——需要与可能——以求之。"①因此，任何伦理道德规范的产生都有深层的根源，都是基于客观的社会生活需要的，不是无缘无故地产生的。这也说明，在人们产生这些需要之前，或者说在人类诞生之前，根本不可能已经先天地存在了伦理道德规范，即根本没有任何纯粹先天的伦理道德规范。李德顺认为，衡量一个时期的道德现象或道德究竟是在进步还是退步，不仅存在着一定伦理道德体系本身的标准，即按照其道德理想、原则和规范来评判，而且还存在着一个"元标准"，即"标准的标准"，他说："我认为从人类历史和现实的生活实践来看，这个标准归根结底只能是社会历史和人类生活实践本身。因为一切道德归根结底都是一定的社会经济状况和人的生存发展活动状况的产物，人们是自觉或不自觉地，归根结底是从他们的实际关系、生活方式或发展需要（即这里所说的'社会伦理'）中吸收自己的道德观念，产生并执行自己的道德规范。"②在他看来，这是从"根"上评判一套特殊的伦理道德体系、伦理道德规范或标准是否合理，看它是否反映和维护合理先进的社会关系，因此它是道德进步的历史标准。因此，人类社会历史的发展和实践的进步必然引起伦理道德规范的发展和进步，而不可能存在僵化不变的绝对伦理道德规范或所谓的道德法则、绝对命令。

事实上，伦理道德规范之所以是历史发生的，还在于它们是在人们历史地博弈过程中产生的。我们知道，在历史上，人们对伦理道德规范产生的认识恰恰缺乏历史的考察，相反，却臆想那是圣人的创设。《周易》曰："备物致用，立成器以为天下利，莫大乎圣人。"③也就是说，任何物品、器用、工具都是圣人创设好的，是创设出来供天下人用的。众所周知，荀子曾深刻地阐释了"礼"（伦理道德规范）产生的根源与意义。他说："礼起于何也？曰：人生而

① 梁漱溟：《人心与人生》，《梁漱溟全集》第三卷，山东人民出版社 2005 年版，第 683 页。

② 李德顺：《社会伦理演进中的元道德问题》，《走向民主法治——当代中国政治文明的价值体系初探》，法律出版社 2011 年版，第 141 页。

③ 《周易·系辞上》。

有欲，欲而不得，则不能无求。求而无度量分界，则不能不争；争则乱，乱则穷。先王恶其乱也，故制礼义以分之，以养人之欲，给人之求。使欲必不穷于物，物必不屈于欲。两者相持而长，是礼之所起也。"①在此，荀子看到了人们在现实生活中实际上以实现自己的物质利益为目的，因而产生了欲望，为了满足欲望必然去追求，而伦理道德规范则发挥着为人们划定界线，调节人们的行为，使社会生活有秩序的重要作用。从根本上说，荀子认识到伦理道德规范本身并不是纯粹先天存在的东西，而是人根据现实的需要而制订出来的，只是他将这一制订或创设的功绩归于了先王。正是由此，《周易》亦强调："汤、武革命，顺乎天而应乎人。"②正是基于这种思想，在伦理道德规范的创设问题上，中国传统儒家亦坚持圣人创设的观点。张载则总结指出："鸿荒之世，食足而用未备，尧、舜而下，通其变而教之也。神而化之，使民不知所以然，运之无形以通其变，不顿革之，欲民宜之也。大抵立法须是过人者乃能之，若常人，安能立法！"③然而，历史地来说，伦理道德规范恰恰是人们在现实的社会生活中，在极为复杂的伦理道德博弈过程中产生的。在现实生活中，人们时刻都面临着不同的伦理道德博弈情境，不得不思考着如何处理和应对此情境中复杂的现象和问题，因为任何伦理道德博弈实际上都关系着至少两个人的利益，关系着彼此心灵间的冲突与和谐问题。规则之所以必需，从深层的角度来说，就是因为只有发明和创设出规则和规范来，人们才能规范和协调彼此间的利益冲突，实现各自利益的最大化，而从现实的角度来说，则是为了更有效地利用业已形成的规则比较迅速地处理同类情境中的问题。李义天指出："从这个意义上讲，作为处理道德问题的重要方式和资源，规则其实是实践智慧在长期处理相似情境的过程中积累起来的相对稳定的判断模式。恰当地理解和运用规则，有助于行为者迅速洞察实践活动的真实状况，揭示道德情境的当下确定性，从而做出恰当的反应。"④因此，伦理道德规范或规则是人们在长期的伦理道德生活实践中，为了更有

---

① 《荀子·礼论》。
② 《周易·革卦·彖传》。
③ 《横渠易说·系辞下》。
④ 李义天：《美德伦理学与道德多样性》，中央编译出版社2012年版，第246页。

效地处理和解决相似道德情境中的问题而总结出来的有效方案。显然,按照最终为整个生活群体或生活世界所认可和接受的普遍化的伦理道德规范,人们能够实现各自利益的最大化,并进而超越物质利益、经济利益的束缚,追求精神利益,达到彼此心灵间的和谐。

当然,伦理道德规范历史地发生着,也同样历史地演变着,它不可能一成不变地存在下去,更不可能变成永恒的、绝对的规则,因而任何伦理道德规范既具有一定的超越具体时代反映了人们普遍价值追求的普遍性,同时也具有深刻地反映了具体时代社会历史发展状态和人们客观物质利益要求的特殊性。也就是说,任何伦理道德规范都是普遍性与特殊性的统一,都具有鲜明的时代特征。《礼记·礼运》曰:“礼,时为大。”礼仪或伦理道德规范本身是应当随时变更的,而不是僵化凝固不变的。伦理道德规范应当根据社会历史发展的客观形势,达到因人情而节文的效果。相反,如果没有及时地改变,伦理道德规范就成为陈规旧俗,它们对社会生活不是起着维护秩序的作用,而往往起着阻碍和破坏的作用,古今中外概莫能外。当然,陈旧的伦理道德规范因为丧失了其存在的合理性,终将被历史淘汰。

第二节　伦理道德规范的不同层次

对于特定的生活世界的全体成员而言,究竟应当确立什么样的伦理道德规范,往往不是一个非常自觉认识的问题。相反,伦理道德规范的萌芽、出现和形成,最初基本上都是集体无意识创造的结果,而不是人们有意识为之的现象。而且从根本上说,伦理道德规范是历史地生成的,是在人们长期的伦理道德交往实践中,即伦理道德博弈的过程中生成的。但是,随着人类伦理道德的实践,集体无意识的活动日益演变成有意识的创造,而这无疑彰显了伦理道德博弈活动日益成为自觉的活动。如前所述,一般情况下,正如江畅所指出,人们实际上认为伦理道德规范存在着三个层次,从而对应三个状态的伦理秩序,即底线的伦理秩序、正常的伦理秩序和美好的伦理秩序①。

① 江畅:《我国底线伦理秩序面临的挑战及对策》,《湖北社会科学》2014 年第 8 期。

但如果从博弈伦理学角度深究起来，伦理道德规范实际上存在着五个层次，而无论是作为伦理底线的最基本伦理规范，还是能够维持社会正常秩序的一般伦理规范，乃至实际地彰显人们崇高的道德风范、道德品质的较高的道德规范和更为内在的、具有自我超高要求的德性规则，以及趋向内心的、至高的道德信仰，归根结底都是伦理道德博弈的产物，而从最低层次的底线伦理规范到最高境界的道德信仰，标志着人的博弈逐渐从外在趋向内在，从伦理生活超越到道德生活，从纯粹的肉体生存、物质生存超越到精神生存和心灵生活。

一、伦理道德规范的最低层次：伦理底线

人们在现实生活中进行的社会交往，特别是物质生活或经济生活中的交往，促使人们必须不断地觉悟到自己与他人的彼此关系，不断在彼此关系中明确和巩固自己的社会角色、社会地位，以更好地实现和维护自己的利益。在此过程中，人们逐渐地产生了需要确立和形成一些伦理道德规范以塑造彼此生活关系、社会关系乃至整个生活世界秩序的思想萌芽。从实质上来说，人们最初所能够考虑的恰恰是最基本的伦理道德关系，以及规范和调整这种最基本关系的底线意义上的伦理规范，即伦理底线。严格地说，正是伦理底线最终界定了善恶，即违背了伦理底线就被判定为恶，而符合乃至高于伦理底线的要求才被判定为善。

最基本的伦理规范，之所以被称为伦理底线，也是历史地最先形成和确立起来的人际规范，实际上就在于它们是人们建立最基本的社会秩序或生活世界秩序的前提，而如果突破底线或破坏了这一前提，社会必将陷入混乱状态，或者说生活世界必将分裂瓦解。对于人类来说，原始社会里人们并没有政治意义上的国家观念，相反人们最初形成的是族群和家庭的观念。按照摩尔根的研究，在人类的历史上，人们经历了从杂乱的性关系的原始状态发展出血缘家庭、普那路亚家庭、对偶制家庭、专偶制家庭等家庭形式的漫长过程。正是在家庭中，人类产生了最基本的伦理观念，确立了最基本的伦理规范，这些伦理规范往往是通过一定的戒律表现出来的。而随着人类社会历史的发展，特别是随着私有制和阶级的产生，人们的社会关系不再仅仅

表现为伦理关系,而是还表现为政治法律关系,国家或政权的存在成为维系新的社会秩序或生活世界秩序的必要条件,或者说除了伦理关系之外,在生活世界秩序中还内在地蕴涵着政治法律秩序。从某种意义上说,政治法律秩序与伦理道德秩序相辅相成,共同构成生活世界秩序的内容。对于特定的生活世界来说,政治法律秩序和伦理道德秩序都是社会秩序的必要内容。如果说政治法律秩序是整个生活世界在政治上得以存在的标志,政治法律秩序的混乱,意味着特定政治统治体系的消亡,那么,伦理道德秩序的混乱却意味着整个生活世界陷入分裂甚至瓦解的状态。对于统治阶级而言,这两者却都极为重要,因此,法律成为一个生活世界最低限度的伦理,而最低限度的伦理规范,即伦理底线,又成为不成文的法律。由于传统惯例没有严格区分“伦理”概念与“道德”概念,而是用“道德”概念涵盖了一切,因此绝大多数学者依然是从“法律”概念与“道德”概念来阐述两者之间的关系的。李德顺指出:“从内容上看,法不过是强化了的、统一化的道德。一个国家、一个民族、一个社会必须共同认同和遵守的基本道德,社会都会把它立成法。从形式上看,法律是最理性的、最重要的、最应该统一和能够统一的道德规范。有些不能进入法律系统的道德,则是不能统一和不应统一的,要放在多元、平等对话的,动态调节的、形象示范的、以理服人的、以情动人的系统内去处理。看不到它们内在的实质的一致性,就很难做到使两者很好地协调起来。”①在他看来,“法并不在道德之外。而道德中有一些不能、不应或不需要以法的形式来强制执行的内容,则是因为在这些道德领域中存在多元、多层、多样的复杂性”②。他总结说:“道德与法并不是同一个层次上的、彼此并列的东西。道德更具有内容的普遍性,法更具有形式的普遍性,而法在内容上往往是基本(或底线)道德的贯彻。硬把它们拉到同一个层次上来,着重于它们的区分和对立,就容易导致将它们表面化、片面化。”③显然,

① 李德顺:《思想道德建设必须理顺三个关系——答〈前线〉记者杨宾》,《走向民主法治——当代中国政治文明的价值体系初探》,法律出版社 2011 年版,第 179 页。

② 李德顺:《“以德治国”的误区——答〈理论动态〉杂志记者问》,《走向民主法治——当代中国政治文明的价值体系初探》,法律出版社 2011 年版,第 157 页。

③ 李德顺:《“以德治国”的误区——答〈理论动态〉杂志记者问》,《走向民主法治——当代中国政治文明的价值体系初探》,法律出版社 2011 年版,第 157 页。

这是最宽泛意义上的“道德”与“法律”之间的关系。实际上，在此，最好不宜将“伦理”与“道德”相混淆，因为在此意义上根本谈不上有什么道德上的高尚与否，而纯粹是在考虑对最基本的社会秩序、国家秩序的维护。因此，严格地说，“道德是不成文的法律”就是极为不严谨的表达，因为如果这样，就意味着将取消道德应有的高尚意义。还有些学者主张“法治文明高于伦理文明”的观点，如蒋德海认为“伦理”的内容“常常带有农业社会的理想色彩”，“伦理文明所代表的是一种农业文明，农业心态”，从而得出“法高于伦理，法比伦理更深刻”的结论①。显然，这既比较狭隘地理解了伦理，即将伦理文明仅仅局限于农业文明，特别是伦理本位思想，没有看到伦理文明在任何一个社会形态下的普遍意义，也混淆了法与伦理的关系，将法的属性中的最理性、最基本的一面看成法比伦理更根本、更深刻的根据。事实上，对于法律和伦理底线来说，它们所实现和维护的就是最底线意义上的秩序，还不是保证和实现社会生活正常秩序的事情，更谈不上对美好社会生活的实现。

因此，伦理底线往往与法律紧密地结合在一起，甚至与政治法律上最基本的底线结合在一起。人类历史上，几乎所有的民族在初民时代，就逐渐地发展出一些禁忌或戒律，实际上就是伦理底线。众所周知，在西方文化传统中，《圣经》中记载的“摩西十诫”最具代表性。在“十诫”中，除了神告诫以色列人除耶和华外不可信其他的神、不可为自己雕刻偶像、不可妄称神的名称、谨记安息日、当孝敬父母，其他几条，如“不可杀人”“不可奸淫”“不可偷盗”“不可做假见证陷害人”“不可贪恋他人的房屋；也不可贪恋他人的妻子、仆婢、牛驴，并他一切所有的”，等等，无不是直接的戒律。“摩西十诫”在西方产生了深远的影响，构成了西方伦理思想的核心内容。实际上，类似“摩西十诫”的观念在其他民族也是普遍存在的。例如，在东方，佛教中有“十恶”之说，指的是十种招致地狱、饿鬼和畜生这“三恶道”苦报的恶业，故又称“十恶业道”。后来“十恶”演变成刑法中的罪名。在古代中国，“十恶”观念最早出现在《齐律》（由北齐尚书令、赵郡王等撰写）中，当时称为“重罪十

① 蒋德海：《伦理文明，还是法治文明？——谈法治建设在精神文化建设中的地位》，《伦理文明，还是法治文明？》，华东师范大学出版社 2001 年版，第 38—56 页。

条”。《齐律》曰:“列重罪十条:一曰反逆,二曰大逆,三曰叛,四曰降,五曰恶逆,六曰不道,七曰不敬,八曰不孝,九曰不义,十曰内乱。其犯此十者,不在八议论赎之限。”隋开皇初年,随着佛教的兴盛,封建统治者遂将佛教之中的“十恶”之名引入律法,以之代替了《齐律》中的“重罪十条”,“十恶”之罪名遂正式出现,如《隋书·刑法志》第二十五卷记载了《开皇律》对“十恶”的规定:“开皇元年……更定新律……又置十恶之条,多采后齐之制,而颇有损益。一曰谋反,二曰谋大逆,三曰谋叛,四曰恶逆,五曰不道,六曰大不敬,七曰不孝,八曰不睦,九曰不义,十曰内乱。犯十恶及故杀人狱成者,虽会赦犹除名。”对于“十恶”的制裁,唐朝依然沿袭,《旧唐书·刑法志》亦有同样的记载,并强调“其犯十恶者,不得依议请之例”。至于“十恶”之罪的具体内容,《唐律疏议》中有详细的规定(引文略)。由于“十恶”之罪直接危害了封建专制制度的核心——君权、父权、神权和夫权,所以自隋代在《开皇律》中首次确立“十恶”之罪以后,历代封建法典皆将之作为不赦之重罪,因此,民间遂有“十恶不赦”之说。这“十恶”之中,除政治上的“谋反”“谋大逆”“谋叛”,其他几乎都是伦理道德上的问题,这实际上就是通过法律的形式将伦理上最基本的要求规定下来。因此,这些通过法律规定下来的伦理规范,本身是伦理道德规范中的最基本要求,是伦理底线。

伦理底线之所以是底线意义上的伦理规范,就在于它们是最基本的规范,不能有任何意义上的违反,它们所设置的界限不可有丝毫的逾越,一旦逾越就被判定为恶。伦理底线维持着最基本的伦理关系或道德,因而许多人不加辨析地称之为“底线伦理”或“道德底线”。何怀宏指出:“底线伦理,即道德‘底线’或基本规范,主要是相对于较高的人生理想和价值观念来讲的。不管人们追求什么样的生活方式或价值目标,都有一些基本的规则不能违反,有一些基本的界限不能逾越。”①不可突破底线和界限是伦理底线、底线伦理、道德底线的基本规定性,它是善恶的最终判定标准。很多人在不严格的意义上讨论善恶问题,认为善是符合“道德规范”,符合“道德规范”就是善的、道德的,而违背“道德规范”就是不道德的、恶的。但严格说来,“伦

① 何怀宏:《底线伦理是公民道德建设的可行之路》,《绿叶》2009年第1期。

理道德规范”本身存在着多个层次，只是违背了伦理底线或底线伦理规范，才能算得上恶，违背狭义上的“伦理规范”只能是不合乎伦理，而违背狭义上的“道德规范”，可以称之为“不道德”但还算不得上是“恶”。与之一致，遵循狭义上的“伦理规范”，但还没有达到狭义上的“道德规范”上的要求，只能是“合乎伦理”，是“善”的，只是这种“善”还不够更善，是一般意义上的“善”，还谈不上具有高尚的道德价值和意义。也就是说，善实际上是有层次之分的，有最低限度的善，即行为符合“底线伦理”所具有的与恶直接相区别的善；有最基本的善，即行为符合狭义“伦理规范”所具有的善；有较高的善，即行为符合狭义的“道德规范”所具有的善，以及行为符合最高道德原则所具有的至善。因此，善恶并不必然地处于非此即彼的、截然对立的地位，也不是并行的，很多情况下是善与较高层次上的善或较高层次上的善与较低层次上的善的区别而已，并不必然地不是善就注定是恶，很可能是较低层次上的善而已。因此，严格地说，只有突破和违背伦理底线才算得上真正的恶。而随着人类文明的进步和伦理道德意识的提高，人们能够不断地超越恶，进而超越较低层次上的善，而走向更高层次上的善乃至至善。正如李德顺所说，那些错误地主张“善恶并行论”的人，迷信“道高一尺，魔高一丈”的说法，“认为善在发展，恶也就在发展，它们的对立永远存在，因此，除了一个‘斗’字以外，道德也无所谓总体上有什么进步”，否定了道德的历史进步①。

事实上，伦理底线之所以不可违背和逾越，就在于一旦违背或逾越，一个人就失去了在既定的伦理道德生活世界里作为人的规定性或人性。据《晋书·阮籍传》，阮籍听到廷尉报告说有子杀母者，他很惊讶地说：“嘻！杀父犹可，奈何杀母乎！”其他人不能理解，怪其失言，司马昭也不觉厉声说道：“杀父，天下之极恶，而以为可乎？”而阮籍则解释说：“禽兽知母而不知父，杀父，禽兽之类也。杀母，禽兽之不若也。”按照阮籍的推理，无论杀父或杀母，都是天下极恶，杀父已经是禽兽之类，而杀母连禽兽都不如，这不仅突破了人类的伦理底线，而且如果禽兽有伦理的话，也突破了禽兽的伦理底线。因

① 李德顺：《社会伦理演进中的元道德问题》，《走向民主法治——当代中国政治文明的价值体系初探》，法律出版社 2011 年版，第 139 页。

此，说伦理底线不可违背或逾越，实际上意味着如果违背了底线，一个人就实质上丧失了整个伦理道德生活世界里所有人所普遍认同的人性，堕落到动物的层面上，即俗话说的"如同禽兽"，乃至还不如动物，即"猪狗不如"。因此，他遭受到整个生活世界所有人的排斥，就等于自绝于整个生活世界。因为，生活在同一个伦理道德生活世界里的所有人已经不认同他是一个人，即不再认同他与大家同属于一个类，即人类。孟子在向梁惠王宣传自己的仁政思想时，特别劝诫他一定不能偏听偏信而杀人，并强调："国人皆曰可杀，然后察之；见可杀焉，然后杀之。故曰：'国人杀之也。'"[①]在此，"国人杀之"就是遭到整个伦理道德生活世界排斥的结果。归根结底，伦理底线是维持一个伦理道德生活世界的基本规定，而保有最基本的人性和践履伦理底线的伦理德性是一个人获得既定伦理道德生活世界所有人认可和接受的前提。

需要指出的是，作为"规范"的伦理底线与需要维护的底线伦理（关系），以及个人用以践履伦理底线、维护底线伦理的伦理德性或修养，实质上虽极为相似，还是存在着细微的差别，归根结底，作为外在规范的伦理底线是为了维护底线伦理（关系）而设置的，而为了践履伦理底线意义上的伦理规范，要靠内在最基本的伦理德性。在此，最低限度上的伦理德性还远远谈不上什么道德，因而将这种意义上的伦理德性称为底线道德，是不严谨的。

二、伦理道德规范的正常层次：伦理规范

如果说伦理底线或底线伦理规范所实现和维护的仅仅是社会生活或生活世界最基本的伦理关系或秩序，那么，人们绝对不会满意于在这种伦理秩序下的生活，因为这种生活还远远不是正常的生活，它时刻都面临着向更低的层面突破和堕落的危险，换句话说，整个社会生活或生活世界时刻都面临着分裂和瓦解的危险。因此，对伦理底线的呵护和践履绝不能维持人们的正常伦理道德生活，人们为了确保正常地实现和维护自己的各种利益，就必须进一步创建和发展最具一般性、最普通的基本伦理道德规范。严格地说，

① 《孟子·梁惠王下》。

这种层面上的伦理道德规范就只是伦理规范，只是主要起着规范、协调和约束作用而不是范导、引导和超拔作用的社会规则。遵循伦理规范就被认为是善的，但这是最基本的善，而这种善从某种意义上来说，只是伦理意义上的正当而已，相比于道德层面上的真正的善还显得不充分。

最具一般性、普通性特征的伦理道德规范之所以应该最恰好地称为伦理规范，就在于它的实质旨在有利于人们实现和维护最世俗、最正常、最基本的社会生活秩序。换句话说，遵循伦理规范最有利于人们在社会物质生产和交往过程中实现自身的物质利益、经济利益。这种规范和调整人们日常伦理生活的最普通的、最一般的伦理规范，就是为善恶提供最基本评判标准的“常”“常理”“常道”。众所周知，中国传统儒家将“仁、义、礼、智、信”称为“五常”，其实质就是“五常道”，即五种最基本的伦理规范。康有为说：“道要于人所行，通于人所共行，则可以为道。”①事实上，只有确立了最普通的伦理规范，整个社会才真正地成为一个文明的社会，整个生活世界才成为一个伦理道德生活世界，或者说一个国家才成为礼义之邦。在现实生活中存在着大量的最普通的伦理规范，例如，中国作为文明之邦，向来倡导人们要学会相互尊重、相互谦让，自觉尊老爱幼、助人为乐、遵循公共秩序、爱护公共财产，言行举止要文明，要以礼待人，要遵守诺言、诚实守信，做到言行一致，等等。实际上，这些伦理规范也理应是任何社会需要遵守的最基本、最普通的规范。毫无疑问，这些规范并没有向人们提出非常高的道德要求，它们是保障一个社会公共生活正常运行的最基本要求。这正如赵汀阳所说：“在某种意义上，伦理规范相当于一种社会管理技术，它首先考虑如何把社会中的人和事管理起来，而不是考虑如何让社会中的人和事变得更有价值、更有意思。”②通常而言，我们将这些伦理规范以及遵循这些规范的伦理德性称为社会公德或善。但是，严格地来说，这也是最基本的社会公德或善，在此，“公德”之“德”还不是在严格的道德意义上的运用，还不具有真正意义上的道德价值和意义。也就是说，它只是超越于伦理底线意义上的“不恶”而言的

① 康有为：《孟子微礼运注中庸注》，中华书局1987年版，第197页。

② 赵汀阳：《伦理规范的真相》，《论可能生活》，中国人民大学出版社2004年版，第282页。

“善”罢了。例如，“不敬”“不孝”“不睦”“不义”等视为“恶”，而“敬”“孝”“睦”和“义”是对它们的否定而已，即是否定之否定的结果而已。这种维护正常社会秩序的伦理规范并不具有多大的范导、引导和超拔的作用，而更多地起着规范、协调和约束的作用。显然，在此意义上的社会公德实际上是最基本的层面上的公德，本身还存在着较大的局限性。

特别是，最普通的伦理规范之所以必须成为“常”或“常道”，就在于它们不能经常性地发生变化，否则，不仅会导致人心的迷惑，而且必然进一步造成人们在现实的伦理道德生活中无所依从。在一个生活世界里，对评判善恶的“常”，是必须确立起来的，而不能经常地变化，人们恰恰需要借助这些常道或普通的伦理规范来维护生活的秩序，而且在更深层的意义上，人们也恰恰通过对社会生活秩序的维护来维护彼此间的心灵秩序。因此，如果这些伦理规范受到了经常性的挑战，那么，整个社会就将陷于混乱，不仅现实生活中的秩序遭到破坏，而且从更深层的意义上来说心灵秩序也遭到破坏。内外秩序都遭到破坏的状态归根结底就是伦理道德生活世界的瓦解或崩溃。这就是中国古人所谓的“天下大乱”。中国历史上的春秋战国之际，实际上就是周天下的大乱之际，因为维系周的天下或生活世界的最普通的伦理规范受到了挑战。其原因是，原来按照爵位和血缘分封的各诸侯国经过多少代人的发展之后，在经济实力等各方面出现了极大的不平衡，而为了实现各自的利益不惜打破原来的伦理道德秩序和政治生活秩序，从而在新的竞争中赢得更多的优势和发展。此时的伦理道德观念和秩序是混乱的，而这种混乱其典型的表现就是先秦诸子无不是各种利益的代表者，他们为了各自的利益集团而表达自己特别的伦理道德观念，因而提出自己特别的政治要求和主张。因此，如康有为所说：“天下大乱，贤圣不明，道德不一，天下多得一察焉以自好，譬如耳目鼻口皆有所明，不能相通，犹百家众技也。”①所谓“得一”，即每一学派都找到解释世界的最原初根据来解释和评判世界。然而，先秦诸子所各“得一”的结果是整个天下“道德不一”，即没有统一的伦理道德规范，而这种不统一，归根结底在于没有形成为整个天下所认同和接

① 康有为：《孔子改制考》，中华书局2012年版，第13页。

受的最普通的伦理规范。因此,只有形成为整个社会或生活世界所普遍认可和接受的最普遍的、最稳固的伦理规范,即常道,才能维系人心或心灵秩序,规范人的伦理道德行为,从而形成统一的伦理道德生活世界或天下。

伦理规范之所以必要,在于它们能够使人们更有效地实现和维护彼此的物质利益、经济利益,实现利益的最大化或伤害的最小化。从根本上说,人们在社会物质生产过程中所形成和发展起来的最根本的关系是物质利益关系或经济关系。严格地说,伦理规范实际上是人们为了实现社会物质交往或经济交往的正常化,尽可能地实现利益最大化而不致于造成彼此利益伤害发展出来的,它们的产生必然是物质交往过程中不同利益方之间进行长期博弈的结果。因为如果不遵循这些最基本的伦理规范,人们彼此间势必造成伤害。一方面,人们信奉最功利的信念,坚信"人不为己,天诛地灭",另一方面,又主张"君子爱财,取之有道",总之,是在纯粹功利的层面上来认识自己和要求自己。赵汀阳指出:"伦理规范实际上只抑制过分的欲望,同时想确保'应该得的'利益。伦理规范不算坏也不算好,这没有什么可说的。"[①]从这个角度来说,如果人们仅仅停留在遵循伦理规范的层面上,或者说仅仅意识到这一境界,更或者说虽然意识到还有比较高的境界而自己甘心生活在这一层面上,以及虽然意识到还有更高的境界而认为只有圣人乃至傻瓜才去追求纯粹的高尚道德,那么,人们就不过是功利主义者乃至极端的功利主义者而已。事实上,在此境界上,确切地说,任何人只要他不是愚昧不化或绝对地愚蠢,只要他稍有自觉意识,都是明确的利己主义者。当然,尽管所有的伦理规范都具有功利性,但毕竟在不同的时代或社会里其功利的色彩浓厚程度是不同的。

三、伦理道德规范的较高层次:道德规范

如果说最正常的伦理规范本身是为了塑造和维护整个社会公共生活领域里最正常的伦理秩序,其真正的旨趣在于确保人们实现和维护各自的物质利益或经济利益,以实现利益的最大化和伤害的最小化,确保整个社会财

① 赵汀阳:《伦理规范的真相》,《论可能生活》,中国人民大学出版社2004年版,第290页。

富的分配基本趋于客观公正，具有社会公德的性质，那么，人们突破直接的功利意图，立足于道德生活立场上，宁愿舍弃一时的私利而更多地替他人着想所遵守的道德规范，就具有了真正崇高的道德意义。因此，道德规范，是从整体上而言的伦理道德规范的较高层次，严格地说，它不再是所谓的迎合着物质利益的伦理规范，而是真正维护和实现道德价值从而具有道德意义的规范。这在于，虽然道德规范最终所规范和调节的依然是人们现实中的物质利益、经济利益，但它并不局限于此，而更倾向维护和实现着道德价值，明确地要求人们不能仅仅局限于现实利益，特别是现实的、当下的、眼前的、局部的、私人的、自己的利益，而要自觉地为未来的、长远的、整体的、集体的、他人的利益着想，在特殊的情形下要自觉地、心甘情愿地舍弃前者，同时义无反顾地敢于实现、维护和捍卫后者。因此，这种超越了物质利益、经济利益束缚从而着重维护和实现道德价值的道德规范才真正地具有道德上的高尚性，它对整个社会所有成员都起着范导、引导和超拔的作用。符合道德规范，人们才能真正地拥有善，拥有美德，这是严格地区别于一般伦理意义上的社会公正的道德价值。

按照最普通的伦理规范过最普通的社会生活，因而在物质生活交往或经济往来中形成最正常的伦理秩序，实现社会财富分配的客观公正，从而避免伤害以实现各自利益的最大化，无疑是每一个正常的人最朴素的想法。这本无可厚非。但是，如果人们仅仅停留在这种生活层面上，因而每天自己的头脑里盘算的无不是物质利益或经济利益问题，那么，实际上也只是非常世俗地在活着。特别是，一旦遇到一些比较特殊的情形，人们很可能因为立场和意见不同而最终导致彼此矛盾的激化，因而放弃正常的伦理规范而趋向于运用伦理底线来解决问题。也就是说，人们会退回到仅仅运用最基本的伦理底线来规范和调节彼此行为的状态。当然，如果矛盾更为激烈，甚至会进而突破伦理底线趋向于运用暴力达到各自的目的，严格地说，人们就彻底地堕落到野蛮的状态之中去了。对于整个社会来说，如果人们在面临矛盾和冲突时，不是趋向于科学地解决，以实现彼此更高意义上的交往互动与文明和谐，而是堕落回野蛮状态，是一个极为糟糕的事情。因此，任何社会在伦理道德文化建设上，或者说在伦理道德生活秩序的塑造上，除了设置伦理底线和正常的伦理规范外，还创造了一些能够范导、引导或超拔人，即使人向上向善的道德规范。也就是说，如果遇到了更为复杂和棘手的物质利益或经济冲突问题，人们不再仅仅徘徊于伦理底线与正常的伦理规范之间，而是能够自觉地选择更能创造道德价值因而能够促进和改善彼此间关系的道德规范。在不严格的意义上，“伦理道德规范”“伦理规范”或“道德规范”可以通用，但是如果严格区别开来，作为总称的“伦理道德规范”包含狭义上的“伦理规范”和“道德规范”。如果说伦理规范与道德规范在现实的社会生活中都是用来规范和调节人们之间的物质利益或经济利益关系，从而实现社会财富的分配及其客观公正，那么，伦理规范是那些自觉地生活在伦理底线之上因而具有一定的伦理德性的伦理人所自觉遵循的社会规则，而道德规范则是那些自觉地生活在伦理规范之上因而具有一定的道德德性的道德人所自觉遵循的社会规则。显然，相比于伦理规范，道德规范超越了功利层面和世俗视野，蕴涵着整个社会所祈求的崇高的道德价值，因而在整个社会中起着重要的范导、引导和超拔作用，它始终告诫任何人整个社会还存在着更崇高的精神境界，不可因为现实的、当下的、眼前的、局部的、私人的、自己的利益而忽视掉未来的、长远的、整体的、集体的、他人的利益，不能因为物质利益、经济利益而忽视掉彼此之间的精神利益、心灵利益，不能因为物质上的争执而伤害彼此之间的情感与和睦。因此，道德规范在规范和调节人们彼此间的行为上远比伦理规范更有积极意义。自觉地超越伦理层面而遵循道德规范的道德人，一旦遇到了现实社会中的物质利益或经济利益冲突，他们不是想着退回到伦理底线上，甚至突破伦理底线而堕落到野蛮的自然层面，而是能够自觉地、心甘情愿地为了未来的、长远的、整体的、集体的、他人的利益而放弃当下的、眼前的、局限的、私人的、自己的利益。客观而言，从伦理规范进而发展出道德规范，是现实的伦理道德博弈的结果，它反映了道德觉悟者对整个社会理想道德生活境界和秩序的向往和追求。梁漱溟指出：“最粗糙简单的礼义，就是人与人间的是非。有生活就有是非；生活进于丰美,较高较强的礼义乃发生而亦必要。”[①]因此,道德规范严格地说就是具有崇高的道德德性的道德人所自觉选择和遵循的社会规则。

从总体而言,道德规范具有超越性,大多数人既无法否认它们所推崇和捍卫的道德价值和崇高美德,也无法在每天的现实生活中认真践履。例如,中国传统儒家非常推崇“杀身成仁”和“舍生取义”。孟子说:“生亦我所欲也。义,亦我所欲也。二者不可得兼,舍生而取义者也。生亦我所欲,所欲有甚于生者,故不为苟得也。死亦我所恶,所恶有甚于死者,故患有所不辟也。如使人之所欲莫甚于生,则凡可以得生者,何不用也?使人之所恶莫甚于死者,则凡可以辟患者,何不为也?由是则生,在而有不用也。由是则可以辟患,而有不为也。是故所欲有甚于生者,所恶有甚于死者。非独贤者有是心也,人皆有之,贤者能勿丧耳。”[②]在此,孟子强调“非独贤者有是心也,人皆有之,贤者能勿丧耳”,就在于说明“舍生取义”并非人人都能够做到,只有那些真正具有道德德性的人,即贤人才能做到。当然,不同的社会实际上也存在着具有不同价值导向的道德规范,而从整个人类社会发展趋势来说,共产主义社会里的道德规范理应是具有最高意义的道德规范。众所周知,中国共产党一度提倡过“一不怕苦,二不怕死”“毫不利己,专门利人”等道德规范,强调每一个党员要“全心全意为人民服务”,显然,这些也都属于非常高的道德要求,只有那些具有高度自觉意识的人,才能够真正地做到。这些人就是追求共产主义社会理想,为无产阶级革命事业奋斗的人,即真正的共产主义者。只有他们才能自觉确立起如此崇高的道德规范。毫无疑问,这种共产主义道德具有超越性,它远远地超越了无数普通人民群众对自己的道德要求,尽管它们确实对社会发挥着引领作用,但无法将这些道德规范真正规定为社会的普遍规范。如果强制要求所有社会公民都要做到,这不仅是不现实的,而且注定导致一定的抵制和反感,甚至不可避免地会出现很多道德上的虚假行为。因为,任何人的伦理道德观念是他自身生活的反映,都是他自身利益的反映,他只能从现实的社会生活中选择自己的伦理道德观念。

---

① 梁漱溟:《读李朴生先生〈村治运动的正路〉后志》,《梁漱溟全集》第五卷,山东人民出版社2005年版,第204页。

② 《孟子·告子上》。

只有当他也充分地觉悟到了马克思主义所阐明的社会历史发展规律是历史的必然规律,从而高度认同了共产主义的社会理想,自觉地将共产主义的伟大事业视为自己的事业时,他才能高度热情地投身于共产主义事业,为共产主义事业而奋斗,最终彻底地立足于共产主义者或无产阶级的立场上正确对待一切物质利益、经济利益或社会利益的分配问题。在这些境界里,那些具有极高要求的共产主义道德,才能成为一种非常自然的要求,而不再是一种遥不可及的强制要求。事实上,共产主义道德既然属于道德的范畴,那么,它就应当是具有共产主义觉悟的人的自律行为,而不是任何形式上的他律行为。相反,一旦强制地要求所有的人都必须以共产主义道德来规范自己的行为,就等于否定和违背了道德自律的本性,就等于强迫要求所有的人按照共产主义者的标准要求自己。事实上,对任何社会来说,都存在着一定的道德规范,它们对社会上的所有人起着范导、引导和超拔的作用,而不可能要求每一个人都认真加以践履。而共产主义道德规范则是具有最高意义的道德规范,除共产主义者外,更不能强制要求每一个人做到。因此,面向全体社会的公民道德建设,必须贯彻"坚持把先进性要求与广泛性要求结合起来"的指导思想和原则,"要从实际出发,区分层次,着眼多数,鼓励先进,循序渐进",大力鼓励一些先进分子带头实践较高道德,如社会主义、共产主义道德,"引导人们在遵守基本道德规范的基础上,不断追求更高层次的道德目标"①。事实上,只有如此,公民道德建设才更具科学性、合理性和现实性。

总之,道德规范更多地具有范导、引导或超拔的作用,而不像伦理规范更多地发挥的是规范、束缚的作用,而遵循它所生成的道德价值或真正意义上的善或美德永远具有感召力量。

四、伦理道德规范的超高层次:德性规则

虽然真正意义上的道德规范超越了伦理规范,因而具有崇高的道德意义,或者说具有高尚性,但如同伦理规范一样,如果道德规范本身在一定的

① 中共中央:《公民道德建设实施纲要》,2001 年 9 月 20 日。

历史时期已经是为社会所具有、为所有社会成员所公认的规范，即它们本身是相对于一定历史时期里社会上所有人而先验地存在了的规范，而对于个人来说，自觉遵守这些规范又从来没有质疑过它们，那么，这些道德规范还只能是有限的规范，它们所具有的崇高的道德意义同样也是有限的。事实上，任何社会上的道德规范对于社会上所有人而言，往往具有先验性，即它们先于任何人的经验而存在，换句话说，它们在任何人诞生之前就已经存在，它们完全是通过外在的教化而为人们所接受的。毫无疑问，这种仅仅先验地存在的道德规范，其内在的合理性究竟何在，还一直是一个问题。那些敢于质疑社会生活中为人们普遍认同和接受的崇高道德规范的合理性或有限性，甚至在重新论证其合理性和揭示其有限性的基础上为自己，进而通过深入地追问自己乃至所有人究竟应该怎样生活、怎样行动、怎样做人这些重大的生活哲学、人生哲学问题，结果进一步为社会创建出来更具有合理性、崇高性的道德规范的人，实际上是社会文明发展的真正推动者，是人类文明的创新者。这些人类文明的创新者所创建出来的还没有为社会公众所认同和接受，因而还没有实际地发挥范导、引领和超拔作用，而仅仅用以规范和约束自己行为、规训和锤炼自己德性的准道德规范，严格地说，最好称之为德性规则。遵循这种还没有经过实践检验因而还没有得到普遍认同和接受的德性规则，是否真正地具有崇高的道德价值和意义，还是一个值得怀疑的事情。

客观而言，任何伦理道德规范本身都是历史地发生的，道德规范超越伦理规范成为在整个社会生活中具有引领作用的规范，也是历史地发生的现象，事实上根本不存在完全具有先验性、绝对性的道德规范，当然更不存在凝固不变的道德法则。然而，在不知从何时开始的以往历史时代在人们的社会物质生产、生活交往过程中原来历史地生成的伦理道德规范，相对于在无限的后代里出生的新人而言，它们不仅具有了先验性，而且甚至具有了某种绝对性，它们不仅是合法的，而且甚至是合理的。它们不仅具有不可挑战的威权性，而且本身也往往凝固成无法变动的教条。如上所述，道德规范超越了伦理规范，因而超越了功利层面而具有较高的道德高尚性，它们能够起着引导整个社会行为的作用。在一般的情况下，人们往往通过外在的教化和自觉的学习而掌握了这些具有高尚意义的道德规范，并不断自觉地要求自己，从而达到了自觉遵守，甚至孔子所谓“从心所欲而不逾矩”的境界。李泽厚曾说：“我所用的‘道德’一词，则指群体规范要求，经由历史和教育（广义），培育内化为个体的自觉行为和心理，从自觉意识到无意识的直觉。”[1]因此，在一般意义上来说，道德也就是人们将先验地存在的社会规范内化为自己的自觉意识和自觉行为的表现。但是，严格说来，如果仅仅内化的是最普通意义上的伦理规范，而不是具有较高道德意义或崇高性的道德规范，那么，这种内化的结果并不是真正意义上的道德。毫无疑问，只有将社会上的道德规范而不仅仅是伦理规范，内化为自己的自觉行为和心理，才在一定程度上称得上是道德。尽管如此，这种为社会上的所有人普遍承认和接受的道德其内在价值究竟是否合理还没有最终给予必要的考察和厘定。因此，对于它们来说，还面临着随着社会历史的发展而日益成熟的理性的质疑和批判，还面临着重新评估和裁定的必要，特别是，还面临着实践的严格检验。事实上，历史上存在着的对个体而言具有先验性的道德规范，并不是凝固不变的绝对性的法则，通过批判性考察和实践检验，发现它们很可能存在三种情况：一是毫无价值可言，纯粹是一种具有高度欺骗性的谎言；二是具有一定的道德价值，但本身还不够纯粹，其隐蔽的或最终的目的依然着眼于物质利益；三是具有片面的道德价值，对其的严格遵循只能导致更高道德价值的贬损。总而言之，对个人而言，先验地存在着的约定俗成的或为社会所倡导的主流道德规范，要么不具合理性，要么还存在着有限性。那些相对众人而言具有最先觉悟的人，如果不仅率先发现了这些规范的不够合理性、有限性，而且还自觉地依据更科学的价值原则和对美好幸福生活的追求创造出新的更科学、合理的规则，并经受住了实践的反复检验，那么，他们就实现了历史性的突破，促进了伦理道德的发展，归根结底，促进了社会文明的发展。当然，这些相对于传统道德规范而言更高的、更科学合理的规则，如果历史地为人们所普遍认同和接受，它们相对随后任何时代的个人而言，依然表现为先验的规范。事实上，历史就是如此发生的。

---

① 李泽厚：《伦理学纲要续篇》，生活·读书·新知三联书店 2017 年版，第 334 页。

不言而喻，那些人类社会文明的创新者在全面地审察传统的伦理道德规范而创造性地发展出来的德性规则，对于他们所处的时代和社会来说，毕竟不仅是新鲜事物、新鲜观念，是传统道德规范的例外，而且根本上更是难以接受的超高要求。因此，这些德性规则能否为世人所普遍认同和接受，能否为传统伦理道德体系所兼容，乃至能否引领传统道德规范的革新，往往是一系列极为复杂的问题，而这本身也是需要在社会历史的发展过程中不断给予解决的问题。不可否认，任何敢于质疑和重新评估传统伦理道德规范是否合理的人，他创造性地提出的规则究竟是否合理，往往完全依赖于他个人的理性，而他个人的理性是否就是人类整体理性发展的未来状态和必然结果则总是一个需要历史给予证明的事情。事实上，只有那些广泛地吸收和借鉴了整个社会普遍发展所积累起来的理性智慧，因而在某种意义上拥有更综合的、科学的理性的人，真正地全面地考察了传统伦理道德规范，特别是道德规范的不够合理性和有限性，才能创造性地发展出更具有科学性、合理性的德性规则。这些德性规则因为它们最初是一些人率先发明和创设出来的。一方面它们仅为少数人初步了解，还来不及为众人普遍所知；另一方面这些准道德规范，在它们的发明和创设者所处的时代和社会，很可能是一种具有超高要求的规则，纵使它们的确具有相对于传统道德规范更为崇高的道德价值，并且社会上绝大多数人了解和熟悉了它们之后也能够认识到这种崇高价值，但是却难以为绝大多数人所接受和遵守。因此，虽然会随着社会历史的进步，特别是人们思想觉悟的更进一步提高，它们最终能够为社会上绝大多数人所认同和接受，并最终发挥对人们的思想和行为的范导、引导、引领和超拔作用，但这些德性规则此时只可能是准道德规范而已。

事实上，我们不能否认人类社会历史的发展，特别是伦理道德的发展，的确经历着这样一种历史的过程。李德顺强调："如果不是用抽象的观念或偏见，而是从人类自身的生活经验和可以感受到的社会变迁来考虑，应该承认：人类道德总体上确确实实是进步的。现在的人毕竟比原始和古代的人道德意识更自觉些、道德标准更丰富些、道德境界更完备些。当然，'进步'不等于'完美'，特别是每一时期的道德现实同这一时期的道德理想和标准相比，并不总是感觉'越来越好'。道德总体性的进步，主要表现为时代的道德理想和标准不断地丰富和提高。所以，承认现实的道德离我们的理想有差距，这是坚持道德进步观的表现之一。但是，承认差距固然意味着要努力按照理想标准去改善、建设现实的道德，另一方面也意味着要注意反思和校正道德理想本身，使之不致过于远离现实，甚至全盘否定历史和现实。”①因此，相信伦理道德的进步，并及时地反思和校正伦理道德生活中的道德理想、道德规范使之更好地规范和约束人们的行为，是一个历史的必然现象。因此，历史上也总会有人率先向传统的伦理道德规范，特别是已经具有崇高道德价值的道德规范提出质疑和重新评估、裁定的要求，并最终创造性地提出一些更进一步提高和锤炼德性以更严格地规范和约束自己的思想和行为的新规则。实际上，这些率先创造性地提出新规则的人所造成的伦理道德问题就是规范伦理学研究的核心命题。规范伦理学旨在回答某一行动按照什么原则和标准成为道德的，因而试图找到评判所有行为对错的根本原则和标准。但是人类社会历史和现实生活并非凝固不变，而是不断地向前发展着的，绝对地评判所有行为对错的根本原则和标准实际上根本不存在，那些率先向传统的、世俗的、现有的伦理道德价值原则、观念和规范发起挑战而创造性地提出新规则的人及其引发的伦理道德问题，实际上为规范伦理学探索新的原则和规范提供了新的思路和案例。陈真指出：“日常生活中，人们常常将现有的道德规则和价值观念看成是理所当然的。谁要是违反了这些规则和价值观念，就会受到人们的鄙视或谴责。通常只有那些不道德的人、缺少良知的人，或者心术不正的人才会故意去违反这些规则和价值观念。但也有一种情况，对有些有意违反某些道德规则和公认价值观念的人，我们很难说他们缺少良知，心术不正。相反，这些人有时是顶着舆论的巨大压力，不顾人们鄙视的眼光，去做他们出于自己的良知认为正确的事情。”②因此，那些率先向传统的、世俗的、现有的因而被认为是理所当然的伦理道德规范和价值观念发起挑战的人，总造成了按照传统的、现有的伦理道德评价标准无法解释的矛盾和问题，然而这些矛盾和问题在他们看来并不是真

① 李德顺：《社会伦理演进中的元道德问题》，《走向民主法治——当代中国政治文明的价值体系初探》，法律出版社 2011 年版，第 139 页。

② 陈真：《当代西方规范伦理学》，南京师范大学出版社 2006 年版，第 6 页。

正的矛盾和问题，它们只不过是与世人普遍形成的现有伦理道德原则、观念和规范相冲突而已。因此，这些人不仅具有真正高尚的道德追求，而且具有巨大的理论勇气，甚至要冒天下之大不韪而公开地挑战整个社会的共识。换句话说，他要与整个社会、整个传统进行博弈。当然，如果说他们的创新和挑战，他们所提出的德性规则经过人们的深思熟虑，其中的合理性得到承认，因而最终为绝大多数人所认同和接受，真正地演变成了新的社会道德规范，那么，他们很可能就被奉为社会文明发展史上的伟人，甚至是圣人。但如果他们提出的德性规则不能为人们所接受，特别是不能为人们所理解，他们很可能就成为人们的敌人，成为所谓的“离经叛道”者，成为受整个社会排斥、打击的对象，归根结底成为众矢之的。因此，这本身是一个具有高度风险的事情。人类历史上，在很多事情上确实需要一种冒险、进取乃至革命的精神才能突破旧社会、旧传统、旧观念、旧制度的桎梏与藩篱。梁启超曾说：“道天下所不敢道，为天下所不敢为，其精神有江河湖海不到不止之形，其气魄有破釜沉舟一瞑不视之概。其徇其主义也，有天上地下惟我独尊之观；其向前途也，有鞠躬尽瘁死而后已之志。其成也，涸脑精以买历史之光荣；其败也，迸鲜血以赎国民之沉孽。呜呼，曷克有此？曰进取故，曰惟冒险故。”①在这里，梁启超虽然多少夸大了少数英雄人物所具有的这种进取和冒险精神，但事实上，在历史的紧要关头，在社会矛盾极为尖锐的条件下，没有必要的冒险、进取和革命精神，社会就难以发生根本性的变革，就难以创造出更光辉灿烂的文明。从生活博弈的角度来看，当博弈处于高度紧张和激烈的状态时，适时地选择冒险而不是规避风险可能是最佳的理性选择。赵汀阳强调：“不管在日常直观中还是在哲学意识中，理性并不一定排斥冒险，有时冒险甚至是必要的理性选择。任何人在实际生活中想把任何一件事情做大，就不得不冒险；既然没有一件大事可以不冒险，那么如果想做大事，冒险就反而是一个理性选择。假如为了逻辑一致地坚持风险规避原则而反对做大事，于人类思维又恐怕太失真。”②

① 梁启超：《新民说》，《饮冰室合集》第19卷，中华书局2015年版，第5007页。
② 赵汀阳：《博弈问题的哲学分析》，《北京行政学院学报》2005年第3期。

然而,在一般的情况下,在整个社会氛围还没有营造起来,在社会发展趋势还比较稳定的前提下,既然变革社会风俗文化、伦理道德观念还存在着种种风险,很多人就会心存顾忌,采取了比较稳妥的策略,即虽然向自己提出了很高的道德要求,为自己重新制订了德性规则,但往往并不必然地向社会公众提出这样的要求,在公共生活中基本上遵循着社会上普遍流行的普通道德规范。然而,这样一来,就等于放弃了不断推进社会文明创新发展的历史责任,这种责任并不是只有那些少数英雄人物应该担当起来的责任,而是每一位已经清楚地发现了社会存在着的问题和矛盾,自觉地意识到需要加以消除的人的责任。当然,除了上述直接挑战社会传统可能直接导致整个社会的反击或报复,在传播和弘扬某种新的伦理道德原则、观念、规范的问题上,确实也存在着不得其法而造成流弊受人诟病的风险,因而很多人由此而放弃了自己的努力。梁启超曾指出:"即热诚达识之士,亦或疑其害多利少而不敢复道,则其于公理之流行,反生阻力,而文明进化之机,为之大窒。"①在指出这种疑虑及其阻碍公理流行和窒息文明进化的危害之后,梁启超出于高度的德性自觉,提出了自己的看法,说:"庄子曰:'其作始也,简;其将毕也,巨。不可不惧乎?不可不慎乎?'故我辈讨论公理,必当平其心,公其量,不可徇俗以自画,不可惊世以自喜。徇俗以自画,是谓奴性。惊世以自喜,是谓客气。"②因此,从根本上说,德性规则实际上就是人在道德境界中不断地超越现实社会生活中本身已经较高的道德要求而为自己确立的思想行为规则。因此,德性规则已经具有超越性,道德人已经超越了现实已有的规则,他看到了现实道德规范的不合理性、有限性,不满于这种不合理性、有限性,而自觉地突破这种不合理性、有限性去创造新的规则,按照更新的、更高的、更合理的规则来规范和约束自己的行为,来衡量和评判自己的行动,并以此来给出自己生命存在的意义和价值。因此,这种意义的规则本身不是基于社会所要求的较高的道德修养,而是基于个人内在不断增长着的德性,基于自己不断理解着的自身。也就是说,道德人在此真正地成了道德

① 梁启超:《十种德性相反相成义》,《饮冰室合集》第二卷,中华书局 2015 年版,第 427 页。
② 梁启超:《十种德性相反相成义》,《饮冰室合集》第二卷,中华书局 2015 年版,第 427 页。

人,而不是简单地被视为道德高尚的人。因为道德高尚的人的评价标准很可能还是依据社会上已经存在的、为社会上绝大多数人所认同和赞美的道德规范。事实上,这种按照社会上已经有的、较高的道德规范所作的道德评价毕竟还是有限的,因为它仅仅停留在世人的评价中。与之不同,德性规则是那些真正意义上的道德人,为了追求自己更高的道德修养或德性而自觉为自己提出来的,这种规则已经逐渐地超越了世人的评价,或者说它不再以世人的评价作为自己是否应该的心理要求,而变成纯粹的自为的、自律的规则,因为只有按照这些内在的规则,他才能清醒地看到自己、看清自己,从而规范和约束自己,不致使自己堕落和沉沦到不期望生存的、曾经的、较低的人生境界之中。

当然,无论是在正常的物质生活层面,还是在普通的精神生活中,每个人都不可能放弃必要的生活权利,而更高的道德生活,本质上是奠定在正常的、坚实的物质生活和普通的精神生活基础之上的,因而德性规则的自我制订并不是人在现实生活中无能的表现,而任何人也不是仅仅依靠这种为自己制订的德性规则,靠对自己的合理节制而能够正常地解决与其他人、与整个社会或生活世界之间存在的伦理道德问题。特别是,所制订的德性规则"不仅仅要满足'应该'蕴涵'能够'原则,同时在逻辑、体力和心理上也是我力所能及的"①,它才是有意义的,否则只能给自己的道德生活造成高度的紧张,甚至造成对自己的毁灭。因此,不能盲目地迷信自己所创设出来的德性规则,这种规则还需要经受实践的反复检验,它的道德价值和意义有待历史来证明。

五、伦理道德规范的最高层次:道德信仰

如果说道德规范或德性规则已经超越了许多一般性的社会规则或伦理规范而具有了道德上的意义,即遵守道德规范或德性规则能够使人的行为超越了伦理的层面而具有道德的意义,成为道德的行为,因而具有高尚的价

① [美]詹姆斯·斯特巴著,李楠译:《心灵三问:伦理学与生活》,中国人民大学出版社 2015 年版,第 110 页。

值和意义,那么,值得追问的是,这些道德规范、德性规则或道德行为是否就具有了最高的道德意义?事实上,如果道德规范、德性规则或道德行为仅仅停留在社会生活的评价中,那么,它们的道德意义就还是有限的。因为我们所依据的道德规范或德性规则本身还不具有超越现实生活,特别是有限的生活世界而具有至高的普遍性。更确切地说,我们的道德规范、德性规则还没有上升到一个最高的信仰的层面。因此,只有当人们将道德问题最终归根于信仰,也就是说,为道德寻求信仰的根基,使道德奠定在信仰的基石上,才能真正地超越有限的生活而使道德行为获得至高无上的道德价值和道德意义。事实上,正如任建东所说,道德信仰实际上存在着双重规定,它既包含着"对道德的信仰",也包含着"对善的终极追求"①。因而,拥有道德信仰的道德人相信通过自己的道德生活能够不断地超越当下而趋近于自己心目中向往和追求的至善境界,完善自己的道德形象和道德人格。

然而,应当清楚的是,为道德奠定信仰的基石,即为道德寻求超验的绝对根据,事实上存在着不同的途径或方式。无疑,任何宗教在最深层的意义上都是在为现实的伦理道德生活寻求和奠定超验的基石,使现实的伦理道德生活具有超越的价值和意义。但是,如前所述,任何宗教及其上帝或鬼神,虽然为现实的伦理道德生活提供了超验的根据,但若作为伦理道德博弈的一方力量而参与到博弈活动中来,或者说人们毕竟还依靠这种超越现实生活或生活世界的外在的力量来实现博弈利益的最大化或博弈效果的最佳化,这种境界只能是伦理的博弈,还没有真正地超越伦理功利的层面。赵汀阳指出:"宗教态度则企图把生活处理成通向超越世界(the transcendent)的过渡性手段,就好像生活本身是无意义的,只是一个不得已的手段。"②相信上帝或鬼神存在,甚至像奥古斯丁和托马斯·阿奎那那样,相信人类自我的完善只能依靠上帝,相信人类在道德上是无能的,人类只能靠上帝才能得到拯救而不能拯救自己,只能说明人在道德上的不自信。当然,这其中也存在着过渡,即人们实际上不是真正地相信那种人格神意义上的上帝或神明,而

① 任建东:《道德信仰论》,宗教文化出版社2004年版,第41—51页。
② 赵汀阳:《论可能生活》,中国人民大学出版社2004年版,第25页。

是相信上帝或神明仅仅是绝对的、最高的理性精神，或者说是纯粹的灵明。针对这种变化了的宗教，赵汀阳则指出："宗教是人们对超越了人的概念的某种最高存在的绝对服从。在这里，宗教是个隐喻，不一定非是严格的宗教，任何一套不许怀疑的价值观都相当于宗教。"①实际上，这是一种没有纯正宗教意义的宗教情怀或宗教意识，而不是真正意义上的宗教，是人们的道德信仰还没有完全脱离传统的宗教话语或宗教思想影响的表现。换句话说，道德信仰还穿着宗教的外衣，还没有彻底地抛弃宗教外衣。梁漱溟强调："宗教本是一种方法，而道德则否。道德在乎人的自觉自律；宗教则多转一个弯，俾人假借他力，而究其实此他力者不过自力之一种变幻。"②方东美在谈到道德与宗教的区别时，指出："宗教可以拿外在的权威去维持，道德一定要拿内在的精神来规定，要凭藉哲学的智慧。"③事实上，随着理性的成熟，特别是哲学智慧的丰富，任何宗教上的上帝或鬼神都经不起理性的追问和质疑，都不足以支撑起内在的信仰。因此，随着人们理性思维的成熟和道德信仰的发展，道德信仰终将得到纯粹的表达而获得自己的独立存在。归根结底，道德信仰是随着伦理道德的博弈最终促使人不断超越世俗生活和有限生活追求无限的道德意义或道德价值的必然结果，而随着人们理性思维的成熟，随着人们自身主体地位的确立，道德信仰终将成为实际地影响和规范人们伦理道德生活的最高规范。因此，道德信仰是人的伦理道德意识发展的最高境界。

道德信仰从根本上说，就是已经突破了规范的规范，即它是人从心灵原则上为自己确立起来的规范，而不是非常明确的具体规范。现实生活中，无论是伦理规范，还是伦理规范的升华——道德规范或德性规范，归根结底都是一些非常具体而明确的规范，也就是说，是在人的思想和行动之前就已经确立起来的、具有实践指导意义或操作性的规范，然而道德信仰只是一个价值理念，只具有原则性的指导意义。也就是说，只要不违反根本性的原则，违背自己的心性所指或心灵祈向而朝着自己的道德形象和道德人格前进，

① 赵汀阳：《修订版前言》，《论可能生活》，中国人民大学出版社 2004 年版，第 3—4 页。
② 梁漱溟：《儒佛异同论》，《梁漱溟全集》第七卷，山东人民出版社 2005 年版，第 169 页。
③ 方东美：《方东美先生演讲集》，中华书局 2013 年版，第 117 页。

那么，自己的任何伦理道德行为从本质上说都是允许的，甚至也都是不须考虑，无需考虑的。事实上，许多道德境界高尚的人，其伦理道德行为，甚至其一言一行，由于基于内心的道德信仰，往往都是随心性而为的。如果说孔子所谓的“随心所欲不逾矩”本身已经是非常高的道德境界，那么，随心性而为，而无具体的欲念，实际上又达到了一个比此更高的境界。孔子的“随心所欲”而所不逾的“矩”，极可能只是现实社会中已经存在或为绝大多数人所认同和接受的礼仪规范或伦理道德规范。特别是，纵使相比于其他人孔子要求着更严格的礼仪规范或者更高的道德标准，但这些规范或标准本质上还不是孔子超越了现实社会所公认的伦理道德规范而为自己提出的更高的德性规则。因此，真正意义上的随心而为，不仅意味着道德人实际上已经达到了孔子所谓“随心所欲不逾矩”的境界，而且实际上他还向自己提出更严格的德性规则，并且对这些规则的遵循同样达到了“不逾矩”的境界，甚至，他本身随心所欲地行与为，内心根本不再存有丝毫的有关规则（包括向自己提出的德性规则）的观念。也就是说，他的行为已经超越了现实社会中的道德评价，具有无限高的道德意义，而且确切说来，具有了超道德的意义。

正是由此，道德信仰对构建和谐的心灵和人际关系起着重要的作用。人们通过道德体验所认识到的归根结底是人的本质和价值，因为人所设定的道德价值目标或价值理念本身就是人的本质的形象化，正是通过对道德价值目标或理念的反复体验和确证，人们才逐渐地在心灵深处塑造出清晰的自我道德形象和崇高的道德人格。道德信仰不仅本身蕴涵着对道德的信仰，而且还蕴涵着对道德所追求和向往的道德理想、道德人格和道德境界的信仰。魏长领指出：“道德信仰是对道德理想目标的确认和笃信，是对应该做个什么样的人的设定，是对道德理想人格的设定，是对现实的超越。道德信仰以道德人格的超越赋予人自我内在超越的形而上意义，以人格的超越来证明或显示人性的神圣和尊严，显示人的自由和价值。”[①]因此，道德信仰从本质上就是对理想的自我道德形象和崇高的道德人格的向往和追求，是对最高的道德价值的确信与守护。可以说，与宗教信仰中人们总是向神诉

① 魏长领：《道德信仰与自我超越》，河南人民出版社2004年版，第18—19页。

说而实现与神的沟通，从而取得心灵的宁静与平衡一样，心灵深处的自我道德形象具有神圣性、形上性，从某种意义就是被神化了的自我，人们正是在各种道德困境中反复地与之诉说，进行一种心灵的沟通，才不断地取得心灵的宁静、平衡与和谐。因此，道德信仰通过对神圣性的道德形象的反复确证、确信和执著的追求，顺利地解决了道德生活中遭遇到的不解和困惑，消除了内心的不安与纷乱，实现了身心的和谐。尤其是，人们的道德意识中的道德形象不仅呈现在自己的心灵深处，而且这种呈现必须是通过与他人的交往而在他人的心灵中呈现，他人的心灵或精神世界客观地构成了展现自己道德形象的一面镜子。因此，道德信仰所诉求的道德价值和道德形象，不仅客观地影响和塑造着人们自身的心灵和谐，使之能够科学地协调和处理道德生活中的各种价值冲突，而且实现了人际关系的和谐，即能够使人们通过他人的心灵来反观自身的道德形象，并在此过程中实现自己的道德人格的不断超越。

第四章　伦理道德意识的博弈生成

一般而言,伦理道德意识指人们在伦理道德活动中形成的各种思想、观念、情感、意志、信念、信仰以及伦理道德理论体系。然而,对于伦理道德当事人而言,伦理道德意识就是指他在伦理道德活动中形成的思想、观念、情感、意志、信念、信仰,归根结底就是他自觉或不自觉地对生活中的伦理道德现象或活动进行反映的结果,其中,自觉的并进而以之规范和引导自己的行为与之一致的伦理道德意识,可以称为道德觉解。就其实质来说,伦理道德意识,归根结底是人之所以为人的意识,即人只有清醒地认识到人之所以为人的内在根据,把自身视为一个完全的社会人,视为拥有独立的人格尊严和存在价值的存在者时,人才能成为一个伦理道德人。伦理道德人是人,不仅具有人的形体、形象,而且从内在规定性上确立了自己为人的标志。因此,伦理道德意识就是人确立自己为具有独立的伦理道德人格和价值的存在者的意识,是使自己真正地归属于社会,使自己成为特定生活世界里的一员而存在的意识,是使自己与他人确立人与人之间关系的意识,同样也是在他人眼光中反观和确证自己为人的意识。只有有着明确的伦理道德意识的人,实际上才能成为真正的伦理道德主体,才能作出比较明确的伦理道德判断,才能表达自己的伦理道德态度。孔子说:“唯仁者能好人,能恶人。”[①]也就是说,无论爱或恨,实际上都基于明确的伦理道德意识。毫无疑问,从不自觉的反映到自觉的反思,从模糊的伦理道德观念或意识到对伦理道德现象形成深刻的认识,从而确立自己独立的伦理道德主体地位和道德人格,进而确立起指导自己伦理道德行为的伦理信念或道德信仰,即具有高度的道德觉

① 《论语·里仁》。

解，标志着人的伦理道德境界的依次提升。

然而，伦理道德意识既不是天生的，也不是突兀出来的，在博弈伦理学看来，它们恰恰是人们在具体的伦理道德博弈实践中生成的，即博弈地生成的。尽管如此，这种博弈生成过程恰恰就是人的道德意识的自我觉醒、自我觉解过程。因此，与对伦理规范的历史过程的客观描述不同，这里所揭示的就是人的伦理道德意识的生成过程。

第一节　伦理道德意识的历史生成

对于伦理道德意识，历来很多哲学家将它们视为超越了现实生活和社会历史发展的先天的东西。众所周知，在中国传统儒家伦理道德思想史上，孟子曾提出了所谓具有先天意义的良知、良能说。他说："行之而不著焉，习矣而不察焉，终身由之而不知其道者，众也。"[①]也就是说，普通大众虽然终生与伦理道德规范或道打交道，但是却从没有认真反思过它们得以存在的根据，即不明白为什么需要遵循它们，不知其所以然。在冯友兰看来，其行为合乎伦理道德规范但由之而不知的人，事实上是存在的。他强调："这种人顺其所有底天然倾向而行，自然很合乎某道德规律，或竟超过某道德规律所规定底标准。虽是如此，但其人却未必了解某道德规律的意义，亦不自觉其行为很合乎某道德规律，或竟超过某道德规律。这种行为，我们称之为自发底合乎道德底行为。"[②]因此，这种从来没有觉悟到社会上竟然还存在着伦理道德规范或规律的人，实际上就是没有伦理道德意识的人。客观而言，伦理道德意识是人们在长期的伦理道德生活实践中，在与其他人的交往互动过程中，在对其他人的行为反应的认真观察、反思和悟解中逐渐地形成和发展起来的。不过，这一过程，却被孟子等人神秘化了。孟子说明了普通大众对伦理道德规范没有真正的意识之后，却认为只有圣人具有伦理道德意识。这就是他所谓的"良知"说。孟子说："人之所不学而能者，其良能也；所不虑

① 《孟子·尽心上》。

② 冯友兰：《新原人》，生活·读书·新知三联书店2007年版，第76页。

而知者，其良知也。”①董仲舒亦强调人的伦理道德意识实际上是天所赋予的。他说：“天之为人性命，使行仁义而羞可耻，非若鸟兽然，苟为生，苟为利而已。”②进而他还说：“君子以天施之在人者听之……天施之在人者，使人有廉耻。”③然而，真正说来，认为人先天地具有伦理道德意识，或者说承认人的伦理道德意识是天所施的、所赋予的，无疑是把伦理道德意识神秘化，是没有客观地考虑其历史产生过程的表现。

客观而言，伦理道德意识并不是人们天然就具有的，从整个社会的层面来说，它们是人们在社会物质生产和社会交往过程中，特别是在伦理道德实践过程中，不断地萌生和发展的；而从个人的层面来说，它们是个人在社会历史环境中长期熏染、学习和感悟的结果，是通过接受反复的教育而内化的结果。众所周知，马克思、恩格斯曾指出：“思想、观念、意识的生产最初是直接与人们的物质活动，与人们的物质交往，与现实生活的语言交织在一起的。人们的想象、思维、精神交往在这里还是人们物质行动的直接产物。表现在某一民族的政治、法律、道德、宗教、形而上学等的语言中的精神生产也是这样。人们是自己的观念、思想等等的生产者，但这里所说的人们是现实的、从事活动的人们，他们受自己的生产力和与之相适应的交往的一定发展——直到交往的最遥远的形态——所制约。意识[das Bewuβtsein]在任何时候都只能是被意识到了的存在[das bewuβte Sein]，而人们的存在就是他们的现实生活过程。如果在全部意识形态中，人们和他们的关系就像在照相机中一样是倒立成像的，那么这种现象也是从人们生活的历史过程中产生的，正如物体在视网膜上的倒影是直接从人们生活的生理过程中产生的一样。”④既然任何人的思想、观念和意识都是人的物质活动、物质交往的产物，都是人的现实生活过程的反映，那么，在阶级社会里，人们的伦理道德观念或意识，注定带有鲜明的阶级性，它们总是阶级利益和阶级地位的反映。这正如恩格斯所概括的：“人们自觉地或不自觉地，归根结底总是从阶级地

① 《孟子·尽心上》。

② 《春秋繁露·竹林第三》。

③ 《春秋繁露·竹林第三》。

④ 《马克思恩格斯文集》第一卷，人民出版社 2009 年版，第 525 页。

位所依据的实际关系中——从他们进行生产和交换的经济关系中，获得他们的伦理观念。”[①]因此，对于伦理道德观念，对于每个人的伦理道德意识，我们不能脱离其客观的现实生活过程，脱离他们每天进行的生产和交换的社会活动，脱离他们每天发生着的社会经济关系，来抽象地谈论。马克思、恩格斯反问：“人们的观念、观点和概念，一句话，人们的意识，随着人们的生活条件、人们的社会关系、人们的社会存在的改变而改变，这难道需要经过深思才能了解吗？”[②]然而，尽管人们的伦理道德观念是现实生活历程的反映，因而是现实的社会关系、物质利益或经济利益的反映，但对整个民族来说，由于长期地经受伦理道德文化的熏陶，会自然而然地形成一定的民族伦理道德文化心理。李泽厚强调：“从远古人类的‘自我克制’到今天的道德行为和心理，都是一个情理结构的历史—教育的培育过程，而并非天生既有的直觉活动。因此，才可能从根本上解释，为何当今人们外在的伦理规范要求和内在的个体道德心理可以有如此大的、高速的变迁更易，而为其他动物族类所无有。因为它从来就不是自然进化或先验本性。”[③]这种对整个民族来说自然而然地形成的伦理道德文化心理，对于作为个体的人来说，却是预先存在的，因而显得是先验的。客观而言，任何现实的个人，都不会先天地具有伦理道德意识，他的伦理道德意识恰恰存在着一个历史地生成的过程，是他在现实社会生活中熏染、学习和接受教育的结果。因此，虽然无论是从社会层面还是从个人层面来说，根本上不存在纯粹先天、先验的伦理道德意识，但对任何个人来说，如果立足他自身的主体成长角度，就会发现，他的伦理道德意识有一个萌芽、焕发、发展、升华的过程。

概括说来，这一过程首先起源于他对他者的觉知，认识到在自己之外还存在着另一个不同于自己的存在，而一旦他自觉地去认识他者并进而梳理自己与他者之间的关系，就意味着他的伦理道德意识的觉醒和萌芽。随着彼此关系的确立和不可避免的交往互动，他发现为了达到必要的理想状况或交往效果、结果，就需要一定的规则来规范、约束和协调彼此的思想和行

① 《马克思恩格斯文集》第九卷，人民出版社 2009 年版，第 99 页。

② 《马克思恩格斯文集》第二卷，人民出版社 2009 年版，第 50—51 页。

③ 李泽厚：《伦理学纲要续篇》，读书·生活·新知三联书店 2017 年版，第 349—350 页。

为。在这个时候,他的伦理道德意识受到不断的刺激而焕发起来,开始盘算着如何制订和运用彼此交往的规则以规范和约束彼此的思想和行为。随着交往的日益频繁和复杂,他又会发现人们彼此间的交往绝不能仅仅依靠外在的规则或规范,也不能仅仅依靠与遵循外在规则、规范所培育和锤炼出来的伦理德性,而渴望不断地超越功利层面去满足精神上的需要,提升自己的精神境界和道德修养。在这个时候,人生境界或精神境界的提升成为他关注的更重要的事业。然而,精神境界的追求本身是指向无穷的,是无限的,他最终会伴随着自身道德修养的提升而追求为整个人类所向往的至善美德,而这种追求已经超越了当下的伦理道德博弈,直接指向了自己的内心世界,结果,这种对至善美德的向往和追求就发展成为一种信仰。道德生活依赖于信仰,而真正能够为信仰提供坚实基础的,只能是超越了宗教信仰的道德信仰,这是一个人伦理道德意识发展的终极阶段、终极形态。如果套用中国传统儒家的说法,伦理道德意识的觉醒和历史发展,恰恰就是一个"明明德"的过程。

一、伦理道德意识的萌芽:他者进入视域

从根本上说,任何人的伦理道德意识的觉醒,无不起源于对他者的觉知。他者的客观存在,不仅难以否认或抹煞,而且这种存在本身对我们来说成为生活中必须始终面对的事实。换句话说,他者客观地构成了我们生活世界里的一个要素,他者的存在与我们的生活、生存和发展具有不可分割的联系。事实上,对他者及其存在的觉知,本质上就是人的伦理道德意识的觉醒和萌芽,而对他者的更为自觉的意识,典型地体现在对自我与他者之间彼此关系的认识和理解。因此,真正意义上的伦理道德意识的觉醒,实际上就是对自我与他者之间的关系,即"伦"的认识和把握,是对自我之所以为自我因而作为一个伦理道德生活的主体和对他者之所以为他者因而作为其自身伦理道德生活的主体,以及我们彼此间建立交互主体性伦理道德关系的认识和把握。

毋庸置疑,任何一个人按其本性来说,都是一个不断生成和演进的人,迄今为止,每一个人都重复着整个人类的诞生史、演进史。也就是说,婴儿

的正常成长，如同人类从类人猿、原始人向真正意义上的人的过渡、演进一样，都必然经历着从自然状态的无意识到意识的萌芽、发展以至自觉意识的出现和心智的成熟的过程。众所周知，在马克思看来，人之所以为人，之所以区别于动物，一个关键因素就在于人拥有意识，特别是自我意识，能够使自身区别于动物等其他存在物，能够将自己的行为作为对象来把握和控制。事实上，能够使自己区别于其他事物，特别是区别于其他人，一方面说明自己成为自己，另一方面说明其他事物、其他人成为他者。彭富春指出："边界是一个事物的起点和终点。正是在边界上，一物与他物相区分而成为其自身，获得自身的规定。"①也就是说，人正是通过在彼此间做出分别、划定界限，才使自己与其他事物各自获得自己的规定性，从而成为自己。而且，从根本上说，他者恰恰成为人反观自己的参照物或镜子。马克思说："人起初是以别人来反映自己的。名叫彼得的人把自己当作人，只是由于他把名叫保罗的人看作和自己相同的。"②也就是说，如果没有他者的存在，人事实上不可能自觉地意识到自己的存在。因此，人成长为人，特别是成长为自觉的伦理道德人，就在于他清楚地意识到他者的存在，换句话说，他者作为一个客观事实进入了他的视域，成为他生活中必须面对的生活事实。

然而，对他者的自觉意识或觉知，还并不必然具有伦理道德的意义。事实上，他者的客观存在、事实存在，不仅说明他者不能为我们的意识所轻易否定和抹煞，而且说明他者还紧紧地与我们的生存、生活和发展相关联，换句话说，他者对我们的生存、生活和发展具有重要的意义或价值，而因为如此，我们不得不认真地考虑、权衡和把控与他者之间的关系。而当我们发现我们与他者之间的彼此关系，不仅是一个具体环境、形势下的关系，而且还是一个具有普遍意义的关系时，我们就认识到这就是在把握一种具有普遍规定性的关系。客观而言，只有在这个时候，我们才能真正地具有伦理意识。因为确切地说来，伦理道德意识就是对我们与他者之间具有普遍意义的关系（即"伦"）的认识和把握。樊浩指出："无论在道德哲学意义上还是在

① 彭富春：《哲学与美学问题》，武汉大学出版社2005年版，第287页。

② 马克思：《资本论》第一卷，人民出版社2004年版，第67页。

生活世界中，'伦'或'人伦'的内核都指向由个体之间的诸多关联所构成的实体，其真义并不是指个别性的人与人的关系，而是指个别性的'人'与他所处的那个实体性即'伦'之间的关系。中国传统道德哲学中的伦理关系，不是单个的人与人之间的关系，而是'人'与'伦'之间的关系，所谓'人伦'是也，其现实性是个体与他所处的伦理份位之间的关系。"①因此，对于他者的认识和把握，关键在于充分地认识到在我们与他者构成的伦理道德实体中他者之于我们的伦理道德关系。毫无疑问，只有从彼此伦理份位所确立起来的伦理关系中来确认和理解他者，我们才能真正地认识他者对于我们的伦理道德意义，进而才能认识到我们对于他者所应当担当的伦理职责。正如龚长宇所言："'他者'是确立'我'的责任基础的力量。"②因此，如果一个人缺少他者的视角，他就不可能成为一个正常的伦理道德人。

自觉地认识到客观地存在于我们生活世界里的他者，甚至主动地去培育他者、塑造他者进而勇敢地担当起对他者的伦理道德义务或职责，是人们伦理道德意识从萌芽到逐渐成熟的标志。梁漱溟强调："伦理上任何一方皆有其应尽之义；伦理关系即表示一种义务关系。一个人似不为其自己而存在，乃仿佛互为他人而存在者。"③因为，对他者的觉知和把握，特别是对他者与我们自身之间伦理关系或各自伦理份位的认识和理解，不仅能够使我们充分地认识到自己的伦理地位和职责，认识到自我与他者各自的伦理道德权利，而且能够科学地规范和塑造与他者之间的伦理道德生活空间，构成科学、合理的伦理道德生活世界。客观而言，这种伦理道德自觉意识，任何一个人在任何能够涉及他者的形势下都应当具备。毫无疑义，只要有两个人存在，彼此都会构成对方的他者，而在彼此交往互动的过程中，势必发生着在生活、生存和发展等方面的各种事情，因而势必存在着一定意义上的伦理道德关系。在此情形下，我们不得不承认，任何一个人只有客观地承认他者的存在，科学地规范和处理自己与他者之间的伦理份位和关系，才能合理地

① 樊浩：《"伦"的传统及其"终结"与"后伦理时代"》，《哲学研究》2007 年第 6 期。
② 龚长宇：《陌生人社会的伦理风险及其化解机制》，《哲学动态》2014 年第 7 期。
③ 梁漱溟：《中国民族自救运动之最后觉悟》，《梁漱溟全集》第五卷，山东人民出版社 2005 年版，第 94 页。

解决与他者发生的一切问题。

如果说我们传统的社会是熟人的社会，因而我们对他者的认识往往是通过自己的亲近人而不断地向外扩展的，似乎不存在绝对的陌生人，因而不存在绝对的他者，不存在认识和把握他者的迫切性、必要性，那么，随着现代陌生人社会的到来，这种对他者，特别是绝对他者的自觉的伦理道德意识却日益成为必要。龚长宇指出："陌生人必须重新面对自己的道德能力，重新塑造自己的道德空间，而对'他者'的责任就是建造道德空间的唯一资源。……其实对不同的'他者'承担责任的过程也就是寻求和确定陌生人个体所隶属的道德共同体的过程。"①如上所述，严格地说，任何一个其他人都应当视为他者，然而，熟人生活世界里的他者事实上已经演化为另一个自我，已经化身为我们存在的一部分，相反，陌生人恰恰是真正意义上的他者，甚至是绝对他者，如何科学地规范和处理与其之间的伦理道德关系，确立彼此的伦理份位、权利、义务和职责，因而规定彼此之间的伦理道德生活空间，显然是现代人所面对的亟须解决的重要伦理道德难题。

二、伦理道德意识的焕发：规则日益必要

当他者进入视野并成为自己不可忽视、抹煞的客观存在、绝对存在，因而必须在现实生活中将其视为自己生存、生活和发展过程中不可回避的交往对象，视为自己必须认真地考虑、权衡和把控与之关系的重要对象时，一个非常重要的问题就呈现出来，即究竟如何与其相处？归根结底，究竟遵从什么样的规则来规范和约束各自的思想和行为，以协调彼此间的关系，从而实现和维护各自的物质利益、经济利益，保证可以共同预期的未来生活，最终促进各个人的自我实现？因为如果不按照一定的规则，不仅不能促进彼此利益的最大化，而且还可能造成彼此伤害的最大化，更不要说促进个人的自我实现、自我完善，从根本上来说，整个未来的公共生活是无法预期的。因此，现实生活中的矛盾和冲突会不断地刺激人的意识，最终造成规则意识的萌发，即觉悟到遵循一定的规则日益成为彼此交往的必要条件，而制订规

① 龚长宇：《陌生人社会的伦理风险及其化解机制》，《哲学动态》2014 年第 7 期。

则日益变得必要和迫切，只有遵守规则，以规则所要求的标准来行动，人的行为才具有合法性，才能为彼此所认可和接受，而彼此间未来的公共生活是完全可以预期和保障的。因此，对规则日益必要的觉悟，是人基于与他者建立持续、和谐的交往关系的目的产生出来的伦理道德意识，标志着伦理道德意识的焕发。

客观而言，人类社会生活是必须具有规则和秩序的生活，纵使在人类社会诞生之前因而在类人猿乃至更早的动物阶段，规则都是需要的。众所周知，蚂蚁、蜜蜂以及狼、狮子、猴子、猩猩等，都过着有严格规则的群体性生活，规则是维护群体生活秩序的必要保障。相比动物，人的社会生活更是遵循着一定的规则。然而，现实生活中遵循规则并不意味着有规则意识、特别是清醒地意识到规则的必要性。马克思、恩格斯说："人们丝毫没有想建立一个社会的意图，但他们的所作所为正是使社会发展起来，因为他们总是想作为孤独的人发展自身，因此他们也就只有在社会中并通过社会来获得他们自己的发展。"[①]毫无疑问，在这里呈现出一种悖论现象，即在现实生活中总想作为孤独的人发展自身的个人，由于他们的所作所为，却不可避免地造就了他们并未想去建立起来的社会。这种并不是出于人们自觉愿望而建立起来的社会实质上是具有秩序的社会，而人们之所以能够通过社会来获得自己的发展，完全在于社会存在着规则和秩序，能够确保人们按照一定的规则和程序实现彼此利益上的分配和交换，达到一定程度上的和谐与稳定，从而能够实现可以预期的生活目标，实现自我的发展和完善。也就是说，人们原本没有想到的有秩序的社会却成为不可缺少的东西，而且只有依赖它才能最终实现自己的目的，因为有秩序的社会生活本质上是可以预期的生活，即遵循现有秩序能够预期未来。人们对这种事实及其实质的觉知，实际上经历了一个漫长的历史过程，而觉知的标志就是规则意识的萌发，即意识到规则的存在及其必要性，认识到人们只有真正地遵循规则开展交往才能塑造起有秩序的社会生活，才能有效地实现和维护各自的利益，从而最终确保各个人的自我实现和自我完善。也就是说，人们之所以产生规则意识，之所

① 《马克思恩格斯全集》第三卷，人民出版社1960年版，第235页。

以想着与其他人建立一定的伦理道德关系，实际上在于人们认识到不得不通过与其他人的交往，归根结底不得不通过社会这一形式实现自身的生存、生活和发展，实现个人的自我实现和自我完善，而规则、规范则是有效组织人们彼此间公共生活和保障可预期的未来公共生活的必要措施。

对规则必要性的认识在人类历史上不乏其人。众所周知，在中国，孟子曾强调："离娄之明、公输子之巧，不以规矩，不能成方员。"①这句话后来还演化成了"没有规矩，不成方圆"这一成语。荀子则揭示了"人生而有欲"②的特性，强调如果不通过规范或礼来约束人，就势必造成社会生活秩序的紊乱，即"欲而不得，则不能无求；求而无度量分界，则不能不争；争则乱，乱则穷"③。韩非子更看到了现实生活中的利益冲突以及人际关系的自利自为本质，他指出："人无毛羽，不衣则犯寒；上不属天而下不著地，以肠胃为根本，不食则不能活；是以不免于欲利之心。"④由此他认为社会各个阶层、各个人之间，乃至父母与子女之间，始终存在着利益算计和斗争，天天勾心斗角，而君臣之间甚至"上下一日百战"⑤，而他为解决社会矛盾和冲突提供的方案则是强化法治的威严。他指出："无捶策之威，衔橛之备，虽造父不能以服马；无规矩之法，绳墨之端，虽王尔不能以成方圆；无威严之势，赏罚之法，虽尧舜不能以为治。"⑥梁漱溟则强调："人对人的斗争存在于国与国之间，阶级与阶级之间，血缘的、地缘的、宗教的、民族的种种不同集团之间，乃至个人与个人之间。事实所在，有目共睹，可不必多说。总之一句话，由于人们立场不一致，就要有斗争发生。而立场则宽狭大小，此分彼合，千差万别，数之不尽，于是其间明争暗斗亦数不尽。"⑦而在西方，众所周知，最深刻地揭示社会生活充满着人们之间的利益冲突与矛盾这一问题的哲学家莫过于霍布斯，

① 《孟子·离娄上》。
② 《荀子·礼乐》。
③ 《荀子·礼论》。
④ 《韩非子·解老》。
⑤ 《韩非子·杨权》。
⑥ 《韩非子·奸劫弑臣》。
⑦ 梁漱溟：《人类创造力的大发挥大表现》，《梁漱溟全集》第三卷，山东人民出版社 2005 年版，第 420 页。

他提出了著名的“狼吃狼”自然状态的形象比喻，以揭示人类社会生活的残酷性。总之，古今中外的哲学家都试图说明在社会生活中，特别是在伦理道德生活领域里，如果没有一定的规矩、规则、规范或制度、标准，那么就不可能形成良好的秩序。

然而，每一个现实的个人在自己的社会生活和交往中却并不必然地一开始就具有了规则意识，对他来说，只有当他与其他人现实地发生了矛盾和冲突，因而造成了彼此关系的紧张乃至造成了彼此利益的损失或情感的伤害时，他才可能意识到规则的存在和遵守规则的必要。正如李德顺等人指出，任何人诞生在一个事先为他规定好了身份、地位、社会角色乃至特定人格的社会关系网之中，复杂的社会关系，传统伦理道德价值原则、观念和规范已经客观地存在着并发挥着规范和约束人的作用，因此在他诞生之时他就已经被自己的父母乃至整个社会按照某种既定的“模子”来塑造，他在这个既定的文化环境里生活、游戏，而“人生活、‘游戏’的历程，也就是被社会同化、教化的过程”，“依据‘游戏规则’使用社会的生活方式，是个人融入社会的基本途径和最佳方式”①。但一个人学习社会游戏规则而融入社会并不意味着他就有了明确的规则意识。事实上，在他成长的过程中，他确实在幼儿时期通过父母的教导，稍长后通过学校教育，以及进入社会后接受社会教育，逐渐地接受了规则或社会规范、伦理道德规范的教导，但他如果没有实实在在地、自觉地与其他人开展交往，那么，他实际上并没有真正地意识到规则在他的整个社会生活和交往中所具有的重要意义。因此，只有当人清醒地觉知到规则的存在及其日益必要，认识到如果不能很好地解决自身与其他人的关系，就可能造成一定的矛盾和冲突，造成生活世界秩序极度的紊乱，甚至最终造成整个生活世界的分裂、崩溃和瓦解，他才真正地作为独立的伦理道德生活主体而出现。因此，从外在的规则教育到自己真切地意识到规则的存在及其日益必要，标志着人的伦理道德意识的真正焕发。

---

① 李德顺、孙伟平、孙美堂：《精神家园——新文化论纲》，黑龙江教育出版社 2010 年版，第 29 页。

三、伦理道德意识的发展:境界亟须提升

如果说具有一定的规则意识已经标志着人能够作为一个独立的伦理道德生活主体,自觉地以积极的态度来规范和协调自己与其他人、群体、社会之间的关系,那么,随着实践交往的深入发展,随着各种复杂社会关系的形成和展开,随着各种事情超出想象的演化,任何一个人都必然会遭遇到更为复杂、多变的问题和现象,需要应对的矛盾和冲突将更为多样、棘手。显然,在此过程中,作为一个独立而理性的伦理道德生活主体,人始终都会尽可能地设想如何更科学地看待和处理问题和矛盾,其中,尤其重要的是,如果不是偏执,那么,任何人都会认识到,与其他人的道德水平相比,与社会的普遍要求相比,或者说与较高的道德期望相比,自己的伦理道德境界总是还不足够应对自己所处的伦理道德博弈环境,还不足以以德服人。霍尔巴赫曾说:"一切正直的和诚实的心灵都倾听理性的声音。"[①]因此,任何着眼于自觉、积极、科学、理性地解决现实伦理道德困境和问题的人,都必然面临着一个永恒的事情,即需要不断提升自己的道德修养、道德境界。也就是说,对于这样具有理性自觉的伦理道德意识的人,即能够时刻反躬自省的人来说,亟须提升自己的道德境界是他的伦理道德意识时刻关注的焦点。理性既促使人真正地意识到自己是一个独立而理性的伦理道德生活主体,更促使人超越有限存在而不断地趋于无限存在,因而任何层面上的有限性都需要不断地被突破。

当个人不满足于自己已有的道德修养,不愿停留在现有的道德境界上,而不断锻炼自己的道德德性,试图通过坚毅的努力而达到更高的道德境界时,他实际上就产生了一种特殊的精神需要,即道德需要。人们产生道德需要,其最初的目的很可能依然是为了实现物质利益、经济利益的最大化,即在与其他人的伦理道德博弈中能够达到最大的成功。显然,在此境界中,他的道德需要还是一种功利上的需要,而道德归根结底只不过是他实现物质经济利益最大化的手段而已,而他所参照的道德标准就是现实社会中由业

① [法]霍尔巴赫著,王荫庭译:《健全的思想》,商务印书馆1966年版,第19页。

已存在的伦理道德规范确立起来的。因此，虽然说相比其他人，他确实已经超越了社会公德对普通人的要求，甚至在一定的程度上超越了社会上绝大多数人的道德水准，但他毕竟还没有完全摆脱功利的束缚，其境界还介于伦理与道德之间，而且归根结底是一个没有脱离功利束缚的伦理人。显然，这对于渴望达到较高的道德境界、因而产生了道德需要但依然没有彻底地摆脱功利束缚的人来说，他们的道德需要不仅是合理的，而且是应当给予充分肯定的。因为任何人毕竟不是完全脱离现实物质生活而存在的人，在现实的经济生活中，特别是在市场经济条件下，为了实现和维护自己的物质生活，现实地过上幸福快乐的生活，他的这种意义上的道德需要，不仅是应当的，而且是必需的。相应地，他们试图通过不断提高自己的道德境界，不仅需要过一种正当的幸福快乐生活，而且渴望通过更道德的、合理的方式获得他们的物质利益、经济利益，本质上是合乎人的本性的。因此，对于这些人不仅不能轻易地抹煞他们追求更高道德境界的要求和努力，而且还应当给予赞美，使整个社会能够向他们学习。尽管如此，这种功利意义或手段意义上的道德需要还不是真正的道德需要。针对真正的道德需要，罗国杰强调："道德需要作为一种特殊的、高级的社会需要，它同一般的物质需要和精神需要不同，它不是从社会去获得、索取、占有、使用、享受某种物质的或精神的产品来满足自己，而是通过对社会或他人的给予、奉献、牺牲来满足自己。道德需要是高度自觉的、完全自律的、依靠内心信念来满足的一种需要。道德需要作为一种心理机制，它表现出一个人能够把对社会、对他人的献身、贡献和给予当做是一种崇高的义务和责任，并能够在履行这种义务和责任时感到愉快，感到高兴，而且在内心中有一种满足了自己最崇高的需要的欣喜愉悦之情。"①黄明理分析说："道德需要就其期望实现个人的幸福生活的动机而言，具有其利我性，但就其满足的特有方式而言，它往往又是通过利他行为而获得特有的精神上的满足，这种个人功利性和超个人功利性、利我性和利他性就这样似乎是不可思议地不可分割地联系在一起，有机地统一

① 罗国杰：《论道德需要》，《马克思主义伦理学的探索》，中国人民大学出版社 2018 年版，第 173 页。

在道德需要之中。”①客观而言，确实有一些人试图通过这种意义上的道德需要的满足去实现自己的幸福生活，因而他们确实还具有一定程度上的功利性思维。不过我们也不能否定的是，如果一个人宁愿舍弃自己的幸福生活而追求更高的道德需要，特别是为了其他人的幸福生活而宁愿过一种比较清贫的生活，甚至牺牲自己的生命，那么，他所产生的道德需要，就不能简单地评价为这是个人功利性和超个人功利性、利我性和利他性不可思议地不可分割地联系在一起的事情了。因为，纯粹精神上的利益是为了精神需要的满足，这种意义上的利益不能再以“功利”来评判。如果我们还停留在功利的思维中，将仅仅为了精神需要、道德需要的满足视为功利上的满足，那么，只能证明我们已经牢固地被功利思维所束缚。康有为曾说：“凡为血气之伦必有欲，有欲则莫不纵之，若无欲则惟死耳。最无欲者佛，纵其保守灵魂之欲，最无欲者圣人，纵其仁义之欲。”②也就是说，佛与圣人看似最无欲，实际上也是纵某种特殊的欲，只是这种欲不再是纯粹物质利益或经济利益上的欲，而是精神上、道德上的欲。因此，严格地说，相比于还多少基于实际功利的目的而产生的道德需要，纯粹为了精神上、道德上的欲望的特殊精神需要，其满足不再以物质利益、经济利益为最终的背景，而是以精神利益的满足为目的，本身就具有高尚的意义。对他来说，他之所以产生精神上、道德上的需要，而不是其他意义上的需要，仅仅是因为只有在精神生活中，在道德境界里他才能享有与其他人在伦理道德博弈过程中激发出来的精神上、心灵上的快乐，才能在此快乐中深刻地领悟自己作为一个高尚的人的本质和高贵。毫无疑问，这种意义上的精神需要、道德需要，绝不是个人为了达到现实的物质利益、经济利益最大化而产生的需要，他实际地超越了这种境界上的任何物质利益上的需要。

严格地说，提升自己的道德境界，是一个永恒的任务，它没有止境。熊十力说：“凡人言动间，自觉欲情流露，自知惭愧，此则无害。若自己流露于不觉而为他人所觉者，则他人代为惭愧而自己反不知，斯可畏耳。人非力

① 黄明理：《道德需要的含义及其特征》，《中国社会科学网》2014年8月18日。

② 康有为：《康子内外篇》，《康子内外篇》（外六种），中华书局1988年版，第15页。

学，难言去俗。知识道德高一分，俗情方去一分。”①明洪应明说：“德随量进，量由识长。故欲厚其德，不可不弘其量；欲弘其量，不可不大其识。”②特别是，如果一个人已经获得了一定的好名声，那么，他必须时时刻刻注意加强自己的德性修养，做到谦虚谨慎，只有这样他才能与自己的名声相匹配，才能避免其他人的嫉妒。相反，既然他已经达到了一定的伦理道德水平，他就不能再有任何的诈善、伪善行为，更不能有任何的堕落和变节行为，因为如果那样，他就还比不上一个普通人的德性，因此，对于他来说，他只有继续向上向善的义务，而没有任何意义上的退路。梁漱溟指出：“人在思想上每有所开悟，都是一次翻新；人在志趣上每有所感发，都是一次向上。人生有所成就无不资于此。”③因此，加强德性修养，不断提升自己的道德境界，就成为一个人终生的任务。当然，一个人能否最终超越功利而达到真正意义上的道德境界，即能否提升自己的道德境界，往往取决于利害冲突的关键之时、之处是否最终克制了自己的私欲、贪心和偏心。在此紧要关头，如果能够克制着自己的私欲、贪念，从而及时幡然醒悟，便能够不断进取成为真正意义上的道德人，但如果稍有丝毫私欲、贪念，就势必堕落到下一境界。因此，紧要关头只可处处谨慎而不可有任何的侥幸心理。正如章太炎所说：“凡无耻，多由偷幸也。”④归根结底，一个真正地具有道德觉悟的人、因而渴望追求更高道德境界的人，在任何时刻都不能放松加强道德修养的努力，只有终生用尽心思小心翼翼地持守，自觉地抵制任何俗念、私欲、贪念，不做任何不合自己身份的事情，就不会断送自己业已形成的道德形象，毁掉自己业已确立起来的道德人格。只有将追求更高的道德境界视为自己终生追求的事业，一个人才能在现实的伦理道德生活中真正地有所超越。

然而，当人彻底地超越功利意图而追求真正意义上的精神利益和道德利益，从而满足精神需要、道德需要时，他会逐渐地发现按照现有的社会伦理道德规范所塑造出来的道德境界还不足以符合自己的心灵要求。人如果

① 熊十力：《尊闻录》，《熊十力全集》第一卷，湖北教育出版社2001年版，第583页。

② ［明］洪应明：《菜根谭·上卷》。

③ 梁漱溟：《人心与人生》，《梁漱溟全集》第三卷，山东人民出版社2005年版，第555页。

④ 章太炎：《春秋左传读》，《章太炎全集》第二卷，上海人民出版社2014年版，第394页。

意识到他不仅需要按照现实社会上已经普遍存在着的较高的道德规范来严格地约束自己,来达到社会普遍期望的崇高道德境界,而且还不断向自己提出更高的道德要求、因而为自己制订新的德性规则,以期达到自己所祈求的道德境界,那么,这种人就已经成为真正意义上的善人,是一个让自己认可的善人。客观而言,尽管善人是整个社会所期望的,他们的存在使整个社会呈现出一种高度文明的景象,但如果他们仅仅按照社会普遍向往和推崇的较高的道德规范来塑造自己,那么,他们作为善人毕竟还是有限的。孔子弟子子张问"善人之道",孔子回答说:"不践迹,亦不入于室。"①就是说,这样的人虽然不再简单地践履社会上普遍认同的公共道德规范,已经达到了较高的道德境界,然而也并没有能进入真正崇高的道德境界。换句话说,他们虽然超越了一般人,但并没有真正地达到道德上的极致,按照孔子的说法,就是还没有达到圣人的境界。做一个善人,进而追求无限崇高的道德境界,是真正意义上的伦理道德觉悟者的永恒事业,而他之所以能够认识到这一点,归根结底在于他已经深刻地认识到只有通过不断地提升自己的道德境界,才能彻底地解决自己与有限的相对他者之间的矛盾乃至与无限的绝对他者之间的矛盾,解决与自己的矛盾。

四、伦理道德意识的升华:道德依赖信仰

伦理道德意识的发展使人最终觉悟到绝对性的存在。也就是说,伴随着博弈人彼此较量道德修养和美德境界高低的持续进行,人们的伦理道德意识就不断地向前向上发展,自觉的博弈当事人就率先实现了最终的觉醒,认识到只有将自己的道德修养、崇高美德真正地推向极致、极限,最终与最纯粹的、最完善的绝对存在者同在,才能彻底在德性优势上征服对方,彻底赢得自己心灵的安顿、宁静、和谐和自由。然而对绝对存在者、绝对普遍性和绝对善,即至善的把握,只能依赖信仰,却实际地经历了对外在绝对者、神明的信仰到内在绝对者、心灵自我皈依的曲折过程。因此,绝对者最初表现为自我异化后的外在绝对者、神明或上帝,而最终扬弃这种异化形式而表现

① 《论语·先进》。

为内在绝对者，表现为心灵自我。就是说，伦理道德意识的升华表现为人们对至善的寻求和保障不再依赖外在的力量而最终依赖于自己，依赖内在的、真正自由的心灵自我。

人与绝对存在者之间的矛盾是最为根本的矛盾。绝对存在者在人的思想中经历着一个由外在绝对者向内在绝对者转化的过程。毫无疑问，在现实生活中，人所遭遇到的他人都是有限的他者，人与他者之间的矛盾和冲突只具有有限性。然而，人的伦理道德意识却使他不断地超越有限性，从有限他者延伸到无限他者，从而在灵魂深处发生了与无限的绝对他者之间的矛盾和冲突。客观而言，能够觉悟到绝对存在、绝对他者，标志着伦理道德主体已经超越了狭隘的世俗视野，开始追求至高无上的精神境界、心灵境界。然而，如果绝对他者顽固地存在于自己之外，特别是将其精神化乃至拟人化，还没有被消解掉，那么，这一绝对他者就是上帝或神。因此，人与绝对他者之间的关系就是一种宗教关系，人只有依靠信仰来解决人与绝对他者之间的矛盾，信仰绝对他者就是皈依他，就是与绝对他者同在，乃至融入绝对他者，与绝对他者成为不可分割的一体，即浑然一体的绝对存在。然而，一旦人具有了绝对他者的观念，这一绝对他者或上帝、神就存在于人的心灵深处，如此一来，向上帝或神诉说以实现与神的沟通从而取得心灵的宁静与平衡，与心灵深处的自我相沟通以实现心灵的宁静、平衡与和谐就具有了一致性。奥古斯丁曾感叹自己心中的主并反思向主祷告的性质，说："我能不能把心灵的耳朵靠近你的嘴，听听你给我解释为何眼泪为不幸的人是甜蜜的。你虽则无处不在，但是否把我们的苦难远远抛在一边？是否你悠悠自得，任凭我们受人生的簸弄？可是我们除了在你耳际哀号外，没有丝毫希望。烦恼、呻吟、痛苦、叹息、怨恨能否在此生摘到甜蜜的果实？是否因为我们希望你俯听垂怜，才感到甜蜜？对于祷告，的确如此，因为祷告时，抱着上达天听的愿望。"①当然，不仅如此，基督教还劝诫人们摆脱沉重的肉身，认为摆脱任何意义上的自然欲望才能与上帝、与最高绝对者同在。马克思、恩格斯指出："基督教之所以要使我们摆脱肉体的和'作为动力的欲望'的统治，只是

① ［古罗马］奥古斯丁著，周士良译：《忏悔录》，商务印书馆2015年版，第60页。

因为它把我们的肉体、我们的欲望看作某种与我们相异的东西;它之所以想要消除自然对我们的制约,只是因为它认为我们自己的自然不属于我们。既然事实上我自己不是自然,既然我的自然欲望,整个我的自然机体不属于我自己(基督教的学说就是如此),那末自然的任何制约,不管这种制约是我自己的自然机体所引起的还是所谓外界自然所造成的,都会使我觉得是一种外在的制约,使我觉得是枷锁,使我觉得是对我的强暴,是和精神的自律相异的他律。"①在现实的宗教生活中,过多的人克制自己的自然欲望过着极为苛刻的生活,也有不少人为了实现与上帝或绝对存在者的同在,折磨自己的肉体乃至放弃自己的生命。在赵汀阳看来,伦理学理应基于生活观点而尽可能地接近最好的可能生活,但历史上中西伦理学为人指引的好社会却以不同方式背离了生活观点。对于宗教,他指出:"以更高精神为名而诱惑人心的宗教本来有着克制堕落生活之效,可是又把最高的目的和光荣都归于神,完全剥夺了人性光辉,反而形成了对生活观点的背离和否定。"②事实上,当道德信仰还停留在宗教信仰的层面上,还没有彻底地脱去宗教的外衣因而摆脱宗教的束缚时,那个内心深处的灵魂自我,就只能表现为最高意义上的神、上帝或天主。在此情形下,还依附于宗教信仰的道德信仰实际上依然表现为他律而不是自律。然而,这种宗教意识形式只不过是世俗社会自我分裂和自我矛盾的产物,因为世俗社会的物质基础还不能完全在现实生活中有效地满足人们的生活需要,还存在着各种矛盾,因而只能以扭曲的意识形式反映这种矛盾,调和这种矛盾。这种矛盾在现实中还无法解决的时候,已经更注重现实生活的人就开始了自己的怀疑,即质疑上帝的存在。在历史上,英国人是最早具有这种怀疑精神的民族。恩格斯指出:"英国哲学最终宣称矛盾是不可解决的,理性是不能胜任的,它不是求救于宗教信仰就是求救于经验。休谟的怀疑论今天仍然是英国一切非宗教的哲学推理的形式。持这种看法的人声称:我们无法知道上帝是否存在;即使上帝存在,他也不可能和我们有任何交往;因此,我们不妨按照上帝并不存在这一假定来

① 《马克思恩格斯全集》第三卷,人民出版社 1960 年版,第 285 页。
② 赵汀阳:《论可能生活》,中国人民大学出版社 2004 年版,第 11 页。

安排自己的实践活动。我们无法知道，灵魂是否能同肉体分开，灵魂是否不死；因此，我们就按照这辈子是我们仅有的一生这个想法来生活，而不用那些超出我们的理解力的事物来折磨自己。”[①]马克思强调，这种矛盾不能仅仅靠纯粹的意识形态批判就能解决，各种宗教上的幽灵、怪影、怪想只能随着人类社会物质生产力的发展，通过现有社会制度的改变才能得到彻底的消除。恩格斯亦指出：“当谋事在人，成事也在人的时候，现在还在宗教中反映出来的最后的异己力量才会消失，因而宗教反映本身也就随着消失。理由很简单，因为那时再没有什么东西可以反映了。”[②]因此，随着社会生产力的发展和物质生活条件的改善，随着人对自己生活和命运的支配，异己的力量终将消失，整个社会不再依赖对外在的绝对他者的信仰而实现自己的完善和进步。

然而，不可消解的绝对他者如果变成了绝对存在者，进而变成了内在的绝对存在者，变成了心灵深处的自我，人与绝对他者之间的矛盾就转化为人与绝对存在者之间的矛盾，绝对存在者成了自己，人与这种绝对存在者之间的关系，就是人与具有绝对性的自己之间的关系，换句话说，是人与绝对的自我、真实的自我之间的关系。梁漱溟强调：“道德是自律的，宗教是他律的；道德的根本在理性。”[③]事实上，随着人们理性的成熟，真正意义上的因而具有独立品格的道德信仰只可能是理性自律的信仰，是完全基于理性自由的信仰。但不管怎样说，无论是具有依附性的宗教意义下的道德信仰，还是具有独立品格的理性自由的道德信仰，道德信仰总是通过对神圣性的道德形象的反复确证、确信和执著的追求，顺利地解决了道德生活中遭遇到的不解和困惑，消除了内心的不安与纷乱，实现了身心的和谐。尤其是，人们的道德意识中的道德形象不仅呈现在自己的心灵深处，而且这种呈现必须是通过与他人的交往而在他人的心灵中呈现，他人的心灵或精神世界客观地构成了展现自己道德形象的一面镜子。因此，道德信仰所诉求的道德价值

---

① 《马克思恩格斯文集》第一卷，人民出版社 2009 年版，第 90—91 页。

② 《马克思恩格斯选集》第三卷，人民出版社 2012 年版，第 705 页。

③ 梁漱溟：《中国文化的特征在哪里？》，《梁漱溟全集》第五卷，山东人民出版社 2005 年版，第 701 页。

和道德形象，不仅客观地影响和塑造着人们自身的心灵和谐，使之能够科学地协调和处理道德生活中的各种价值冲突，而且实现了人际关系的和谐，即能够使人们通过他人的心灵来反观自身的道德形象。这种道德形象对当下的自我而言，的确具有一定的神圣性，但它毕竟不是宗教意义上的上帝或神。而且我们也不必将道德意义上的信仰，即道德信仰视为宗教，或者以一种新的宗教替代旧的宗教。众所周知，恩格斯曾经批评费尔巴哈不舍得放弃宗教情怀而将自己已经批判过的宗教经过改变接受了下来，结果在费尔巴哈那里，"仅仅为了使宗教这个对唯心主义回忆很宝贵的名词不致从语言中消失，性爱和性关系竟被尊崇为'宗教'"①。在中国，当人对自己的确证和坚定求助于内在的心灵之我时，也多少带有宗教的痕迹，因而被一些学者以宗教的思维来称呼，称之为"心学"。对于王阳明的"心学"，梁启超曾说："吾国之王学，唯心派也。苟学此而得者，则其人必发强刚毅，而任事必勇猛。观明末儒者之风节可见也。本朝二百余年，斯学销沉，而其支流超渡东海，遂成日本维新之治。是心学之为用也。心学者实宗教之最上乘也。"②当然，任何先进、科学的道德信仰是需要经过几代人认真地、自觉地探索、总结和反省之后努力培育和确立起来的，它不仅需要分析道德现象深层实质的先进、科学的世界观和方法论，而且还必须深刻地认识和反思人类自身生存和发展的基本规律、前进方向以及人的本质力量的确证方式。尤其是，还必须以人类迄今为止的各种道德信仰实践和道德文明成果为基础。

道德意识的彻底觉醒，实际上就是人对自己的全面知觉，是对自身能力的自信。毫无疑问，对他者的觉察、承认，使我们不能轻易地否认他者的客观存在、人格尊严和合理的利益诉求，对规范的觉悟使我们认识到必须通过合理的伦理道德规范、规则来协调生活在公共生活世界里的所有成员之间的利害关系，以避免彼此间可能发生的矛盾和冲突，而清楚地、自觉地意识到只有不断地提升自己的道德境界，才能科学地协调自己与他人之间的关系，促进和谐，创造更高境界的幸福生活，这一切实质上都表明，人的伦理道

① 《马克思恩格斯文集》第四卷，人民出版社 2009 年版，第 288 页。

② 梁启超：《论宗教家与哲学家之长短得失》，《饮冰室合集》第四卷，中华书局 2015 年版，第 796 页。

德意识始终随着实践的发展而不断得到提升。这种基于现实真切实践的伦理道德意识的提升,无疑意味着人自身生命境界的提升,而人真正地成了道德高尚的人。但是,如果一个人的道德意识的提升一直将心思关注于如何协调与周围其他人之间的关系,那么,他的道德意识实际上依然是有限的,从博弈伦理学的角度而言,他实际上考虑的依然是与周围其他人的博弈,而不是与自身、自己的心灵的博弈。李德顺指出:“信仰是人生的‘主心骨’,是人的全部价值意识活动的定向形式。所以人不能没有信仰,没有信仰的生命就等于没有灵魂。而信仰的偏差,则会造成人生道路和社会发展的方向性的错误。”①实际上,只有人不仅考虑如何科学地规范和协调与任何周围其他人之间的关系,而且自觉地把握自己的人生道路和前进方向,去规范和协调自己的身心关系,特别是去塑造心灵的秩序,使自己的内心彻底找到一个安身立命之本,他的伦理道德意识才逐渐地变得纯粹、统一而彻底。明吕坤强调:“悟者,吾心也。能见吾心,便是真悟。”②因此,真正的伦理道德上的觉悟,在于直指自己的心灵,使自己达到真悟,从而在任何复杂的伦理道德环境或情形下都能够安身立命,应对自如,他不再依赖上帝或外在绝对者赐予的力量来解决人们之间的关系,来拯救自己。客观而言,这种能够提供安身立命之本的道德意识就是道德信仰。

实际上,真正的道德信仰是自己对自己的负责,即对心灵的负责,因而这样的道德主体根本不需要通过任何的言语来向外界任何其他人作证明,不再要求任何其他人来监督自己的举止。《周易》云:“默而成之,不言而信,存乎德行。”③这就是说,他已经完全超脱了世俗伦理道德的舆论和评判,已经无意于别人眼中的得失,而直接地根据自己心灵上的道德信仰自觉地规范和引导自己的言行,因而一切言行举止本身都体现为德行。陶渊明在《五柳先生传》中曾说:“忘怀得失,以此自终。”能够忘怀世俗生活中的得失,就

① 李德顺:《论信仰》,《与改革同行——中国特色社会主义的哲学理路之思》,黑龙江教育出版社2008年版,第280页。

② [明]吕坤:《呻吟语·问学篇》。

③ 《周易·系辞上》。

说明人已经回归到了自己的心灵。梁漱溟指出:“道德是人心之直接表现。”[①]当然,更为根本的是,道德信仰实际上正如一切其他信仰一样,都是为了求得心灵的安顿。熊十力指出:“夫道德之至,唯行其心之所安耳。”[②]不仅如此,道德信仰实质上就是为了在伦理道德生活中求得心灵的宁静和安顿。梁漱溟说:“道德的可贵,就在人的头脑开发明利,认清了现实,而一切打算顾不上从个人出发;就在任听自便之中而不甘堕落。这是靠什么?这是直接靠了人心本有的伟大和向上,而不靠其他。”[③]换句话说,只有道德信仰才能为自己的伦理道德生活提供最为可靠的基石,是人之所以为人的生命支柱。信仰本质上是自由的,道德信仰更是如此,彻底地回归自己心灵的人就是自由的人,他所信仰的对象就是自己期望中的道德人格和道德形象,在整个伦理道德生活中,他是通过不断的反思和实践而确证自己的存在,充实自己的存在,使自己具有崇高的道德价值和意义,甚至因为与其他人的普遍社会交往,客观地成为了世人敬仰的对象而获得永恒和不朽的意义。

具有道德信仰的人能够为自己确立始终追求的道德理想。确切说来,道德理想是道德价值意识的最高范畴,它是以道德信念和道德信仰为基础的价值目标体系,其核心是道德理念。从根本上说,道德理念是人们道德追求的终极价值目标,是终极价值目标在人们的道德意识中的具体形象,从形式上说,它是人对自身的本质的最高确认,是关于自身生存和发展的基本规律、人生方向、情感诉求、愿望和目的所进行的逻辑推理论证的最终结果。因此,任何道德理想及其理念归根到底是人从现实的生活实际出发,通过科学的理性思考而对自身生存和发展所作的价值预测和价值追求,是在对自己道德生活的全面反省的基础上为自己确立的道德行为指针。总之,道德信仰使人彻底地超越了现实生活的局限性和有限性,超越了自身的有限性,使自己与最内在的绝对存在者——心灵自我建立了联系,能够为自己的道德理想、道德理念、道德形象和道德人格而不懈奋斗,不断向上向善,最终趋于无限的至善。

① 梁漱溟:《中国建国之路》,《梁漱溟全集》第三卷,山东人民出版社 2005 年版,第 404 页。
② 熊十力:《复黄焯》,《熊十力全集》第八卷,湖北教育出版社 2001 年版,第 419 页。
③ 梁漱溟:《中国建国之路》,《梁漱溟全集》第三卷,山东人民出版社 2005 年版,第 404 页。

第二节　伦理道德意识的逻辑发展

人们的伦理道德意识历史地生成,形成了一个逻辑的演进过程,它不仅清楚地揭示了人的伦理道德定位,而且还意味着人实际上具有或达到了一定的伦理道德境界。按照人进入伦理道德博弈的历史进程来说,人的伦理道德意识经历着由归属意识、规则意识、平等意识、权利意识、义务意识、责任意识、德性意识、自由意识、超越意识,最终到天地意识的逻辑发展。这一逻辑发展,反映了人们在博弈过程中这样一个生活事实:人们进入社会,涉足伦理道德生活,面对各种人、群体或整个社会,总会最先寻找归属,确认自己属于哪些群体,或者在哪些意义上自己属于所在的社会;接着,人们认识到要过正常的伦理道德生活必须遵循一些必要的规则,以规范和约束人们的思想和行为,确保彼此间的和谐,避免矛盾和冲突,因而要认识和了解伦理道德规范或社会交往游戏规则,乃至反思现有规则是否科学合理以创设发明出新的规则;接着,人们会逐渐认识到在伦理道德生活中每个人拥有不可侵犯的人格,而最合理的人格关系就是平等,因而渴望与其他人享有同等的人格尊严;接着,人们更加觉悟到自己实际上存在着很多不可侵犯的伦理道德权利,开始自觉地维护自己的权利,而随着意识的进一步提高,发现还需要维护其他人同样的权利,以履行自己的义务,要承担因自己的过失、过错造成一定后果的伦理道德责任;接着,发现为了更好地交往、履行义务和责任,必须培育和锤炼自己的德性,否则不仅不能保障对义务和责任的履行,也无法满足自己的伦理道德需要;而随着自己德性修养的提高,人们发现自由成为自己的真正需要,而精神上的自由和超越成为最高的享受;最后达到最高境界,人在意识中包容了整个天地或宇宙,因而将自己与天地万物,与宇宙融为一体。客观地说,只有真正地成长为伦理道德意识自觉的人,即具有高度的伦理道德自觉性的人,才能逐渐地遵循着这一逻辑而历史地提升自己的伦理道德意识。也就是说,一方面我们能够比较客观地描述人的伦理道德意识的历史生成过程,发现它实际地形成了一个逻辑演变过程,另一方面我们也看到,具有伦理道德意识自觉的人,实际上能够更好地遵循着这一逻辑而发展自己的伦理道德意识。

一、归属意识

人们之间的任何伦理道德交往活动都是属于一定生活世界的，因而严格地说，只有当人们自觉地承认自己归属于这一定的生活世界或社会，才能按照这一生活世界里普遍地为人们认可和接受的伦理道德原则、观念和规范与其他人开展有效的伦理道德交往活动。因此，归属意识，即自觉地承认自己是一定生活世界里的成员，是一定社会或群体的成员，他才可能真实地作为一个独立的人，即独立的社会成员，享有相应的资格和权力，与其他人进行平等的伦理道德交往活动。

人的归属意识实际上就是人作为人而存在的首要意识。归属意识的觉醒首先体现在人对自己与其他人之间具有共同的外在形象的确认上。庄子说："有人之形，故群于人。"①庄子的原意是说圣人具有常人的形貌，所以能与常人共处。但实际上他揭示了一个最简单的道理，即人总是首先在外形比较上寻找自己所认同和皈依的群体，因为人们不会将自己归属于在外形上与自己截然不同的事物。当然，这种仅仅在外形上所皈依和认同的群体，还不是真正意义上的伦理道德群体，而真正能够标识自己归属于某一群体的恰恰是对一定社会或生活世界里的伦理道德观念、规范、权利、义务等的认同、接受和皈依。众所周知，亚里士多德曾指出："人天生是一种政治动物，在本性上而非偶然地脱离城邦的人，他要么是一位超人，要么是一个鄙夫。"②对此话，冯友兰曾诠释说："人是政治底动物，意谓人必在国家的组织中，才能实现人的'形式'。"③而且他还强调，亚里士多德的所谓"国家"，"其伦理底意义，比其政治底意义多得多。他说人是政治底动物，意实说：人是伦理底动物"④。毫无疑问，亚里士多德及冯友兰所强调的人只有在城邦里

① 《庄子·德充符》。

② ［古希腊］亚里士多德著，吴寿彭译：《政治学》，《亚里士多德全集》第九卷，中国人民大学出版社1994年版，第6页。

③ 冯友兰：《新世训》，生活·读书·新知三联书店2007年版，第4页。

④ 冯友兰：《新世训》，生活·读书·新知三联书店2007年版，第4~5页。

或国家里才能实现自己作为一个人所具有的意义，即只有在国家里才能实现人的形式，都说明仅仅具有人的外在形象，还不足以说明人，说明人的本质以及人的实现。当人只有真正地生活在城邦里、国家里，归根结底生活在一定的生活世界里，人才能作为人而存在，才能获得人的价值和意义。然而，进入一定的生活世界，就意味着进入一定的伦理道德原则、观念、规范的体系之中，享有着由特定的伦理道德规范所规定的权利和义务。

伦理意识使人能够清楚自己的真正归属，使人具有群体意识、集体意识，使人有家的感觉，因为正是伦理意识使他能够清醒地从与他人相互交往和相处的生活中厘清自己与他人的彼此关系，确证自己的身份和角色，找到自己在整个群体或生活世界里的定位，进而找到自己生活和存在的意义和价值。相反，丧失伦理意识，或伦理意识不明确，其实质就是无法确认自己的群体归属，就是混淆和模糊他人与自己的关系，因而也不可能真正清楚自己生活和存在的意义和价值。换句话说，没有伦理意识的人，要么还没有成熟为人，要么从人退化为纯粹自然意义上的动物，归根结底，都是非人而已。当然，“非人”是个文化意义上的概念，并不说他不具有人的身体或形体，而是说他丧失了作为人而存在的资格和意义，在此，特指丧失了作为伦理意义上的人的存在和独立，即不再作为伦理人而存在。《大戴礼·盥盘铭》：“与其溺于人也，宁溺于渊。溺于渊犹可游也，溺于人不可救也。”所以说，伦理意识归根结底是人之为人的意识，只有高度清醒和自觉的伦理意识，才能使人更自觉地成为人，成为具体的群体和生活世界里的人。

在中国的语境中，归属意识具有更为重要的意义。因为，中国人向来是非常注重自己的群体归属问题的。当人们面临复杂的社会事务或伦理道德问题时，一方面，总是始终考虑自己是为哪个家庭、哪个集体、哪个集团、哪个政党，甚至哪个国家的利益服务的，同时也始终以此来衡量和鉴别当事的对方归根结底是否属于自己的家庭、家族、集体、集团、政党或国家的人。显然，一旦能够明确地判定对方是自己人、熟人，人们自然而然地按照自己人所确立的伦理道德规范来解决问题。与之相反，一旦发现对方归属于其他家庭、家族、集体、集团、政党或国家，就立刻视为异路陌生人甚至敌人。总之，自己人、熟人与陌生人是完全按照截然不同的伦理道德规则来对待的。

当然,在中国,“熟人”和“自己人”是两个极为相近的概念。“熟人”最大的特征在于彼此“熟悉”。一方面,“熟悉”不单纯指“熟知”,既不是单方面对某人最了解,也不是彼此间最了解,而是指双方不仅彼此间相互最了解,而且还在日常生活中经常沟通和往来,时时保持着相比于其他人而言比较多的联系。另一方面,“熟悉”还意味着人们经常发生伦理道德生活或利益上的往来,彼此间比较了解对方的爱好、性情、脾气、态度、规范、原则,甚至还存在着某种程度上的共同利益。因此,“熟人”基本上是指彼此都生活在共同的生活世界里的人,熟人间纵使没有物质利益上的关系,也存在着精神利益上的关系,每个人都在这一共同生活世界里形成了特定的个人形象,都有自己不可抹煞的“面子”,因而任何一个人在由熟人构成的共同生活世界里处理和解决任何复杂的经济、伦理道德等方面的问题时,总是首先遵从熟人生活世界里的潜规则,而不考虑或主动回避真正意义上的公共生活世界里理应遵从的社会或国家普遍遵守的伦理道德规范或法律规范。因为,只有遵从了熟人生活世界里的潜规则,既能够给足对方“面子”,也能够为自己塑造形象,长“脸面”。与“熟人”相比,“自己人”既可能非常熟悉,也可能并不熟悉。无疑,生活在私人生活世界里的“自己人”,如亲戚、朋友、邻居、师长、同学、同事、领导,等等,自己都比较熟悉。但是,一般而言,“自己人”更主要的是指在血缘、地缘或职缘上存在着密切利益或共同利益的人。也就是说,纵使对方还不曾为自己所熟悉,但是彼此间实际上存在着一定的血缘关系、地缘关系或职缘关系,尤其是我们彼此间存在着共同的利益,能够而且必须为了共同的目标而同心同德、共同奋斗。当面临事关“自己人”利益的经济、伦理道德问题时,人们往往不仅不再按照熟人生活世界里的潜规则来解决问题,即出于既给对方面子也给自己面子从而给予对方适当的优惠或照顾,而且往往不再计较利益上的得失,甚至愿意为了维护对方的利益而损失自己的利益。毫无疑问,相比“自己人”而言,“熟人”一般难以达到这种程度。因此,“熟人”与“自己人”之间还是存在着不少的差别的,“自己人”毕竟是“自己人”。

客观而言,人对自身的归属不仅基于物质利益、经济利益的考虑,而且还基于精神利益、心灵利益的考虑。从某种意义上说,精神上、心灵上的归属往往更能够体现出人在精神生活、心灵生活方面的根本性差异。董仲舒强调:“志和而音雅。”[①]精神共同体、心灵共同体或社会文化共同体是人的精神、心灵归属的对象,这种归属并不必然着眼于当下的群体,而往往具有超越时空的意义。李白曾长叹:“古来相接眼中稀!”[②]当然,无论物质生活、政治生活或精神生活、心灵生活上的归属,还存在着这样一种情形,即我们原本并不相识,但是,我们在法律关系上面临着同样的状况,因而我们实际上存在着在一定规则或制度下同样的利益,因此,我们实质上是一个按照规则或制度而结成的群体。也就是说,当面临某种法律制度或现象有损于我们中的任何一个人的利益时,尽管这个人我并不认识,甚至我一辈子也不可能与之相接触,但我们实际上存在着共同的利益,因为按照当前对待他人的做法来损害他人的利益,也可能在某个时候按照同样的模式损害我的利益。因此,我有必要维护他人的利益,维护他人的利益其实质就是维护包括他人在内的我们所有共同体成员利益的法律规范和制度。也就是说,我们完全是按照某种法律规范制度而紧密地联合起来的利益共同体。显然,这是一种狭隘的共同体,超越这种纯粹物质上、经济上的共同体而在精神上、心灵上寻找归属感,是人之所以为人,为心灵自由的人的重要标识。

二、规则意识

清醒的伦理道德意识,不仅意味着人能够意识到自己是人,而且意味着人能清楚地认识到自己所以能够成为一个人,完全在于自己遵循了自己所处的生活世界或人类群体历史地形成的伦理道德规范或游戏规则。换句话说,伦理道德意识首先意味着人能够按照伦理道德规范做人,按照社会游戏规则参与社会生活。因此,真正的伦理道德意识,不仅意味着伦理道德人能够清醒地确认自己的群体归属、世界归属,即知道自己现实地生活在什么样的生活世界里,生活在什么样的人类群体或集体之中,而且还意味着伦理道德人具有清醒的规范意识、规则意识,即自己只有严格按照自己所身处的特

① 《春秋繁露·玉杯》。
② 《金陵城西楼月下吟》。

定生活世界或群体历史地形成的伦理道德规范做人和做事，才能得到这个生活世界或群体的认同和接纳。毫无疑问，任何一个人，只有真正地承认、接受、遵循特定生活世界或人类群体已经历史地形成的伦理道德规范或游戏规则，按照人们所期望的方式说话和活动，他才可能成为这个生活世界或群体中的一员；相反，如果他不承认、接受和遵循这些伦理道德规范和规则，不按照众人共同遵循的伦理道德规范做人和做事，那么，他就势必被认为是一个异类，就会遭到拒绝和排斥，这如同不懂下棋规则的人无法让他参与下棋一样。梁漱溟在搞乡村建设时就如何成为村学的一分子这一问题，强调过团体生活必须“遵规约，守秩序”的重要性，指出：“村中共同议订的规约，必须人人照办；有一人不照办，则规约为之破坏，实为团体之贼。”[①]因此，真正说来，伦理道德意识作为人之为人的意识，首先在于他能够清醒地认识到伦理道德规范在规范和确证人之所以为人的重要意义，从而具有鲜明的、全面的、科学的规范意识、规则意识。

如果说，在社会生活和交往中觉悟到规则的存在及其日益必要焕发了人的伦理道德意识，那么，自觉地根据伦理道德博弈的需要而确立起来的规则意识，不仅是鲜明的规则意识，而且必须是科学的规则意识。真正科学的规则意识，典型的表现就是意识到必须用规则来约束自己，而不是首先来约束别人。在现实复杂的生活世界里，当人们彼此间发生无数事情之际，如果人人都能够按照规则办事，那么，任何复杂的事情、事务的解决都将非常顺利，否则终将陷于混乱、杂乱之中。在此情形下，人人都守规则显然是最理想的状态。但是，规则意识，即明确地按照公共生活世界里的公共伦理道德规范来解决和处理公共事务、公共问题的意识，理应成为每一个人的自觉意识。特别是这种意识理应成为对自己的要求。众所周知，中国传统文化中的“礼”，即伦理道德规范，起着规范人们的思想和行为，促进人们彼此间的合作与和睦，塑造和维系社会秩序的作用。然而，礼毕竟还不同于法，它更多地依赖于人们的自觉。梁漱溟说：“礼是依赖于相关之各人自动承认自己地位，并不是法。法是社会加于各人使之遵守之轨道。自动彼此合作，必须

① 梁漱溟：《村学乡学须知》，《梁漱溟全集》第五卷，山东人民出版社 2005 年版，第 452 页。

养成于亲密、习惯、日常共处之中。故礼亦相当于社会技巧 skill。积极地自动地合作,需要高度契合。契合是行前提之不谋而合。充分的会意,必由相同经验,长期共处,使各人的想法作法都能心领神会。”①相反,如果不是人们自觉地承认自己的地位,自觉地去规范和约束自己的行为,因而在与其他人共处中学会合作,就很难达到彼此间的契合,达到彼此心灵上的会意,从而在想法作法上达到心领神会。诚然,事实上并不是任何人都有较高的伦理道德觉悟,因而都有自觉的规则意识,结果是,不守规则的人或多或少地存在着,而他们不守规则势必对彼此间复杂事情的处理造成不必要的麻烦和障碍。但是,别人不守规则,并不是自己不守规则的理由,恰恰相反,正因为别人不守规则,自己要带头守规则,既要用规则约束别人,更要用规则约束自己,尤其是,通过用规则约束自己来引导、启发和激励他人守规则。实际上,纵使处于伦理道德秩序混乱的局面之中,一个具有高度道德修养的人,亦必须有自己内在的尺度来规范和约束自己,不为世俗之人所影响和左右。熊十力强调:“君子当浊世,虽随俗,亦当有一尺寸在。”②因此,在任何情况下,都不能为自己违背规则而寻找各种借口或理由,要始终坚定自己的规则意识,始终保持着自己的道德立场,维护着自己的道德人格和道德形象。

然而,科学的规则意识并不仅仅体现于首先用规则来约束自己,而是更深刻地认识和把握规则形成和发展的规律,从而自觉地参与到规则的制订和建设活动之中去。事实上,一个人的规则意识越来越科学,不仅意味着充分地认识到自己必须根据伦理道德规范来实现利益的最大化,来实现整个公共生活世界秩序的和谐稳定,而且还意味着通过反复的伦理道德博弈逐渐地觉察到伦理道德规范的产生、发展和完善的基本规律,认识到任何伦理道德规范归根结底都是在人们彼此间的伦理道德生活实践中,在彼此间的动态伦理道德博弈过程中不断地生成的。这种规则意识使人充分地认识到,任何规则、规范都只可能属于特定的生活世界,因而是相对于特定的人群而言的;人们所产生的规则意识不是抽象的,而是具体的;任何规则归根

① 梁漱溟:《思索领悟辑录》,《梁漱溟全集》第八卷,山东人民出版社 2005 年版,第 28 页。

② 熊十力:《十力语要》,《熊十力全集》第四卷,湖北教育出版社 2001 年版,第 144 页。

结底都是在特定的生活世界里，在人们的交往互动过程中历史地生成的；我们不能抽象地谈论遵循、恪守规则的问题，而必须充分地认识到人们所应当遵循、恪守的伦理道德规范、规则归根结底都是在具体的语言环境里、具体的生活世界里的规则，即由具体的生活世界历史地生成和提供的规则。尤其是，这种规则意识还使人深刻地认识到在现实的伦理道德博弈过程中，任何一个人对于社会风俗或伦理道德规范的形成都产生着或大或小的作用，即任何一个人都是伦理道德规范形成或创设的参与者、实践者，而忽视或否定普通人的参与，有意无意夸大或神化某些个人的功绩，无疑是错误的表现。众所周知，在中国传统儒家伦理学中，实际上一直贯彻着由圣人根据“天命”“天意”“天理”或人的“天性”来“推己及人”的思想传统。孔子说：“夫仁者，己欲立而立人，己欲达而达人。”[①]然而，李德顺等人指出：“生活本身在什么样的范围和条件下进行，它建立在怎样的结构关系上，它要求怎样的秩序和规则，就必然产生什么样的伦理道德。现实的、强势的道德，不是来自任何人‘推己及人’的想象，而是由人们的共同活动和相互关系本身产生的，‘内生’才是社会各个领域的现实道德产生和发展的主要方式、真实途径。”[②]因此，科学而全面的规则意识，就意味着人在现实的交往互动中，能够自觉地批判传统规则，参与到规则的创设、发展和完善之中，即成为规则创设的主体，而不是被动地接受任何其他人的推销，同时也不强迫别人接受自己的主观认识和体验。

人一旦成为自觉的规则创设主体，他就能够在持续的伦理道德博弈活动中更加理性地与参与博弈的当事人共同制订出更具科学性、合理性的伦理道德规范。事实上，既然任何规则都具有历史性，因而也往往随着时代的发展而逐渐地失去了调节规范人们的作用，与现实社会发展的客观要求不相符合，要么严重阻碍着社会发展和人际关系的和谐，危害着人们利益的最佳实现，要么逐渐为人们所抛弃，成为历史的遗迹。梁漱溟说：“老规矩有很多自很久以前传下来，现在已失去其意义，成为不必要，然后人还在那里无

---

① 《论语·雍也》。

② 李德顺、孙伟平、孙美堂：《精神家园——新文化论纲》，黑龙江教育出版社2010年版，第187—188页。

意义地奉行着。”[①]立足社会现实发展的时代要求和人们对伦理道德价值的新诉求，挑战和批判传统规则而创设新的规则，不仅成为一种必须，而且成为历史发展的必然。赵汀阳指出：“规范是人们利益权衡的策略性结果，因此人们对规范有着一种自相矛盾的潜意识，一方面希望规范能够保护自己的利益，另一方面又为自己的利益而挑战规范。不能被挑战的规范就不再是规范了，而是规律。”[②]在现实的伦理道德博弈中，任何博弈当事人基于现实利益博弈的需要，特别是持续博弈的需要，必然更激起了创设新规则的热情和念头，从而积极地参与到规则创设活动中。然而，新规则的创设，并不能仅仅局限于当下，局限于有限的博弈活动及其当事人，相反，必须时刻立足于整个生活世界，立足于共同期待的未来美好生活。因此，科学地创设规则，是人清楚地意识到自己身为某一特定的公共生活世界的一员，意识到为了实现与周围其他成员和谐、和睦相处，从而能够实现公共利益的最大化，而自觉地参与公共规则的创设和公共秩序的塑造，因而他所参与创设出来的规则只可能是理性反思的结果，是更具科学性、合理性的伦理道德规范。

作为拥有科学规则意识的规则创设者，人能够意识到自己在公共生活世界里的身份、地位和权力，因而他能够遵循必要的原则参与公共规则的创设。这一原则就是民主原则。梁漱溟强调：“民主是人类社会生活中的一种精神，或倾向，其内容要点有五，即是：一、承认旁人；二、平等；三、讲理；四、尊重多数；五、尊重个人自由。”[③]实际上，只要参与公共生活世界伦理规范、公共规则的制订，就必须清楚地认识到，所要制订的规则本身绝不能光考虑自己的利益，因而立足于自己的立场专为他人制订规则以用来约束和规范他人，相反却将自己排斥在外。因为如果那样，实际上就是独裁，就是自己在判断是非对错，所制订出来的规则，其合理性、合法性势必遭受来自各个方面的怀疑，不可能赢得其他人的认可和接受，因而就根本不可能发挥其塑造自由和谐公共生活世界的目的。赵汀阳强调：“任何一个规范，无论是具

① 梁漱溟：《朝话》，《梁漱溟全集》第二卷，山东人民出版社 2005 年版，第 106 页。

② 赵汀阳：《论可能生活》，中国人民大学出版社 2004 年版，第 32 页。

③ 梁漱溟：《民主是什么——什么是民主？》，《梁漱溟全集》第六卷，山东人民出版社 2005 年版，第 125 页。

体的还是普遍的，都同样弱于怀疑态度，这就意味着我们总能够不信任它。"①因此，为了避免遭受怀疑从而经受住任何怀疑，在规则或规范的制订或创设上就必须贯彻民主原则，而贯彻民主原则，就必须清醒地意识到他者，即其他人的存在，承认他人的自由和权利，充分地尊重其他人的意志选择。只有按照民主的原则，按照少数服从多数的原则，才可能为公共生活世界创造比较合理的、能够为众人接受的公共规则。

除了遵循民主的原则，任何拥有清醒而科学的规则意识的人也必须听取理性的声音，严格地出于理性既为了自身的生存发展，又为了其他人乃至整个生活世界里所有人的生存发展，寻求规则的特殊性与普遍性、相对性与绝对性的辩证统一。任何最初创新规则的人无不首先着眼于个人的生存和发展，因而他所创设和提供的规则体现着特殊性、相对性，这尤其表现在个人德性规则的确立上，但同时他又不得不着眼于其他人的生存和发展，因而尊重其他人的意志和愿望，使规则具有普遍性、绝对性。过分强调规则或规范的绝对性、普遍性往往是很多过于理性的哲学家的做法，但忽视和否定人们的现实意志、意愿等特殊性要求的普遍规则或规范注定不现实。众所周知，康德就特别强调规则的绝对性、普遍性。为此他得出了道德律的"绝对命令"："这样行动：你的意志的准则始终能够同时用作普遍立法的原则。"②然而，康德这种过分强调普遍性的做法却又使他的"绝对命令"停留于无法落实的教条。赵汀阳曾指出："其实根本不用详细论证就可以看出那种普遍必然的规范是不可行的，因为'人们不愿意'。注意，不是'不可能'，而是'不愿意'。康德想到了'应该的事情必须是可能的事情'，然而，并非可能的事情就是人们愿意做的，如果不愿意，那种自觉的'应该'就失去了意义。"③同样，如果一个人制订规则时仅仅关心自己利益的得失，而潜在地隐藏了私心，用规则去要求别人而将自己忽略掉或视为例外，那么，他所制订的规则显然因缺乏普遍性而缺乏科学性、合理性，注定不能得到其他人的认可和接受，其现实的贯彻本身也是不道德的。因此，任何真诚地参与公共规则制订

① 赵汀阳：《论可能生活》，中国人民大学出版社2004年版，第3页。
② [德]康德著，韩水法译：《实践理性批判》，商务印书馆1999年版，第31页。
③ 赵汀阳：《伦理规范的真相》，《论可能生活》，中国人民大学出版社2004年版，第285页。

或创设的人都必须听取理性的声音，而这一理性既非个人纯粹的理性思辨，也不是一时的小聪明，相反，它源自所有博弈当事人的心智较量。当然，随着人们的伦理道德博弈不断地超越物质生活、经济生活层面而进入到道德生活、心灵生活层面，理性越来越成熟，能够摆脱狭隘的私人物质利益、经济利益的束缚而具有更高的科学性、合理性，从而更科学地制订和创设规则。梁漱溟说："生活规制、社会秩序是否亦有单纯依靠于理性、理智以建立的？今虽未之见，却可能有之，那就是未来的共产社会。那时将是有社会而无国家，有礼俗而无法制。其所以可能，首先因为各人从身体来的利害得失降低，彼此间的矛盾冲突减少，而同时发乎人心的自觉自律又达于高度也。"[①] 可以说，这种情形下的规则意识是最科学的、最理性的、最理想的，它能够使人根据精神生活、心灵生活的需要而创造出促进和维护美好幸福生活的自律规则。

三、平等意识

当人置身于公共生活世界时，特别是在按照伦理道德规范与其他人开展伦理道德生活交往时，彼此间的平等就成为重要的话题。事实上，平等意识就是生活在同一个公共生活世界里的人们彼此承认对方拥有与自己同等资格参与公共生活的认识和态度。马克思、恩格斯强调："平等是人在实践领域中对自身的意识，也就是人意识到别人是和自己平等的人，人把别人当做和自己平等的人来对待。"[②]因此，严格地说，平等不仅使自己意识到自己是参与公共生活实践的主体，而且意识到其他人与自己拥有同等的资格，即其他人同样也是公共生活的参与主体，是公共生活的真正主人。

然而，平等意识的产生是有条件的。人并非自然而然地就产生了平等意识。正如恩格斯在《反杜林论》中所说："平等是正义的表现，是完善的政治制度或社会制度的原则，这一观念完全是历史地产生的。"[③]在自然形成的公社里，平等几乎是不存在的，在奴隶社会里奴隶要求平等被认为是发疯

① 梁漱溟：《人心与人生》，《梁漱溟全集》第三卷，山东人民出版社 2005 年版，第 686 页。
② 《马克思恩格斯全集》第二卷，人民出版社 1957 年版，第 48 页。
③ 《马克思恩格斯文集》第九卷，人民出版社 2009 年版，第 352 页。

的、犯罪的，在基督教中一切人也只是作为罪人在上帝面前取得了消极的平等；在近代，当资产阶级日益壮大时才向贵族们提出了平等要求，而无产阶级的平等要求也是伴随着阶级力量的壮大历史地提出来的。可以说，正是看到平等实现的艰难历程，恩格斯强调："平等的观念，无论以资产阶级的形式出现，还是以无产阶级的形式出现，本身都是一种历史的产物，这一观念的形成，需要一定的历史条件，而这种历史条件本身又以长期的以往的历史为前提。所以，这样的平等观念说它是什么都行，就不能说它是永恒的真理。"[①]他总结说："平等观念本身是一种历史的产物，这个观念的形成，需要全部以往的历史，因此它不是自古以来就作为真理而存在的。现在，在大多数人看来，它在原则上是不言而喻的，这不是由于它具有公理的性质，而是由于 18 世纪的思想的传播。"[②]事实上，平等观念的历史形成，不仅对于整个人类是如此，对于个人更是如此。如果一个人不是在现实公共生活实践中遇到了一定的障碍，特别是在试图实现自己的特殊性目标因而实际地造成了公共生活秩序混乱和人们之间矛盾冲突之前，他往往不会自觉地意识到其他人或其他力量的存在，不会自觉地考虑如何规范和协调这种力量，去正确地看待同样会在公共生活里发挥着力量的其他生活主体。实际上，正是意识到其他人及其力量的存在，意识到这里人、力量不容否定、不容忽视而必须妥善对待，甚至合理利用时，人们往往才会认真地去了解和认识其他人及其蕴涵的力量。可以说，正是在此过程中，一个人才能自觉地承认，不仅他自己，而且生活在公共生活世界里的任何一个人，实际上都是公共生活实践的参与者，是公共生活的主人，不仅自己有资格参与公共生活世界的创造和建构，而且其他人同样具有这样的资格，相反，任何人都没有可能独自地霸占公共生活世界。熊十力曾说："夫天下者，天下人共有之天下，非一人或少数人可得而私有也。天下人一律平等，各得自由，互相和爱，互相扶助，是为公。"[③]因此，如果出于公心，一个人就必须自觉地摆正好自己的位置，端正好自己的态度，充分地认识到与整个公共生活世界里其他生活主体之间的

① 《马克思恩格斯文集》第九卷，人民出版社 2009 年版，第 113 页。
② 《马克思恩格斯文集》第九卷，人民出版社 2009 年版，第 355 页。
③ 熊十力：《乾坤衍》，《熊十力全集》第七卷，湖北教育出版社 2001 年版，第 417 页。

关系，使自己自觉地基于平等意识在彼此自由平等的基础上互相关爱、互相扶助，促进公共事业的发展，促进公共生活世界的和谐。

然而，单方面出于公心的平等意识往往并不现实，而现实的平等意识是人们在伦理道德博弈过程中各自力量相互较量和抗衡的结果，是基于已有的社会历史发展因而在当前历史条件下伴随着各自的实力和能力的发展和增强而产生的。恩格斯说："抽象的平等理论，即使在今天以及在今后较长的时期里，也都是荒谬的。"①与"抽象的平等"相比，现实中的平等都是历史地产生着的"合理的平等"："随着合理的平等的建立，抽象平等本身也就失去任何意义了。现在之所以要求平等，那是由于预见到在当前的历史条件下随着平等要求自然而然来到的智力上和道德上的平等化。"②事实上，只有当人们存在着彼此相当因而足以相互抗衡的力量时，平等才真正地出现。这种抗衡的力量，毫无疑问首先在于经济力量、物质力量，其次在于法律制度所赋予和维护的政治权力、政治力量。当然，从伦理道德的角度而言，平等更主要地指人格上的平等。即是说，人们彼此间所确立或应当给予的平等，并不依赖于经济力量、物质力量或政治力量，而是真正奠基于人们自身所得以为人的内在根据。因而，只要是人，人们就自然而然地是平等的，平等是毋庸置疑的先天规定。但是，我们也不得不承认，人是否就理所当然地作为人而存在，并不在于他是否拥有人的自然形象，是否拥有人的自然条件，如具有一定的肉体、四肢，甚至穿戴着一定的衣帽，而在于他是否自觉地遵循了一定生活世界里普遍形成的伦理道德规范，能够按照这一生活世界里的伦理道德底线作为一个人而存在。因此，真正说来，平等只有在一定的伦理道德生活世界里才能成为现实。不难理解，纵使在某一个生活世界里可能拥有较高伦理道德声望的人，在另一个生活世界里按照新的伦理道德规范或评价标准，他可能就不是作为人而存在，因而也不必然地就与这一新生活世界里的人拥有平等的地位。因此，伦理道德意义上的人格平等与政治法律意义上的人格平等还存在着一定的差异。当然，伦理道德意义上的

① 《马克思恩格斯文集》第九卷，人民出版社 2009 年版，第 354 页。

② 《马克思恩格斯文集》第九卷，人民出版社 2009 年版，第 354 页。

平等又是根本无法摆脱社会经济基础或各种物质力量、经济力量乃至政治力量的支配和左右的，因此，这种理所当然的平等实际上往往并不平等。因此，恩格斯说："两个在道德上完全平等的人是根本没有的。"①

伦理道德意义上的平等，还表现为，任何一个人实际上都拥有成为道德高尚的人的同等可能或资格。我们知道，孔子曾强调："当仁，不让于师。"②也就是说，在担当行仁的事情上，对老师也不必谦让；而孟子亦承认"人皆可以为尧舜"③。这实质上就表明在伦理道德修养方面，正如中国传统儒家所承认的那样，人是平等的，即任何人都有可能通过自身的修养而成为道德高尚的人。事实上，充分地承认人在伦理道德上的平等性，而不是按照现实生活中的不同身份、工作岗位、社会等级或财富来对待其他人、对待自己，就是人所应当具有的平等意识。不仅在政治法律意义上实现平等，而且在伦理道德上同样实现平等，能够最深刻地证明一个公共生活世界或共同体生活世界境界的高低。众所周知，在历史上，女性以及儿童的地位往往遭到否定、忽视或轻视，尤其是，随着人类社会历史的进步，女性在政治法律意义上的平等还能够实现，但在现实社会生活中，她们的地位和权利依然存在着这样那样的问题。马克思曾无奈地说："社会的进步可以用女性（丑的也包括在内）的社会地位来精确地衡量。"④实际上，只有那些不仅实现了政治法律意义上的平等，而且实现了伦理道德意义上的平等的生活世界，才达到了最高的境界，称得上是人的生活世界。

四、权利意识

当人自觉地认识到所处公共生活世界里伦理道德规范的存在，因而追求规则下彼此平等的时候，他已经产生了初步的权利意识。然而，严格说来，权利意识是一个人按照现有的伦理道德价值原则、观念、规范而追求和实现自己的权力和利益的自觉意识，当然，全面的、合理的权利意识也必然

---

① 《马克思恩格斯文集》第九卷，人民出版社 2009 年版，第 106 页。
② 《论语·卫灵公》。
③ 《孟子·告子下》。
④ 《马克思恩格斯文集》第十卷，人民出版社 2009 年版，第 299 页。

地包含着自觉地维护和推进其他人按照同样的标准和条件去追求和实现其自身的权力和利益的意识。权利意识的出现和成熟，标志着一个人真正地进入了社会生活，真正地作为一个伦理道德生活主体，作为一个积极的伦理道德博弈当事人而存在。如果说平等意识为人之所以为伦理道德人提供了必要的思想基础，那么，权利意识则意味着人明确地作为一个积极主动的参与者渴望通过现实的伦理道德博弈而在尽可能的范围内和程度上去实现自己的真实存在，去不断地发展和壮大自己，去实现自己的完美和完善。

权利意识是道德意识充分觉醒的标志。李德顺指出："一个公民是否知道自己的道德权利所在，是否敢于和善于捍卫自己的道德权利，是否尊重并保护他人及社会的道德权利，是这个人有没有充分的道德意识、有没有高尚的道德修养和道德情操的一个重要标志。具备这样道德素养的人，无论做'好事'和行善，还是抵制'坏事'和拒恶，他都可以是为了践行自己的道德追求和人格理想，是出于行使自己道德权利、承担道德责任的坚定信念，而不是出于畏惧、屈从、迎合某些压力或规范，不是为了'做给人看'。所以他能够保持表里如一、言行一致、始终一贯。"[①]因此，自觉地意识到自己的权利的存在，因而在公共生活中，在与其他人的伦理道德博弈中，主动地主张自己按照既定的伦理道德价值原则、规范和观念应当享有的权利时，一个人就把自己的存在摆正在公众或其他当事人面前，将自己的道德理想和道德人格彰显于世界，他能够自觉地做到责、权、利的统一。客观而言，许多人虽然自觉地归属于一定的生活世界，因而现实地参与着伦理道德生活，从而遵循着伦理道德价值原则和规范，但他们并非真正地作为责、权、利相统一的伦理道德生活主体而存在，因为在这些生活中，他们对伦理道德生活的参与和对伦理道德规范的遵循，本质上都没有体现出真正能够反映和表达自己特殊存在的动机或意图，没有真正地、正式地主张过自己按照相应的伦理道德规范所应当享有的权利，特别是权力。对他们来说，更没有在全面地认识和把握现有伦理道德价值原则和规范的基础上，甚至在平等地参与伦理道德规

① 李德顺：《公民的道德权利不是软权利》，《与改革同行——中国特色社会主义的哲学理路之思》，黑龙江教育出版社 2008 年版，第 275—276 页。

范的变革和创新上，因此在新的社会游戏规则的创设上，积极地表达自己的想法，主张自己所可能享有的最大的权力和利益。因此，真正说来，他们还没有真正地作为一个积极的伦理道德生活主体而存在，特别是作为一个充分地展现自己的智慧和力量来推进伦理道德博弈的当事人而存在。但是，伴随着权利意识的萌芽和发展，一个人开始全面地审视自己，开始有意识地通过自己的努力而证明自己的存在，开始盘算自己按照现有的伦理道德规范或社会游戏规则能够在多大程度上去追求和实现自己的权利，甚至开始谋划通过积极的参与而变革和创新伦理道德规范，为自己谋求利益的最大化。毫无疑问，伴随着权利意识的觉醒、萌芽、发展和成熟，真正有意义的伦理道德博弈就正式启动了。因为，权利意识的觉醒能够使人更加明确自己在伦理道德博弈境遇中的地位、身份和资格，能够使自己科学地利用伦理道德博弈环境所提供的有利条件、资源为自己的利益服务，从而充分发挥伦理道德博弈机制的最大功效。

然而，当人自觉地在伦理道德生活中主张自己的权利时，不可否认他所主张的权利只可能是基于一定的伦理道德体系或规范而存在的伦理道德权利。也就是说，任何人一旦主张自己的伦理道德权利，都应当意识到这些权利本质上只能依存于一定的伦理道德体系或规范，离开了这一定的体系或规范，权利就不复存在。之所以这样说，关键在于伦理道德体系有很多，伦理道德规范很复杂，因而所规定或定义的伦理道德权利并不是一个有着确定或稳定内涵的东西，而且很可能存在着极大的差异，并随着社会历史的发展而不断地变化着。从历史事实来看，权利本身都是社会历史发展的产物，都脱离不开特定的历史文化背景，都为一定的伦理道德观念体系或规范所规定或定义。马克思曾指出："权利决不能超出社会的经济结构以及由经济结构制约的社会的文化发展。"①因此，权利意识总是基于对一定社会历史条件下的特定伦理道德体系的认识和理解的，是对其中所规定或定义的伦理道德权利的理解和把握。在这一特定的伦理道德体系内部，各种具体的伦理道德规范以核心价值原则为中心形成了一个逻辑自洽的关系。然而，在

① 《马克思恩格斯文集》第三卷，人民出版社2009年版，第435页。

社会转型期，整个社会上充满着各种思潮，伦理道德观念在发生着或潜在或明显的变化，出现了不同类型的伦理道德体系，因而也派生出各种不同的伦理道德权利观念，导致不同伦理道德权利的冲突和矛盾。结果是，一方面，虽然总体而言权利不会超出社会的经济结构以及由经济结构所制约的社会的文化发展、特定的伦理道德观念体系，在每一个特定的伦理道德体系内部都能够实现自身的逻辑自洽；另一方面，由各种不同的伦理道德体系所规定的伦理道德权利呈现出了较量的态势，从而使人们的权利意识出现新的特点和趋势。毫无疑问，任何人都会立足于自己的立场来实现和维护自己的伦理道德权利，以确保自身利益的最大化。但可以预期的是，伴随着人类文明的进步，伦理道德体系的形成和发展将越来越具有科学性、合理性，归根结底将越来越符合现代文明的发展趋势，与之相一致，其中所包含的伦理道德权利也必将越来越具有科学性、合理性、正当性。兰广田指出："权利是现代社会重要的个体价值诉求，现代文明的进程在一定的意义上也是人的权利意识逐步觉醒、权利理论逐步建构和权利要求逐步明晰的过程。"①归根结底，伴随着现代文明的进步，日益成熟完善的伦理道德体系必然自觉地去回应个人的价值诉求或权利诉求，去培育人们的权利意识的萌芽，使之不断地成熟和完善，从而更科学地实现人们的伦理道德权利。

当然，全面而科学的权利意识，不仅内在地意识到自己是独立的伦理道德生活主体，是参与伦理道德博弈的当事人，理所当然地享有一定的伦理道德权利，而且必然地意识到其他人同样享有按照这一伦理道德体系而不是其他伦理道德体系规定的伦理道德权利。并且，首先自觉地考虑到其他人的权利，自觉地先去实现和维护其他人的权利，权利意识才真正地科学而全面。可以说，这是一个人作为伦理道德生活主体，进而拥有高度的伦理道德意识，特别是崇高美德的表现。

五、义务意识

毋庸讳言，尽管权利和义务几乎不能分离，甚至完全可以说是一对彼此

① 兰广田：《权利的边界》，《哲学动态》2014 年第 5 期。

对待的概念,由伦理道德观念和规范所规定的各种权利和义务共同构成了一个完整的伦理道德体系,但人们参与伦理道德生活时,在进行伦理道德博弈时,却往往率先立足于狭隘的自我立场而萌发了权利意识,而不是先考虑到自己应当承担什么样的义务。因此,权利意识的萌发并不必然地伴随着或牵带着义务意识。相比于权利意识更主动强调自己所应当追求、实现和维护的权利而言,义务意识则显得消极被动,人们往往不情愿担当和履行因享有一定的伦理道德权利而相应地规定的义务。客观而言,尽管权利与义务并不必然地具有彼此对待的关系,但绝大多数情况下,权利的享有往往是以首先担当和履行相应的义务作为前提的,即义务是权利得以生成的逻辑前提。为了维护一个伦理道德体系的有效性或正常运转,从而实际地推进伦理道德博弈的持续进行,担当和履行义务恰恰要先于享有权利。因此,对于一个真正成熟的伦理道德生活主体而言,义务意识的成熟更为重要,而且对他来说,自觉地、积极主动地履行义务,是他更有资格和理由享有权利的条件,因而在持续的伦理道德博弈过程中,他能够更充分地赢得对方的认可和接受,他是一个值得信赖的伦理道德交往对象。当然,更自觉的义务意识是人立足于整个生活世界来认识和看待自己所应当承担和履行的义务,从而在没有具体的伦理道德博弈对象存在时,为整个社会,为任何一个其他人履行义务。

客观而言,尽管在一般情况下,权利与义务是对待出现的,但两者也并不必然地如此,的确存在着先享有权利后履行义务,甚至享有权利而不履行义务的情况,这就导致了人们往往率先萌发了权利意识而不是义务意识。在既定的伦理道德文化体系中,义务总是为了实现和维护某些特定的伦理道德价值原则和观念的伦理道德规范规定出来的,因而是向处于一定的伦理道德关系之中的人要求的,即只有当人清楚地意识到自己所处的伦理道德地位和所拥有的伦理道德身份,才能产生相应的义务意识。因此,义务意识是清楚地意识到、觉悟到伦理道德体系所规定或蕴涵的义务时才能明确地产生。换句话说,义务意识总是对义务的意识,没有意识到义务,也无从产生清楚的义务意识。但是,尽管一个人并没有清楚地意识到、觉悟到伦理道德体系所规定或蕴涵的准确义务,因而还不可能产生明确的义务意识,但并不表明他有可能不无一丝的义务意识。实际上，作为一个自觉的人，当"义务"这一概念或观念为他所接触和了解，他就会产生初步的、模糊的、朦胧的义务意识，即他只有一个大致的应该担当义务的意识。这种意义上的义务意识并不能直接地、有效地指导他的行动，然而如果他一旦有了义务意识的萌芽，他完全可以深入地审视自己每天进行的伦理道德生活，反思自己在整个社会伦理道德关系网中所处的伦理道德地位和拥有的伦理道德身份，从而进一步准确地认识和理解自己在伦理道德生活中所应当担当和履行的伦理道德义务。因此，对于一个人来说，在年幼时或刚进入某一伦理道德生活体系或生活领域时，虽然他还没有明确的义务意识，但只要他有了义务意识的萌芽，只要他能够自觉地参与伦理道德生活，积极地去认识自己所应当担当和履行的义务，他会使自己最初萌发的模糊的、朦胧的义务意识，逐渐地通过认识自己所处的伦理道德地位和所拥有的伦理道德身份赋予的义务，发展和强化为明确的义务意识。毫无疑问，明确的义务意识的产生和确立，是一个人真正地融入特定的伦理道德生活并最终得到其他人乃至整个伦理道德生活世界所有人承认和接受的前提，也是一个人伦理道德观念和意识成熟的标志。

明确的义务意识使人能够始终清醒地认识和理解自己在整个伦理道德生活中，在与其他人的关系中所处的地位和所拥有的身份，认识到自己对某些特定的人或对象要履行自己的义务。但是，明确的义务意识却不一定深刻，深刻的义务意识则意味着人实际上不仅认识到自己需要向某些特定的人或对象履行自己的义务，而且还应当深刻地认识到这一义务本质上是向整个生活世界所有人履行的义务。客观而言，人所自愿或不得不归属的生活世界，既包含以私人情义为纽带的私人、熟人生活世界，更包含以公共社会规范，即伦理道德规范、法律规范为纽带的陌生人组成的公共生活世界。因此，真正说来，人不仅要在私人生活世界里为自己的父母、亲戚、邻里、朋友、同学、熟人等，自觉地担当必要的伦理道德义务，而且更需要对与自己在日常生活中没有直接社会关系和交往的陌生人担当按照伦理道德规范和法律规范而必须担当的义务。也就是说，看似这种义务的履行在现实生活中只面对某些具体的个人，比如对父母的孝敬和赡养，对子女的教育和抚养，等等,因而只能落实到具体的个人身上,但是,担当和履行这种义务,却并不仅仅给特定的人或对象看,让他们接受和满意,而且还意味着必须使其他人,使整个生活世界里的所有人接受和满意。因为,这种义务本质上是为整个生活世界里所有人所认可和接受的,因而担当和履行这种义务就是向所有人履行承诺,只有得到所有人的认可、接受和满意,而不是仅仅得到特定的人或对象的认可、接受和满意,一个人对义务的履行才能是完满的。甚至,纵使在这个生活世界里,因为种种因素所有的成年人,即所有的拥有完整的伦理道德观念的人,都统统死去,而自己的身边只有年幼无知的孩子,自己也要认真地、一丝不苟地担当和履行相应的伦理道德义务。当然,更为极端地说,纵使在这个世界上只剩下自己,没有任何人能够监督和评价自己,也要认真地、一丝不苟地履行自己的义务。可以说,这种意义上的义务意识不仅是明确的,而且是深刻的,它使一个人在任何时候都没有自甘堕落,都始终捍卫着自己作为一个伦理道德人的身份和尊严,始终在心目中树立起来的伦理道德文化体系中衡量着自己的存在和价值,实现着自己的生命和意义。这种明确的义务意识也是正常的义务意识。相比而言,那种仅仅看到其他人应当承担义务而恰恰忽视了自己所承担的义务的人所拥有的显然不是正常的义务意识。正常的义务意识是全面的义务意识,它意味着人不仅能够认识其他人需要根据伦理道德原则和规范承担义务,而且更能认识到自己同样需要承担相应的义务。

当然,更为深刻的义务意识表现为这种义务本质上是人自己为自己规定和赋予的,对它的担当和履行完全出于对自身的提升、实现或自我完善,它是对自己的道德人格和内在的心灵自我负责。因此,这种意义上的义务意识已经超越了单纯按照现有的伦理道德价值原则、观念和规范来认识和评判自己的水平,而且在一个更高的层次上重新为自己规定身份、地位和义务。

六、责任意识

如果说一个人认识到履行伦理道德义务才能赢得伦理道德博弈当事的对方乃至整个生活世界所有其他人的认可和接受,从而更好地享有伦理道德权利,那么,他可能还没有想到,一旦他实际地去行动,去做事时,他很可能因为各种因素的影响和破坏而没有如愿地、完好地履行义务,结果反倒造成了对对方乃至对整个生活世界的伤害,如造成其他人在财产、荣誉、身体上的伤害,甚至完全出乎意料地导致对方死亡。除极端情况已经构成违法犯罪因而必须通过法律途径解决之外,针对上述还依然属于伦理道德范围内的情况,当事人究竟怎样考虑,是客观地分析事情的前因后果,自觉地承担因个人的失误和过错而造成的后果?还是一味地将原因都归诸自己不可抗拒的外在力量,从而推卸自己的责任?责任与义务是两个极为相近的概念,日常话语中往往没有严格区分,但是责任本身还有自己的特殊规定性。一般而言,义务强调的是按照伦理道德规范而必须履行的职责,必须完成的事情或工作,即分内所要求做的事情;而责任则强调的是伦理道德主体必须为自己的伦理道德行为承担相应的结果。因此,伦理道德义务侧重于行为发生之前,而伦理道德责任侧重于行为发生之后。客观而言,相比于义务意识而言,一个人自觉的责任意识的觉醒、萌芽和发展,标志着他通过现实的伦理道德生活实践而逐渐地成长起来,成熟起来,使他真正地成为一个敢于担当、勇于担当的人,即成为一个负责任的人。龚长宇强调:“责任是连接权利与义务的桥梁,它源于人类本身所具有的道德能力。”①因此,能够自觉为自己的任何行为担当起相应的伦理道德责任,即具有了强烈的担当意识,具有了现实的道德能力,这是一个人成熟的标志,也是他能够赢得社会上其他成员的认同,从而能够继续生存、生活于这一特定的生活世界的客观前提。

责任意识是历史地萌发在义务意识之后的意识,它是人在长期伦理道德生活实践过程中主体意识逐渐成熟的表现,是个人道德修养真正提升的结果。客观而言,进入伦理道德生活领域的每一个人,一旦他有了一定的自觉意识,首先考虑的往往是自己所应当享有的伦理道德权利,而为了更好地享有这些权利,他才逐渐地意识到自己必须履行一定的伦理道德义务。因为只有如此他才可能赢得伦理道德博弈当事的对方的认可和接受,乃至因为履行义务比较积极和踏实,进而能够赢得整个生活世界里所有人的认可

① 龚长宇:《陌生人社会的伦理风险及其化解机制》,《哲学动态》2014 年第 7 期。

和接受，归根结底作为一个诚信的人而拥有了自己的信誉，建立起了自己与其他人、与生活世界里的所有人的信用关系。然而，这种自觉的义务意识，在最低级的层面上仅仅是伦理义务，而不是道德义务。也就是说，尽管他产生了为了更好地享有权利而必须履行一定义务，一定要为对方或其他人做一些事情和工作的义务意识，但他这样去做的时候，并不是真正积极主动的，相反，是不得已的，因为他清醒地认识到如果他不这样去做就不可能赢得认可和接受，从而就根本不可能实际地享有相应的权利。因此，他之所以履行自己的义务，完全是出于纯粹的功利目的，履行义务对他来说就是达到功利目的的手段而已。甚至当他更积极地去担当和履行义务时，他依然是为了更好地享有权利，享有更大的权利，因而归根结底是为了达到自己更深远的功利目的。毫无疑问，在这种层次上，他所拥有的义务意识以及履行义务的实际行动，仅仅具有伦理意义而缺乏真正的道德价值和意义，谈不上什么高尚。然而如果一个人超越了功利目的，自觉地去做道德规范所规定的事情，而不再刻意赢得对方的认可和接受，不再刻意在整个生活世界里赢得良好的信誉，从而去建立自己与其他人的信用关系，那么，他就真正地成长为一个道德人，而不再是一个伦理人。一个道德人就是一个真正地拥有道德德性的人，即具有高度的道德境界的人。只有当人成长为道德人，一个人才能全面地反思自己的伦理道德行为，从而认真地分析伦理道德生活中权利、义务以及责任之间的关系，进而超越狭隘的权利意识、义务意识而萌发出责任意识。责任意识之所以超越了义务意识，在于对责任的担当不再直接以享有一定的伦理道德权利为目的，而在于尊重伦理道德博弈中的每一方，乃至整个伦理道德生活世界里的每一个人，当然也包括自己。如果说履行责任，本身亦包含着重新获得信誉的意义，但它实际上已经超越了这种狭隘意义。客观地说，履行责任鲜明地彰显为对每一位当事人道德人格的尊重，对整个生活世界里伦理道德原则、规范和观念的尊重。事实上，当一个人能够着眼于伦理道德博弈所有当事人的道德人格来思考问题，甚至进而着眼于对整个生活世界伦理道德原则、规范和观念的捍卫来思考问题，来思考自己的所作所为，他就已经全面地将自己置身于道德境界来对待自己，而他对对方、对所有其他人的道德人格的尊重，内在地蕴涵着对自己的道德人格的尊重。客观而言，尽管人自觉地担当责任，履行责任，确实依然实现着对方或其他人对自己的诚信的认可，因而能够起到维系自己与其他人的信用关系，进而以此享有伦理道德权利乃至实际的物质利益、经济利益的作用，但他自觉地担当责任，积极地履行责任，已经远远地超越了纯粹功利的目的，超越了功利的境界。如果说在自己做事之前，即可能造成负面效果或坏结果的行为实施之前，他就已经自觉地产生了强烈的责任意识，而一旦出现了负面效果或坏结果，就勇敢地担当起自己的职责，那么，他就是一个具有良好的道德修养的人，是一个德性纯熟的人。

毫无疑问，作为一个具有良好道德修养因而德性纯熟的人，一个人就能够成为一个独立的伦理道德生活主体，成为一个敢于担当的人。詹姆斯·雷切尔斯和斯图尔特·雷切尔斯描绘了一个有责任感的道德行为人的形象："有责任感的道德行为人是这样的人：他公平地关心他的行为影响所及的每一个人的利益；他详察事实并考察其含义；他只在深入思考并确认其有效性之后，才接受行为准则；他愿意'聆听理性的声音'，即使这意味着需要修正先前确信的东西；最后，他愿意按照这样深思熟虑的结果行动。"①也就是说，他知道自己不能再依赖任何人，他必须作为一个独立的伦理道德生活主体而存在，要凭借自己的理性来思考和决策，而基于他长期的伦理道德生活实践，特别是随着个人修养和境界的不断提升而推进的伦理道德博弈的深入发展，他已经能够清楚地意识到自己的行为或言行举止在整个伦理博弈过程中所可能产生的各种后果或效果，即能够清醒地意识到会对对方或他人实际地造成什么伤害或带来什么好处。针对这种情形，梁漱溟强调："我下判断，我要负责，应当多加考虑，不要考虑的不够，考虑的太少。"②总之，无论是什么样的结果，他都能够为自己的伦理道德行为自觉地担当责任。因此，只有敢于担当、勇于担当的人，才可能真正地为自己的伦理道德行为负责，才能真正地为对方或自己所身处的整个生活世界里的全体成员

① ［美］詹姆斯·雷切尔斯、斯图尔特·雷切尔斯著，杨宗元译：《道德的理由》，中国人民大学出版社2014年版，第13页。

② 梁漱溟：《批林批孔中学习小组上的一次发言》，《梁漱溟全集》第七卷，山东人民出版社2005年版，第242页。

所认可和接受。也就是说，只有敢于担当、勇于担当的人，才能真正地作为一个独立的人生活、生存于自己身处的生活世界，才不为这一生活世界所拒斥、否定和抛弃。这正如维特根斯坦等人所说的："每一个人都要为自己负责——否则就不再成其为人。"[①]事实上，敢于担当、勇于担当不仅是一个人使自己为身处其中的生活世界所认同和接受的必然要求，而且他之所以能够敢于担当、勇于担当，恰恰也就反映了他本身对这一生活世界的强烈的归属感。甚至可以说，正是因为他具有强烈的归属感，他才不会轻易地逃避自己的伦理道德责任，才鼓足勇气为自己所做出的任何伦理行为担当相应的伦理结果。责任意识的觉醒以及责任意识的增强，实际上就是人在自觉地成为具有责任心的伦理道德生活主体，而一个人究竟能在何种程度上或境界上成为一个道德高尚的人，就在于实际上他拥有多开阔的襟怀，担当着多大程度上的责任。在现实的伦理道德生活实践中，伴随着自己的视野开阔和伦理道德修养的提升，一个人的伦理道德生活世界势必得到不断的拓展，范围越来越大，境界越来越高，以至于完全将自己置入一个无比广阔的生活世界里。按照中国传统儒家的说法，最高境界的襟怀和境界就是天下。众所周知，孟子曾经说："如欲平治天下，当今之世，舍我其谁也？"[②]这句话看似狂妄，但这种立足于天下视野而担当天下重任的责任意识却是思想境界和道德修养至高无上的表现。中国历史上，在不少人看来比较自负的王通亦曾说过："天下之危，与天下安之；天下之失，与天下正之。"[③]尽管这话与孟子所言同样看似自负，但表达了与孟子类似的情怀。与此相近，范仲淹在著名的《岳阳楼记》里亦曾说过"先天下之忧而忧，后天下之乐而乐"的名言，表达了天下情怀，只不过他没有明确地强化个人"舍我其谁"的自负罢了。但这实际上也是着眼于天下太平而规定或界说自己的责任。但是，无论如何，能够自觉地拥有这种天下视域，无不彻底地彰显了一个对一己私利或狭隘生活世界的超越，没有高度的道德修养或思想境界，是很难想象的。

因此，尽管责任意识历史地萌发于义务意识之后，但它明显地比义务意

① ［美］鲍斯玛著，刘云卿译：《维特根斯坦谈话录》，漓江出版社2012年版，第37页。

② 《孟子·公孙丑下》。

③ 《中说·周公篇》。

识体现出更多的道德价值和意义，它确实真切地反映了一个人的道德修养的水平和整个道德境界的高低。拥有责任意识的人，纵使他也会从担当和履行责任的角度去审视伦理道德博弈的对方，但由于他更多地是在强化自己的责任，因而他已经成长为一个真正意义上的伦理道德生活主体，成为一个独立意义上的人。如果说一个具有使命感的人能够通过各种方式激发起自己的热情和斗志去为了某个伟大的目标而努力奋斗，那么，在做任何事之前，特别在伦理道德博弈中做出任何一个选择和决定之前，都时刻保持着清醒的责任意识，那么，他就会通过自己不断锤炼的德性而一丝不苟地做好具体的、细微的工作，注重与人交往的每一个细节，以尽可能地避免任何不必要的不良后果。在此意义上可以说，细节不仅决定成败，而且细节彰显责任意识，彰显德性修养。

七、德性意识

当人认识和履行义务时，可能还没有考虑到自己的道德修养水平高低的问题，还没有注意自己的德性，而随着责任意识的觉醒，特别是认真、严肃地担当责任、履行责任时，则会深深地意识到一系列问题，即自己的德性修养能否保障自己完好地、如愿地履行责任而不再像履行义务时那样导致不好的结果？能否通过自己对责任的履行而重新赢得伦理道德博弈的对方乃至整个生活世界所有其他人的认可和接受？特别是，最终能否彻底地原谅自己，达到自己心灵的安顿、宁静、自由与和谐？可以说，随着伦理道德博弈的推进，当事人会逐渐地发现，彼此间无论是对伦理道德规范的遵守还是伦理道德义务和责任的履行，没有一定的德性或修养作为前提和基础，根本就得不到很好的保障。因此，当事人不仅开始按照传统的伦理道德价值原则、观念和规范来思考对方是否具备或缺少了相应的德性修养，而且还更主要地反思自己是否同样具备了相应的德性修养，进而会考虑相对道德生活中的道德博弈来说，是否为了发现和创设出新的道德价值原则，培育出更崇高的美德而锤炼出了更精纯的德性修养，以在自我修养和自我境界提升的意义上不断地升华自己，使自己彻底在心灵上实现与对方、其他人乃至整个生活世界所有人之间的自由和谐，达到自己心灵上的安顿、宁静、自由与和谐。

这种回归自身因而专注于自己德性的意识就是德性意识，而德性意识本质上就是向善致善的意识，它的发展意味着人从伦理人超拔出来成为道德人。

德性意识并非道德意识，更非广义的道德观念，而是以伦理道德生活主体的德性作为自己的意识对象。广义的道德观念指人们在伦理道德生活中所表现出来的对善恶、是非、对错的认识。然而，无论形成和表现出来什么样的观念，即无论具体是善还是恶，是是还是非，是对还是错，因为必然地涉及伦理道德生活，严格地说都属于伦理道德方面的观念，因而都是道德观念，只不过是善的道德观念或恶的道德观念，是好的道德观念或坏的道德观念，是对的道德观念或错的道德观念。因为，只要现实地发生或表现在伦理道德生活中，不能否认它们的确就是一种伦理道德观念。狭义的道德观念，与道德意识极为相近，仅仅指善的、好的、对的观念，而不包含恶的、坏的、错的观念。纵使如此，道德观念、道德意识，也并非德性意识，因为德性意识从根本上来说，不是泛指的道德观念，而是把伦理道德生活主体自身的德性作为意识对象，考量德性在伦理道德生活中，特别是在更为积极主动的道德生活中对承担义务，履行责任，追求更高道德境界所发挥的支撑和促进作用。客观而言，德性意识的产生和发展经历着三个阶段。事实上，人们在最初的伦理道德生活中往往经过一段时间之后逐渐地积淀起一定的德性，感觉到德性的存在，但并没有特别在意于德性，因此在此阶段只有初步的萌芽而已。而随着伦理道德生活实践的推进，人们日益发现对规范、义务和责任的践履必须得有一定的德性作为前提和保障，这个时候德性意识就逐渐地发展起来。然而，随着自身道德修养的提升，人们对道德境界的追求越来越高，因而发现需要更精纯的德性来确保和维护自己的道德境界，从而使德性意识呈现出强烈而鲜明的色彩，自觉地加强德性成为人们赋予自己的迫切任务和使命。当然，德性意识还不可避免地蕴涵着对伦理道德博弈对方的德性的认识、要求和评判，在此过程中，也能够反映德性意识发展的阶段和水平，因为相当多的人往往将注意力集中在对方是否具有一定的德性上，去责难对方缺德，而忽视自己一旦遇到同样的伦理道德博弈情形时是否具有相应的乃至更高的德性修养的问题。因此，从这一角度来考虑，也能够揭示德性意识的发展和完善问题。毫无疑问，不仅意识到德性本身的重要性，意识到对方德性状况如何，而且更多地考虑自己的德性是否真正能够保障自己的伦理道德行为充分地符合伦理道德规范，以有力地担当起伦理道德义务，切实地履行伦理道德责任，这标志着德性意识的发展和完善。

确切说来，真正的德性意识注定是反思的意识，是一个人作为伦理道德生活主体自觉地以社会普遍公认的道德规范或崇高美德要求自身德性水平和道德境界提升的意识，因而是内在地祈求和最终蕴涵着美德或德性的意识。因此，这种希望通过不断加强和提升自己的德性修养或德性水平而更好地、更科学地促进与其他人之间的人际交往的意识，本质上取决于行为主体在深刻认识、准确把握和真心接受伦理道德规范的基础上，对自身德性是否与之匹配的深刻反省。现实复杂的伦理道德博弈始终都在进行着，如果行为主体业已认同了特定生活世界或群体普遍确立起来的伦理道德规则，即公共游戏规则，认识到所有的人本质上都是平等的，只有遵守规则才能赢得自己所期望的利益，那么，自己是否具有相应的德性，因而能否按照公共游戏规则而让自己的伦理道德行为达到其他人或共同体所期望的伦理道德结果或效果，就是一个不仅为自己所忧虑的事情，而且也是其他人所普遍关注的事情。自觉的德性意识往往通过不断的伦理道德实践演化为“良心”。“良心”指仁义之心，归根结底就是对仁义等伦理道德规范或德性要求反省而形成的自觉意识。如果说人具有一定认识论意义上的认识能力或认识意识，但是这种具有普遍意义的认识能力或认识意识，并不必然地就体现在对人们社会生活中，特别是在复杂的人际交往过程中逐渐发展和确立起来的伦理道德规范的认识和感悟上。伦理道德规范，特别是具有一定抽象意义的内在品质或德性，如善良、仁爱、勇敢、厚道，等等，如果不是通过长期的伦理道德实践，通过与其他人长期的交往互动，是很难彻底地领悟和把握的。王夫之曾强调：“必须说个仁义之心，方是良心。盖但言心，则不过此灵明物事，必其仁义而后为良也。”[①]因此，德性意识不仅表现为自觉地去认识德性和提升德性，而且内在地就蕴涵着善良意志，追求着善良意志。如果说德性意识最初仅仅意味着行为主体自觉地将自己的德性视为不断加强和提升的

① ［清］王夫之：《读四书大全说》卷十。

对象，那么，德性意识的深化就表现为不断按照外在的伦理道德规范或社会普遍认同和推崇的德性或美德来要求和提升自己。可以说，只有当德性意识不仅自觉地追求美德或德性，而且内在地蕴涵了德性或美德，它才在真正意义上成为良心。因此，真正成熟而纯正意义上的德性意识就是良心，它不再是仅仅关注德性的意识，而是充盈着德性的意识。

人只有具有德性意识，才能经过岁月的潜移默化而最终将德性积淀到个人身上。众所周知，孔子曾经说过："仁远乎哉？我欲仁，斯仁至矣。"[①]好像在孔子那儿"仁"这种德性是想来就来的，不需要经历什么伦理道德实践，但严格说来，孔子在此所说的"仁"更根本上是一种德性意识，即对"仁"的意识，而不是直接的"仁"。孟子则说："我知言，我善养吾浩然之气。"[②]在这里，孟子还专门强调对"浩然之气"的培养、培育，即"浩然之气"是一个需要长期的努力修为才能拥有的。然而，孟子还特别强调"浩然之气"要着意培养，要"无害"于它，要"配义与道"，要长期积累，不能做任何有愧于心的事，否则就疲软了。为此，孟子借"揠苗助长"讽喻那些违背德性培养规律的人。因此，德性意识还必须经过长期有意的培养和呵护才能真正地拥有。更为根本的是，任何道德意识最初都是有所指向的，因而是以外在的他人作为自己道德行为的具体对象的，但德性意识却始终将提升德性作为自己道德修养的直接目的，而不再以外在伦理道德博弈的直接他人为对象，因而能够通过长期的伦理道德实践将意识转化为德性。方向红曾分析了德性形成的实质，指出："对象不复存在了，可它以某种方式仍留在行为中，例如，我们可以通过记忆再现它，或者通过实践再造它。行为消逝了，它也以某种方式留在其效用里，例如，留在关于存在、勇气、公平和正义、善和美等信念之中，并最终凝结为习性、人格、气质、禀赋和倾向。"[③]他强调："我们似乎看到，这些与行为相关但本身不是行为的东西在自我中沉淀'堆积'起来，形成了有'广度'、'深度'和'厚度'并延展着的存在。"[④]这一描述深刻地揭示了德性意识

① 《论语·述而》。
② 《孟子·公孙丑上》。
③ 方向红：《自我有广延吗？》《哲学分析》2014 年第 5 期。
④ 方向红：《自我有广延吗？》《哲学分析》2014 年第 5 期。

转化成德性的过程。因此，德性意识的最终成就是德性的生成、积淀和丰厚。

尤其是，通过长期的伦理道德实践，德性意识逐渐积淀为德性，而日益丰厚、充盈的德性最终必然又潜移默化地彰显于人的伦理道德行为，铸造为蕴涵着德性的自觉德行。《周易》云："默而成之，不言而信，存乎德行。"①实际上，真正达到最高境界的人，其崇高美德往往已经超越了明确的意识，更不要说外在的言语表达，而是直接表现于自己的德行之中。因而，美德，不仅意味着人具备很高的伦理道德素养，具有很高的伦理道德智慧，而且能够将这种智慧无声无息地表现于自己的伦理道德实践之中，表现于自己的德行之中。德行实际上就是以内在的德性意识为基础和支撑，而在现实的伦理道德生活中不断地规范和驯化出来的符合伦理道德规范的行为。也就是说，真正意义上的德行绝不是单纯指那些符合外在伦理道德规范的行为，而更主要地还在于它们本质上以内在的德性意识为基础，潜在地受德性意识的支配，并且在实际的伦理道德生活中经历了磨练，因而内在地蕴涵了德性。换句话说，德行有三个方面的规定性：一是受内在德性意识的支配；二是内在地蕴涵了一定的德性；三是外在地符合伦理道德规范。总之，只有这样来看待德行，德行才是全面的、深刻的。正如上述，从根本上说，德行的养成归根结底必须肇始于德性意识的觉醒。因此，人是否具有较高的德性或修养，并不取决于他个人的表白或宣言，相反，能够通过他在各个伦理道德活动中的举手投足而得到检验。特别是，他的不经意的一个微小动作或眼神就能够折射出来他的德性水平的高低。众所周知，孟子曾说："人之所以异于禽兽者几希，庶民去之，君子存之。舜明于庶物，察于人伦，由仁义行，非行仁义也。"②孟子在此强调的"君子"，就是具有德性意识的人，他能够自觉地了解万物的本性，明察人伦，顺着仁义的本性要求行动，而不是完全为了遵从外在的仁义标准行动。也就是说，真正拥有自觉的德性意识因而具有充盈的德性的人，其遵循伦理道德规范的行为本质上是其内在德性潜移

① 《周易·系辞上》。

② 《孟子·离娄下》。

默化地彰显出来的表现，而不是为了践行伦理道德规范或标准而故意作出的表演。毫无疑问，纵使这种外在的、能够迷惑人的表演能够一时蒙蔽人的眼睛，使人做出错误的判断，甚至他自己也能够做到自欺，以为真正地具有了为人所赞美的德性，但是毕竟这种做作没有真正的、纯粹的道德意义。因此，不断地提升德性意识，不断地在伦理道德实践中锤炼、积淀德性，从而在以后更为复杂而丰富的伦理道德生活中逐渐地做出更具道德意义的行为，则是人成为真正意义上的道德人的必由之路。

当然，最具德性的人，并不期望能够借用自己的德性必然地实现自己的幸福。众所周知，德福是否统一的问题是伦理学研究中的重大问题，因为它涉及善的投入是否得到回报的公正问题。德福统一是至善的标志。康德坚信有德并不一定在现世能够享受到与德相匹配的福，但他认为至善必定是可能的，因而我们应当设法促进至善，为之设定一个"全部自然的而又与自然有别"的原因，即"幸福与德性精确地契合一致的根据"，而这个"自然的无上原因，只要它必须为了至善而被设定，就是这样一个存在者，它通过知性和意志成为自然的原因(从而是自然的创作者)，亦即上帝"①。总之，康德是通过悬设全知、全能、全在、全善的上帝来评判人们在善上的付出，最终确保德福统一。然而，现实生活中，恰如吕坤所说："善者不必福，恶者不必祸。君子稔知之也，宁祸而不肯为恶；忠直者穷，谀佞者通。君子稔知之也，宁穷而不肯为佞。非但知理有当然，亦其心有所不容已耳。"②这就是说，行善者终生未必享受到任何幸福，而作恶者也未必遭受祸害；正直的人可能贫困潦倒，而奸佞小人惯于阿谀奉承却能够畅通无阻；尽管君子明确地知道这些情况，但是他们依然不去仿效作恶者、奸佞小人的做法，而终生甘愿清贫，其所以如此，就在于真正的君子或道德高尚的人，实际上总以自己内在的德性为生存的根基，是自己的内在品质决定着自己不能去做这样的事。中国古人以圣人为最高的道德理想人格，但圣人气象是不容易呈现出来的，如果一个人内心始终惦念着自己的德行是否必然地使自己幸福，那么，他永远也不可

① [德]康德，韩水法译：《实践理性批判》，商务印书馆1999年版，第137页。

② [明]吕坤：《呻吟语·修身篇》。

能达到圣人的境界。因此,德性意识是一种无限的意识,它始终考验着人究竟是否是一位道德人,也始终引领着人不断地趋向更高的道德境界。

八、自由意识

如果说当人不再将自己的行为是否直接地符合伦理道德规范这种外在的现象视为自己意识把握的对象,而是将支配自己行为的内在德性视为对象,因而产生了德性意识,那么,他的意识毕竟还是以外在于意识的东西为自己的对象,还没有完全地以自己为自己的对象,归根结底,还没有以自由为对象。也就是说,纵使德性相对于人的行为而言已经是一种内在的东西,但德性相对于把握它的意识来说,毕竟还是外在的。事实上,只有当意识不再以任何外在的东西(不仅包括着相对于德性而言的行为,而且还包括着意识之外的德性)为对象,因而直接地以自己为对象从而反思自己之所以为自己的根据和自己肯定自己、自己确证自己、自己决定自己的实质时,就形成了自由意识。自由意识既是意识完全自我决定或由自己来决定从而不再受任何外来力量(包括受外在事物影响因而由外部世界渗透入意识内部的各种私心杂念)的影响状态和性质,又是完全由意识自我肯定、自我确证、自我选择、自我决定、自我担当的意识,归根结底直接呈现于道德的目的王国的意识,而在具体的、现实的伦理道德博弈境遇中则表现为自由意志。如果说意识自由所描述的是意识的最理想的存在状态和性质,即伦理道德主体在伦理道德理想世界里的自在存在状态,那么,自由意识所彰显的是人在现实的伦理道德实践中的最根本的主体性。毫无疑问,两者本质上是一致的。尽管人的意识自由是一个很难达到和实现的存在论状态或境界,这种对人的意识的预设,即在任何时候都能够实际地针对当下的事情做出选择和决策的意志是自由的,使人至少在精神生活上彻底地超越动物而真正地作为一个人而存在,使人真正自觉地成为有意谋划自己的人生道路、生命或道德境界的人。在此意义上,他对伦理道德权利、义务、责任的认识已经超越了单纯以自身权利、义务与责任相统一的社会角色和其他人为参照的维度,不再与其他人乃至整个生活世界里所有人进行伦理道德博弈,也不再以自己在现实生活中的有限角色为博弈对象,而将目的王国里的自己作为博弈对象,即直接地以自己理想中的道德人格、道德形象和道德境界为参照,不断地向上向善超越,以至通过每日改进的伦理道德实践而趋向于至善。

客观而言,人的伦理道德意识的发展必然有一个从关注外在的事物或事情逐渐地回归于内在的自身的过程。最初,人首先看到这个世界上存在着各种各样的人,他不仅萌发了在物质生活中必须归属于某一特定人群或生活世界里的想法,而且也会逐渐地萌发在精神生活上寻找归属的念头。随后,规则问题、平等问题、权利问题、义务问题、责任问题逐渐地进入他思考的范围,成为他的意识对象,他不得不考虑这些在现实的伦理道德博弈过程中所遇到的真实问题,从而产生了规则意识、平等意识、权利意识、义务意识、责任意识,而这些意识逐次产生的过程本身已经呈现出明显的发展趋势,即由具体而趋向抽象,由形而下而趋向形而上,由外在而转向内在。这一趋势的最终结果就是人的意识不再以任何形式上的外在的东西乃至非常抽象的、相对于行为而言的内在的德性为自己的对象,而是彻底地回归自身,即以纯粹的意识作为自己的对象。意识以自身为对象所形成的意识为自我意识,因为它不再受制于其他对象而成为自由意识,即形成对自由的意识,从而享有真正意义上的意识自由。自由意识归根结底是指伦理道德生活主体的意识不再为任何外在的事物、规则、利益等外在因素制约、羁绊、牵扯、支配和左右,因而无拘无束地直接以自身为对象的意识。一方面,人一旦享有意识自由,或者说人处于真正的自由意识之中,不仅意味着自己在意志上是彻底地自由的,即能够完全根据自己的意志来行为,而不再根据外在的社会标准、规则、规范、制度来评判和约束自己,而且也不再以任何意义上的利益为追求的目标,例如,甚至不再以精神上的利益作为追求的目的。另一方面,一旦人真正地享有了意识自由,说明人不再是一般现实生活意义上的道德主体或者任何社会角色意义上的道德主体,而是直接地生活在伦理道德世界里的主体,是目的王国里的主体,即一个绝对的自由自在者,他绝对地拥有自由,也绝对地自在地存在着,他与自身同一,是一个最完整的存在,他自我肯定,自我确证,也自我决定,自我满足,而在现实的伦理道德生活中,他已经与周围世界里的万事万物,与任何一个其他人都处在了一种自由和谐的状态。也就是说,他实际上不仅面对着与他直接地在人际意义上的伦理道德交往关系中的他人，而且事实上处于与周围其他事物的相互交往关系之中；他不仅以一定的伦理道德角色来面对真正存在着的人，而且还以一种更高的伦理道德角色来面对生活世界里的一切事物、客体，从而自由地规范和协调他与生活世界里的一切人、事物的关系，以达到最高的、最佳的和谐状态。归根结底，在这种完全自由的状态里，人的心灵是完全地开放的，心胸是完全地敞开的，在思维中不存在丝毫的瑕疵，在意识的流动里不存在任何的凝滞。如果意识中闪现丝毫的杂念，胸中有丝毫的芥蒂，心灵中沾泥带水，便觉得不爽快，不自在，不自由。显然，意识完全回归自我的自由状态，具有最纯粹的意义，属于纯粹内在的、存在论意义的自由。换句话说，这种意义上的自由状态就是人的最高存在状态。

客观而言，任何一个人渴望拥有的自由意识或者渴望达到的意识自由状态，基本上是一种理想化的状态，然而也正是这种理想化的自由状态激励着人们在现实的生活中去实现切实的自由。众所周知，孔子曾说："吾十有五而志于学，三十而立，四十而不惑，五十而知天命，六十而耳顺，七十而从心所欲，不逾矩。"[①]可以说，孔子整个的生命过程就是一个追求自由而不断地实现自由的过程，七十岁时能够达到"从心所欲，不逾矩"的境界是一个很了不起的事情。当然，孔子所达到的"从心所欲，不逾矩"的境界毕竟还是有待进一步超越的境界，因为他的意识还完全停留在他当时所生活的社会历史背景条件下的社会制度或伦理道德规范的范围内，特别是还保持在他所推崇的周礼的范围内。因此，尽管一个人在现实中的确达到了一定意义上的自由，但这种自由只是局限于现有的社会制度或伦理道德规范之内的自由，因而还不是真正意义上的意识的完全自由。尽管意识的完全自由只是一种理想的状态，但它却始终能够成为人们追求的目标，成为衡量人们现实自由的标尺，引领着人们不断地在现实伦理道德实践中实现突破和超越，以切实的自由为坚实的基础，最终趋向于这一生命的最高境界。

在此，需要指出的是，如果一个人能够将自己的自由作为自己意识认知和把握的对象，从而形成自由意识，进而达到意识自由，并在现实的伦理道

---

① 《论语·为政》。

德博弈中去实现自由，那么，他亦能将其他人的精神自由、意识自由乃至不断实现着的自由作为自己意识把握的对象，从而考虑着应当给予相应的认可和尊重。严格地说，在这种意义上，他的意识去认识、把握、认可和尊重其他人的自由，仿佛超越了自身涉及其他的对象，不再是纯粹意义上的自我意识、自由意识，但实质上这是意识在自身的层面或范围内的另一种形式的自我认识、自我把握，同样属于自由意识。事实上，只有当人不仅使自己通过自由意识而不断地实现意识自由、现实自由，而且相应地认可和尊重其他人的意识自由，推进其他人在现实生活中不断实现自由时，他才能真正地与其他人在彼此意识自由的交往互动下形成良好的自由和谐的关系，形成彼此间的心灵自由和谐。

九、超越意识

自由意识的产生意味着人对自己的最高、最佳存在状态或生存状态的渴望和祈求，然而拥有自由意识并不必然地在现实中享有自由，所向往的最理想的自出状态，即人与生活世界里一切事物、人完全自由和谐的状态，只可能始终作为标尺不断地衡量和引导着人们在现实生活中逐步地实现自由。如果说自由意识本身已经超越利益观念的制约达到了精神或意识上的自由，那么，如何在现实生活中彻底地摆脱物质利益的束缚则依然是一个非常现实的问题。从本质上说，人是一种具有超越性的存在，由于他拥有了自由意识，他就有了动物所不具有的超越意识或解脱意识。在伦理道德生活中，超越意识实际上已经恰恰是伴随着伦理道德意识境界的提高而不断提升的意识。也就是说，只要伦理道德生活主体自觉地追求更高级的道德境界，那么，超越意识就始终存在，并且随着伦理道德实践的不断发展和丰富，随着伦理道德生活主体的德性的锤炼与积淀，这种超越意识就会越来越鲜明，越来越能够引导着人不断提升自己的思想道德水平，提高自己的道德觉悟和境界。真正说来，超越或解脱不是某个特定人生阶段的事情，而是伴随着整个人生的任务，甚至没有真正意义上的终点，而从自由意识必然派生出来的超越意识、解脱意识，愈是在现实生活中遭遇困难和障碍，愈能激励着人不断地实现超越。

精神的自由不等同于行为的自由,理想中的自由不等同于现实中的自由,自由在现实生活中的实现是一个非常感性的、艰难的过程,它意味着作为伦理道德生活参与者真正地由纯粹观念的、主观的存在变成一个现实的、主体性的存在,变成一个伦理道德生活的主体,变成自己生活的主人。众所周知,恩格斯在肯定了黑格尔第一个正确地论述了自由与必然之间关系后主要在人与自然规律的相互关系上阐述过自由的实质,指出:"自由不在于幻想中摆脱自然规律而独立,而在于认识这些规律,从而能够有计划地使自然规律为一定的目的服务。"①但恩格斯也没有否定自由在伦理道德生活中的作用和意义,指出:"这无论对外部自然的规律,或对支配人本身的肉体存在和精神存在的规律来说,都是一样的。这两类规律,我们最多只能在观念中而不能在现实中把它们互相分开。"②然而,究竟什么是支配人的肉体存在和精神存在的规律,恩格斯在此并没有给出明确的说明。严格地说,支配人的肉体存在的规律与支配人的精神存在的规律显然并不一样,肉体存在的规律基本上依然同动物的肉体存在的规律一样,都属于有机体规律,而精神存在的规律却是人类所特有的规律。如此一来,在人看来,实际上存在着至少三类意义上的规律,即内在于纯粹自然事物(包括动物)身上的纯粹自然规律、人的肉体存在的规律和人的精神存在的规律,而不像恩格斯所说的那样只有两类规律。在伦理道德生活中,先暂时撇开外在的自然规律和人的肉体存在的规律(严格地说,它依然是人自身的自然规律),人实际上所需要认识、控制和驾驭的主要是人的精神存在的规律。当然,由于人的肉体存在实际上直接地呈现在现实社会生活之中,呈现在伦理道德博弈当事人面前,承载着伦理道德生活主体,它的存在和发展都是在现实生活中,在与其他人的交往互动中实现的,因而本身也不可避免地必须作为一个伦理道德事务给予特别的关照和处理,因此,对人的精神存在的规律的认识还涉及到人的现实肉体生活、物质生活,而且在一定意义上它甚至是作为人的整个生命存在的基础而发挥着最深远的支配作用。确切说来,在现实生活中,各种各样

① 《马克思恩格斯选集》第四卷,人民出版社 2012 年版,第 491 页。

② 《马克思恩格斯选集》第三卷,人民出版社 2012 年版,第 491—492 页。

的因素复杂地交织在一起，使人处于各种力量的牵制之中，根本不可能充分地享有任何意义上的自由。特别是，基于肉体存在或肉体生存对食物的需要，基于生理需要对性的欲望，基于物质生活对物质财富的追求，基于社会生活对功名利禄的追逐，基于情感生活对爱情、亲情、友情、人情的依恋，基于伦理道德生活对社会舆论、道德评价的在意，基于个人私利对得失的忧虑，基于工作、职业和事业对各种事务的烦心，如此等等，严重地束缚和抵制着逐渐形成的自由意识，使意识不能自由，更不可能达到理想化的自由状态。唐君毅晚年提出“心通九境说”，认为正是超越意识能够突破各种束缚和障碍而最终达到最终境界。郭齐勇在述评“心通九境说”时指出：“达到最终境界的方式是‘超越’。‘超越’是本体即主体的特质，是主体超越了思维矛盾律的相对相反，超越了主体所表现的活动之用以及一切境物的有限性，达到自我与天道的冥会。当然，在这里，‘超越’主要是指的内在超越，指的心灵的无限性。”①显然，要想实现真正意义上的意识自由，特别是现实行动中的自由，达到与其他人乃至整个生活世界里的万事万物自由和谐相处的目的，实现对人的肉体存在和精神存在的双重规律的驾驭和控制，就需要有超越意识，从而在现实生活中不断地超越与突破。

因而，对于一个自觉追求更高级道德境界的人来说，事实上，在满足了基本的物质生活需要，满足了正常的生理需要，在过上正常的社会生活和家庭生活之后，的确需要不断地超越各种因素的羁绊和束缚，从而在现实生活中不断地获得自由。大致说来，超越意识最起码体现为以下几个方面：

1. 对动物层次的肉欲、情欲的超越。毫无疑问，在最低的层面上，人作为纯粹的肉体主体，不过是一个动物而已，因此自然而然会产生动物层次上基于生存、繁衍需要的饮食冲动和性冲动，然而这种动物的生理本能能够为人自觉地意识到，从而形成了动物层次上的肉欲、情欲。显然，立意成为人的人，决不能停留在动物的层面上，无论在食物的获得上还是在性的满足上，始终应当保持一个自觉意识，清楚地认识到自己是人，而不是动物，始终要做真正人应当做的事，而不为自己的动物欲望所束缚。特别是，基于生理

① 郭齐勇：《当代新儒家对儒学宗教性问题的反思》，《中国哲学史》1999 年第 1 期。

需要的性欲、情欲，是动物肉欲的典型表现，一个人如果陷入不能自拔的性欲、情欲之中，完全无视现实社会伦理道德规范和法律规范对人的身份、地位、权力等因素的规定而一味胡来，那么，他只能作为动物而存在。

2. 对物质财富的超越。超越了纯粹动物的层面，人开始作为社会人而存在，然而在社会上为满足吃喝住穿等物质生活需要，逐渐地使满足吃喝住穿等的物质生活条件演化成了物质财富，进而成为人的社会地位和身份的象征。如果说努力创造物质生活条件，过上与整个社会发展水平相一致的物质生活，是一种正常的观念，那么，过分地占有物质财富的意识，已经超出了正常的意义。事实上，任何人都需要正确地认识物质财富对于人的生存和发展的意义和价值，摆正物质财富在人的生活中的地位，因而认识到如何更充分地发挥物质财富的价值，真正做到物尽其用。贪图物质财富，追求过分奢侈的、铺张浪费的物质生活，实际上并不能使人更科学、更合理地利用物质财富，而是造成物质财富的极大浪费。如果说政治生活中贪污受贿者本身在获取物质财富的方式上是违法的，因而造成物质财富的极大浪费，那么，那些通过自己的诚实劳动而创造了物质财富的人，他的浪费行为则说明他没有真正地理解财富的意义，没有超越贪图物质财富的欲念。

3. 对功名利禄的超越。如果说物质生活还主要属于个人，它的获得主要靠自己，其水平能够彰显和标志着自己的社会地位和身份，那么，功名利禄则是人自觉努力追求所得到的社会回报。客观而言，功名是社会或国家给予那些做出重大社会贡献的人的赞誉，而利禄是社会或国家给予那些履行社会公职，为社会公共事务服务的人的薪酬、补偿、补助，归根结底，功名利禄是社会或国家对那些实际地做出社会贡献的人的回报。对于功名利禄本应该有一份正常心，但如果太在意功名利禄，实际上就是将自己与国家、社会之间的关系看成纯粹的交换关系，而过分看重自己与国家、社会之间的交换，就是在算计这种交换的得失。人只有超越从自己与国家、社会相交换的功利视野，才能不过分把功名利禄，特别是世俗浮名，看得过真、过重，才能实现精神上的超脱。

4. 对社会人情关系网的超越。如果说人超越功名利禄已经很难，那么，人还面临着基于血缘、爱情、亲情、友情等情感的人情、关系网的束缚。尽管每个人都实际地生活在社会关系网中，面临着各种各样的亲人、朋友、熟人，但是任何一个人在做事的时候，特别是作为公务人员而做事的时候，他就必须立足于公共事务本身来看待问题，以客观公正的原则解决无论是涉及自己身边哪一个人的事情，因此他必须具有超越人情、关系网的意识。一旦超越了人情、关系网，人就能够始终出于公心以客观公正的原则来认识和解决问题，因而不受人情、关系网的束缚，而如果说他还没有摆脱人情、关系网，只能说明他依然停留于自然状态、动物层面，尽管这是一种高级一点的动物层面。

5. 对社会舆论、社会评价、社会风气、社会导向、社会时尚的超越。超越人情和关系网是一件极为艰难的事情，然而它相比于超越社会舆论、社会评价、社会风气、社会导向、社会时尚毕竟还是其次的。不言而喻，社会舆论、社会评价、社会风气、社会导向、社会时尚塑造了整个社会氛围或社会环境，仿佛就是一个社会必然性，影响和左右着每一个人的生活，然而却很可能存在着较大的偏颇和误导。一个人只有科学地、冷静地分析和看待一切社会舆论、社会评价、社会风气、社会导向、社会时尚，才能始终清醒地认识自己的身份、地位、权力、职责和使命，从而独立于它们，达到精神上、意志上、行动上的自由，既不在意于社会或他人对自己的赞誉或损毁，也不为整个社会上就当前社会发展潮流、趋势和公共事务的舆论所影响、左右、束缚和制约，认定自己所要做的事，集中心思做自己应该做的事。当然，追求高尚道德境界的人，其所做的事是有益于社会、国家、民族或人类的事情，而不像那些违法犯罪分子或道德品质恶劣的人去做伤天害理的事情。

6. 对内心杂念的超越。客观而言，人超越社会舆论、社会评价、社会风气、社会导向、社会时尚这种看似社会必然性的力量确实是极为艰难的事情，然而人在认定自己的目标做事的时候，还可能面临内心各种杂念的影响，不能使自己沉浸于事情之中或全身心地扑在所要做的事上。人如果能超越内心杂念，就能够始终保持着对当下应当去做的事情的思考，做到直面事情本身，能够围绕着如何解决问题而思考，心神始终专一，而不为任何外在的各种因素、环境所牵挂、羁绊。毫无疑问，除了当下要做的事情，任何与其无关的事情、事物或因素，都不应当在此时出现于观念之中，而一旦出现于观念之中，不仅意味着人不能专心致志地做好当下的事情，而且还意味着人有所贪求，没有超脱功利层面而让自己做的事情具有道德上的意义和价值。有事做事，事去心空，是超越各种内心杂念的至高境界。

7. 对当下事务的超越。当人超越内心杂念而直面当下要做的事情本身时，实际上也不能为它所束缚和制约，相反，也必须予以超越。也就是说，人要始终跳出当下事务，不为复杂的事务所蒙蔽，不为当前事务中出现的复杂因素所束缚，而从自身的整个历史使命中，从整个事业和人生发展中来认识和权衡当下事务的意义，即要做到身在事中而心超事外，始终以战略家的胸怀和视野对待任何事情。如果说，心不在焉不能解决好当下的问题、做好当下的事情，因而需要超越任何外在的复杂因素的影响将精力和心思集中到此事上，那么，如果人的精力和注意力过分集中，仅关注于当下事务，不能超越当下事务，为当下事务所蒙蔽、所束缚，内心不能保持平静，人实际上仍旧没有得到真正的解脱，没有达到心灵的超越，其势必为世俗凡情所累、所烦、所困惑。

8. 对已达道德境界的超越。客观而言，通过长期的实践和努力，人必然能够取得伦理道德生活上的成就，达到一定的道德境界。但是，道德境界的提升本身是无限的，在任何世俗生活中所达到的道德境界总是相对而言的，因而都是有限的，人只有不断地超越自己现有的道德境界，才能不断地趋向于、升华于无限境界。人们内心所祈求的至善境界具有无限性、至高性，它永远昭示着人们，而且它本身也不是凝固不变的，而是随着社会发展不断地变动着，趋向于新的极限，因而对任何人来说，总存在着继续实现道德境界超越的任务。确立超越已经达到的道德境界的自觉意识，就能使自己始终保持着不断向上向善的进取意识，不轻易地满足自己已经取得的道德成就和已经达到的道德境界，而追求更高、更广阔的精神境界，使自己趋向于完善和完美。中国古人常讲的成仙成佛并非最高境界，而真正的最高境界在于得道。方东美在阐释老子“既公且大”的“道”时说：“大道是代表真正高超的自由精神。”[①]因此，按照中国传统哲学的说法，不断实现超越才能突破世

① 方东美：《原始儒家道家哲学》，中华书局2012年版，第209页。

俗名利之心乃至成仙成佛之心而最终达到“得道”的境界，即达到自由的境界。

综上所述，只有不断地实现对动物层次的肉欲、情欲的超越，对物质财富的超越，对功名利禄的超越，对社会人情关系网的超越，对社会舆论、社会评价的超越，对个人内心杂念的超越，对事务的超越，对已达道德境界的超越，一个人才能逐步地、切实地在现实生活中达到精神上、意志上和行动上的自由。超越意识源于自由意识，彰显的是解脱的精神。方东美指出：“所谓解脱的精神，是把人间世一切善恶的观念观察了之后，再超脱解放，层层地向上而追求美之外更美的，善之外又更善的，真之外又更真的。”[1]实际上，超越意识是永远没有止境的，人一旦拥有了这种意识，在现实生活中时刻都会感到自己做得还不够，远远不够彻底、不够纯粹，还达不到心灵上最空灵的境界，还没有使心灵直面事情本身，直面当下的伦理道德生活，直面需要交往的他人，归根结底还没有达到至真、至善、至美。毫无疑问，从有限向无限的超越，永没有终止的地方，它实际上伴随人的终生。然而，正如上述，现实中的每一步都是极为艰难的事情，但也正是因为需要克服这么多的艰难，一个人才真正地成之为人，因为这就是人之所以成为人的道路，即成人之路。

事实上，超越意识所蕴涵的内在逻辑恰恰就是自我不断的否定与肯定，是自我不断突破有限的、狭隘的小我而进入无限的、博大的大我的人生历程，而正是这种自觉的超越，人最终突破死亡界限，从纯粹的肉体存在者升华为社会存在者、精神存在者、心灵存在者，以自己的人格魅力和生命价值为基石，创造了一个具有特殊意义且永不消失的精神生活世界、心灵世界，赢得了超越时空界限因而对整个人类社会历史和文明发展具有永恒价值的道德人格上臻于卓越和完美的人。

十、天地意识

根源于自由意识的超越意识使人不断地超越现实生活中的各种束缚、

---

① 方东美：《原始儒家道家哲学》，中华书局2012年版，第192页。

困难和障碍，超越有限的、狭隘的自我或小我而进入到无限的、博大的大我，不断地拥有真正意义上的现实自由，是一个极为艰难曲折的人生历程，是终生的事业。然而，一旦人拥有超越意识，彻底地敞开自己的心灵，归根结底使自己的心灵获得彻底的自由，那么，他势必使心灵突破现实生活中的任何有限事物而趋于无限事物，最终形成对整个天地或宇宙的意识，而此时他已经融入整个天地或宇宙之中。如果说中国传统文化中的"天地"概念还具有一定的直观形象性，是人立足于脚下的大地而对整个世界的把握，那么"宇宙"概念则更超出了直观，近代以来还具有了更多的自然科学色彩，然而两者在伦理道德话语中差别并不是非常明显，本质上是一致的，指的都是人所生存于其中的无限整体世界。如果说不完全意义上的天地意识或宇宙意识还只是人对天地或宇宙的意识，因而只是把天地或宇宙作为意识对象，而不包含人，那么，完全意义上的天地意识或宇宙意识则是人的意识的最高境界、终极境界，是那些真正超越了伦理层面从而进入到了道德层面的道德人，自觉地将自身融入天地或整个宇宙后出现的意识，即道德人不仅不再将天地或宇宙视为自己意识的对象，从而外在地理解和把握天地或宇宙，而且真正地将自身的生命融入天地、宇宙之中，对这种与天地同在，与宇宙一体的混融状态进行生命的感悟和体验。尽管在不同的语境中，可能存在着不同意义上的天地意识或宇宙意识，但道德人在天地意识或宇宙意识之中，实际上就意味着与绝对同在，与至高无上的无限同在。

毋庸置疑，并不是任何人一生下来就拥有了天地意识，因而并不会从宇宙整体来审视自己的现实生存、生活和人生。对于任何人来说，他都是自然界长期演化的产物，是整个宇宙中微乎其微的存在，然而人生天地间却使他获得了不同于宇宙万物或天地万物的意义。众所周知，无论是东方文化还是西方文化，都高度颂扬人在宇宙中诞生的伟大意义，充分肯定了人在宇宙或天地间所拥有的特殊地位。在中国传统文化中，不少哲学家对人在宇宙中的地位给予了充分肯定，而周敦颐是其中最著名的代表之一。他说："五行之生也，各一其性。无极之真，二五之精，妙合而凝。乾道成男，坤道成女。二气交感，化生万物。万物生生而变化无穷焉。唯人也得其秀而最灵。”①然而，尽管相对于其他生命而言，人“得其秀而最灵”，进而“形生”而“神发”，但并不意味着每一个人实际上都拥有了自觉意识，特别是拥有了自由意识、超越意识，从而着眼于天地或宇宙而形成整体意识、天地意识、宇宙意识。客观而言，任何人最初睁眼看到的就是极为有限的事物，纵使他开始着眼于更为广阔的空间，例如，看到天地映照下广阔的田野、草原，他往往也不会直接地形成天地意识，更不要说更为抽象的宇宙意识。从对无数有限事物的直观把握，到对无数事物的抽象理解和把握，从对自己每天所面对的伦理道德生活的感性认识，到对每一件伦理道德行为的价值和意义的思考，从对个别成长阶段生活意义的反思，到对整个人生意义或生命价值的拷问，人不断地使自己超越了有限的存在而进入了无限的存在，使自己最终立足于整个天地或宇宙来审视自己。因此，只有在这个时候，人才真正地拥有了天地意识、宇宙意识，才真正地拥有了宇宙人生。所谓宇宙人生，就是从宇宙整体来审视、理解和把握的人生，是从宇宙角度考察人生意义的人生，归根结底，是在宇宙整体里认识和衡量人生意义和生命价值的人生，是将自己的有限生命与无限存在融为一体的人生，是追求人生意义和生命价值永恒和不朽的人生。显然，这种意义上的人生，是人的意识高度觉醒、彻底觉醒的表现，是人长期的生命实践，特别是伦理道德博弈实践的结果，是人真正地超越动物，进而超越伦理人而成为纯粹的道德人的结果。

因此，天地意识或宇宙意识之所以成为道德意识，在于它首先将天地或宇宙视为我们的伦理道德博弈的对象，换句话说，我们需要规范和协调的已经不再是单纯从现实世界里的人类伦理道德角度来看待的人际关系，而是人与天地、与万物、与宇宙之间的关系。作为天地或宇宙的产物，因而作为万物中的一种，我们人类永远属于天地和宇宙，因而无法彻底地离开天地或宇宙而生存，这决定了我们必须始终依赖于天地，遵循天地自然或宇宙存在、演化的规律。然而，人超越自身的狭隘性、有限性，与绝对同在，与至高无上的无限同在，并不是消极地同在。也就是说，人不是单纯取消自己的特

① 《太极图说》。

殊存在、个性而无条件地皈依绝对,无条件地服从至高无上的无限,相反,无论是在最低层面的私人生活世界里,还是与天地万物融为一体,因而与宇宙融为一体,人始终都需要发挥自己的主体性,在认识和驾驭世界存在和发展的客观规律基础上改造世界。因此,人并不是消极地适应自然,消极地将自身融入天地或宇宙之中,而是始终都在发挥着自己认识和改造世界的主观能动性,都在改变着天地或宇宙。李泽厚说:“如同基督徒对上帝的感恩一样,中国人对天地一直都有感恩怀德的情感,只是这天地并不是脱离自然的人格神,而就是宇宙自然本身。在这里,人不是如《圣经》说的要管控自然,而是要与自然协同共在。这个‘协同共在’远不只是物质性的,而且更是道德和超道德的情感和信仰,人是在物质和精神两方面去‘参天地,赞化育’,亦即参与天地的工作和培育自己。”[①]当然,更根本上说,天地意识或宇宙意识,并不是像西方基督教那里的宗教意识,而是一种道德意识,而且确切地说,是参与自然、天地或宇宙生成、化育和改造的意识,是从至高的层面全面地审视天地间万事万物的伦理道德角色,从而在发展的层面上规范和协调彼此和谐关系的意识。方东美说:“我们可以确切地肯定:我们所了解的宇宙,是可能的宇宙中最好的一个,我们所体会的生命,是一直上进向善的生命,没有任何宗教思想,可以使我们看低宇宙的价值——即使是其现实部分亦然,也没有任何科学推论,可以使我们否定人生的意义,我们自觉已经充分把握住宇宙人生之美与伟大,所以在宇宙中,我们脚跟站立得非常稳定,而我们人生哲学的基础,也确立得非常坚实。”[②]如此生活在宇宙之中因而与天地同在的人,中国古人称之为“天人”。针对“何谓天人”,庄子说:“眇乎小哉!所以属于人也。謷乎大哉,独成其天!”[③]也就是说,从形上来讲,是人,而以道言之,则谓天。冯友兰指出:“这样的思所构成的精神境界,《新原人》称为‘天地境界’。所以称为天地境界,因为这种境界所牵涉到的是人与宇宙(特别是自然)的关系。一个完整的哲学体系,必须能够说明个人及其周围各方面的关系,如何处理好这些关系。如果都处理好了,那就是他的‘安

① 李泽厚:《伦理学纲要续篇》,读书·生活·新知三联书店2017年版,第351—352页。
② 方东美:《中国人生哲学》,中华书局2012年版,第171页。
③ 《庄子·德充符》。

身立命之地'。《新原人》认为,天地境界是人的最高的'安身立命之地'。"①因此,天地境界或宇宙境界理应是人在物质和精神上,在思想和实践上,全面地与周围天地万物处理好关系,因而达到既参与宇宙生成、化育、改造,又实现彼此和谐的状态。

当人拥有天地意识、宇宙意识从而在物质和精神上、在思想和实践上去创造天地境界、宇宙境界,因而不再以现实伦理道德生活中任何个人、群体、阶级乃至整个社会作为自己的博弈对象,而是以整个天地、宇宙作为自己的博弈对象时,他就拥有了一个至高的视野,一个至宽广的胸怀。以此胸怀和视野,他就能够超然地审视天下之物、天下之事、天下之人。既然人能够将整个天地万物或宇宙视为一个整体,因而将自己融入天地万物、宇宙之中,那么,他会感悟到天地人物本身只是一个身体,所有其他人本身都是自己的存在,人与人之间不再有任何的分别,心灵能够自由驰骋,世界之间不再有任何界限。吕坤指出:"大其心,容天下之物;虚其心,受天下之善;平其心,论天下之事;潜其心,观天下之理;定其心,应天下之变。"②心能容天下之物,受天下之善,论天下之事,观天下之理,应天下之变,承天下之务,这就使人彻底地将自己从物质与精神、思想与实践上高度统一了起来。然而,既然把天地、宇宙视为自己博弈的对象,并进而想赞天地之化育、生成与改造,就需要首先既客观地看待天地万物,又客观地对待自己,诚心诚意摆正自己与天地之间的关系,既不欺天,也不自欺。这决定了我们首先必须达到的层面就是自觉地认识天,客观地对待天,按照中国传统的话,就是要做到事天而不是欺天。客观地认识天,就是认识天地万物或宇宙生成化育的客观规律;不欺心不欺天自觉地事天,就是在天地万物或宇宙面前不要有任何违背客观规律的想法,自觉地遵循客观规律,从而在此基础上参与天地或宇宙的生成、化育和改造。而在现实的社会生活中,尤其在现实的伦理道德生活中,同样自觉地认识和把握社会必然性或伦理道德生活规律,既做到自诚自信,又做到互诚互信,从而不断地参与伦理道德生活秩序的塑造,参与新的伦理

---

① 冯友兰:《三松堂自序》,《三松堂全集》第一卷,河南人民出版社 2001 年版,第 225—226 页。
② [明]吕坤:《呻吟语·修身篇》。

道德生活世界的建设，归根结底，参与道德意义上的天地或世界的生成、化育与改造，这是人能够达到的至高境界。如果说个人在认识、把握、遵循天地万物或宇宙的客观规律，从而参与天地、宇宙生成、化育、改造上毕竟存在着限度，那么，不断地在伦理道德生活实践中，通过逐层递进的博弈而升华出天地意识、宇宙意识，从而自觉地参与伦理道德生活秩序塑造，参与伦理道德生活世界建设，不断地改进伦理道德生活现状，却总是可能的。

仍然需要指出的是，天地意识既是最平凡的意识，也是最崇高的意识。事实上，人最后所能够达到的超越境界就是回归天地之间，从整个宇宙来审视自己的存在、价值和意义，因而超越狭隘世俗的利益纠葛而获得一种最平凡的心态，将自己看成天地之间万物中的一种存在，看成在整个宇宙中繁衍生息的一种生命。当然，通过不断的超越而进入此境界之中的人，与原本没有任何的认识和觉悟，从而没有自觉地改变自己的生存状况，没有自觉地提升自己的生活质量，没有改变现有的社会环境，归根结底没有使自己在更自由的层面上不断创造和提升自己的人，存在着质的区别。众所周知，在冯友兰看来，那种没有任何认识和觉悟的人依然生存于自然境界，归根结底还没有彻底地超脱无意识的动物境界。因此，人既需要客观地以平常的、平凡的心看待自己，又需要积极地认识、把握和驾驭天地万物和宇宙的客观规律，更需要积极地认识、把握和驾驭社会历史发展规律、伦理道德生活规律，特别是博弈规律，真正地参与现实伦理道德生活秩序的塑造，参与伦理道德生活世界的建设。客观地说，任何一个拥有天地意识、宇宙意识的人，看似是中国传统伦理道德生活中的圣人，但实际上依然是一个最平凡的人，是一个活生生的现实的人，他不是那种只在道德上拥有意义的圣人，而是在现实的改造客观世界的实践活动中，在伦理道德生活中，不断地创造着不朽业绩的人。因此，拥有天地意识、宇宙意识的人是一个伟大而平凡的人。

第五章　伦理道德博弈中的价值原则与实践原则

如果深入地剖析伦理道德博弈活动，揭示每个博弈当事人在具体的博弈境遇之下针对对方所做出的伦理道德选择或策略而做出自己的应对策略的根本原因，就会发现每个博弈当事人无不公开地或隐蔽地坚持或奉行着某种或某些伦理道德价值原则。也就是说，无论哪一种情况下，人们的伦理道德博弈行为、选择和策略背后都有某种或某些伦理道德价值原则在起着支配作用。博弈伦理学所揭示的支配人们伦理道德博弈实践的伦理道德价值原则和所探索的指导伦理道德博弈的实践原则，尽管并不是对所有人都具有现实意义，但它们对于一个自觉的、理性的、明智的伦理道德生活主体或博弈当事人而言却具有非常重要的意义。与极少数人在伦理道德生活中根本无视任何价值立场，甚至选择极具破坏性的邪恶立场而根本不是在有意识地参与伦理道德博弈不同，对于一个自觉的、理性的、明智的伦理道德生活主体来说，只有他自觉地坚持和遵循了这些原则，他才能不为当下的伦理道德现象所迷惑，才能彻底地超越伦理道德选择的盲目性，不为对方的各种策略所影响和左右，有效地解决当下所面对的伦理道德矛盾和问题，规范和协调与其他人之间的伦理道德关系，塑造出自由和谐的伦理道德生活秩序，从而充分地享有伦理道德生活中的自由，成为一个自由自律的人，一个心灵自由的人。

第一节　支配伦理道德博弈的价值原则

赵汀阳强调："人们对伦理学的期望是思想性的，是对行为的哲学反思，而不是关于行为规范的反复解释。”[①]博弈伦理学试图深入到规范的背后考察支配伦理道德博弈和行为的价值原则，而任何价值原则所追求的价值构成了伦理道德生活主体的道德理想和道德形象的核心要素。从表象看，伦理道德博弈过程中人们的伦理道德行为或对伦理道德规范的选择仿佛是随机的，是为了在当下的博弈活动中凭借所机智选择的伦理道德规范赢得压倒对方的优势，然而如果深入当事人的内心，即深刻剖析当事人的伦理道德动机，就能够看到任何人实际上都遵循着一定的价值原则。价值原则所蕴涵的价值及以此价值为核心要素的道德理想和道德形象是伦理道德规范诉求的对象，因而是伦理道德规范得以奠基的基础，归根结底，任何伦理道德规范都是一定的价值原则的体现，其最终的目的就是实现体现着一定价值的道德理想和道德人格。杨国荣指出：“唯有当普遍的原则、规范不仅为个体所自觉地认识和理解，而且为其所肯定、接受、认同，这种原则才可能现实地影响个体的行动。相对于理解和认识，对一般原则的肯定、接受与认同，同时渗入了一种态度、立场，其中包含情感层面的接纳、意志层面的抉择。”[②]因此，正是这些价值原则在背后决定了当事人在伦理道德博弈的关键时刻选取或拒绝一定的伦理道德规范。实际上，伦理道德博弈当事人之所以选择和拒绝某些伦理道德规范，就在于他已经认识到和遵循着这些价值原则，在追求着这些价值。这些价值原则与当事人自己历史地生成的伦理道德意识虽然极为相关，但并不是同一回事。如果说伦理道德意识是当事人历史地随着博弈的进展和彼此各方的刺激而不断产生的意识，那么，隐藏在伦理道德规范选择背后并支撑着伦理道德规范的价值原则恰恰是博弈当事人比较明确的价值立场。这些立场是他们在长期的伦理道德生活实践中，伴随着伦理道德意识的产生、发展和强化而逐步确立起来的，规定着自己的人生方向和生命境界，是伦理道德修养不同境界的体现，更是不同的道德理想和道德形象的彰显。客观而言，他们的这些价值原则和立场存在着历史性的演进。从根本上说，以下对各种价值原则的阐释尽可能地遵照伦理道德博

① 赵汀阳：《论可能生活》，中国人民大学出版社 2004 年版，第 4 页。

② 杨国荣：《人类行动与实践智慧》，生活·读书·新知三联书店 2013 年版，第 90 页。

弈在现实中逻辑演进的可能逻辑程序，并对每一个原则在博弈过程中的逻辑演进做了一番阐释。

但不管怎样说，从科学地推动和促进伦理道德博弈的角度来说，一个自觉的、理性的、明智的伦理道德生活主体，就应该科学地选择自己所要坚持的伦理道德价值原则，并始终如一地坚持下去，而如果他能够认真地思考，并且随着自身伦理道德修养的提升和道德理想、道德形象的明朗，他就应当循序渐进地选择主体性原则、自由原则、公正原则、利益最大化原则、伤害最小化原则、自我完善原则、社会仁爱原则、社会幸福原则、至善原则，尊重每个博弈当事人的主体地位和自由，客观公正地对待彼此利益的分配和交换，以实现各自利益的最大化和伤害的最小化，促进自我的发展和完善，促进社会事业和更多数人的幸福，并在不断的努力下趋向至善。

一、主体性原则

真正意义上的伦理道德生活一定是具有主体性的人，即伦理道德生活主体，自觉参与的生活，而人的自我意识的觉醒是人作为独立的主体参与社会伦理道德生活的前提或先决条件。马克思、恩格斯强调："个人总是并且也不可能不是从自己本身出发的。"[1]然而，只有真正地认识到自我的存在，认识到自己的主体身份时，人才能全面地认识和把握自己与生活世界里其他人之间的关系，才能在与周围其他人进行丰富的物质生活、经济生活和精神生活的交往活动中实现和维护自己的利益，实现自我的价值，追求幸福美满的生活，特别是，才能全面地考量和解决在每个人努力实现利益、价值和美好幸福生活的过程中彼此间产生的伦理道德权利、义务、责任等问题，因而培育和塑造规范、和谐的生活秩序。可以说，主体性原则是任何意义上的伦理道德生活中理应确立的首要原则，也是历史地必然首先确立的根本原则。着眼于伦理道德博弈来说，任何规范的选择归根结底都必须以伦理道德主体为准，是伦理道德主体根据自己的生活行为目标而进行的自觉选择。人们之所以首先必须遵循主体性原则，就是要明确地意识到任何一位现实

---

① 马克思、恩格斯：《德意志意识形态》（节选本），人民出版社 2003 年版，第 103 页。

伦理道德博弈当事人都是独立的存在,都是自己的伦理道德生活的主体。一方面,作为自己伦理道德生活的主体,作为一位独立的伦理道德博弈者,我能够根据自己的生存、生活和发展要求而自觉地、自主地决定我的伦理道德选择;另一方面任何一个拥有独立的伦理道德人格的人都是不容忽视和否定的人,而不是其他任何事物,任何其他人都必须以客观的、合乎礼仪的、尊敬的态度给予对待。即是说,我不仅需要以此态度来对待你,而且你也需要以此态度来对待我,我们彼此都是不容忽视和否定的伦理道德博弈当事人。落实到现实中,主体性原则体现为主体抉择原则和尊重主体原则。

主体性原则确立的前提是人的自我意识的觉醒和成熟。毫无疑问,刚诞生的婴儿基本上就是一个单纯的生命,尽管我们已经自然而然地将其视为人,但其只是一个准人而已,即一个有可能成长为与我们同样的人的人,还不是真正独立意义上的人。婴儿之所以仅仅被视为单纯的生命或准人而不是独立的人,是因为其没有自我意识,特别是还不能明确地说出一个"我"字。一般而言,只有当他成长到一定的年龄时才能清晰地将自己与其他人分别开来,从而认识到自己的独立存在,说出一个"我"字。但是,在此情形下,婴儿所认识到的自我仅仅是肉体生命上的自我,还不是社会意义上的自我,甚至连自己的性别都还没有辨别清楚,更不可能去认识除父母或家人以外的其他人,去梳理已经存在和正在发展着的无比复杂的血缘关系、亲缘关系以及整个社会生活中的物质利益关系、经济关系、政治关系,等等。显然,只有当人真正地意识到这些,并清楚地在整个社会关系中找到自己的定位,明确了自己的社会身份时,他的自我意识才真正地发展和确立起来。也只有在此基础之上,他才有可能作为独立的主体而参与到社会生活中来,独立地表达自己的价值立场,根据自己的个性和要求,在生命展现的无限可能中,自由地铸造自己,去追求自我实现、自我完善,去追求美好幸福生活。人的自我意识的觉醒和发展并不等同于主体意识的觉醒,主体意识的觉醒意味着自我意识的彻底成熟。自我意识觉醒只是认识到自我的存在,他还没有认识到参与社会生活、伦理道德生活的独立资格,认识到自己的主体性存在。因此,自我意识还有待发展到主体意识,只有当人的主体意识觉醒后,人才能作为独立的主体而存在,即他直接的就是自己生活的主体、主人,他拥有自己的价值立场,有资格和权力去表达自己的价值立场或价值诉求,去追求自己的自我实现和美好幸福生活。

主体意识的觉醒使任何生活主体要求自觉地、自主地根据自己的本性和需要建立和发展各种社会关系,选择自己的生活和行为方式。马克思、恩格斯指出:“在任何情况下,个人总是‘从自己出发的’,但由于从他们彼此不需要发生任何联系这个意义上来说他们不是唯一的,由于他们的需要即他们的本性,以及他们求得满足的方式,把他们联系起来(两性关系、交换、分工),所以他们必然要发生相互联系。但由于他们相互间不是作为纯粹的我,而是作为处在生产力和需要的一定发展阶段上的个人而发生交往的,同时由于这种交往又决定着生产和需要,所以正是个人相互间的这种私人的个人的关系、他们作为个人的相互关系,创立了——并且每天都在重新创立着——现存的关系。”①他们强调:“归根结底是,个人之间的相互关系应当表现为他们彼此如何对待,而他们的相互区别应当表现为自我区分(意即:一个经验的我使自己区别于另一个我)。”②因此,随着人们基于本性和需要在现实物质生活中确立起来私人社会关系及其自我意识,在伦理道德生活中,任何人实际上也是以强烈的自我意识和主体意识与其他人发生和建立关系的,结果是,任何人作为伦理道德生活的主体都具有不可否认、不可抹煞的伦理道德人格,都应当是自己伦理道德行为的抉择者,在伦理道德生活中都亟须遵循主体性原则。在此,主体性原则体现为主体抉择原则。所谓主体抉择原则,是指任何伦理道德行为归根结底都必须是行为主体自己抉择的,自己与其他人享有同等的道德人格,除非发生极为特殊的情况,任何其他人都没有资格和权力代替主体进行抉择。也就是说,主体对自己的伦理道德行为拥有绝对的支配权力,任何其他人没有资格和权力取代和否定主体所享有的这种权力,归根结底没法否定和抹煞主体在自己的生活世界里所具有的地位以及与其他人交往时所享有的资格和权力。换句话说,我既不能贬低你的道德人格,你也不能贬低我的道德人格,我不是你的臣子和奴隶,

① 《马克思恩格斯全集》第三卷,人民出版社1960年版,第514—515页。

② 《马克思恩格斯全集》第三卷,人民出版社1960年版,第514页。

你也不是我的臣子和奴隶,我们渴望大家彼此在道德人格上是平等的,谁也没有比谁多享有一丁点儿的特权。因此,伦理道德主体抉择自己的行为,只能根据自己客观的生存发展需要,根据自己具体的生活情形和自身所处的伦理道德博弈态势而判定自己当下的伦理道德选择和策略,而不是放弃自己抉择的资格和权力,甘愿做对方的奴隶,因而任由其他人决定自己的生活和命运,放任外在世界或伦理道德博弈境遇里各种偶然因素的支配和干扰,顺其自然地承受博弈结果。也就是说,人不仅要认真地对待伦理道德行为进行抉择时的主体资格和权力,即这种抉择不能受到任何其他因素的影响,而且也不能放弃自己的资格和权力,将自己的生活权力和命运交由任何其他人,或任由外在因素或偶然因素的支配和干扰而顺其自然。众所周知,尼采曾深刻地揭示了"奴隶道德"的消极反动性,认为它是弱者无能、伪装和自欺的表现,其所寻求的美德,如仁慈、慷慨、正义、谦逊、忍耐、宽恕,等等,掩盖着对主人权力的渴望、对主人财富的贪婪和对主人的恨,因此无关乎道德。当然,尼采所推崇的"主人道德"同样存在着问题,主人虽然成为自己生活和命运的主宰,因而敢于对有可能性和局限性的人生说"不",敢于自觉地去追求和创造,但他追逐高于自身的权力,自信乃至自傲、自高,追求自由乃至侵犯其他人的自由。事实上,无论是自甘降低自己的"奴隶道德",还是拼命膨胀自己的"主人道德",都没有真正摆正人与其他人之间的关系,没有认识到主体性原则对确立道德人格平等的重要意义。当然,尼采所揭示的"奴隶道德"和"主人道德"是社会历史发展的阶段性产物,本质上取决于社会制度的剥削性质。从当代社会来说,"主人道德"和"奴隶道德"已经丧失了旧的社会制度基础,但在资本主义制度和市场经济依然存在的条件下,还有滋长的文化土壤。确立主体性原则及其具体化的主体抉择原则,是现代文明发展的客观要求。对于每一个现代人来说,确立、贯彻和遵循主体抉择原则,就是要自觉地认识到自己在伦理道德博弈中的地位、资格和权力,认识到自己享有与其他人同等的道德人格,真正地将自己应该在特定的生活世界里或伦理道德博弈格局里所享有的资格、地位和权力在伦理道德博弈中发挥其最大的价值,充分发挥和运用自己的能力改善自己的生活和命运,而不是等待着任何人的怜悯、恩赐和施舍,同时也不肆无忌惮地侵害其他人的道德人格，抹煞其他人在伦理道德生活中享有的资格、地位和权力。毫无疑问，任何一个人如果能够自觉地认识到自己的主体地位、资格和权力，那么他就有继续开拓自己的生活领域、社会交往范围的可能性，从而达到对无限的价值的尊重和进取。

每一个人在伦理道德生活中往往会有强烈的主体意识，因而要求享有自己的主体地位、资格和权力，而忽视了其他人是否应当同样具有不可否认和抹煞的道德人格，是否享有主体地位、资格和权力的问题。众所周知，康德深刻地认识到每个人作为独立的自我的存在，而过分的自我甚至表现为自私和自负，因此，在他看来，“我们如果更真切地审视自己的思想和愿望，随处可以发现亲爱的自我”①。但不管怎么说，事实上，学会尊重其他人的道德人格、主体地位和权力同样是必需的。尊重主体原则是主体性原则的当然内涵。所谓尊重主体原则，就是当我们考虑伦理道德问题时，特别是对待伦理道德行为的选择时，应该充分地认识到它到底是谁的问题、谁的行为，认识到其他人与我同等地享有不可抹煞的道德人格，就应当把相应的主体权力和责任直接地交付给它的主体。也就是说，当我们具有主体意识，具有不可侵犯和抹煞的道德人格因而已经拥有了主体地位、主体权力和主体责任时，还必须认真考虑其他人作为他自己的伦理道德行为和实践的主体，亦享有不可侵犯和抹煞的道德人格，具有他的主体地位、主体权力和主体责任，即要让每一人都成为相应的伦理道德行为和实践的主体，与我一样同等享有道德人格，而不只是仅考虑自己的主体地位、权力、责任，强调我自己的道德人格不可侵犯和抹煞却忽视了其他人的道德人格、主体地位、权力和责任。毫无疑问，如果一个人处处只是考虑自己，因而也处处忽视甚至否定其他人的道德人格、主体地位、权力和责任，妄图将其他人视为自己的臣子、奴仆、奴隶，甚至视其他人为粗俗的蠢猪或工具，那么，这种主体性原则就没有真正地得到体现或贯彻，或者说，主体性原则的贯彻是存在着极大的局限性的。在现实生活中，不难发现，尽管我们已经具有了明确的主体性意识，但

① 转引自[美]凯利·克拉克、安妮·包腾格著，陈星宇译：《伦理观的故事——人性完善的探究》，世界知识出版社2010年版，第77页。

实际上在我们之外很多人没有认识到自己享有不可侵犯和抹煞的道德人格，拥有自己的主体地位和权力。在这种情况下，如果我们真正明智，遵循主体性原则，就必须通过适当的方式，不仅提醒当事的另一方认识到他理应承担的伦理道德义务和责任，而且还必须提醒他、告知他他应当拥有的道德人格、主体地位和权力，而不只是告诉他他仅仅需要履行伦理道德义务，为自己的行为承担责任。尤其是，对于一些还没有成熟、成长起来的孩子或青少年，更应当通过伦理道德的教育和引导使他们自觉地认识到自己的主体地位，促进他们更有意识地成长为一个现实的、完全的伦理道德主体，自觉地运用自己的伦理道德权力，承担起伦理道德义务和责任。毫无疑问，只有在此意义上，即充分地尊重每一位伦理道德生活主体，伦理道德博弈活动中的主体性原则才可以说得到了全面的、彻底的贯彻。

因此，伦理道德的实践必须全面地贯彻主体性原则，而全面贯彻的逻辑结果必然是每一个人都能实际地成为自己的伦理道德行为和实践的主体地位上的主体，成为主体权力与主体责任的统一者。事实上，只有全面地、彻底地贯彻主体性原则，才能充分地建立起伦理道德活动主体或博弈当事人在整个社会伦理道德生活中的主体地位，才能正确地进行伦理道德博弈，才能形成真正合理的伦理道德生活秩序。

二、自由原则

作为伦理道德博弈当事人，人不仅必须作为主体而存在，而且还必须切实地享有自由。自由是人之所以为人的内在根据，丧失自由就不能成为独立的伦理道德人，也就是说，如果受制于外在必然性或外在的、为自己所不能克服和抗拒的强制力，人的意志虽然依然能够保证一定程度上的自由，但在自己无能为力的情形下，自己的行为从某种意义上说就不再具有伦理道德意义。因此，自由是人之成为伦理道德人的客观前提。这一客观前提具有极为重要的意义。这在于，以自由为前提，实际上是要顺理成章地推导出人必须为自己的行为后果承担相应的责任这一逻辑结论。显然，当人拥有自由时，他的任何行为或言论，就注定是他的自由意志的表现，因而他的行为或言论就必须承担着相应的责任，换句话说，他必须为自己的行为或言论承担相应的责任，为自己的行为或言论负责。可以说，自由原则是确认人的伦理道德责任的根本原则，是从首要原则——主体性原则必然派生出来的原则。

客观而言，任何伦理道德的行为之所以具有意义，之所以能够考察和判定当事人的思想动机、最终目标和道德价值，就在于这种行为本质上是人的行为，尤其是人的自由行为。缺失了现实生活中的自由，或者说不以现实生活中实实在在的自由为基础，一种行为无论它是由什么样的人做出的，即不管它是由多么成熟的人、心智健全的人做出的，乃至他拥有自己的自由意志，都丧失了道德意义。事实上，我们既不会追究一个刚出生不久的婴儿的责任，也不会追究一个完全丧失了意识的或精神失常的人的责任，甚至也不会追究一个心智健全的成年人在完全无法抗拒的外在力量束缚、控制或支配下的行为。毫无疑问，在这种极端的情况下，纵使他拥有自由意志，即他的意志是清醒的，而且是绝对地自由的，但如果他不能在现实生活中享有切实的自由，不能运用自己的自由意志控制自己的身体或行为，那么，他依然不是真正独立意义上的伦理道德生活主体，不能承担和履行自己的伦理道德义务，因而也无法为自己的现实行为承担相应的伦理道德责任。因此，谈论伦理道德行为，或者说判定一种行为是否是伦理道德行为，是否具有一定的伦理道德意义和价值，我们就必须深入地考察这种行为本身是否是自由的行为，即是否是由当事人在真正自由的情形下做出的行为，或者说，是否是由当事人在不受不可抗拒的外在力量束缚、控制或支配的情况下的行为。尽管考察这种行为是否是自由的，特别是是否承受着不可抗拒的外在力量，是否能够摆脱这种外在力量的束缚、控制和支配，这都非常艰难，所遇到的情形也极为复杂，因而事实极难判定，但当事人是否尽了自己最大的努力，来克服自己任何屈服外在力量的意志，克服自己任何意义上的私欲或侥幸心理，还是能够得到最终的判定的。事实上，无论是在伦理层面上还是在道德层面上，都是一个以心问心的事情，也是一个完全可以通过具体的、科学的方法得到验证的事情。一个人纵使能为自己开脱，因而逃避了社会对他的惩罚，但他毕竟无法从内心里彻底清除掉自己的罪孽感，无论在什么时候，只要他稍加思考，这种罪孽感就会如影随形，挥之不去，始终纠缠着他的心灵。因此,一个人是否真正地自由,是否应该为自己的行为负责,不仅是一个能够通过一定的科学方法加以检验的问题,而且也是一个能够最终通过自我心灵的追求得到确证的问题。总之,只有充分地肯定自由,而且从根本上肯定现实生活中切实享有的自由,我们才能比较科学地判定人们的伦理道德行为的价值和意义,才能正确地评判伦理道德当事人,否则很多伦理道德评价都将失去意义。

因此,在伦理道德生活中,不能抽象地谈论自由,而是必须全面地考虑到自由的多重维度,要确保多重维度自由的全面实现。毫无疑问,在伦理道德问题上,谈起自由,首先涉及的是自由意识或自由意志,是精神自由或意识自由。精神或意识上的自觉,即自我意识的觉醒是自由的前提,没有意识上的自觉,也不可能进而谈其他自由。梁漱溟说:“有自觉才有自由。缺乏自觉,昏昏然,何有自由?”①又说:“有自觉才有自由。——自觉所达到之处,自由生焉。”②因此,有了意识上的自我觉醒,即自觉,人才可能进而去发展自由。人拥有了自我意识或自觉,进而拥有了精神自由、意识自由,就能够将自己的意志视为自己控制和调节的对象,因而形成有目的地去行动的自由意志,决定自己想干什么和不干什么,即既有主动行动的自由,也有自觉放弃和拒绝的自由。如果说意识或意志自由在根本上指向自身,标志着意识存在的状况,那么,自由意志的侧重点则在于意志,在于决意要实现某种特定的目的,只是这种意志本身是由自由的精神或意识所自主决定的,是不受任何私心杂念影响的。毫无疑问,这种意志的自由是整个伦理道德行为有意义的逻辑起点。黄裕生指出:“自由意识是人展开其全部生活世界的先天根据。”③然而,这种意义或维度上的自由毕竟还无法确保伦理道德行为的现实意义。因为精神自由或意志自由毕竟还停留在意识之中,是一种绝对内在的自由,而不是外在行动的自由。单纯内在的精神自由或意志自由并不能必然地转化为现实的身体自由、行动自由。人不仅是精神的存在,而且是肉体的存在,从根本上说,人只有首先作为肉体主体而存在,才能作为精神

① 梁漱溟:《思索领悟辑录》,《梁漱溟全集》第八卷,山东人民出版社 2005 年版,第 21 页。

② 梁漱溟:《思索领悟辑录》,《梁漱溟全集》第八卷,山东人民出版社 2005 年版,第 24 页。

③ 黄裕生:《普遍伦理学的出发点:自由个体还是关系角色?》,《中国哲学史》2003 年第 3 期。

主体而存在。人如果已经拥有了精神和意志的自由,就必须通过具体的行动使之外化为肉体的、身体的自由,归根结底具体化为现实的自由。毫无疑问,只有不仅实际上拥有精神自由、意志自由而且拥有身体自由、行动自由时,自己的伦理道德行为才能获得真正的价值和意义,才能为自己的一切行为承担相应的伦理道德责任。然而,纵使人因为同时拥有了意志自由和行动自由能够为自己的伦理道德行为承担责任,但人的自由的行为还客观地需要相应的由科学的、理性的伦理道德观念和精神营造出来的自由、宽松的伦理道德环境来保障。因为,外在的自由环境、条件或氛围是人彻底地保障精神自由、意志自由和身体自由、行动自由的必要条件,没有这种外在环境、条件和氛围,无论是精神自由、意志自由还是身体自由、行动自由,都将受到严重制约,乃至没有存在的可能。事实上,由于缺少这些自由的环境、条件和氛围,人往往不仅因为各种自然差异,如身高、体能等纯粹的自然因素,尤其是某些方面的残疾,甚至根本性的生理缺陷而丧失了与周围其他人在很多生活领域平等参与、平等竞争的机会和条件,失去了一定的自由,而且还因为整个社会没有比较理性的、科学的、包容的文化氛围,受到各种歧视、冷遇、抵制而丧失了更多的自由。因此,真正说来,对于全面地考虑人的伦理道德行为是否自由,是否具有价值和意义,以及相应地是否要求当事人承担相应的伦理道德责任来说,实际上必须全面地考虑到自由的多重维度,考虑到自由实际上涉及精神自由、意志自由和身体自由、行动自由以及保障上述两种自由的自由环境、条件和氛围。只有在这三种意义上,人才可以说拥有了自由,而仅仅着眼于任何一个意义或维度,去考察人、评判人,都必然存在着偏颇。当然,现实生活中的自由都是相对的自由而没有绝对的自由,无论在哪一个维度上,自由都是不断地实现和发展的自由,都是自由度不断扩大的自由。因为现实的自由总是有限的、有条件的自由,而不是无限的、无条件的自由。马克思、恩格斯说:“人们每次都不是在他们关于人的理想所决定和所容许的范围之内,而是在现有的生产力所决定和所容许的范围之内取得自由的。”①但纵然如此,我们不能轻易地否定精神自由、意志自由以及

① 《马克思恩格斯全集》第三卷,人民出版社 1960 年版,第 506 页。

身体自由、行动自由，轻易地放弃对自己及其他人伦理道德行为的价值和意义的追问，放弃对相应的伦理道德行为责任的追究。

为人的伦理道德行为寻找价值和意义，乃至追究伦理道德行为的责任，就必须现实地发展和培育自由，使自由奠定在坚实的生活基础之上。在现实生活中，要想使自由奠定在坚实的基础之上，就必须发展和依赖物质基础和经济基础，去改造和改变人的生存环境，包括改变自然环境条件和社会环境条件，特别是改变旧的社会制度和伦理道德环境，为每一个人创造共同参与社会生活的机会和条件。然而，在特定的历史时期，在市场经济条件下，人们往往看到由资本或货币所决定的竞争自由，因而将自由等同于市场经济条件下的竞争自由，但这实际上是一种极大的认识误区。马克思曾告诫工人们说："先生们，不要一听到自由这个抽象字眼就深受感动！这是谁的自由呢？这不是一个人在另一个人面前享有的自由。这是资本所享有的压榨工人的自由。"①他深刻地指出："在自由竞争中自由的并不是个人，而是资本。只要以资本为基础的生产还是发展社会生产力所必需的、因而是最适当的形式，个人在资本的纯粹条件范围内的运动，就表现为个人的自由，然而，人们又通过不断回顾被自由竞争所摧毁的那些限制来把这种自由教条地宣扬为自由。"②马克思由此特别反对把自由竞争视为人类自由的终极发展、否定自由竞争就等于否定个人自由的荒谬看法，认为这种意义上的自由不过是在资本统治基础之上实现的有限自由。他进而强调："这种个人自由同时也是最彻底地取消任何个人自由，而使个性完全屈从于这样的社会条件，这些社会条件采取物的权力的形式，而且是极其强大的物，离开彼此发生关系的个人本身而独立的物。"③马克思说："断言自由竞争等于生产力发展的终极形式，因而也是人类自由的终极形式，这无非是说资产阶级的统治就是世界历史的终结——对前天的暴发户们来说这当然是一个愉快的想法。"④然而，对于广大的劳动者来说，却意味着另外一种意义上的自由。马

① 《马克思恩格斯文集》第一卷，人民出版社 2009 年版，第 757 页。
② 《马克思恩格斯文集》第八卷，人民出版社 2009 年版，第 179 页。
③ 《马克思恩格斯文集》第八卷，人民出版社 2009 年版，第 180—181 页。
④ 《马克思恩格斯文集》第八卷，人民出版社 2009 年版，第 181 页。

克思指出："他们在双重意义上是自由的：摆脱旧的保护关系或农奴依附关系以及徭役关系而自由了，其次是丧失一切财物和任何客观的物质存在形式而自由了，自由得一无所有；他们唯一的活路，或是出卖自己的劳动能力，或是行乞、流浪和抢劫。他们最初力图走后一条路，但是被绞架、耻辱柱和鞭子从这一条路上赶到通往劳动市场的狭路上去。"①客观而言，物质基础之上的自由，尤其是市场经济条件下由资本和货币所支配的自由，仅仅是有限的自由，是资本的自由，特别是作为资本化身的资本家的自由，而不是劳动者的自由，不是所有人的自由，更不是所有人在所有条件下充分享有的自由。事实上，无论是对资本家来说，还是对劳动者来说，都没有摆脱外在力量的支配，都没有真正地拥有自由。对于任何人来说，为自由奠定一定的物质基础是必要的，但超越任何意义上的物质利益、经济利益的束缚和制约同样也是必要的。

事实上，一旦人拥有奠定在坚实基础之上的多重维度和意义上的自由，既不受各种私心杂念的影响，也不受各种物质利益的束缚，更不受各种社会环境条件的制约，在任何伦理博弈境遇内，他就会根据自己最真实的利益和需要，摆脱不合乎理性的激情、情感和欲望等非理性因素的支配和束缚，自由地选择自己就应当遵循的伦理道德规范。这种意义上的自由就是真正基于理性的自由。这种自由既然不再受激情、情感和欲望的支配，没有蜕变成非理性的任意和任性，也没有演变成私人盘算利害的单纯工具理性。在此意义上，人能够更科学地认识和把握与周围任何人的关系，从而自觉地培育和塑造良好的伦理道德关系。而在伦理道德博弈过程中对伦理道德规范的选择上，充分地实现伦理道德规范为自己所用的目的，不仅彻底地摆脱了伦理道德规范带来的束缚或制约，而且能够充分地发挥伦理规范作为手段的价值，使它们为自己的利益最大化服务。

三、公正原则

当人们客观地承认了彼此作为各自生活主体所拥有的主体地位，进而

---

① 《马克思恩格斯文集》第八卷，人民出版社 2009 年版，第 160 页。

真正地拥有了自由去实现自己的生存、生活和发展时，必然会与周围其他人发生物质生活、经济生活等方面的往来，涉及物质利益和经济利益以及其他方面利益的享有和分配问题。如果充分地考虑到每个人不可抹煞的主体地位，充分地尊重彼此的自由，那么，无论是在法律的层面上还是在伦理道德的层面上，都需要考虑利益分配和权力享有等方面的公正问题。客观而言，人们为了生存、生活和发展，首先要满足最基本的物质生活需要，保证肉体主体的存在，因而为此在现实生活中追求物质利益的最大化，以及追求为实现物质利益、经济利益最大化的权力的最大化，但是为了确保人们之间伦理道德博弈的持续推进，而不是因每个人各自追求利益最大化而危及和破坏了这种博弈，就必须先于利益最大化而考虑公正问题。因此，率先考虑公正问题，率先遵行公正原则，是出于维护和推进伦理道德持续博弈而做出的明智选择。毫无疑问，只有首先摆正了彼此间的关系，充分地认识到和尊重了彼此的主体地位，尽可能地给予了对方以自由，人们才可能在物质利益、经济利益上通过共同的努力而实现利益最大化，进而做到伤害最小化，最终实现彼此的发展和进步，共同创造美好幸福生活。

客观而言，人们为了满足物质生活需要、肉体主体生存需要而进行的物质生产活动、经济交往活动构成了社会世俗生活的最基本内容，也决定了人们不可分割地联系在一起，不可避免地在物质生产劳动过程中，在经济交往过程中，以及在最后的物质利益分配过程中，发生极为复杂的物质生活关系、经济关系和利益分配关系。这些关系因为与人们直接的生存、生活和发展密切关联，任何一个人都不可能置之不理，任何人也都不可能置之身外，由它们直接或间接派生出来的问题不仅纠缠着人们的头脑，困扰着人们的心灵，而且牢牢地束缚着人们的身体，如果不能自觉地、客观公正地处理和解决这些问题，势必造成人们彼此之间关系的紧张，造成整个社会生活的矛盾和冲突，乃至导致整个生活世界的崩溃和瓦解。因此，公正问题是一个关乎整个社会生活稳定有序的问题，一个关乎整个生活世界和谐安全的问题，一个更关乎伦理道德博弈当事人彼此主体地位保障和心灵和谐自由的问题。对于伦理道德博弈当事人而言，虽然涉及整个社会公正的问题难以通过他们的努力得到有效的解决，但他们彼此间的公正问题应当通过共同的努力而积极地加以解决。事实上,最狭隘的公正是伦理道德博弈当事人之间的公正,其最简洁的表现就是两个人之间的公正。如果暂时撇开政治法律层面上的公正,人们在伦理道德生活中首先应当实现的是伦理生活层面上的、最基本的伦理公正,而最应当追求的则是道德生活、心灵生活层面上的道德公正。道德生活、心灵生活层面上的公正直接关乎着美好幸福生活的实现,它标志着人们之间彼此在现实的心理上、情感上、心灵上的和谐与融洽。赵汀阳指出:"伦理学从根本上说只有两个基本问题:幸福与正义。而正义原则必须以幸福原则为前提。如果不考虑幸福问题,那么只剩下生存事实,而对于生存,没有什么道理可讲,正义也就失去了根据。"①因此,公正或正义必须超越伦理公正而最终升华为道德公正,以人的幸福乃至整个社会的幸福和至善为最高的价值诉求。

公正实质上表现为在公共生活中,在利益分配和权力享有等方面,根据相同的条件或基础,不同的人能够无偏私地得到自己与其他人相当的利益或权力。"公正"与"正义"是两个极为相近的概念,在很多人的话语中,两者并没有得到严格的区分,但事实上,它们是两个既存在着联系也存在着差异的概念。从根本上说,公正基于整个人类每个人的主体地位和人格尊严,即人之所以为人的基本条件,而正义基于特定社会历史发展阶段所形成的价值原则和伦理道德观念。因此,严格地说,公正强调的是任何人无论存在着什么样的差异,只要作为人,都能够在利益分配和权力享有等方面形成无偏私的对等关系,而正义则强调的是根据公共生活里已经形成的为绝大多数人接受的价值原则或伦理道德观念来现实地评判人们的行为与利益分配。在一定的社会历史发展阶段,为整个社会所普遍认可和推崇的价值原则或伦理道德观念,可称为"道义"。如果符合了道义即认为是正义的,否则就认为是不正义或非正义的。然而,与公正是一种任何时代都能够客观地判断的对等关系相比,正义所依据的道义,在不同的时代却无法形成共识,也就是说,为特定社会历史发展阶段所认可和推崇的价值原则或伦理道德观念,特别是主流价值观念、伦理道德规范,虽然具有一定的历史合理性、现实性,

① 赵汀阳:《论可能生活》,中国人民大学出版社 2004 年版,第 24 页。

但随着社会历史的发展,很可能被扬弃和淘汰,变得不合理,因而也丧失了现实性。此外,由于公正强调的是人们彼此间的客观的对等关系,因而它并不特别地强调情感因素,但正义则多少附带着情感因素。在现实的生活中,公正恰恰要求无私的情感,而正义恰恰要求符合情义。因此,从深层来看,公正是正义的潜在基础,合理的正义最终必须以公正为诉求的对象,而从历史的发展来看,正义必然逐渐地以公正为基础,逐渐地趋近于公正,同时,公正也逐渐地变成正义,赢得人们的认同和接受,从而富有情感,符合情义。当然,一般情况下,公正与正义并不必作出详细的区分,基本上作为同一个概念来使用。

然而,无论是从公正还是从正义来说,公乃至正,纵使在一定社会历史发展阶段根据主流价值观和伦理道德观念而普遍认可的正,都鲜明地抵制偏私和私情,是冷静地从公共立场来认识和处理人们在公共利益分配和公共事务权力享有方面的问题。梁漱溟曾说:“为偏私,为公正,似乎均有利害得失的计较在。但其实则公正在根本上是一种无私的感情而非偏私之引申扩大;它是反乎偏私的、超绝于偏私的。”[①]因此,公正更强调其公的一面,任何一个人只有反乎偏私,超越私人情感的束缚,真正做到了大公无私,才能具有包容天下的胸怀,从而客观公正地处理与其他人之间的物质利益、经济利益的分配问题,处理与其他人在各种事务上的权力享有问题。特别是,公正在调整和规范人们之间的关系时,首先要规范和调整的恰恰是自己的行为,而不是对方的行为。董仲舒说:“义在正我,不在正人,此其法也。”[②]又说:“义者,谓宜在我者;宜在我者,而后可以称义。故言义者,合我与宜,以为一言。”[③]毫无疑问,为了充分地体现公正,做好公共利益的合理分配,即使每个人都能够按照自己的劳动贡献享有应当的分配结果,而所有人的分配结果恰恰体现着恰当的比例关系,就必须率先做到自己的公正,因而率先自觉地克服和抵制自己的私情和私欲。率先追求公正,本质上体现为一种特殊的道德动机。伯纳德·威廉斯强调:“公正的倾向本身是可以提供一个动

① 梁漱溟:《思索领悟辑录》,《梁漱溟全集》第八卷,山东人民出版社 2005 年版,第 14 页。
② 《春秋繁露·仁义法》。
③ 《春秋繁露·仁义法》。

机的。追求公正和抵制不公正的那种倾向有自己特殊的动机性思想。一个人倾向于把某些事情作为公正的事情来促进，把其他事情作为不公正的事情来抵制，这对于成为一个公正的人来说既是必要的又是充分的。”①当然，在此过程中，他还必须认真地对待社会舆论，即公众的议论。一般情况下，应该承认，公众的议论或社会舆论，能够普遍地反映绝大多数人的心声或利益诉求，能够体现公共利益分配过程中的公正。但也应当注意到，社会舆论往往是普通群众情绪化的思想表达，缺乏必要的理性思考，甚至舆论总存在着被人私下操纵的可能，因而看似表达公正利益诉求的“公论”却成为个别人谋取私人利益的工具，这就是借公论以快私情。因此，为了避免出现这种以公论谋私利、公众的情绪影响公正的现象，就必须正确地认识公正的实质，对公正进行充分的论证，给予充足理由，严格地把握人们所付与所得之间的相称性，从而客观、冷静地对待公论。

如果伦理道德博弈当事人从公共立场摆脱偏私、私情以及社会舆论的影响，就能够在伦理道德生活中实现公正，合理地解决人们之间在物质利益、经济利益乃至精神利益、心灵利益上的矛盾和冲突。这其中，相比于法律上的公正而言，侧重在伦理生活层面通过伦理规范解决物质利益、经济利益上的矛盾和冲突的公正可称为伦理公正，而侧重在道德生活层面通过道德规范解决精神利益、心灵利益上的矛盾和冲突的公正可称为道德公正。前者所实现的是每位当事人根据各自的贡献的物质利益、经济利益最大化，而后者所实现的是每位当事人在精神生活、心灵生活上的心平气和与心灵和谐。这种伦理道德公正，最狭隘地表现在伦理道德博弈当事人之间，而其最简约的表现是两个人之间的公正。而两个人之间的道德公正，就是两个心灵之间的公正，是只有两个道德人能够体验到的公正。当然，从根本上说，公正不仅仅是一个伦理道德问题或法律问题，而且更是一个社会问题，只有当人们不仅在伦理道德或法律上实现公正，而且还在现实社会生活中实现了公正，才是真正的公正。真正的公正，理应是符合道义或正义的公正，是充分地尊重和关爱每个人的公正，是充满着情感和爱的公正。过分地

① ［英］伯纳德·威廉斯著，徐向东译：《道德运气》，上海译文出版社2007年版，第130页。

强调公正，无论是纯粹从法律上，还是从社会舆论、礼俗上，乃至从具有一定的道德价值的道德规范上，都只可能造成对每一个伦理道德生活参与者的人格的忽视和抹煞，都可能冲淡和消解掉彼此间的情感和爱意，都可能最终疏远彼此间的心灵距离。过分强调法律或规范意义上的公正的人莫过于所谓的律法主义者。约瑟夫·弗莱彻指出："尽管律法主义者确实对律法要求做出非爱的或灾难性的决定深表歉意，他仍要大声疾呼：'天塌下来也要做'正当'的事！'"①因此，对公正问题的考量，不能简单地停留在法律、律法或规则的层面上，纵使停留在伦理规范乃至道德规范的层面上也是远远不够的，它必须深入到社会公正的层面，落实到每一个具体的伦理道德生活的参与者身上，让他们真切地体验到整个社会对他们的人格的尊重和心灵的关爱，让他们体验到整个社会的温暖。恩格斯曾指出："做一天公平的工作，得一天公平的工资？可是什么叫一天公平的工资，什么叫一天公平的工作呢？它们是怎样由现代社会生存和发展的规律决定的呢？要回答这个问题，我们不能凭借关于道德或法和衡平法的科学，也不能诉诸任何人道、正义甚至慈悲之类的温情。在道德上是公平的甚至在法律上是公平的，从社会上来看可能远不是公平的。"②为了说明问题，在反驳杜林时，他曾举了这样一个例子，他说："例如这两个男人，一个是美国人，一个是柏林大学生，前者熟悉各种行业，后者除了一张中学毕业文凭和现实哲学，再加上根本没有在击剑馆受过锻炼的双臂，别无所有，在这种情况下，怎么可能谈到平等呢？这个美国人生产一切，那个大学生只是在这里帮帮，那里帮帮，而分配是依照每个人的贡献来进行的；不久，这个美国人就具有对殖民地日益增长的居民（由于人口增殖或移民）进行资本主义剥削的手段。因此，整个现代制度、资本主义的生产以及其他一切都可以很容易地从这两个男人中产生出来，而且没有一个需要动武。"③因此，在伦理道德和法律培育起来的文明社会里，人们完全可以公正地制造出现实的社会不公，完全依赖法律或伦理道德规

① ［美］约瑟夫·弗莱彻著，程立显译：《境遇伦理学》，中国社会科学出版社1989年版，第11—12页。

② 《马克思恩格斯全集》第二十五卷，人民出版社2001年版，第488页。

③ 《马克思恩格斯文集》第九卷，人民出版社2009年版，第352页。

范来解决现实问题并不能实现和保证社会公正。

真正地实现社会公正，而不仅仅停留在伦理道德或法律层面的公正上，就必须彻底地改变社会制度，改变社会物质生产方式，使人彻底地从造成社会不公的旧社会制度中解放出来。马克思后期之所以特别重视经济科学，并发现了剩余价值理论，就是要从经济层面揭示资本主义社会的弊病根源于资本主义生产方式，是资本主义剥削制度的必然结果，只有真正地瓦解资本主义生产方式以创立新的社会制度才能彻底地实现社会公正问题。所以，恩格斯强调："诉诸道德和法的做法，在科学上丝毫不能把我们推向前进；道义上的愤怒，无论多么入情入理，经济科学总不能把它看做证据，而只能看做象征。"[①]因此，不能完全停留在道德或法的层面上基于情感而谈论公正问题，道德或法意义上的公正还必须以现实的社会公正为最终的目的。

四、利益最大化原则

利益分配原则的确立不仅没有减损利益，而且客观公正的分配还能够不断地引导人们通过共同的努力劳动创造出更多的社会利益，从而在进一步的利益分配中彼此都能实现利益的最大化。这是真正明智的伦理道德博弈当事人最现实，也最科学、最理性的选择。从伦理道德的角度而言，人们的任何伦理道德规范选择或行为，归根结底都受既定的社会经济条件，受自己的物质生活条件或物质经济利益的束缚和制约，因而总是或隐或显地表现出对自己私人利益的理性考量。这种考量不仅是必然的，而且也是应当的，完全忽视和否定这种考量，不仅不现实，而且也根本违背马克思主义唯物史观的根本精神。事实上，任何一个人都应当从自身出发，从实现和维护自己利益出发，在遵循整个社会的法律制度和伦理道德规范的前提下，遵循利益最大化原则，在与其他人的交往博弈中实现自身利益的最大化。但每个人自身利益的最大化，并不直接地导致整个社会利益的最大化，遵循利益最大化原则，还必须确实地实现和维护整个社会利益的最大化。真正的理性和明智既体现于对个人利益最大化的自觉追求上，更体现于对社会整体

① 《马克思恩格斯文集》第九卷，人民出版社2009年版，第156页。

利益最大化的自觉追求上。

众所周知，马克思主义者拒绝道德说教，不向人们提出道德上的要求，认为道德说教在现实社会中一旦触及利益就会变得苍白无力，变得毫无意义，相反，承认追求和实现利益具有历史的合理性和正当性。从马克思主义看来，任何现实的人都是生活在以一定的物质生产、经济交往为基础的社会之中的，复杂的经济关系本质上体现了各种利益之间的分配与交换。恩格斯曾指出："每一既定社会的经济关系首先表现为利益。"①客观而言，任何一个人都是现实的人，因而是客观地生活在一定的社会经济关系之中的人，如何正确认识和看待他自身的私人利益及其对自身利益的实现形式和手段，关乎整个社会伦理道德秩序的建设。马克思深刻地指出："私人利益本身已经是社会所决定的利益，而且只有在社会所设定的条件下并使用社会所提供的手段，才能达到；也就是说，私人利益是与这些条件和手段的再生产相联系的。这是私人利益，但它的内容以及实现的形式和手段则是由不以任何人为转移的社会条件决定的。"②也正是由此，马克思与恩格斯一同强调："共产主义者根本不进行道德说教，……他们清楚地知道，无论利己主义还是自我牺牲，都是一定条件下个人自我实现的一种必要形式。"③李德顺等人强调："结合实际生活来看，求真、务实、趋利、进取、立功的追求，更是大众的基本选择。"④因此，着眼于客观的社会现实，不仅不能否定私人利益在特定的社会历史发展阶段存在的合理性，而且还必须承认所有人实现和维护自己私人利益的形式和手段在既定的社会历史发展阶段所具有的合法性和合理性。

利益最大化，严格说来，可以分为物质利益或经济利益的最大化、政治利益的最大化与精神利益、心灵利益的最大化。显然，这突破了经济学意义上的博弈论所讨论的狭隘"利益"视野，严格地说，这些利益之间并不是截然

① 《马克思恩格斯文集》第三卷，人民出版社 2009 年版，第 320 页。
② 《马克思恩格斯文集》第八卷，人民出版社 2009 年版，第 50—51 页。
③ 《马克思恩格斯全集》第三卷，人民出版社 1960 年版，第 275 页。
④ 李德顺、孙伟平、孙美堂：《精神家园——新文化论纲》，黑龙江教育出版社 2010 年版，第 133 页。

分割的，它们存在着一定程度上的交叉和千丝万缕的联系[①]。但一般来说，物质利益指的是人们在社会生活中基于物质生活需要而发生、形成的利益，特别表现为物质上的功效和利益，体现着物质分配关系。物质利益的实现并不必然地通过经济生活和经济交往，而以物质利益为基础的经济利益则是指人们在经济活动中通过派生经济关系而形成的利益。物质利益最大化表现为对实际物质财富的占有、拥有和享有，或者说，表现为对物质财富的感性满足。经济利益最大化表现为对经济效益、消费利益、货币利益、收入利益等的追求和占有。物质利益或经济利益最大化的追求，最典型地体现在经济生活中，体现在经济学家所刻画的"经济人"身上。经济学家所假定的"经济人"都是理性的、自利的人。保罗·扎克指出："经济学家对所谓'理性自利'的概念推崇备至，它假定每个个体做出决定都是基于一己之利，而且是基于对利益所在之处的理性计算。"[②]在他看来，"每一个人总是基于某事物是否对自己最有利而做出判断，从而做出合乎逻辑的选择，从理论上讲，至少生活在理论模型中的经济人的确如此"[③]。在现实生活中，很多人事实上就是作为经济人而存在的，将自己的物质利益最大化视为奋斗目标。从根本上说，这是生活在功利的层面上的理性表现。对物质利益的追求，往往被视为功利主义行为。但实际上并不能简单粗暴地否定功利或功利主义。功利与功利主义并不是一个概念，因为两者所指并不是同样的问题。功利是一个客观的中性概念，既包括物质上的功效与利益，也包括事业成功带来的成就和功名利禄，而功利主义则是一个伦理观念或原则。针对功利主义或功利论，马克思、恩格斯曾指出："我们第一次在边沁的学说里看到：一切现存的关系都完全从属于功利关系，而这种功利关系被无条件地推崇为其他一切关系的唯一内容。"[④]功利主义夸大了功利在整个社会生活中的地位，而且立足于资产阶级的立场，因而尽管从开始就宣称具有公益论的性质，但它无法深入研究经济关系，特别是剥削关系，一谈及剥削方式就势必

① 王伟光：《利益论》，中国社会科学出版社 2010 年版，第 88—94 页。

② ［美］保罗·扎克著，黄延峰译：《道德博弈》，中信出版社 2016 年版，第 9 页。

③ ［美］保罗·扎克著，黄延峰译：《道德博弈》，中信出版社 2016 年版，第 9 页。

④ 《马克思恩格斯全集》第三卷，人民出版社 1960 年版，第 483 页。

采用空洞的道德说教。马克思、恩格斯说:“经济学内容逐渐使功利论变成了替现存事物的单纯的辩护,变成了这样的说教:在目前条件下,人们彼此之间的现有的关系是最有益的、最有公益的关系。”①重视功利,实现和维护功利,与主张功利主义,或按照功利主义原则而追逐功利,实际上存在着本质的区别。特别是,功利主义在不同的阶级那里,往往也获得不同的意义。毛泽东并不讳言功利主义。他明确宣言:“我们的态度是不是功利主义的?唯物主义者并不一般地反对功利主义,但是反对封建阶级的、资产阶级的、小资产阶级的功利主义,反对那些口头上反对功利主义、实际上抱着最自私最短视的功利主义的伪善者。世界上没有什么超功利主义者,在阶级社会里,不是这一阶级的功利主义,就是那一阶级的功利主义。我们是无产阶级的革命的功利主义者,我们是以占人口百分之九十以上的最广大群众的目前利益和将来利益的统一为出发点的,所以我们是以最广和最远为目标的革命的功利主义者,而不是只看到局部和目前的狭隘的功利主义者。”②因为,作为革命的功利主义者,无产阶级实际上是为了实现最广大群众的利益乃至整个人类的利益,因而它超越了剥削阶级的狭隘利益视野。但是,纵使如此,我们也应当认识到,仅仅停留在功利的层面上是极为有限的。马克思、恩格斯曾说:“把所有各式各样的人类的相互关系都归结为唯一的功利关系,看起来是很愚蠢的。这种看起来是形而上学的抽象之所以产生,是因为在现代资产阶级社会中,一切关系实际上仅仅服从于一种抽象的金钱盘剥关系。”③实际上,人们除了物质利益、经济利益,还存在着政治利益、精神利益乃至内在的心灵利益,人不只是一个经济人,还是一个政治人、道德人、心灵人。所谓政治利益,就是政治人能够实际地在现实的政治生活中享有多少政治权利、政治权力、政治声誉,能够实际地利用所掌握的政治权力为自己在将来谋取更多的物质利益,等等。这一点,对于阶级社会里的不同阶级来说尤其如此,因为只有夺取了国家权力才能为实现和维护本阶级的利益服务。因此,政治利益实际上往往比一时的物质利益具有更大的增殖性,

① 《马克思恩格斯全集》第三卷,人民出版社 1960 年版,第 484 页。

② 《毛泽东选集》第三卷,人民出版社 1991 年版,第 864 页。

③ 《马克思恩格斯全集》第三卷,人民出版社 1960 年版,第 479 页。

或者说，具有更大的潜在价值。与此物质利益、经济利益和政治利益不同，精神利益是精神存在者、道德人在精神生活、道德生活上享有的特殊利益，如名声（或声誉、声望、名誉、名望）、个人价值观念、文化观念、理想信念、信仰、人格，等等。这些显然不能简单等同于或简化为功利意义上的“名利”，它意味着人在公共生活世界里享有自己独立的人格尊严，能够实现自己精神上的满足。其中，不再着眼于外在的公共生活世界而是着眼于自己的内心世界，旨在满足心灵需要的最内在的精神利益，可以确切地称之为“心灵利益”。之所以如此说，在于一旦伤害了这些“利益”，也就伤害了心灵。当然，没有实质内容的外在名声或声望等，往往又一钱不值，而真正的心灵利益则超越了一般意义上的精神利益具有更高的价值，它的实现能够真正地达到心灵上的超脱、自由与和谐，而心灵的超脱、自由与和谐是最根本、最彻底、最深层的利益，是精神利益的最高的、终极的形态。总之，人不仅必须务实地依靠物质基础而生活，必须在现有社会政治生活中享有必要的政治权力从而与全体社会成员共同分享社会财富，即参与社会公共财富的分配，而且还必须作为一个精神性存在而生活，享有自己不可侵犯的独立人格尊严，拥有着丰富而自由、和谐的心灵世界。毫无疑问，只沉湎于世俗之物带来的肉体上粗陋的满足而没有精神存在、精神自由的人，即没有灵魂和心灵世界的人，实际上就如同行尸走肉。因此，人在现实的生活中，不仅需要满足自身的物质生活需要和政治生活需要，而且还必须满足自身的精神生活需要，特别是心灵生活需要，要从各个层面实现利益的最大化。

精神生活需要、心灵生活需要的满足是利益最大化的最高表现，现实中体现为人的幸福感。客观而言，幸福就是在物质生活、政治生活满足的基础上所实现的精神上、心理上、心灵上的满足。首先，幸福不能脱离开物质生活的满足。因为，对于人而言，任何人本质上都是现实的人，因而他首先是作为肉体的人而存在的，满足自身肉体生存和发展的需要，不仅是一种应当，而且是必须的，因为没有肉体的存在，或者说，没有身体的存活，任何意义上的生活都将不复存在。换句话说，人就不可能再作为一个现实的、真实的人而生活在世界上。其次，人也必须在社会生活中，即在公共生活中得到必要的认同和肯定，即他不仅作为一个社会人而存在，而且还必须作为与其他成员一样享有参与社会财富分配的资格和权力，能够客观公正地分配到自己所享有的社会财富。因此，他必须实际地享有社会政治生活中的必要的政治权力，这可以说，是他能够存活下来的政治条件。显然，只有在物质生活、政治生活得以满足的基础上，一个人才可能实际地满足自己的精神生活，具体而现实地感受自己的生活，得到心理上、心灵上的满足。这就是实际享有的幸福感。恩格斯强调："追求幸福的欲望只有极微小的一部分可以靠观念上的权利来满足，绝大部分却要靠物质的手段来实现。"①因此，幸福绝不是抽象的精神满足、心理满足或心灵满足，而是具体而实际地渗透着情感与理性的生活感受。

事实上，单纯从物质生活、经济生活着眼因而计较自己的物质利益、经济利益得失，是人依然停留于伦理层面的表现，甚至还是非常世俗、庸俗的表现，而追逐这种利益上的最大化的理性只不过是狭隘的知性算计而已。众所周知，孔子曾指出："君子喻于义，小人喻于利。"②在此，"小人"并不是指道德品质恶劣的人，而是指世俗之人，而"君子"则是指超越了世俗利益之人。从根本上说，世俗眼光中的利益就是物质利益，世俗之人还不能超脱物质利益的束缚，摆脱世俗物质利益的蒙蔽而认识到精神利益的重要意义。客观而言，物质利益基础之上的精神利益，特别是以牺牲物质利益而追求的精神利益，从根本上说，就是直接指向人生价值和人生境界提升的利益。如果一个人一味地去追逐世俗物质利益，而没有认识到精神利益的价值和意义，即它对于自身人生境界的提升，那么，他就永远只可能是一个非常世俗的，甚至非常庸俗、低俗的人。这样的人过分算计自己的得失，因而对人往往刻薄寡恩，客观地导致与其他人之间的紧张关系，造成自身实际利益的损失。事实上，针对某种特殊的伦理道德境遇，如涉及生死与荣誉等重大问题，任何人都必须全面地权衡，以心问心决定自己究竟应该选择什么意义上的利益。例如，从儒家伦理道德观出发，我们知道，孟子曾经强调："鱼，我所欲也。熊掌，亦我所欲也。二者不可得兼，舍鱼而取熊掌者也。生亦我所欲

① 《马克思恩格斯文集》第四卷，人民出版社 2009 年版，第 293 页。

② 《论语·里仁》。

也。义亦我所欲也。二者不可得兼,舍生而取义者也。生亦我所欲,所欲有甚于生者,故不为苟得也;死亦我所恶,所恶有甚于死者,故患有所不僻也。如使人之所欲莫甚于生,则凡可以得生者,何不用也?使人之所恶莫甚于死者,则凡可以僻患者,何不为也?由是则生而有不用也,由是则可以僻患而有不为也。是故所欲有甚于生者,所恶有甚于死者,非独贤者有是心也,人皆有之,贤者能勿丧耳。"[①]董仲舒曾强调:"虽陷其身,尚有廉名。当此之时,死贤于生,故君子生以辱,不如死为荣,正是之谓也。"[②]然而,就精神利益而言,尽管它明确地以提升自己的人生境界、精神境界或心灵境界为宗旨,人所以能够谈论的精神利益,其深刻的表现恰恰不在于自身的完美或完善,而在于他实际地超越了自己的狭隘世界、狭隘视野或狭隘利益的束缚而成为一个"大写的人",即他能够以更多的人的生存、发展、完善、完美为自身追求的目标。也就是说,他所以活着,是为了更多人的活,是为了更多人活得更好,而正是希望看到或亲自看到更多人活得更好而从内心体验到无比的精神愉悦,体验到自己突破旧有心灵界限而不断提升的超越性。实际上,如果一个人能够超脱自身的利益而自觉希望其他更多的人活得更好、更幸福,那么,他所追求的利就已经不再是私利,而是"义"。事实上,在中国传统儒家看来,"利"本质上就是仅仅指"私利"而言的。可惜的是,很多人没有认真地区分这一点,认为只要自己追求的不是看得见的物质利益,而是政治利益或精神利益,即自己政治上的优越地位、权力、权势或精神上的幸福,就不是世俗的利益追求。毫无疑问,这是典型的误解,这是把世俗利益简单化的表现。

奉行利益最大化原则,并不仅仅局限于自身利益的最大化,还必须实现对方利益的最大化,乃至生活在同一个生活世界里的所有人的利益最大化,归根结底,必须以整个生活世界的利益最大化或社会利益最大化为最终的价值诉求。在此,任何人都不可否定或抹煞博弈对方或任何一个陌生人的利益乃至生活世界整体利益的存在。否认对方在同等条件下对他自己合法

① 《孟子·告子上》。

② 《春秋繁露·玉英》。

利益的享有就是侵犯和掠夺，就是犯罪。而坚持利益最大化原则的最高境界是实现整个社会利益的最大化。自觉地将个人利益与其他人的利益乃至整个社会整体利益统一起来，不仅从物质利益、经济利益上而且从精神利益乃至心灵利益上追求其最大化，是人的理性真正成熟的表现。

五、伤害最小化原则

如果说利益最大化是每个伦理道德博弈当事人自觉的、积极的追求，那么，人们在此过程中很可能没有想到会造成彼此的伤害，无论是物质利益、经济利益乃至精神利益、心灵利益上的伤害和损失，都势必最终威胁到原本追求的利益目标。事实上，伤害最小化是人们在不得已的情况下为了实现利益最大化或维护既得利益而做出的被动选择。也就是说，伤害最小化其根本的宗旨依然是利益最大化。然而，伤害最小化之所以能够独立地成为一个伦理道德规范选择的原则，就在于伦理道德博弈当事人实际上面临着在各种不利因素下不得不做出的损失最小的选择，即在各种可供选择的结果中，选择那个代价最小的选项。因此，伤害最小化原则实际上就是代价最小化原则。

客观而言，自从超越动物直接从自然界获取食物的水平而自觉地生产生活资料，人类创造物质财富的能力就无比地发展起来，而人类所凭借的就是分工—协作下的社会化生产，它充分地发挥了人类集体的、合作的力量，更大规模地实现了人与自然之间的物质、能量、信息的交换。然而不可否认的是，人类或社会整体利益的增大，并不能保障每个人都能够实际地实现各自利益的最大化，特别是在一定的情况下，为了整个群体或集体的利益而不得不损害特殊个体的利益。在此情况下，完全可以把为实现社会整体利益或集体利益而损害的某些个体的特殊利益视为一定的代价。郑也夫说："是否人类要为它的一切收获付出代价，是否人们的一切分工、合作、竞争中都包含着代价，有没有一种伦理、一样准则、一项制度、一个传统、一套生活模式、工作方式、分配方案、安全机制以及某种主义，是尽善尽美的？该怎样估价社会行为中难于避免的种种代价?"[1]在他看来,"几乎没有无代价的合作,几乎没有无内耗的团体生活"[2]。因此,在社会集体生活中,为了实现整体利益最大化,不可避免地会付出一定程度上的代价。面对这种情况,任何真正理性的人并不是放弃了社会化生产或集体合作,而是应当确立比较科学的态度来应对这种情况。因此,既然代价总是存在着,就有必要考虑尽可能减少代价的问题,实际上,这个问题具体到伦理道德博弈来说,就是如何尽可能地在实现利益最大化的同时做到伤害最小化。

确立伤害最小化原则旨在告诫人们不要单纯为了利益的最大化而采取非常的手段或方法在违背最基本的人性、权力或人格尊严的情况下任意胡作非为。如果认真地反思一下生活中的现实,就不难发现一些人确实会为了一时的或眼前的利益,特别是非常狭隘的利益而胡作非为,而要任性,置其他人最基本的伦理道德权利而不顾,做出了伤天害理的事情。特别是,一些实际上掌握着特权或话语权的人,直接蔑视其他人的道德人格而将其完全拒斥于伦理道德博弈活动之外,直接否定人的存在而粗暴地践踏整个社会的伦理道德规范,丧失社会良知而做出违法犯罪的事情。自觉地确立伤害最小化原则,实际上意味着人们已经认识到在彼此的社会生活交往和经济往来中不可避免会造成一定程度上的伤害,只是我们任何一个人都本着利益最大化原则而追求和实现最大利益的时候,一定要学会想方设法运用理性说服自己和对方,放弃自己的不合理的利益偏好和情绪冲动,尽可能地善待对方,减少这种伤害,特别是那些根本不必要的、一般情况下完全可以避免的伤害。也就是说,一些伤害实际上只要我们每一位参与伦理道德博弈的人稍加注意,培育耐性,本着彼此共赢的动机,就完全可以避免。可以说,共同做出避免伤害最小化的努力是能够达到预期目的的,也是我们作为理性的人在发生利益上的矛盾和冲突时最明智的选择。

尤其是,利益最大化和伤害最小化,尽管是任何人的期望,但它们也不

① 郑也夫:《代价论——一个社会学的视角》,生活·读书·新知三联书店1995年版,第3—4页。

② 郑也夫:《代价论——一个社会学的视角》,生活·读书·新知三联书店1995年版,第28页。

能成为唯一的、绝对的标准。不言而喻，从利益着眼来看待我们的生活，特别是伦理道德生活，本身无疑已经把伦理道德狭隘化，甚至纵使我们已经将利益扩展到政治利益和精神利益，但是，我们毕竟是在算计，在盘算得失。毫无疑问，这种思维方式依然没有完全摆脱工具理性的嫌疑。也就是说，我们尽管已经将政治利益，特别是精神利益纳入到利益最大化或最小化的思考之中，从某种意义上改变了纯粹经济利益上的工具理性思维，但是始终在意于利益的得失，无形之中就是以伦理道德上言行举止的利益得失或效益作评判，这无疑有意无意地遮蔽了伦理道德行为应该具有的价值和意义。事实上，利益最大化或伤害最小化本质上应当视为一种自然而然的结果，而不是刻意追求的目的。也就是说，利益最大化或最小化，本质上不应当把所有利益方面的考量视为伦理道德追求的自觉目的。毫无疑问，只有当利益得失问题已经悄然隐去，即不再出现于伦理道德主体的具体博弈着的头脑之中，不再作为言行举止背后的支配力量，甚至任何影响因素时，人们才能真正地不断超越世俗伦理生活而跃升到道德的层次，从而具有高尚的道德人格。

当然，更为关键的是，利益最大化或伤害最小化的考量，归根结底之所以是伦理层面的，就在于人所考虑、忧心或操心的只不过是他自己的利益。冯友兰指出："在功利境界中底人，所求底利，都是他自己的利。"①也就是说，尽管伦理人也注意尽可能地避免造成对他人的伤害，因而做到伤害最小化，但他最终考虑、忧心或操心的恰恰是自己利益的最大化，而自觉地避免给他人造成伤害，其着眼之处恰恰在于避免他人可能随后给自己带来的意想不到的伤害。因而，尽管我们能够客观地承认利益最大化或伤害最小化对于任何人都是必须实现的最基本的伦理要求，但是出于这种目的的思考归根结底本身却没有什么高尚的意义可言。也就是说，这理应成为人们在伦理道德交往实践过程中的最基本、最一般的原则。

正如同利益最大化并不仅仅指物质利益、经济利益最大化一样，伤害最小化也绝不局限于物质利益、经济利益方面，而是涉及多个方面的利益，如

① 冯友兰：《新原人》，生活·读书·新知三联书店2007年版，第84页。

政治利益、精神利益乃至心灵利益,例如,物质上、经济上的伤害,甚至政治上的伤害,都没有心理上、心灵上的伤害对人更具有杀伤力。毫无疑问,心理上、心灵上的伤害,是更为彻底的伤害,如果人的精神支柱和心灵自我遭到彻底的摧毁,那么,一个人很可能完全迷失了自己,生活没有了信心,甚至彻底毁灭了自己的生命,因为心之死远比身之死更可怕。

六、自我完善原则

生活中的伦理道德博弈是促进任何人更清楚地认识自己的社会角色、地位、处境以及自身利益、生活目的乃至生命追求的最佳活动和最佳途径。如果说在现实物质利益的追逐上已经实现了利益的最大化和伤害的最小化,那么,一个人很可能就更多地转向自己更高的追求和自我的实现,乃至最高意义上的自我完善。自我完善是个人自我实现的最高境界或终极目的,意味着实现了充分而完满的人生,意味着体验到了真正意义上的美好幸福。单纯立足于个人而言,任何阶段性或手段性的目的都不是终极的,都需要以一个更高的目标为目的,因为其实现总具有相对的意义而不具有绝对的价值,实现这些目的只是自我实现的必要环节而已。但自我完善却超越了任何阶段性或手段性的目的而不再以任何其他目的为目的,它本身就是目的,实现了它,对个人来说就实现了一切。因此,当人以自我完善为自我实现的终极目的时,他已经真正地明白了针对个人而言所应该达到的极致,或者说明白了他的人生应当达到的顶点和最佳境界。

不言而喻,现实中的任何人都是有限的,甚至是有缺陷的,总有这样那样的不足,因而是不完善的、不完美的。这些有限乃至缺陷,不仅表现在人的身体上,而且还表现在人的心智和德性上;不仅表现在人的客观物质生活上,而且还表现在主观的精神生活,特别是心灵生活上。毫无疑问,人只有实现物质生活与精神生活的和谐统一,实现与其他人之间的协调与和谐,实现自身身心的和谐与自由,过上幸福美好的生活才能算得上实现了自我的完善。确切说来,自我完善是以自己的利益最大化为根本衡量尺度的伦理道德实践。这不仅包括身体上的正常和健康,也包括整个身心的和谐;不仅包括自身的物质利益的最大化,也包括精神利益、心灵利益的最大化,即包括对荣誉、快乐、幸福和自由的情感体验。因此,此时对利益的最大化追求就既包括又超越了对物质利益的追求,而且更多地体现为对精神利益、心灵利益的追求,体现为对美好幸福生活的追求。精神利益,特别是心灵利益,超越了物质利益。如果说物质基础、物质条件或物质利益是任何人生存和发展的客观基础,在最基本层面上得到保障或满足不仅是应当的,而且是必须的,否则人们就没法生存,更不要说超越动物生存的意义享有一定舒适程度和尊严的生活。尽管如此,物质利益上的最大化虽然能够使我们享有比较优裕的生活,或者说比自己身边的人,比自己正处于生活博弈中的对方享有优越得多的生活,达到了物质生活上的无忧无虑,但是这并不是人们追求的终极目的。无疑,对于人而言,自我完善不仅意味着人作为肉体主体而实现自己肉体有机体的最佳发展,达到无损无缺、健康活泼的境界,意味着人作为社会的生活主体能够在现有的社会发展水平上享有最优厚的生活待遇或生活条件,而且对精神主体而言达到精神上的最佳状态,充裕的物质生活是实现美好幸福生活的必要条件。就自身的肉体达到无损无缺的境界,韩非子曾指出:“身全之谓德。”[①]然而,人不仅在于追求肉体主体存在和发展的最佳状态,而且还追求精神上、心灵上的满足。如果一个人仅仅追求物质上、肉体上的满足,很容易陷入纯粹的物质欲望和感性欲望之中,但一旦沉静下来稍加反思,他会发现自己的内心是极端空虚的,生活是毫无意义的,甚至在更深层的意义上他注定面临着内心的恐惧,因为他找不到自己真实存在的根基,他的一切都依赖于纯粹的外物,依赖于在这些外物上寻找新奇和快乐,而这些外物并不牢靠,很容易流失和消亡,自己在外物之上得到的新奇感和快乐转瞬即逝,他为自己不断求新的欲望所困惑和统率,因而看似自由而实际上并不自由,看似快乐而实际上终将无限痛苦。克尔凯郭尔曾经深刻地揭示了仅仅停留于感性审美阶段的这种深层矛盾。在他看来,超越这一阶段,人就进入了与其他人相互交往互动的伦理道德阶段。实际上,人只有进入到与其他人彼此关联的社会之中,才能使自己的内心生活或心灵生活得到不断的满足,才能实现和确证自我的存在,为生活奠定坚实的基

---

① 《韩非子·解老》。

础,使生活充满意义。因此,人生或生活意义上的探寻,精神上或心灵上的满足并不是脱离开其他人能够实现的,相反,必须紧紧地联系着其他人,必须切实地通过其他人得到确证,特别是必须得到其他人的认可、理解和尊重。当然,人对自身的完善,特别是心灵最深层次的满足也不能仅仅停留在其他人的认可、理解和尊重之上,相反,必须切实地通过人们彼此间的伦理道德交往而不断地陶冶自己的道德情操,培育自己的德性,使自己在更深层的心灵上得到更彻底的自我确证。韩非子强调:“众人之礼也,以尊他人也,故时劝时衰。君子之为礼,以为其身;以其身,故神之为上礼。”[①]因此,对于自觉地认识到自己的存在和价值必须通过其他人得到确证和认可,特别是得到理解和尊重的人来说,在礼仪上尊重其他人就是尊重自己,而礼仪也不是单纯为了尊重其他人,其真正的目的在于增进自己的道德修养,最终在于成就自己。事实上,只有当人不仅超越了纯粹感性的物质层面,又超越了与其他人相交往的伦理层面,并进入到自我心灵交流的道德层面,人才能真正地实现了自己的精神上、心灵上的满足,而要实现这一满足,没有物质作为基础,没有其他人的认可、理解和尊重,没有自己在与其他人交往互动过程中锤炼和磨砺出来的精纯的道德德性,是无法实现的,也是根本达不到真正的自由的。克尔凯郭尔在最高的、最深的层面上将人引向了上帝,事实上,上帝只不过是自己所塑造出来的最崇高的道德形象而已,而真正的心灵自由和满足注定使人彻底地突破宗教信仰而升华到道德信仰,从道德上深刻地理解和把握自身,在已经切实经历的物质阶段和伦理阶段之上彻底地满足自己精神上、心灵上的需要,达到心灵上的自由与和谐。因此,从根本上说,无论是肉体主体或是精神主体,都需要不断地提升自己、完善自己,而人作为一个完整的人,就应当充分地实现这两个方面的发展和完善。但从伦理道德的角度而言,自我完善无疑是人作为伦理道德主体充分地实现主体性发展、自由发展的必然结果。

以自我完善为个体人生或生命追求的终极目的不仅无可厚非,而且是最应当的事情。客观而言,以自我完善为目的也往往在一定程度上发挥着

① 《韩非子·解老》。

"主观为自己,客观为别人"的作用。因为针对个体的自我完善并不必然与其他人发生矛盾和冲突,甚至是与其他人的自我完善形成相辅相成的关系,从而达到"客观为别人"的效果。然而,"自我完善"作为伦理道德主体、人的理想目标或理想境界,其强烈的主体性特征也往往表现出强烈的主观性特征。也就是说,主体性特征过分地表现为主观性特征,即失去了客观性而主观化。梁漱溟曾指出:"一个人当其尽力活动时,从其个人立场总是在生产他所需要的,总是在创造他的前途。但从更大更公的立场来看就很难说,却可能竟是一种有所破坏的行动了。一个人是这样,等而上之,一家一国亦是这样。唯有人们站在全人类这大立场而活动时,或虽出发于个人意识(或个人以上较大范围意识)而无违于这大立场时,方当真符合人类创造力的发挥表现之义。"[①]因此,"主观为自己,客观为别人"的想法是好的,但并不具有现实的必然性。实际上,如果人们过分地强调自己的主体性特征,强调自我发展的自我决定、自由发展、充分发展但同时却忽视或否定了对客观世界、客观事物存在和发展的客观规律的遵循,忽视了社会上其他社会成员的存在和利益,不是站在全人类的大立场上,那么,"自我完善"就往往演变成对其他社会成员或公共伦理道德规范或利益的伤害和破坏。冯友兰强调:"一般人或以为,超过一道德底标准底行为,应是更道德底。但行为超过一道德底标准者,往往只顾到道德关系的一方面,而顾不到其他各方面。"[②]在他看来,此种行为是"偏至之端",而不是"周全之道"。明朝洪应明指出:"能脱俗便是奇,作意尚奇,不为奇而异;不合污便是清,绝俗求清者,不为清而为激。"[③]也就是说,如果刻意追求超凡脱俗,追求清高,那么,这种道德追求实际上已经是偏执、偏激的表现。所以造成了这样的结果,归根结底在于人们在强化自我完善时,没有把这一活动置于整个现实社会之中,没有充分地考虑如何更好地在与周围其他人的利益彼此关照的情况下实现这种自我完善,相反,给自我完善制订了脱离了生活基础的标准,尤其是为自我完善制订了违背

① 梁漱溟:《人类创造力的大发挥大表现》,《梁漱溟全集》第三卷,山东人民出版社2005年版,第421页。

② 冯友兰:《新原人》,生活·读书·新知三联书店2007年版,第80页。

③ [明]洪应明:《菜根谭·上卷》。

客观伦理道德博弈环境的伦理道德规范和规则。也就是说,这些规范或规则不仅是人为制订的,而且可能是严重地危害其他人或社会公共伦理规范和道德秩序的。显然,当人们不是按照社会所公认的伦理道德规范或要求范导自己的言行举止,而是自以为是地为自己设置一些德性规则,设置一些道德目标,自以为能够达到自己的完善,那么,这些伦理道德实践势必出现意想不到的结局,那就是事与愿违。因此,自我完善尽管是人们在伦理道德实践过程中比较普遍的选择,但是,它却并不能确保达到最理想的效果。不仅如此,这种偏至的自我完善,甚至不仅会偏离道德价值,偏离心目中的至善,而且还会演变、蜕化成不道德。因此,以自我完善为个体意义上的终极目的,既要客观地承认其合理性,又必须防止它出现偏差,它的实现是必须以客观地尊重生活事实和客观规律,尊重其他人的实际感受为准则的,违背整个社会利益和他人利益的自我完善不仅是不合理的,而且必然是违背个体自身实际利益的。显然,在此过程中,时刻需要自觉地反思、批评、检讨、修正,否则就是很危险的,无法确保自我完善的实现。

客观而言,自我完善不仅应当视为自我的人生追求、道德追求,而且理应视为一个在伦理道德实践过程中不断升华的过程,一个充分在现实生活中,在与其他人乃至整个社会所有人现实交往互动中实现的过程。在此过程中,每个个体不仅要充分地加强自身的道德修养,而且还必须充分地遵循整个社会伦理道德生活发展的基本规律,尊重现实生活中的伦理道德价值原则、观念、规范的历史合理性,尊重其他人乃至整个社会所有人的独立存在、人格尊严和对各自人生道路和生活的自我选择。在此,不是单纯的自我意识或伦理道德意识起支配和决定作用,而是个人的德性修养在支配和决定着自己现实的伦理道德行为和自我实现。从根本上说,自我完善其前提不是人应当具有鲜明的自我意识或伦理道德意识,而是人应当在伦理道德实践中长期积淀起良好的德性修养。也就是说,自我完善绝不是单靠主观的想象或主观的一厢情愿所能实现的,相反,它必须是一个伦理道德实践的升华过程,是一个通过不断地积淀、锤炼德性修养的过程,因而是德性修养不断充盈、丰厚而自然而然的过程。正如冯友兰所强调的:“由学养得来的纯洁,是可靠底。”[①]归根结底,自我完善是道德人通过自觉追求和伦理道德实践而不断提升自己道德境界的具体历史过程,在此过程中,无论是伦理还是道德,都不是人实现自我完善的障碍,相反,它们是人实现自我完善的必要而现实的途径。这其中,无论是自觉追求还是伦理道德实践,即主观和客观两个方面,都是不可或缺的。《尚书》说:“德无常师,主善为师。”[②]孔子则进一步推演为:“三人行,必有我师焉:择其善者而从之,其不善者而改之。”[③]值得指出的是,真正意义上的自我完善势必始终以自己的德性修养的提升为根本目的,而不是在意于事功名誉。如果留意于事功名誉而修德,这样的德并没有实际的意义,相反,为此而修德赚得美名或廉名,只是图名贪名而已。因此,修德必须从根本上立足于自我德性的纯美与完善,不计较事功得失,否则只会落入俗情。诚然,为恶而惟恐人知,的确是道德境界不高的表现,但是为善而惟恐人不知,其境界同样也高不到哪里去。因此,明朝吕坤指出:“为恶而惟恐人知,为善而惟恐人不知。这是一副甚心肠,安得长进?”[④]事实上,如果在意于事功名誉,在意于外在的评价,那么,一个人实际上还没有真正摆脱世俗名利缰锁的束缚,还没有真正地超越伦理的层面而进入到道德境界。归根结底,他还很难谈得上是在实现道德上的自我完善和超越。因此,自我完善必须是自己德性修养的不断提升,是自己心灵境界的不断提升,而根本不是外在声誉的提升,更不在于财富的积累和权力的享有。如果说外在财富的积累、权力的享有为人的自我完善提供了必要的条件和保障,外在的美誉评价是人佐证自己德性修养提升或自己为社会、为他人所做事功大小的参考,但是人的自我完善还不能仅仅停留于这样的层次,因为任何意义上的外在的评判标准总具有相对的意义,外在的评价都还不是最终的评判。众所周知,托马斯·阿奎那早已经强调,外在的财富、权力、名声、荣誉,等等,只是外在的善、相对的善,而不是内在的善、终极的善、最高的善。阿奎那虽然承认这些外在的、相对的善,但他所谓的内在的、最高

① 冯友兰:《新原人》,生活·读书·新知三联书店2007年版,第81页。
② 《尚书·咸有一德》。
③ 《论语·述而》。
④ [明]吕坤:《呻吟语·存心篇》。

的、终极的善只是上帝，人只有在上帝之中享有幸福。显然，超越宗教的狭隘思维，而真正地关注人自身德性的修炼和自我的完善，那么，这些外在的、相对的善，如财富、权力、名声或荣誉，等等，是一个正常人在现实生活中实现幸福的必要条件。真正的幸福既不在完全为了别人的生活而牺牲自己，也不在于纯粹为了自己的生活而牺牲别人，财富、权力、名声或荣誉对于任何正常的人来说都是必需的，人的自我完善绝不仅仅是道德完善，因而无论是损害自己的财富、权力、名声或荣誉还是损害其他人的，对于实现幸福都是不可能的。完全牺牲自己的财富、权力、名声或荣誉而去实现其他人的幸福，使自己遭受贫穷和不幸，丧失在社会生活中合法存在的资格和权力，蒙受误解、屈辱和唾弃，整天生活在不受人待见的境遇中，尽管能够在世人理解真相之后彰显出自己高尚的道德情操，然而对自己而言这并不是幸福。同样，让别人遭受这一切而使自己享有到一定的幸福，那么，这种幸福同样是极为有限的、可怜的幸福，是不值得称道的幸福，因为自己的这种幸福是建立在其他人的不幸、痛苦和屈辱之上的，它不仅不能持久，而且是任何真正具有高尚情操的人所不能容忍的。事实上，任何追求幸福的人，都应当既努力为自己的幸福创造这些实现幸福的必要条件，也要为其他人的幸福创造这些必要条件。然而，财富、权力、名声或荣誉虽然是实现和保障幸福的必要条件，但并不是充分条件。显然，仅仅拥有这些东西并不能保障人能够现实地享有幸福，幸福从根本上来说是奠定在物质生活基础之上的最佳的精神享受，是基于自身德性修养与周围所有人培育和营造出来的良好心灵和谐互动的心理情感体验。因此，任何追求自我实现、自我完善和幸福的人，既不能太在意于外在的财富、权力、声誉，也不能忽视了财富、权力、名声和荣誉，要以此为基础，并通过自己的日益纯正的、浑厚的德性修养而在现实的伦理道德生活中实际地尊重和遵循整个社会伦理道德生活发展的客观规律，尊重社会伦理道德价值原则、观念和规范的历史合理性，从而切实地促进和改善社会利益和他人利益，与整个社会或他人的期待相一致，塑造与周围所有人的关系，去实现彼此间的心灵和谐互动，才能充分地体验彼此精神上的愉悦，达到真正意义上的幸福。毫无疑问，只有如此，才能客观地起到“主观为自己，客观为他人”的良好效果。总之，自我实现和自我完善本质上是一个具体的实践过程，是一个个体通过德性的不断锤炼和提升而客观地促进自己、他人和社会的历史过程。

如果说个人的自我完善本身已经蕴涵着很高的伦理道德意义，因而是值得推崇和赞美的价值取向，是一个能够真正地成长为具备较高伦理道德素质或修养的社会人的重要途径或重要方面，然而，自我完善更多地出于对自己的考虑，他为自己设定的理想目标或道德境界能否在现实生活中实现，或者是否与整个社会历史的发展和绝大多数社会成员的期待相一致，却依然是一个可疑的问题。特别是，一些人的自我完善仅仅在于强调自己精神上的解脱，在于心灵上的超越，而实际上无视现实社会，其他人的幸与不幸似乎与他无关。明朝洪应明指出："唯自得之士，无喧寂，无荣枯，无往非自适之天。"[①]毫无疑问，这种超脱世俗喧寂，不在乎荣枯的自得之士，尽管做到了自得，因而要比那些热衷名利之徒高尚得多，但是他实际上只是求得了自己的解放，而没有真正有益于所在的社会、民族和国家，因而他的存在对于其他人来说是没有多大意义的。也正因为如此，自我完善还不是人所应当遵循的唯一的伦理道德价值原则。

七、社会仁爱原则

当人们在伦理道德生活中更加注重自身德性修养和精神心灵满足上的情感体验时，仅仅孤立地关注自我是无法实现自我完善的，精神上、心灵上的满足离不开与生活世界里其他人之间的情感交流，因此自我完善依赖于周围其他人乃至生活世界里的所有人。当人们突破自我而将目光转向其他人、陌生人时，就自然而然地由自我完善的个人立场过渡到仁爱的社会立场。因此，真正意义上的仁爱总是突破个人立场而普遍关爱其他人、陌生人的社会仁爱。与自我完善原则相比，社会仁爱原则不再以个人的利益得失或是否完善为思虑的核心问题，而是以社会福利的增长或社会绝大多数人的生存和发展为重要目的。从根本上说，面向整个社会或绝大多数人的仁爱，已经超越了受血缘关系、地缘关系、同事关系、职缘关系等狭隘的利害关

① ［明］洪应明：《菜根谭・下卷》。

系网的束缚而具有了纯粹的、普世的道德价值和意义。这种崇高的道德价值和重要意义更明显地表现在总有一些人基于强烈的仁爱之心而淡化了对自我的物质利益最大化追求的强烈愿望，宁愿牺牲自己的物质利益、经济利益而关注其他人特别是陌生人的生存和生活，认为这是比单纯的自我完善更重要的事情，或者认为是自我完善中更重要的方面。因此，社会仁爱原则是比自我完善原则更高级、更具道德价值和意义的伦理道德价值原则。

当人们还仅仅为了自己的一己之利而勤奋工作时，任何人都不会关心其他人的利益、福利和幸福，乃至其他人的不幸、痛苦、苦难、磨难和悲惨生活，然而一旦人们停下自己的工作而去品味生活，去感受自己的幸福和快乐时，他势必会发现因为自己太过于刻意追求自己的利益、福利、幸福和快乐，实际上在实现利益最大化的同时，他只得到了极为可怜的、贫乏的幸福和极为有限的、短暂的快乐。他会发现，无论是自己的利益、福利还是幸福和快乐，从根本上离不开与其他人的联系，关爱其他人，关心其他人的不幸、痛苦、磨难、悲惨生活，是任何一个稍有觉悟的人都应该具有的意识。这即是人的仁爱之心。恩格斯说："每一个人的利益、福利和幸福同其他人的福利有不可分割的联系，这一事实却是一个显而易见的不言而喻的真理。"[①]仁爱超越了自我完善仅仅关注自身的狭隘视域而将目光转向了他者，其他人生活中遭受的不幸、悲惨、痛苦、苦难或磨难、灾难刺激着人的敏感的神经，引发了人的怜悯之心或悲悯情怀，归根结底，其他人，特别是陌生人的生活、生存和发展成为人关注和忧虑的对象，人更多地基于怜悯或悲悯的道德情感而权衡人与其他人之间的生命关系。"仁爱"之爱的本质在于"仁"，而按照中国传统文化或文字来理解，"仁"就是指"二人"。也就是说，"仁"的本质体现为人与人之间的关系。因此，只有当人不再局限于个人或个体，而从人与人，或人与他者、他人之间的关系来思考问题时，就已经基本确立了"仁爱"的思想立场。客观而言，真正的仁爱之爱就是全面地从人与人之间的关系来关怀、关爱其他人的生活、生存和发展的普遍之爱，在此人与人是超越了具体的血缘、亲缘或地缘关系的，是普遍地指向任何人，特别是任何陌生

① 《马克思恩格斯全集》第二卷，人民出版社1957年版，第605页。

人的。众所周知,“仁爱”是中国传统儒家伦理道德的重要范畴。然而,传统儒家的仁爱思想,根植于传统血缘宗法制度因而带有鲜明的倾向性,如果说在孔子那里还表现得不太明显,那么在孟子那里就已经比较突出。《论语》记载:“樊迟问仁,子曰:‘爱人。’”①也就是说,在孔子看来,“仁”的实质就是“爱人”。正是在这种精神指引下,孟子直接提出了“仁爱”这一范畴。他说:“仁者爱人。”②孔孟的思想看似一贯的,然而在具体论述上却存在着差异。我们知道,对于“仁”,孔子还着重提出了忠恕原则。《论语》记载:“子贡曰:‘如有博施于民而能济众,何如?可谓仁乎?’子曰:‘何事于仁,必也圣乎!尧、舜其犹病诸!夫仁者,己欲立而立人,己欲达而达人,能近取譬,可谓仁之方也已。’”③张岱年指出:“这里‘夫仁者’三字也正是确立界说的格式。所以我认为,‘夫仁者,己欲立而立人、己欲达而达人’乃是孔子所讲关于仁的界说。”④毫无疑问,在此,孔子并没有严格区分所立或所达的“人”是否是与自己存在着血缘、地缘关系的人,而是很可能泛指一般的其他人。但是,孟子却明确强调必须从自己身边具有血缘关系、地缘关系的人出发。例如,他主张:“老吾老,以及人之老;幼吾幼,以及人之幼。”⑤这种思想为儒家的后继者所发展,例如,《中庸》云:“仁者人也,亲亲为大。”⑥孔颖达疏:“仁者人也,亲亲为大者,仁谓仁爱,相亲偶也,言行仁之法在于亲偶,欲亲偶疏人,先亲己亲,然后比亲及疏,故云亲亲为大。”⑦这就是明确提出了实施仁爱归根结底是先亲后疏的,是不断地向外推的。然而,这种被学者们视为“推恩”的做法,所体现出来的就是差等之爱,即根据远近亲疏关系而有所区别的爱,而不是真正意义的博爱。如果说孔子强调“仁”的实质在于“爱人”,此“人”还具有泛指的意义,那么,孔子之后的儒家对“仁”的解释,就发生了比较严重的偏向。因此,儒家的仁爱思想归根结底还不是现代意义的指向整个社

① 《论语·颜渊》。
② 《孟子·离娄下》。
③ 《论语·雍也》。
④ 张岱年:《中国古典哲学概念范畴要论》,中国社会科学出版社1987年版,第159—160页。
⑤ 《孟子·梁惠王上》。
⑥ 《中庸·第十九章》。
⑦ 《礼记·正义》,郑玄注、孔颖达疏,《唐宋注疏十三经》二,中华书局1998年版,第570页。

会或绝大多数人的社会仁爱。社会仁爱所以具有更高的道德意义,就在于它超越了根据传统血缘宗法制度而衍生出来的远近亲疏关系,从而把整个社会或绝大多数人的利益得失视为考量的核心内容,它以促进整个社会福利的实现或绝大多数人的生存和发展为根本目的。因此,从根本上说,现代意义的社会仁爱原则,本质上体现了以公为特征的道德意义。客观而言,在中国传统儒家仁爱思想发展过程中实际上就出现了纠正孟子、《中庸》作者以“亲亲为大”的根本价值取向的偏向,而强调“博爱”和“为公”的思想倾向。例如,韩愈强调:“博爱之谓仁。”①而程颐则强调:“仁者,公也。”②又说:“只为公则物我兼照,故仁所以能恕,所以能爱。恕则仁之施,爱则仁之用也。”③在韩愈和程颐看来,仁爱并非差等之爱,而是指向所有人或指向社会共同体的。传统儒家“仁爱”思想的这种转向,为孙中山所赏识。他说:“据余所见,仁之定义,诚如唐韩愈所云‘博爱之谓仁’,敢云适当。博爱云者,为公爱而非私爱,即如‘天下有饥者,由己饥之;天下有溺者,由己溺之’之意,与夫爱父母妻子者有别。以其所爱在大,非妇人之仁可比,故谓之博爱。能博爱,即可谓之仁。”④可以说,正是因为以公爱或博爱为精神实质的社会仁爱原则超越了传统血缘宗法制度而衍生出来的远近亲疏关系,因而它具有了真正的道德价值和意义,是一种普世性原则。

真正的社会仁爱是不计较得失的。特别是,纵使人为社会或他人做出了很大的贡献或牺牲,但他并不把自己的行为放在心上,既不求自己精神上的满足,也不求别人的知道,也就是说,无意于得失与评价,无意于求得好名声。明朝洪应明强调:“施恩者,内不见己,外不见人,则斗粟可当万钟之报;利物者,计己之施,责人之报,虽百镒难成一文之功。”⑤显然,只有不再为心神所为思虑的施恩行为才真正具有道德上的意义。相反,任何意义上的思虑,如时时将自己所做的好事引以为自豪,或者通过各种有意无意的形式、

① 《原道》。

② 《河南程氏遗书》卷九。

③ 《河南程氏遗书》卷十五。

④ 孙中山:《在桂林对滇赣粤军的演说》,《孙中山全集》第六卷,中华书局1985年版,第22页。

⑤ [明]洪应明:《菜根谭·上卷》。

途径或策略而将之告诉、透露给其他人，甚至公开而大肆地宣传自己的慈善行为，那么，无疑都将减损其道德价值和意义，而如果又刻意算计着能够得到多少回报，确切地说只具有伦理的、功利的意义，其道德价值和意义势必荡然无存。恩格斯曾深刻地揭露过虚假的慈善的实质。《曼彻斯特卫报》编辑部曾登载的一封署名“一位太太”的信函，反映城市的大街上出现大批乞丐，“他们企图用他们那褴褛的衣衫和生病的样子，或者用令人作呕的未愈合的伤口和残废的肢体，以常常是极端无耻和令人讨厌的方式来唤起过路人的同情”，但她以为自己“已经缴过济贫税并向慈善机构捐过不少钱”，她希望通过在这份拥有广大读者的报纸上发表这一封信，以“促进当局设法消除这种恶劣现象”。对此，恩格斯评价说：“英国资产阶级行善就是为了他们自己的利益；他们不会白白地施舍，他们把自己的施舍看做一笔买卖，他们和穷人做买卖，他们说：我为慈善事业花了这么多钱，我就买得了不再受你们打扰的权利，而你们就得待在自己的阴暗的洞穴里，不要公开暴露你们的那副穷相来刺激我的脆弱的神经！你们完全可以悲观失望，但是要做得让人觉察不到，这就是我提出的条件，这就是我捐给医院 20 英镑所换取的东西！啊，这就是一个基督徒资产者的可耻的善行！”[①]实际上，恩格斯所揭露的这种假慈善现象在当今社会依然存在，在现代市场经济条件下的慈善机构也往往摆脱不了功利的思考，因而使慈善行为的道德意义大打折扣。周中之指出：“对这种慈善动机如何进行伦理评价？在市场经济社会中，人们所从事的活动往往基于功利的考虑，这是很容易理解的。但带有功利的捐赠与慈善的伦理本质是有距离的，过分功利的捐赠甚至会使慈善变味、异化。人们往往在慈善中遇到理想与现实的矛盾：过于理想化的慈善理念使慈善的发展缺少现实的基础，而过于功利化的慈善理念又难以使慈善沿着健康的方向前进。”[②]毫无疑问，这实质上就是将慈善演变成了公开谋取某种功利的手段，而所谓的“义卖”“义捐”“募捐”，无不是其蒙蔽具有热心肠又常常疏于辨识的世人的幌子而已。客观地说，这实质就是借慈善之名进行

① 《马克思恩格斯文集》第一卷，人民出版社 2009 年版，第 479 页。

② 周中之：《当代中国慈善伦理的理想与现实》，《河北大学学报》2011 年第 3 期。

公开的掠夺和行骗。显然,这种行为不仅不义,而且从根本上说就是违法犯罪。因此,根本谈不上有什么道德价值。事实上,纵使不做任何的宣传或张扬,如果你的慈善行为或施舍行为出于被动而非情愿,或者为了摆脱一定的纠缠,为了面对其他人时得到一定的心灵宁静,那么,这样的慈善或施舍就失去了道德价值,就不是真正的慷慨和慈善。不仅如此,事实上,在一定的历史条件下,形式上的"仁爱"甚至都成为剥削阶级谋取更多利益的手段。恩格斯曾强调,随着大工业的发展,在表面上也变得越来越讲道德了,工厂主不再依靠对工人进行琐细偷窃的办法互相竞争,不屑于在小算盘上浪费时间,为了与同行开展竞争更具优势,他们不仅改良工作环境,而且为了避免不必要的纷争,默认工联的存在和力量,甚至在发生罢工时呼吁和平与和谐。这一切看来都是工厂主的仁爱之心的表现。但恩格斯却清楚地告诉人们:"所有这些对正义和仁爱的让步,事实上只是一种手段,这种手段可以使资本加速积聚在少数人手中,并且压垮那些没有这种额外收入就活不下去的小竞争者。对于这少数人说来,早年的那种小规模的额外勒索不但已经毫无意义,而且成为大展宏图的严重障碍。"①事实上,这种把"仁爱"视为自己在当下从事的活动之外的另一项谋利事业上大展宏图的手段的现象依然较普遍地存在着。

然而,尽管那些真心地奉行社会仁爱原则的人已经远远超越了对自我完善的追求,但客观而言,社会仁爱原则无疑更多地考虑的是物质利益上的问题,而不是精神利益上的问题。也就是说,尽管以社会为整个利益考虑的根本主体,其他人的遭遇成为自己同情的对象,但富有仁爱之心的人所侧重的是物质利益,而精神利益,特别是其他社会成员的内在心理体验往往被忽视。所以造成这一问题,从根本上说在于富有仁爱之心的人或仁爱的实施者,特别是从事慈善的人往往是从单方面来理解社会问题的,他侧重的是对社会或他人的爱,甚至是表达了自己偏好的一厢情愿的爱,而没有考虑被爱者的内心所想或心理感受,甚至确有慈悲的菩萨心肠,但又往往像菩萨或活佛一样以一种居高临下的姿态来普度众生。因此,如果盲目地去实施自己

① 《马克思恩格斯文集》第一卷,人民出版社2009年版,第368页。

的爱心，去施恩，去表达慈善，特别是居高临下地展示自己的菩萨般的救世情怀，结果虽有一片好心却很可能引起人们的反感，达不到理想的效果，甚至与自己预期的目标或效果适得其反。这说明，社会仁爱原则还必须进一步升华到社会幸福原则。

八、社会幸福原则

毫无疑问，社会幸福原则已经超越了伦理道德主体从自身角度衡量利弊得失的狭隘视界，而把整个社会的幸福，或者说，整个生活世界里所有其他人的幸福视为自己伦理道德言行举止的唯一标准。一个人如果仅仅停留在自身利益的得失上，那么，他很难真正地实现自身的超越，然而如果他对自己伦理道德境界的追求仅仅看重自身精神上的超越与自由，那么他就可能无法达到至高的境界。事实上，至高的境界恰恰不仅需要从自身的精神能否得到超越与自由来考察，而且还必须切实地从整个社会成员身上得到验证。然而，这种验证绝不能由作为伦理道德主体的自己去主观臆测，也不能通过所谓物质生活质量的客观衡量，即通过经济学意义上的数量统计来证明。相反，幸福本质上是在物质生活质量提升基础之上人们对自己生活的满意。也就是说，物质生活质量的提升是幸福生活的基础保障，但这也仅仅是基础保障而已，还必须在此基础之上，在整个心理上、情感上达到高度的满足、满意。确立社会幸福原则就是自觉地以整个社会所有人或整个生活世界里所有人在客观的物质基础保障的基础上，实际上所能够切身体验到的心理、情感上的高度满足、满意为标准、目标而思想和行动。

美好幸福的生活是人类诞生以来最根本的追求目标，它标志着人超越动物的层面而在更高的层次过上真正人的生活。美好幸福的生活是人最值得过的生活，如果没有对美好幸福生活的追求，人就会丧失生活兴趣，就享受不到生活的乐趣，当然也享受不到追求美好幸福生活过程中经历痛苦、磨难、艰辛、曲折之后终将到来的成功的喜悦。因此，只有心中期待着美好幸福生活，只有不断地感受着美好幸福生活带来的幸福感、快乐感，人才能消除日常生活中的懒散状态，以一种积极乐观的态度面对生活中的不测和挑战，承受痛苦、磨难和艰辛，以平和的心态对待其他人的过错、失误、误会、误解。然而,在不同的历史时代,在不同的国家和民族那里,在不同的人那里,对究竟什么是美好幸福生活,特别是,究竟什么是幸福,实际上存在着极为不同的认识和理解。因此,什么是美好幸福生活或幸福,其标准不具有统一性,或者说,其标准不是绝对的。但无论如何,一方面,美好幸福,特别是幸福,总是一种具有强烈的主体性特征的以物质生活得到基本保障为前提的心理情感上的满足、满意。也就是说,美好幸福与否,不仅需要由其具体的生活主体来判定,而且需要以客观的物质生活得到一定程度上的基本保障为前提。由具体的生活主体来判定,是说美好幸福与否,不能由一个外在的人,从所谓的客观的角度来判定,因为任何人都无法取代生活主体而任意、武断地评价其生活,他既没有主体性权力,也没有主体性的体验与感受,而任何外在的感受总是外在的,不具有最真切的意义。相反,作为生活的主体、主人,一个人不仅拥有评判自己的生活是否美好幸福的主体权力,而且还能够通过自己最切身的体验和感受最有资格和条件来判定自己当下生活的美好幸福。说美好幸福生活必须以物质生活得到基本保障为前提,是说个人对自己美好幸福生活的评判也不是纯粹主观性的,特别是不是纯粹主观臆断或幻想的。就是说,美好幸福与否是一个现实的人对现实生活的切实判断,美好幸福不能成为脱离了现实生活,特别是脱离了物质生活的纯粹精神性感受。尽管生活的美好幸福带有很大程度上的主观感受性色彩,但它本质上是以一定的物质生活为基础的。人如果完全没有物质生活上的保障,不仅享受不到美好幸福,而且很可能感受到的是艰辛、痛苦和磨难。在一定的意义上,人们的确能够超越物质生活上的满足而更多地体验到美好幸福,即物质生活上的满足远没有心理、精神上的满足更重要。但尽管如此,必要的物质生活的基本保障是人们实现美好幸福生活的前提,如果物质生活得不到基本的满足或保障也能够体验到生活的美好幸福,那么,这种美好幸福总是有缺陷的,总是不够美满的,相反,更充分的物质生活满足则能够更好地促进美好幸福生活的实现。当然,物质生活的满足或充分满足并不是美好幸福生活的充分条件,即物质上的满足,并不意味着必然会美好和幸福。另一方面,对于一个特定的民族、社会或生活世界来说,人们对美好幸福生活的认识和理解往往具有大体上的一致性,即美好幸福生活的标准基本上是统一的,或者说在一定的历史时期或地域里是比较统一的,是具有一定的共识的。这是说,尽管不同的人之间对美好幸福的认识和感悟确实存在着差异,但生活在同一个民族、社会或生活世界里的人们能够忽视掉这些细微的差异而达成一定程度上的共识。毫无疑问,这种具有普遍共识性的美好幸福观就客观地具有了一定的影响力,现实地规范和引导着人们的思想和行为,影响着人们在伦理道德生活中的博弈。事实上,很多人就是按照整个社会普遍流行的美好幸福生活观或幸福观来指导自己的思想和行为,来追逐自己的美好幸福生活的。社会普遍的美好幸福生活观或幸福观比较客观地反映了一个民族、社会或生活世界里的所有人对美好幸福生活的认识和理解,往往以一定物质生活的满足为前提,因而具有一定程度上的合理性。个人按照这种普通流行或为整个社会所有成员认同的美好幸福观来生活,来追求自己生活的美好幸福,不仅能够得到其他人的认同,而且能够在现实生活中比较顺利地实现目标。

每个人自觉追求和实现美好幸福生活是促进整个人类社会不断向前发展的不竭动力。然而,对美好幸福生活的追求绝不仅仅是个人的事情,而是整个社会的事情,是整个人类的事情。个人的幸福总是有限的,超越个人幸福的是绝大多数人的幸福,是社会幸福。因此,社会幸福绝不是指单个人、单个家庭或少数人的幸福,而恰恰是指全体社会成员或绝大多数社会成员的幸福。这样的幸福是全面地衡量伦理道德主体是否真正地立足于整个社会利益或全体社会成员的利益而反省和把握自己的伦理道德行为的重要指标。不可否认,一个人或一个家庭对美好幸福生活的实现往往比较容易,但是如果整个社会处于不安定的状态,痛苦、悲惨的生活处处存在,无数家庭遭受着不幸,那么,一个人或少数家庭的幸福不仅难以持久,甚至难以存在,而且缺少充分的社会意义。因为,一方面,“孤岛”意义上的幸福几乎不可能,人毕竟是社会的存在物,人的幸福理应体现在人与人之间的社会交往关系中,是在人与人交往互动中体验到的;另一方面,纵使存在着个人或极少数家庭的幸福,这些个人或家庭的幸福在整个社会绝大多数家庭遭受不幸处于悲惨状况的社会背景下就显得极为另类,孤立地享有个人的或自家的幸福而无视其他人或其他家庭的痛苦、磨难或悲惨,就成为人情上冷漠的人,成为极端的自私自利的人,而如果这种个人或自家的幸福是建立在其他人或家庭的不幸或痛苦之上,那么,这就是极为不道德的现象。在极端个人主义和功利主义盛行的现代社会里,这种现象尤其值得深思。赵汀阳指出:"现代社会这样强调个人利益和个人快乐,以至于损害了幸福,之所以失去幸福,是因为没有人打算给予别人幸福,也就没有得到幸福,每个人都欠着别人的幸福。"①因此,真正的具有崇高的伦理道德精神的人,绝对不会只顾自己生活的美好幸福而无视其他人、其他家庭对美好幸福生活的追求,不会将个人的美好幸福凌驾于整个社会的幸福之上,更不会将个人或自家的幸福建立在其他人或家庭的不幸、痛苦、磨难和灾难上,或者说建立在对其他人或家庭的掠夺、侵略和剥削上。事实上,个人的幸福与其他人的幸福,与整个社会所有人的幸福本质上并不必然发生矛盾,而且个人的幸福只有在社会中才能实现,而整个社会普遍的美好幸福生活的实现,只可能促进个人幸福的实现,提升个人美好幸福生活的水平或幸福感、满意度。整个社会的繁荣和发展,特别是整个社会公正制度的建立和完善,能够实际地推进个人对美好幸福生活的实现,而且能够持久地维护和保障个人和自家的幸福美好。自觉地将个人对美好幸福生活的追求与其他人对美好幸福生活的追求,乃至与对整个社会美好幸福生活的追求统一起来,是衡量一个人伦理道德觉悟的重要尺度,而真正道德高尚的人会更自觉地将社会幸福置于个人幸福之上,甚至为实现社会幸福而牺牲个人的幸福。恩格斯曾高度评价马克思的夫人燕妮个人的高尚品德,他说:"如果有一位女性把使别人幸福视为自己的最大的幸福,那么这位女性就是她。"②因此,真正懂得幸福的实现总是依赖于社会生活,依赖于他人及其幸福的实现,甚至视别人的幸福为自己最大的幸福,甘愿放弃自己的幸福,是一个人伦理道德意识真正觉醒的标志,是一个人个人品德高度良好的表现。

然而,应当指出的是,尽管将幸福推导到整个社会的层面,幸福的实现也往往具有极大的有限性。因为,客观而言,任何历史地形成的现实社会实

① 赵汀阳:《修订版前言》,《论可能生活》,中国人民大学出版社2004年版,第7页。

② 《马克思恩格斯全集》第二十五卷,人民出版社2001年版,第545—546页。

际上存在着不同的阶级和阶层，因而对于不同的社会阶级或阶层来说，幸福不是一个抽象的概念，而是就某个社会阶级或阶层所有成员来说的，因而是确切的幸福，是能够让本阶级或阶层的所有成员切身体验和感受的幸福。但是，由于整个社会里不同阶级或阶层之间毕竟存在着利益上的冲突和矛盾，因而对某一个阶级或阶层的成员来说，他们对幸福的界定和认识与另外一些阶级或阶层成员的界定和认识极可能存在着根本的不同。因此，不同社会阶级或阶层的成员对幸福的追求和实现的途径与方式实际上千差万别。但是，由此一来，当某个阶级或阶层实现自己的幸福时，特别是当这种幸福完全是建立在对另外一些阶级或阶层成员的剥削上时，那么，另外一些阶级或阶层的成员所能够感受到的就不可能是幸福，而只可能是痛苦。所以，如果我们不是抽象地谈论幸福，不是脱离社会现实和历史发展，就应当认识到，追求和实现社会意义上的幸福，是一个历史过程。当然，对于代表着整个社会绝大多数利益的阶级而言，他们所追求的幸福就具有历史的合理性、正当性、正义性，而这种幸福的更全面、更高程度上的实现，最终必将覆盖到更为广泛的人们身上，乃至整个社会上的每一个人身上。

九、至善原则

为伦理道德确立最高的根据或绝对的准则，就会引导人们最终走向至善。虽然至善在不同的文化里具体表现不同，但一旦人们的理性思维追逐至高无上的绝对性，追求伦理道德上的最终根据、准则或基石，都必然存在着道德上的至善出现的逻辑必然性。也就是说，至善是理性思维在道德上追逐极致的必然归宿。然而，理性思维逻辑必然地推导出来的至善，只是一个虚指，因而严格地说只是一个抽象的公式或空洞的符号。对于每个人来说，如果他追求善，他都有一个逐渐发展的过程。很可能，他在理性思维中所推演出来的至善仅仅是他立足于自己所处的生活世界而言的至善，而不是充分地涵盖了其他人的生活世界，因而能够为其他人所认同或共同追求的至善。因此，虽然说他所追求的至善已经是他理性推演所能够达到的最高境界，但是由于他所处的生活世界本身是有限的，甚至他自己的理性本身也是有限的，甚至还没有成熟，那么，他的至善就是极为有限的，而不是真正地超越了有限性的至善。特别是,他的至善,如果不能够实际地造福于自己所处生活世界里的所有的人,那么,这种至善不过是自己臆想的观念而不具有实质性的内容。因此,至善不仅是一种理性致极思维的产物,而且它本身必须还切实地具有内容,它的实现不仅能够现实地促进人自身的发展和完善,而且能够现实地促进所处生活世界的所有人的福祉。因此,在伦理道德博弈中,特别是在超越了伦理的、功利的层面,甚至超越了为某个历史阶段所有社会成员或所有生活世界里的人谋幸福的境界,那么,人们所选择的价值原则就是至善的原则。

信仰宗教的人们,特别是西方信仰上帝的人,不仅将伦理道德的根据诉诸上帝或神明,而且上帝或神明就是至善本身,即不仅相信上帝是宇宙万物的创造者,而且相信上帝是善本身,人们信仰和服从上帝,其最终的目的就是与上帝同在,或者说,与上帝融为一体。我们知道,作为现代哲学家,海德格尔深刻地揭示了人类的生存困境和生存状态,为人的本真存在开显出可能,然而遗憾的是,他临终前告诉《明镜》杂志的记者说:"只有一位上帝能拯救我们。"[①]这说明,在海德格尔的内心世界里依然存在着上帝观念,而上帝就是能够为生命提供最后担保的力量。但如前所述,这本质上还是道德停留在宗教话语里因而穿着宗教外衣的表现,而真正的、自由的信仰不再是对上帝这一外在的对象的信仰,而是人自身的信仰,是道德信仰。将道德上升到信仰的层面,从而将宗教信仰升华为道德信仰,人们所追逐的至高无上的至善就不再是作为人的异化形象的上帝,而是人本身。但是,将道德信仰返回人本身,并不意味着这是一个孤立的、单个的人,而是超越了狭隘个人的人类社会。

事实上,人们对伦理道德问题的思考,必须进一步地超越一定的社会,一定的民族、国家,归根结底,超越一定的生活世界,从而跃进到整个人类社会、整个人类生活世界。也就是说,伦理道德的问题,我们不能仅仅把它局限在一个特定的社会、特定的民族国家、特定的生活世界内部;相反,人们应当清楚地意识到,伦理道德问题从来就不是一个特定社会、特定群体、特定

① 赵敦华:《现代西方哲学新编》,北京大学出版社2001年版,第114页。

生活世界的问题，而从来都是全人类的问题，是应当立足于全人类的大立场从人之所以为人的本性上来考虑的人与人之间的大问题，乃至整个人类生存和发展的大问题。尽管在地球上的确存在着彼此甚至根本不认同对方与自己共属一类的民族，然而这种主观的判断并没有实际的意义，人们毕竟同属于人类。从整个人类的角度和立场而言，我们必须认识到，伦理道德问题虽未免有些抽象，然而这种抽象的伦理道德问题并非没有其最值得人们普遍追求的基本价值和核心价值。实际上这种为整个人类所不能否认和拒绝的基本价值、根本价值或核心价值就是基于人类的本性的至善。事实上，无论那个民族、国家，只要与其他民族、国家发生了伦理道德上的问题，人们只有遵循至善原则，才能更科学地处理和解决彼此间的矛盾和冲突。当然，至善并不意味着完全脱离人的伦理道德实践和客观生活世界的纯粹抽象，具有绝对的普适性甚至绝对的不变性，因而至善原则并不是脱离了人类客观历史发展和伦理道德实践的抽象原则。正如李泽厚所强调，至善必须寄希望于人类整体的历史发展，因此，对它的坚持和遵循依靠的是道德信仰。

至善原则具有一定的超越性、抽象性、普遍性、普适性，然而它的这些属性从根本上取决于它不具有狭隘性、局限性。它所以能够化解不同社会、不同民族国家、不同生活世界里的人们所发生的伦理道德上的矛盾和冲突，关键在于这种至善超越了特定社会、特定民族国家、特定生活世界里伦理道德价值原则、观念、规范的有限性。无疑，各个不同的社会、民族国家、生活世界里的伦理道德价值原则、观念或规范，往往存在着较大的差异，甚至某种程度上的尖锐冲突，因而从整个人类的角度而言，它们实际上都表现出较大的局限性、有限性。如果每个社会、每个民族国家、每个生活世界的人们在涉及与其他社会、其他民族国家、其他生活世界的人们之间的伦理道德问题时依然按照本社会、本民族国家、本生活世界里本身具有有限性、局限性的伦理道德价值原则、观念或规范看待、处理、解决问题，那么，人们势必会出现认识上的冲突，最终导致矛盾的尖锐化，导致问题的进一步恶化。洪应明指出："以真境言，无论父母兄弟，即万物皆吾一体。人能看得破、认得真，才可任天下之负担,亦可脱世间之缰锁。”[1]因此,人们实际上有必要超越本社会、本民族国家、本生活世界里的伦理道德价值原则、观念或规范的有限性、局限性,从整个人类的角度来解决问题。事实上,超越特定社会、民族国家或任何生活世界里的特定群体而达至整个人类,就是着眼于类的意识、类的本质、类的生存和发展来看待伦理道德问题。自觉地承认世界上其他社会的成员、其他民族、国家的人们或任何生活世界里的群体与我们自己一样是人,这实际上就是承认“人的本质的统一、人的类意识和类行为、人和人的实际的同一,也就是说,它表明人对人的社会的关系或人的关系”[2]。因此,我们必须自觉地承认实际上完全可以着眼于人的类本质、类意识或人和人的同一来思考更为复杂的伦理道德问题。然而,人们一旦着眼整个人类来思考和解决问题,就意味着自觉地立足于至善的原则。

这在于,从根本上来说,至善原则是基于人的本性的原则。也就是说,至善原则奠基于人之所以为人的内在根据之上。因此,所谓的至善,也就是直接以人为目的的善,直接促进人能够成之为人的价值。换句话说,如果说社会上任何具体的伦理道德观念或规范所依据的价值归根结底都是以其他价值,例如,比它高一级的价值为目标,结果都表现为手段价值,那么,至善则不再以其他价值为目标、目的,它直接就以自身为目标、目的,因此其他具体价值的意义只能在更高一级的价值那里得到说明,而至善的价值是自足的。因此,至善原则是指伦理道德主体不再以一切外在的标准而仅仅以道德本身来衡量伦理道德行为时所应当遵守的原则。孟子强调:“杀一不辜而得天下,皆不为也。”[3]荀子亦说:“行一不义、杀一无罪而得天下,仁者不为也。”[4]这种观念也为后人所继承,例如,王通就曾强调:“不以天下易一民之命。”[5]实际上,至善的价值所以是自足的,就是因为它直接基于人性,直接促进人成之为人。换句话说,直接地促进人的发展,推进人的提升,使人更进

① [明]洪应明:《菜根谭 · 上卷》。
② 《马克思恩格斯全集》第二卷,人民出版社1957年版,第48页。
③ 《孟子 · 公孙丑上》。
④ 《荀子 · 王霸》。
⑤ 《中说 · 天地篇》。

一步超拔于动物的世界。从根本上说,达到至善的前提是人必须具有至德。也就是说,只有至高的美德才能确保人能够实现至善。《中庸》指出:“苟不至德,至道不凝焉。”①《周礼》则强调“以三德教国子”,指出:“一曰至德,以为道本;二曰敏德,以为行本;三曰孝德,以知逆恶。”②

至善达到的境界可以细化为四个方面,即人与人、人与社会、人与自身、人与自然均达到了最佳的和谐状态。从人与人的角度而言,无论是自己也无论是其他人,彼此间不仅实现了物质利益、经济利益的最大化和伤害的最小化,而且实现了精神利益、心灵利益上的最大化和伤害最小化,达到了心灵上的真正自由和谐,促进了彼此间事业上的发展和精神境界上的提高。从人与社会而言,人的任何行为都最佳地遵循了社会公共伦理道德规范,维护了伦理道德秩序,促进和改善了伦理道德秩序,实现了社会文明的发展和进步。从人与自身而言,人不仅实现了自己作为肉体主体或有机体的最佳发展和自我完善,而且实现了自己作为精神主体、心灵主体或精神存在的最佳发展、完善和提升,归根结底,达到了身与心的最佳和谐。从人与自然的角度而言,人不仅充分地开发和利用了自然,而且实际地发展了自然的最大力量,不仅没有破坏自然,而且促进了自然的生态和谐,归根结底,真正地实现了人与自然之间的最佳和谐。蔡元培指出:“人生之正鹄,至善也,具足之生活也。以善论定之,善论之职分,在论定一普通之形式,其内而身心能力之发展,外而国家天下之关系,悉得其所,而无毫发之遗憾,使人类得据以为正鹄而奔赴之者也。若是谓之至善,亦谓之安宁。”③因此,所谓“至善”,它不仅指向人自身的道德德性,而且实际地指向人的伦理道德实践的客观效果,不仅以人自身的伦理道德价值原则、观念、规范或标准来衡量自身的一切伦理道德行为,而且还实际地以整个社会客观的伦理道德效果为评判基础,不仅以人与人、人与社会、人与自身这些关系中的真正人际伦理为评判的根据,而且以人与自然这种特殊的拟人化伦理为评判的根据。因此,至善所以能够成为至善,并不仅在于伦理道德主体能够切实地提升了自己的德性修

① 《中庸·二十七章》。
② 《周礼·地官·师氏》。
③ 蔡元培:《伦理学原理》,《蔡元培全集》第一卷,中华书局1984年版,第417页。

养，而且还必须切实地彰显在现实的伦理道德实践中，彰显于具体的实践效果之中，相反，绝不能停留于行为主体所幻想的可能的伦理道德活动效果之中。事实上，如果单纯出于自己的主观愿望，只是在可能的而非现实的伦理道德行为后果或效果中幻想至善，那么，很可能造成极端恶劣的后果。这也说明，任何伦理道德本质上都是社会性的，也根本不存在脱离了社会而存在的纯粹至善。

以至善为原则的人，为了达到至善的目的，在实际的伦理道德博弈过程中，也必须时刻认识和把握各种因素的利弊优劣，以充分发挥其积极作用。因此，以至善为目的的人并不就是伦理道德生活中的无知者、无心者，恰恰相反，他理应成为伦理道德生活中的真正智者，只不过他的知和识、他的智和心，并非为自己的私利进行算计，而是为了公共利益，为了他人，甚至为了整个人类的利益，为了整个天地宇宙的利益而操持。因此，人对至善的追求和对至善原则的坚持，本身需要高度的道德意识，而且确切说来，只有当人的道德意识成为真正意义上的道德信仰时，即至善成为信仰对象时，才有可能在现实的伦理道德博弈中坚持至善原则，相反，无道德意识的行为在严格的意义上并不是真正的道德行为。当一个人具有高度的道德意识，即道德信仰，因而以至善为自己行为的原则时，至善成为他追求的目的，当自己身处复杂的伦理道德博弈环境时，他需要做的恰恰就是如何更好地衡量利弊得失，以更好地趋向至善。也就是说，他之所以衡量利弊得失，其最终的考量不是着眼于自身利益（特别是私利）的得失问题，而是着眼于是否更好地、更正确地达到至善的问题。因此，他在此不再像囿于功利境界的人那样每日纠结于自己的、现实的有限私利，不再像他们那样为了谋取到自己的私利而整日用尽心思算计。甚至，纵使他清楚地知道世人谋取私利的各种心计和智谋，他也不屑一顾。当然，更重要的是，他时刻向往着最高的至善，因而从来没有心思去思考那些个人的私利，也不再在乎通过自己的高尚的道德行为而赢得自己在有限的时间里所能够享受到的精神上的快乐，而公共利益，特别是更高意义上的人类生存和发展的利益，乃至整个世界的利益成为他关注的对象。以至善为原则的人，实际上是真正具有超越意识的人，也是真正具有最高智慧的人。对于这样的人，我们不能用世俗的眼光来看待，更不能用世俗所谓聪明、精明与否来判断。这些人在伦理道德生活中，在与其他世俗的人的博弈中，看似非常木讷、愚蠢，然而实际上他们只不过呈现出一种假象而已，他们是真正意义上的智者。明朝洪应明强调："大巧无巧术，用术者乃所以为拙。"[①]因此，只不过他"藏巧于拙"而已。从某种意义说，这类似于老子所谓的"大智若愚"。

第二节　指导伦理道德博弈的实践原则

既然伦理道德博弈问题本质上都是发生在自觉的伦理道德生活主体身上，发生在彼此的社会交往和互动之中，那么，我们应当认识到，伦理道德活动或现象从根本上都必然具有鲜明的主体性特征，具有交往互动的特征。这种主体性和交互主体性特征，实际上就表明，我们在伦理道德博弈过程中选择某些伦理道德规范或做出某种应对策略，尽管是出于自己单方面的主观考量，因而可能没有顾及客观的现实或其他人的意愿，但是我们在遵循伦理道德价值原则、观念和规范时，则不得不贯彻和遵循一些基于这种主体性和交互主体性特征的原则。也就是说，如果一个人在现实中渴望达到自己的伦理道德目的或效果，那么，无论他实际上选择了什么样的伦理道德价值原则、观念或规范，即无论他的价值原则和价值取向如何，他在实施的过程中，就不能完全单方面地考虑问题，不能完全凭借主观的意愿或想象，相反，必须充分地尊重伦理道德博弈的实际境遇，做到对其他人主体地位的认同和主体意愿的尊重，而这从本质上来说，已经不再是单纯对伦理道德规范或策略的选择问题，而是所选择的伦理道德规范和策略如何去实施的问题。如果说对伦理道德规范和策略的选择还停留在行动之前或行动之初，归根结底还只是一种伦理道德考虑，那么，它们的实施则已经非常现实化、生活化。毋庸置疑，伦理道德博弈的实践原则，根本区别于人们所选择和信奉的伦理道德价值原则，是人们在实施或落实自己所选择和信奉的伦理道德价值原则、观念和规范的实践过程中应当遵循的原则。从根本上而言，在具体

---

① ［明］洪应明：《菜根谭·上卷》。

的伦理道德博弈实践中，人们所以必须遵循一定的实践原则，就在于只有这样才能达到博弈的最佳结果，而单纯为了追求自己单方面所选择的伦理道德价值原则，其结果很可能达不到预期的目的或效果。事实上，任何伦理道德价值原则，如果仅仅从个人主观或主体立场出发而没有顾及对方、其他人或生活世界里所有人的客观实际、意愿和感受，注定无法实现和落实。

因此，从博弈伦理学的角度而言，实际上作为伦理道德生活主体的主观选择的伦理道德价值原则与在实际中必须贯彻执行的伦理道德实践原则存在着极大的不同，两者绝不能混为一谈。而为了科学地促进伦理道德博弈的持续进行和良性发展，人还必须自觉地将自诚自信原则、互诚互信原则、互敬互爱原则、互帮互助原则、互利互惠原则、宽容宽恕原则视为指导自己的伦理道德博弈活动的实践原则。

一、自诚自信原则

伦理道德的研究对象归根结底是人，是由人基于社会物质生产和交往而派生出来的人与人之间的关系，然而，任何一个人时刻都在发生着的人的真正关系，并不是与其他人的关系，而是与自己的关系。如何从自己出发而规范和协调与自己的关系、与其他所有人的关系，是伦理道德生活塑造的首要问题。事实上，既然自觉的伦理道德博弈，必然从伦理的层面跃进到道德的层面，使人从伦理人升华为道德人，最终演变成人的自我博弈，即人不仅自觉地将其他人视为自己不可分割的对象，而且还进而将对方视为自己的特殊存在，视为另一个自己。因此，无论在伦理博弈的层面上还是在道德博弈的层面上，出于合作的需要，人都应当确立和贯彻一个原则，即自己要始终真诚地对待自己，进而真诚地对待他人、对待参与伦理道德博弈的所有当事人，甚至真诚地对待整个社会上或公共生活世界里的一切人，做到自诚自信。

自诚自信既是人科学确立自我关系的必要基础，也是端正态度以冷静分析和对待与其他人关系的前提。毫无疑问，人的任何言行都必须为自己负责，都是对自己未来的承诺，纵使这些言行很可能是在特殊的境遇里为了某种因素，特别是为了照顾某些人的情面而在一定程度上违背了自己本真的意图,但自己也必须清醒地认识到这种情形下自己内心的真实想法。也就是说,虽然自己最表层的言行未必是自己最真实的想法的表达,但自己究竟拥有什么样的内心世界是非常清醒的,而违心不直率的当下言行只不过是为了达到现有状况下某种特殊的人际交往效果而已。不自信,无以立己,自诚自信不自欺,能够使自己始终处于前后一致的状态,也就是说,能够使自己始终保持道德人格的统一,保持自己内在心灵的专一。任何一个自尊自爱的人,从而任何一个想通过自己的努力创建一个自己参与其中且确保自己得到认可和尊重的伦理道德生活世界的人,都应当将自己道德人格的统一和内在心灵的专一视为自己伦理道德生活实践的根本要求。自诚自信,而不是自我欺骗,即自我欺心,是人坚定和巩固自己的存在的心灵基础。不仅如此,真心诚意,自信而不自欺,也是人能够清楚地、态度端正地、冷静地看待和分析人们彼此间的社会生活交往或伦理道德博弈的前提,进而保障伦理道德博弈的持续协调进行的基础。也就是说,遵循和贯彻自诚自信原则,不仅始终有助于人们深刻地认识和把握伦理道德博弈过程中各种问题和矛盾的实质,而且能够确保伦理道德博弈必然遵循着合理的秩序和逻辑推进下去,而不可能逻辑必然地导致零和的结果。可以说,自诚自信原则是塑造和谐人际关系的逻辑起点,是建构整个生活世界或伦理道德生活共同体的基石。因此,只要从道德博弈的高度看待整个伦理道德博弈活动,特别是深刻地认识到,真正自觉的人必然不断地超越伦理层面而成为一个道德人,把握道德博弈的实质归根结底就是自我的博弈,那么,一个人就应当无论处于伦理博弈之中,还是处于道德博弈之中,都须确立和贯彻自诚自信的原则。

自诚自信,其实质就是要求自己的心意对自己来说必须是诚实的。也就是说,当自己置身于一定的社会交往活动和伦理道德博弈境遇中,面对自己所需要对待的人和事,必须清醒地意识到自己的身份、地位、权力、义务,等等,知道自己该做什么和不该做什么,而不是欺心、违心、漫心地回避或应付了事。对自己所说的事情必须自己搞明白。孔子强调:“道听而涂说,德之弃也。”[①]“道听途说”，所以被孔子称为“德之弃”，其根本原因就在于只有自诚自信，只有对我们自己在与周围其他人交往的过程中所涉及的任何事情或言语做到诚实地对待，做到自己说的事、做的事或传的言切实可信，我们才能保证自己作为伦理道德人而存在。伍庸伯指出：“意不诚的人，在自己做人上麻麻糊糊，不认真，散散漫漫不要强，极有可能成为一个坏人，而不可能成为一个好人。意不诚，可说是一个总问题，一切其他问题都无非从这里引生出来的。”[②]梁漱溟则指出：“精神散乱，四下张望，有多少自欺亦不知道，只有收拢精神，集中于意念上，庶乎一有自欺即可知道。随时而毋自欺，心体明定。”[③]自诚自信的问题，实际上就是心与心的问题，是自己以心问心的问题。“信人者，人未必尽诚，己则独诚矣；疑人者，人未必皆诈，己则先诈矣。”[④]因此，做到最起码自己诚心待人是首要的。针对古语“直心是道”，梁漱溟指出：“求真，非他，只不自欺耳。”[⑤]他还强调：“人能觉知其自欺，是其‘心正’矣。”[⑥]王通说：“古之有道者，内不失真而外不殊俗，夫如此故全也。”[⑦]不能做到自诚自信，人就是伪善的人，因此，尽管他在外表上能够装出各种高尚的道德情操和崇高的道德形象，但这一切毕竟都是虚假的，是自欺欺人的。

自诚自信实质上就是为自己订立的心灵契约，就是最内在的灵魂与当下正处于伦理道德选择、抉择的自由意志或心灵之间的契约。这是为了提升自己而与自己的合作。只有自诚才能不违背自己的自由意志，使自己的自由意志与自己最内在的心灵祈求始终保持内在的一致性；只有自信才能充分地运用自己的自由意志，使自己的自由意志与其他人的自由意志通过彼此间的交往互动而创造出新的和谐关系。当人不能始终严格地听取心底

---

① 《论语·阳货》。
② 伍庸伯：《礼记大学篇解说》，《梁漱溟全集》第四卷，山东人民出版社2005年版，第34页。
③ 梁漱溟：《日记》，《梁漱溟全集》第八卷，山东人民出版社2005年版，第503—504页。
④ [明]洪应明：《菜根谭·上卷》。
⑤ 梁漱溟：《人心与人生》，《梁漱溟全集》第三卷，山东人民出版社2005年版，第590页。
⑥ 梁漱溟：《礼记大学篇伍严两家解说》，《梁漱溟全集》第四卷，山东人民出版社2005年版，第17页。
⑦ 《中说·礼乐篇》，“有道”或为“知道”，参见张沛撰《中说校注》，中华书局2013年版，第155页。

最真实的呼声，而受制于任何外在的因素的干扰或束缚，那么，人就不能始终如一地按照自己的伦理道德原则、信念或信仰忠诚地对待自己，最终必然失信于自己。失信于自己，归根结底就是失信于最内在的心灵，失约于真诚地表达了自己最高价值诉求的道德信念和道德理想。事实上，失信于其他人，可能得不到对方的宽恕，而失信于自己，则无法得到自己的谅解，自己始终会因为失信自己而使得心灵得不到安顿、宁静、自由与和谐。当且仅当自诚自信时，人既不会失信于自己也不会失信于他人，从而既能求得自己心灵的安顿、宁静、自由与和谐，也能够塑造出与其他人之间的心灵和谐关系。

自诚自信是人们之间互诚互信的前提，没有自诚自信为前提、为基础、做担保，事实上根本不可能与其他人建立互诚互信的关系，纵使暂时建立起这样的关系，也会随着自欺欺人而毁坏掉。正如罗曼·罗兰就少年时放荡不羁的托尔斯泰最终通过反省而成为一个伟大的思想家、作家时所说的那样："一件东西永远救了他：他的绝对的真诚。"[①]因此，自诚自信既是自己拯救自己、壮大自己、完善自己的必要条件，也是别人挽救自己、超拔自己、推进自己的客观基础。真正具有高度伦理道德意识的人不会甘心因为自己的过失而失信于自己，会自觉地首先奉行和遵守自诚自信原则。

二、互诚互信原则

伦理道德生活以自己为起点而必然涉及其他人，任何人不仅要确立起与自己之间的关系，而且还必须进而确立起与其他人之间的关系。无论在熟人生活世界里还是在陌生人生活世界里，从最科学的、最应当的关系或状态来看，任何人不仅要通过自诚自信确立起牢固的自我关系，而且还应当通过互诚互信而确立起彼此间的人际关系。互诚互信是诚信在人们塑造和谐人际关系，特别是熟人生活世界里和谐心灵关系时的必然体现，是自诚自信的逻辑结果。毫无疑问，人不仅直接地面对自己的心灵，而且在现实的社会生活中，特别是在伦理道德生活中，还直接地面对着其他人的心灵，不仅要实现自身心灵的和谐，而且还必须实现彼此间心灵的和谐，即心与心的和

① ［法］罗曼·罗兰著，傅雷译：《托尔斯泰传》，华文出版社 2013 年版，第 15 页。

谐。事实上，只有塑造和实现人们彼此间的心灵和谐，才能真正地塑造出整个生活世界的和谐，才能为生活确立起稳定的秩序。因此，所有真心地期望建立和谐的人际关系、心灵关系，因而渴望通过合作塑造整个生活世界的和谐的人，就应当确立和奉行互诚互信原则。

首先需要指出的是，互诚互信原则作为重要的伦理道德实践原则，对它的奉行和遵循总是生活在一定的生活世界里的人们的事情。确切地说，普遍的、有意义的、现实的伦理道德生活总属于一定的熟人生活世界，总是彼此经常性地生活在一起的人们之间的生活。严格地说，对一个与此熟人生活世界无关的人，或者说偶然进入此生活世界里的外来者，人们如果不能自觉地将自身提高到从更大的境界和层次而言的人，因而自觉地将自己与陌生人一起划归到一个超越了自身所属的特定生活世界的更大范围的生活世界，例如，人类生活世界，那么，就无法单纯从伦理道德的角度谈论与陌生人之间的关系、交往或相处。因为，人们完全可以将陌生人视为整个生活世界的入侵者、破坏者，最起码视为潜在的危险分子。在此情况下，根本谈不上什么伦理道德，人们完全可以通过暴力的方式将其驱逐出界或赶出境。然而，生活在彼此共在的熟人生活世界的人，纵使对方不为我所熟悉，但我们毕竟生活在同一个生活世界里，陌生只是一种暂时状态，相反，我们总有可能基于各种机缘而谋面，甚至在社会生活中发生很多物质上、经济上的关系，进而成为彼此不可分离地联系在一起的重要社会交往对象或朋友。因此，如果说在熟人世界里根本不存在罗尔斯意义上的“无知之幕”，那么，随着与陌生人之间的反复交往而蒙在陌生人身上的“无知之幕”也将逐渐地揭去。在这种情形下，人们需要通过信誉和诚信来发展和巩固交往关系，从而建立更丰富的、现实的相互关系。也就是说，只有在此前提条件下，诚信才成为人们彼此间建立现实关系从而进行交往的必要基础。荀子指出：“为人上者，必将慎礼义，务忠信然后可。”[①]因此，诚信是人们彼此将对方视为人，因而自觉地做人，自觉地与其他人交往的礼义基础。《大学》云：“与国人交，止于信。”所谓“国人”就是属于同一国的人，归根结底就是属于同一伦理道

① 《荀子·强国》。

德生活世界的人,与“国人”交是必须讲究信用的。《逸周书》亦云:“乡党之间观其信诚。”①这是说,诚信问题归根结底是类似乡党之间这样的熟人社会或生活世界里才能出现的。因此,诚信不是脱离一定的生活世界泛泛而谈的问题,一旦谈及诚信,它总是相对于一定的群体或生活世界里的人们而言的。其所以如此,关键在于只有生活在共同的生活世界里或社会范围内的人们,才有可能经常性地发生社会关系,才有可能顾及自己的形象、地位和利益。与之相反,如果一个人偶然出现于一个陌生的生活世界,在他看来,那里生活着的是一群与他无关的人们,因而也不与他们经常性地发生社会关系,即与他们极少或没有什么社会交往,那么,他就可能根本不用顾及自己的言行举止是否诚信的问题,他根本不需要考虑自己的信用或信誉问题。因为,对他来说,由于他只是偶然地出现在这样的群体中或这样的生活世界里,因而只不过是匆匆的过客而已,那么,他对其他人的欺诈行为或谎言纵使被揭穿,由于他根本不为众人所识,他还不会深深地感觉到自己在情面上有所损失,在内心有所介意或羞耻。“丢脸”“丢面子”“失身份”,如此等等说法,无不是针对一个人由于诚信缺失等问题而导致在熟人面前或圈子里有损形象的事情。当然,社会生活中总存在着一些试图终生掩饰自己,整天展现出良好的道德形象,在人前说人话,而在背后却说鬼话的人。他的整个生活都是伪装出来的,他尽管也会担心自己的伪善有朝一日会被揭穿,但又始终抱着侥幸的心理每天去迎合周围人,去向任何人证明自己的德行。有些伪君子无法在最后的关头或博弈的最后一回装下去,最终彻底撕去了伪装并干出了自己阴谋了多年的事情,结果使自己长期经营的道德形象轰然倒塌,把自己的声誉挥霍殆尽。实际上,任何稍有良知的人都对这种伪善、伪君子深恶痛绝。纵使心口不一,稍有良知的人也极力反感。伪善的人违背了“与国人交,止于信”的原则,在任何社会中都可能存在。孙中山曾对中国传统社会中的伪君子就极为厌恶,说:“若曰心虽欲之,而不可以明言,是则中国数千年伪善者之习惯,吾辈当为矫而正之者也。”②当然,“该不该撒

① 《逸周书·官人解》。

② 孙中山:《致吴敬恒书》,《孙中山全集》第三卷,中华书局1981年版,第151页。

谎”是一个严肃的、涉及诚信问题的话题，也是一个需要根据具体的伦理道德博弈境遇或情形而辩证思考的问题。立足于自身所处生活世界绝大多数人或所有成员彼此诚信的基础上，为了个别人的利益而暂时向其撒谎，如家人或医生出于医疗的理想效果或目的暂时不向病人透露病情；如向其他人，特别是来自其他生活世界的陌生人，特别是在敌我较量的特殊场合有意掩盖实情，不仅是道德的，而且是现实伦理道德博弈下非常严肃的选择，它具有不可诋毁的道德意义。因为在这种情形下，我们并没有失信于人，而所谓的人，就是我们所处生活世界里的人，归根结底我们都是自己人，我们构成了一个彼此参与其中的伦理道德生活共同体。因此，医生联合家人集体向病人撒谎，纵使治好病之后最终告诉其实情，也不会因如此撒谎而彻底失信于他，相反能够赢得他的理解和谅解；而向敌人有意掩盖实情保守我方的机密，不仅不是罪过，而且是忠诚的表现。李建华指出：“在现实生活中，善意的虚假是存在的。……这种道德的虚假往往是通过幽默、机智、谦虚、友好、善意的形式表现出来。”[①]因此，脱离一定的生活世界抽象地讨论诚信或撒谎的问题，并没有任何现实的意义。但是，每个人在自己每日生活的伦理道德生活世界里，自觉地矫正自己，使自己言行一致，既是对自己的交待，也是对其他人的交待，是善待自己也善待其他人的表现。在现代社会，随着经济全球化的深入推进，各国各民族之间的经济、政治、文化往来越来越普遍，人们社会交往的范围逐渐扩大，不仅孔子时代极为狭隘的“国”不复存在，而且更多的人还超越现代意义上的国界而成为生活、活动于国际舞台或世界舞台上的“地球人”或“世界公民”，因而人们在人类生活世界的意义上彼此生活在一起，在最基本的交往中，最起码的诚信问题就成了需要考虑的现实问题。

诚是信的前提，信是诚的必然结果或表现。毫无疑义，只有当人们彼此真诚因而善待对方的时候，彼此所说的话或许下的诺言才是有意义的，才是值得相信的，因此，诚信是人们之间建立真正亲密、和谐关系的基本前提、基本要求。也就是说，诚信是人们最基本的伦理规范要求，是一个人在道德人

① 李建华：《罪恶论——道德价值的逆向研究》，辽宁人民出版社1994年版，第35页。

格上赢得认同、认可、信赖的必要条件。但是,应当明白,诚信从来不是也不应该是单方面的要求,它所要求的只可能是互诚互信,是以彼此同等的道德人格为担保的心灵上的双方契约。也就是说,诚信从来都是彼此双方的事情,即不仅要求对方必须以自己的道德人格为担保对自己诚实、诚信,而且也必须严格要求自己以自己的道德人格为担保对对方诚实、诚信。毫无疑问,如果单方面地要求对方诚信,而自己不诚信,那么,一旦自己的诺言实现不了,或自己的话证明是欺骗人的,自己的道德人格就不可能得到维护,不可能再取信于人,要么彼此间不可能建立良好的、和谐的人际关系,要么由此就败坏和丧失了在别人心目中已经形成的诚信形象,自己的道德人格受到了威胁,其最终的结果是,原本确立起来的彼此和谐的交往关系和融洽的情感不复存在。在守诚信的人看来,不守诚信的人在道德人格上低人一等,是不值得与之交往的人,而在极端的情况下,就变得不是人。因此,违背互诚互信原则,实际上存在着拿自己的道德人格和已经建立起来的良好、和谐、融洽的交往关系或友谊为赌注而遭遇失败的道德窘境的危险。正如在政治法律生活中没有暴力作后盾,契约只是文字而已,根本无法确保人的安全一样,没有诚信作后盾和担保的契约只是空话而已,根本无法确保人们彼此间的和谐。更重要的是,互诚互信还包含着真诚地相信对方与自己同样真诚因而不怀疑对方、不过分自信的意义。梁漱溟说:“我素常讲人与人合作的基础条件有二:一、在人格上不轻于怀疑人家;二、在见识上不过于相信自己。”[①]因此,诚信实际上就是通常所谓的“人心换人心”的问题,就是人们之间的心灵契约问题。为了不失信于人,必须以诚待人;为了不毁害契约,必须履行心灵契约。《周易》说:“同心之言,其臭如兰。”[②]心灵契约本质上表现为心灵上的默契而不是外在言语上的融洽。人们一旦在心灵上达到默契,就能够建构出真正意义上的心灵和谐,从而塑造出整个人际关系和社会关系的和谐。显然,这与纯粹出于社交礼仪而伪造出来的和谐存在着质的区别,因为那种表面上的和谐充满着文明掩饰下的虚情假意、虚伪或伪善,

① 梁漱溟:《树立信用力求合作》,《梁漱溟全集》第六卷,山东人民出版社2005年版,第712页。

② 《周易·系辞上》。

根本不可能培育出人们之间彼此真正的融洽，特别是根本不可能培育出亲密无间的感情、友谊和爱情，人们始终在心理上彼此疏远，或者说存在着不可消除的隔膜。

信奉互诚互信原则并不意味着人们在彼此的交往中不能各自保有自己的心灵秘密。不言而喻，在同一个生活世界里，一个人与周围其他人的交往毕竟存在着远近亲疏问题，因而是与不同人的交往实际上保持在不同的层次和境界上，存在着不同的心灵距离，虽然说这些层次、境界和距离会随着交往的深入发展和时间演进而有所变化，但不可能不存在着这些问题。互诚互信只是说在彼此交往中，在彼此需要和可能的层面上，在一定的问题或事情上，做到真诚守信，不自欺欺人，而不是在根本不涉及的问题或事情上，将自己心灵的秘密必须全盘地向对方托出，彻底地暴露自己的灵魂，否则就认为自己不诚信。事实上，只要在彼此关心或涉及的问题、事情或共同事务上做到真诚守信，因而在一定的层次、境界上不自欺欺人，就是互诚互信，就是值得肯定和赞扬的。

当然，更为重要的是，坚守互诚互信原则，绝不能拘泥而不通权变。孔子曾说："言必信，行必果，硁硁然小人哉！"①所谓"硁硁然小人"，即不辨是非曲直，浅陋固执，不知根据伦理道德博弈形势的动态变化而一味死守规则的人。在孔子看来，这样的人，如果还算得上为"士"，那么，只能是次一等的士。这就是说，互诚互信的目的在于实现和促进人们彼此之间更和谐、融洽的交往，在于达到心灵上的默契与沟通，在于培育人们之间的良好情感，如果客观地能够达到这一最高的境界，在一些小问题或小事情上没有能够严格地做到诚信，也不会真正地伤害到彼此之间心灵上更高境界上的信任。事实上，根据客观情形的权变，不仅是必需的，而且是明智的，只要真心地对待对方，真心地为对方着想，是能够得到对方的谅解和信任的。

三、互敬互爱原则

如果说互诚互信已经实现了人们彼此间的相互理解，甚至彼此间的默

① 《论语·子路》。

契和依赖，但是，对于更好地促进人们之间的交往、合作与融合来说，基于互诚互信原则的相互理解、默契和依赖并不必然地培育出彼此间情感上的融洽，因而还显得有所不足和缺憾。事实上，在彼此互诚互信的基础上，人们还必须进而做到互敬互爱，即只有高度地尊敬对方、热爱对方，才能真正促进彼此间的交往、合作与融洽。可以说，在互诚互信基础上的互敬互爱是培育人们彼此间融洽情感，营造生活世界温馨氛围的根本途径。

毫无疑问，彼此诚信而不相互欺诈的人们之间，虽然在诚信的问题上充分地认可对方的道德人格，肯定对方作为与自己彼此同等的人而可以与之交往，但彼此并不必然地值得对方尊敬与热爱，也并不必然地激发出彼此间的敬仰和爱戴的情感。例如，市场经济条件下商业上的许多伙伴或合作人虽然讲究诚信，做生意的信用绝对可靠，但很可能是一些极为精明、算计的人，对他们来说，利益才是他们关注的对象，而诚实守信只是他们确保自己利益最大化的必要手段，是不得不运用的而且也是最值得运用的理性策略。事实上，相对互诚互信来说，基于彼此道德人格的认可与肯定的尊敬与关爱的情感是彼此关系深化的表现，相反，任何没有真正地发展出情感的交往，纵使它已经达到了互诚互信的层面和境界，也依然是有限的，是不充分的，是有欠缺的。情感上的融洽是人们真正地实现了彼此关联和共在的证明。互诚互信从根本上说还偏重于知和信，而互敬互爱则是直接的情，是深厚的意，它使人们自然而然地相亲近，相融洽，彼此既高度地尊重对方的道德人格，而且深刻地理解到对方在某种意义上就是自己生活在此生活世界里不可缺少的依赖，甚至就是自己不可分割的存在。尊重、敬仰对方，关爱、热爱对方，在某种意义上就是尊重和关爱自己，就是将自己的道德人格自觉地提升到受整个生活世界里其他人必然尊重、敬仰、关爱、爱戴的高度上，就是竭力抵制将自己的道德人格贬损和败坏的自觉行动。因此，能否自觉地、因而发自内心地在公共生活世界里，在与任何其他人（特别是陌生人而不只是熟人、亲人）的日常交往中，尊重、敬仰、关爱、热爱对方，不仅是判断一个人现代文明素质高低的标志，而且是判断一个人的伦理道德修养高低的标志。广义上的文明素质蕴涵着伦理道德的维度，但伦理道德修养却并非狭义上的文明素质，拥有高度的伦理道德修养的人，特别是自觉地追求崇高道德境界的人,已远不能用拥有高度的现代文明素质来形容他,因为文明素质更偏于外在的文明礼仪和知识文化,而道德修养和境界则更偏于内在的价值追求和道德信仰。事实上,只有当人们自觉地基于内在的精神价值追求和道德信仰而与其他人相处和交往时,他才能发自内心地尊重、敬仰、关爱、热爱对方,而不只是履行外在的、形式上的文明礼仪,去表演自己的尊敬、关爱对方的行动,去在乎彼此言谈举止中的细节或差错。毫无疑问,一旦人们彼此发自内心地互敬互爱,真正彼此融洽的社会或公共生活世界就能够生成出来,而这也进一步超越了互诚互信所已经达到的单纯知和信的层面而进展到情和意的境界。人们彼此间知、情、意全方位的融洽是合理的、正常的、和谐的公共生活世界的标志,而任何方面或维度的缺失就势必造成社会或公共生活世界的紧张与危机。

事实上,社会生活领域里所发生的很多伦理道德问题,如熟人间因欠债不还造成关系紧张,婆媳间因冷漠与冲突造成家庭矛盾激化,夫妻间因口角与对抗造成家庭破裂,朋友间因劝酒与嬉闹造成悲剧发生,如此等等,往往是人们彼此间不能很好地尊重、尊敬对方造成的,归根结底是互敬互爱缺失的表现。例如,在公交车上,让座与不让座实际上存在着一场伦理道德上的博弈。一般情况下,公交车上都设置专门照顾老弱病残孕人员的专席。身体健康的正常人,特别是年轻人,应自觉地选坐其他座位,为真正需要的人提供方便和照顾,如果正常人、年轻人已经占有了座位,无论自己的座位是否属于老弱病残孕人员专席,此时遇到了老弱病残孕人员,都应当自觉地让座,而不应当考虑其他人是否会让座,特别是考虑那些当下正占有老弱病残孕人员专席的人是否会让座。从根本上说,让座的前提是对老弱病残孕人员的尊重、尊敬乃至关爱。也就是说,无论是让座者还是接受让座者,人们实际上是处于道德人格平等的地位上,大家完全是彼此相互尊重、尊敬的。然而,之所以让座与不让座存在着一场伦理道德博弈,就在于,一个让与不让发生的情境实际上就是一个特殊的伦理道德境遇,作为当事人已经被抛入了这种博弈环境之中。在这里,不仅存在着所有已经占有座位的当事人之间的伦理道德博弈,即是否让的问题,例如,谁先让的问题:是最靠近接受座位者的人让,还是离得稍远点的人让?是小学生先让还是年轻人先让?

是男士先让还是女士先让？也存在着每一个已占有座位的人自我心理斗争的问题：自己虽然是正常人，特别是年轻人，但是如果自己工作了一天，特别是自己已经站了很长时间的路程，乃至已经给别人让过座，相当疲惫，而刚刚得到一个座位坐下来，如果不让，自己可以稍微休息一下，如果让很可能再站数站才能得到座位，或者直到下车也无法坐下来稍事休息一下。不仅如此，让座者还对接受让座者存在着一定的顾虑：接受让座的人是否为让自己感觉到有一定好感、亲切感，特别是令人肃然起敬、显得相当谦和识礼因而是位值得让座的人？他是否会感激自己的让座？如此等等。事实上，不少人之所以对公交车上让座问题以及生活中其他类似问题产生那么多的思考、顾虑、纠结，都说明在这种伦理道德博弈中缺乏对陌生人的尊敬与关爱。这种尊敬和关爱本质上是应当交往互动地存在着的，即互敬互爱的，但现实中却缺乏了彼此互敬互爱的习惯与氛围，人们彼此作为陌生人无法确保自己的尊敬与关爱能够必然地形成互动，从而使自己的善意行为或善举没有落空而得到了肯定，最终得到心理上的满足与慰藉。互敬互爱理应是人们彼此间的互动行为，任何一方都应当在道德人格上尊敬对方，真正地在生活中关爱对方，乃至热爱对方、深爱对方，将对方的生命存在视为自己的特殊存在。如果不仅在自己的亲人、熟人那里做到这一点，而且一旦置身公共生活世界里在任何一位陌生人那里也能做到这一点，特别是，不期待对方率先做到这一点，而是自己率先做到这一点，不期望对方是否对自己率先做到这一点及时给予必要的感激、感谢从而回敬自己、关爱自己，而是如果对方不给予感激、感谢和回敬，也能坦然一笑，相信这个世界依然充满着关怀、温暖与爱意，那么，在现实生活中所遇到的各种伦理道德问题或许就能够得到比较合理的解决。在谈到中国传统伦理文化的特点时，梁漱溟强调："伦者偶也，伦理内容的根本精神是'互以对方为重'。这与西方的'个人本位'、'自我中心'不同。'互以对方为重'，是双方的，不是单方的。此种精神在任何地域、任何情况下均合乎人情，最行得通的。"[①]由此，他甚至说："在事实所必

① 梁漱溟：《在"中国宗教伦理和现代化"研讨会上的发言》，《梁漱溟全集》第七卷，山东人民出版社 2005 年版，第 646 页。

要上，让一步又何妨。归总一句话：把人当人待，那里有说不通的话。自外于人，偏说人拒我，那就不行了。"[1]当然，这是人们的伦理道德修养和觉悟都比较高的境界，这也说明，每个人也都存在着不断提升自己的伦理道德修养和觉悟的必要。众所周知，孔子特别强调敬的意义，他说："修己以敬。"[2]"修己"指一个人不断地提升自己的道德修养，增广自己的德性，而"以敬"则构成了加强道德修养和增强德性的直接目的。因此，尊重他人、尊敬他人、热爱他人本身就是德性修养较高的表现。梁漱溟强调："伦理主义的要点，就是尊重对方，仿佛没有自己。"[3]

在中国，尊老爱幼是一个优良传统，是值得推崇的美德。但是，现实生活中，尊老爱幼却演变成了一种特别的伦理义务。也就是说，美德变成了一种义务，即"尊老"成为年轻人必须尽的一种伦理义务，成了年轻人应当无条件履行的责任。还以公交车上的让座为例。在这里，"老"成为要求年轻人必须让座的唯一条件，仿佛只要年轻人没有让座就是年轻人天大的错误和罪过，而老人则没有考虑年轻人没有让座可能存在的极为复杂的情形。但是，客观而言，让座本身是基于人们彼此相互尊重、尊敬、关爱的美德，而不是人们分内的强制规定。不让座并不犯法，只能说明年轻人的伦理道德素质或文明素质不高、觉悟不够而已，而让座恰恰是出自较高的道德自觉的主动行为。因此，如果年轻人没有让座，老人实际上是没有资格和权力强制要求年轻人让座的，更没有资格去骂，特别是打年轻人。因为一旦动手打人，那已经不再是一个伦理道德问题，而是一个法律问题，是一个侵犯他人人身和生命安全的问题。实际上，一旦动手打人，不仅证明老人本身缺乏必要的伦理道德素质，只不过是"倚老卖老"而已，而且证明老人缺乏必要的法律知识、法律意识。因此，在现实生活中，社会舆论并不同情和支持那些与年轻人争夺座位的老人，对那些年轻人让了座位感觉到理所当然而不道声感谢的老人，那些动手打了年轻人而结果造成自己伤害甚至死亡的老人，往往表示谴责和厌恶。客观而言，在任何场合，互敬互爱是一个需要任何人都要自

① 梁漱溟：《树立信用力求合作》，《梁漱溟全集》第六卷，山东人民出版社2005年版，713页。

② 《论语·宪问》。

③ 梁漱溟：《村学乡学释义》，《梁漱溟全集》第五卷，山东人民出版社2005年版，第440页。

觉地、主动地培养的良好公共伦理道德氛围，是一个需要彼此作出贡献才得以形成的公共伦理道德制度和习惯，任何一方都无权强调对方的付出和义务而忽视和否定自己的努力和贡献。同样，任何人也没有超越伦理道德的范围而要求对方做出法律上的义务，将伦理道德上的自觉行为变成法律上应当强制履行的义务。

互敬互爱从根本上是建立在对自己的认识和理解之上的，互敬的前提是敬重自己，而敬重自己的前提恰恰是人对自己的存在意义、存在方式和存在境界的理解。实际上，一个人只有深刻地认识到自己的存在意义，正确理解到自己能够区别于其他人的存在方式，以及自己内心祈求的存在境界，他才能发自内心地敬重自己，使自己不甘心混迹于世俗世界之中，不甘于停留在低级的层面上，因而能够使自己时刻都保持着高度的警觉性，使自己不受任何外在因素的干扰、束缚和左右，使自己真正彻底地按照自己的自由意志而生活、而存在。因此，只有当一个人能够正确地理解自己，因而又不甘心过一种世俗的甚至庸俗的生活时，他才能始终将自己在整个生活世界之中的存在、交往视为一项出场演绎、展现和修炼生命的活动。对于他而言，任何一个人都是实现生命的重要载体或媒介，都是确证自己生命存在的对象。因此，对他来说，敬重对方就是在另一种意义上敬重自己。梁漱溟说："人必自尊而尊人，彼此之间心气相通而无隔，乃始说到互相依靠，互相团结。"①实际上，人们彼此间互敬互爱的融洽氛围和关系恰恰就是通过这种主动的自尊自爱而激发和促成的，自尊而尊人是一个伦理道德良性博弈的必然结果。

真正能够自觉地自尊而尊人，进而主动地推进互敬互爱的人，实际上也是本性上最谦恭、谦虚的人，也是最能够认识自己的人。《礼记》曰："夫礼者自卑而尊人。虽负贩者，必有尊也，而况富贵乎？富贵而知好礼，则不骄不淫；贫贱而知好礼，则志不慑。"②恩格斯也曾强调真正谦虚的人都是能够正确地认识自己的人，他曾夸卡尔·肖莱马"是一个世界上最谦虚的人"，并

① 梁漱溟：《中国——理性之国》，《梁漱溟全集》第四卷，山东人民出版社2005年版，第260页。

② 《礼记·曲礼上》。

说,“他的谦虚是建立在他对自己的意义的正确认识上的”①。当然,谦虚恭让本身必须有一个度,必须出自内心,必须做到内心所想与行动相一致。事实上,由于谦虚恭让往往表现为外在的行动而很难让人洞察当事人内在的真实所想,因而它从某种意义上来说亦往往演变为基于某种特殊心机的表演,成为达到某种不可告人的目的的幌子。明朝洪应明告诫说:“让,懿行也,过让则为足恭,为曲谨,多出机心。”②法国的拉罗什福科也曾深刻地揭示说:“谦虚常常只是一种假装的顺从,我们利用它来使别人屈服。谦虚是骄傲的一种计算——通过降低自己来抬高自己。骄傲在方式虽然千差万别,但没有一种方式能比它隐藏在谦虚的形象下更带有隐蔽性,更能欺骗人的了。”③礼貌是人际交往的重要方面。当然,礼貌和礼仪必须以内在的敬与爱为基础,否则人们的礼仪或礼貌就成为极为外在的单纯表演。因此,人们不仅要学会外在的礼貌或礼仪,而且还必须自觉地培育自己内在的德性修养,使礼貌和礼仪获得德性的洗礼,彰显着道德价值和意义。

实际上,尊敬他人的结果就是自身所处群体和生活世界的不断扩大。孔子弟子子夏说:“君子敬而无失,与人恭而有礼,四海之内,皆兄弟也。君子何患乎无兄弟也?”④尊敬总须是相互的,当人们能够自觉地以礼待人时,他实际上亦希望他人以相应的礼节对待自己。毫无疑问,如果我能够自觉地以礼待人,处处体现着对他人的尊敬,然而对方却不知趣,无视或傲慢地对待自己,那么,在持续的交往博弈中,要是对方还不及时地改变态度,我可能就不再像往常那样对待他了。最起码,这种人不可能真正地成为与自己的心灵相通的好朋友,充其量只是一个按照最通常的伦理规范来对待的一般人而已。在西方,鲍曼提出了“道德市场”的说法,因而强调每个人在道德市场上的“投资”,他说:“没有对他人善意行为的投资,就不可能期待出现善意的行为。”⑤为此,他进一步强调:“道德市场有效运行的必要前提是,社会

① 《马克思恩格斯全集》第二十二卷,人民出版社1965年版,第365页。

② [明]洪应明:《菜根谭·上卷》。

③ [法]拉罗什福科著,何怀宏译:《道德箴言录》,新世界出版社2008年版,第51页。

④ 《论语·颜渊》。

⑤ [德]米歇尔·鲍曼著,肖君、黄承业译:《道德的市场》,中国社会科学出版社2003年版,第505页。

中的绝大多数企业家追求合作性战略，从而产生对道德人士的强大需求。”①实际上，严格说来，鲍曼所提出的“道德市场”及维持道德市场有效运行的机制都只是在伦理博弈的层面上讨论的话题，尤其是，还仅仅局限于企业家的经济伦理。相反，互敬互爱作为伦理道德博弈的重要策略选择，本质上涵盖整个伦理道德生活，而且只有超越了纯粹物质利益、经济利益才能获得更多的道德意义。

四、互帮互助原则

互敬互爱能够培育起人们彼此间的情感，有助于建构起一个心灵和情感归属的伦理道德生活世界。因此，如果说互敬互爱原则的确立改进了人们在伦理道德博弈过程中的态度，使人们能够自觉地端正自己的心态对待自己和任何其他人，特别是自己从不曾认识但又生活在同一个公共生活世界里的陌生人，那么，互帮互助原则则有助于使我们在平常的生活、工作或生产劳动过程中，在各个方面的事务上相互支持和帮助，特别是能够鼓励我们在某人遭遇特殊情况而承受种种困难和磨难时，及时地伸出援手使其尽早地摆脱困境和磨难过上正常的、健康的生活，从而将我们的思想和爱转化为实际的行动。可以说，是否贯彻了互帮互助原则，是否将彼此间的互敬互爱转化和落实为具体的、感性的活动，变成对对方的帮助、支持和促进，是衡量一个社会伦理道德文明发展水平高低的重要尺度，也是衡量一个人的伦理道德品质真伪的试金石。

毫无疑问，任何一个人，无论是在整个宇宙之中还是在整个社会上，都是有限的存在，不仅他的生命有限，而且他的能力也是有限的，他是人而不是神，甚至假如他是神，他也极可能是拥有有限能力的神，而不可能拥有无限的能力。拥有无限的能力，如所谓的全能的上帝，只是人们的想象而已。客观地说，人是一个现实的人，是现实地生活在一定的生活世界里的人，他的生命存在和生活实践都是在此生活世界里从私人生活和公共生活两个维

① ［德］米歇尔·鲍曼著，肖君、黄承业译：《道德的市场》，中国社会科学出版社 2003 年版，第 507 页。

度展开的，尽管他能够通过自己的实践改造不断地拓展自己的生命和私人生活世界，但他总还是依然生活在自己与其他人交往互动的公共生活世界里。因此，真正说来，任何一个人都是有限的，都不可能真正地脱离一定的生活世界、脱离其他人而存在，任何人只有在与其他人交往互动的过程中，在社会生产、生活和交往的各个方面发生、发展着各种社会关系而存在，人就在关系中获得自己的存在价值和意义。事实上，一个人只有充分地认识到生活在一个公共生活世界里的任何人实际上都具有这样的有限性，都不可能真正地脱离其他人而存在，他才能使自己更自觉地隶属于生活世界，自觉地将自己与其他人紧密地联系在一起，归根结底，将自己与所有其他人凝聚成一个生命共同体，在底线意义上，就是结成命运共同体，即每一个人的生命之所以能够得到维护和保障，就在于他与其他人彼此紧密地联系成共存共在的共同体，自觉地将自己的生命融入共同体的生命之中，与其他人共同承受着可能遭遇到的一切风险、不测和灾难。命运共同体将共同体成员的命运紧密地联系在一起，每个人的命运都与其他人的命运息息相关，任何人都不可能脱离其他人而实现自己生命的最佳状态或达到最佳境界。纵使有人在特定的处境里遭受了困难和灾难却没有直接地触及自己的利益，没有危及自己的生命，因而能够庆幸自己侥幸地避过了一劫，甚至幸灾乐祸。但一方面如果真正地存在着危及整个社会或共同体的灾难，我们每一个人实际上都无法最终逃避可能不久就会光顾的灾难；另一方面如果我们不仅没有给予遭受困难和灾难的人以及时的照顾和关爱，没有把对方看成是自己不可分割的存在，是值得关爱的以另一种方式存在着的自己，反而幸灾乐祸，那么，我们实际上就丧失了在一定的公共生活世界里作为彼此认同的人而存在的资格和权利。孔子强调："君子成人之美，不成人之恶。"[①]因此，从根本上说，任何人都没有充分的理由对生活世界里的其他人抱有冷漠的态度，都没有理由将其他人，特别是那些遭受生活困难、生命危险和灾难的人视为与自己无关的人，将他们的生活、生存和遭遇视为与自己无关的事，更不能对他们正在遭受的困难、困苦、风险和灾难无动于衷。

① 《论语·颜渊》。

事实上,生活面临着无限的可能性,任何时候命运都可能给人开一个玩笑,因此,任何人都可能面临着自己意想不到的事情或人生变故,从而陷入生活困境,遭受灾难和危险。因此,任何人都理应端正自己的态度,客观地认识到自己在整个生活世界里与其他人不可分割的联系,认识到自己只有在生活世界里,在与其他人的社会交往中,在丰富的社会关系中才能得到存在,才能实现和展开自己的生命,才能达到生命的光辉顶点,而且也才能在其他人的理解、认同和欣赏的基础上实现自己的生命价值。特别是,任何人都要自觉地树立风险忧患意识,都要树立与其他人命运与共、同舟共济的意识,树立"一方有难,八方支援"的观念。培育互帮互助精神,能够使人们更自觉地认同公共生活世界的存在,认同与其他人命运与共的事实,认同其他人本质上就是自己的特殊存在。而贯彻互帮互助原则,不仅能够在平常的生活、工作或生产劳动过程中相互关心、支持和帮助,而且在遭受各种不测时能够及时有效地改变遭受困难、灾难者的生活状况,使他们恢复正常的生活。明代洪应明说:"天运之寒暑易避,人世之炎凉难除;人世之炎凉易除,吾心之冰炭难去。去得此中之冰炭,则满腔皆和气,自随地有春风矣。"①汉光武帝子刘苍则说:"为善最乐。"②乐善好施,是一种值得推崇的美德,它使因自然因素而造成的困难、灾难或痛苦及时地消除,使原本毫无关系的人们建立起联系,使彼此成为相互关心关爱的对方,从而培育出人间的温情,使这个世界不再令人感觉到冷漠和残酷,而是更可亲可爱。

当然,一般情况,人们遭受的困难、磨难、危险等,往往是物质或经济方面的,但困难、磨难或灾难、危险等绝不仅仅是这些方面,事实上不少人所遭受的很可能是精神或心灵方面的痛苦、磨难、危难、迷惑或精神危机。因此,互帮互助就具有广泛的意义,而不只是简单的物质支持或经济援助。明代陈眉公说:"士君子贫不能济物者,遇人痴迷处,出一言提醒之;遇人危难处,出一言解救之,亦无量功德。"③因此,在一个人人生道路紧要的关头或思想事情发展的重要环节,如果能够及时地给予关心、关爱、支持和帮助,很可能

① ［明］洪应明:《菜根谭·下卷》。
② 《后汉书·光武十王列传》。
③ ［明］陈眉公:《小窗幽记》。

及时地促进乃至挽救了他，使他不再经受痛苦的折磨和心灵的煎熬。

五、互利互惠原则

人们彼此间的互帮互助业已将发自内心的尊敬、关爱乃至热爱转化为具体的行动，落实到现实生活之中来，一般而言，已经客观地推动着彼此间伦理道德生活的良性博弈，促进着人们彼此间伦理道德关系的改善，使人们彼此间日益地培育出真正的情感，营造出良好的生活交往氛围。但是，发自内心的尊敬、关爱、热爱乃至深爱，在落实到现实生活之中时，却并不必然地产生理想的效果，即并不必然地出现互利互惠的结果。毫无疑问，在互敬互爱问题上，纵使发自内心，但往往总是有些人没有科学地把握好分寸，因而自己的所作所为恰恰违背了对方的意愿，造成了对对方的影响、干扰乃至伤害。因此，互敬互爱一旦落实到具体的行动中，即转化为实际的互帮互助时，有必要尽可能地做到动机与效果的一致，即将互敬互爱的良好意图通过切实的行动达到彼此期望的目的。可以说，互利互惠是伦理道德实践中必须体现和贯彻的重要原则，即人们在现实的伦理道德交往实践中，一定以切实地促进和实现彼此的利益，以促进彼此的生存和发展为重要目的。因为任何人都是现实的人，不是生活在虚空中的纯精神性存在，实现生存和发展乃至生活境界的提升，是最真实的生活。当然，互利互惠原则并不只是一个预先设置的伦理道德交往原则，而且是一个客观地验证伦理道德交往结果或效果的原则。

客观而言，人们基于彼此的互敬互爱通过现实的行动而实现互利互惠，是人作为现实人无可厚非的事情。按照唯物史观来说，作为一个现实的人，任何人只有首先满足了自己的吃喝住穿等物质生活需要才可能正常地从事政治、科学、文化等方面的活动，从事创造性的事业。这是马克思所揭示的最为简单的生活道理。在人们一切的社会交往活动中，基于物质生产和生活的交往是最根本的内容，而实现物质利益或经济利益上的满足则往往处于人们所有目标的第一位。这是一个客观的事实，是任何一个现实的人无法否认而应当坦然承认的事实。作为规范和协调人们社会生活和交往的伦理道德，实质上就是为了更好地实现和维护人们各自的物质利益或经济利益，实现整个社会或生活世界的稳定有序。然而社会生活的稳定有序并不意味着秩序的合理性，而真正合理的秩序是通过真正的互利互惠实现的。因为如果遵循着一定的伦理道德原则和规范，虽然确立了一定意义上稳定的社会秩序，但并没有实现人们之间的互利互惠，因而并没有实现利益的均衡、公正分配，这种秩序上的稳定只能是暂时的、有限的。客观而言，着眼于伦理的层面，互利互惠不仅应当视为指导人们伦理道德博弈的原则，而且更应当视为一个实际的结果原则，即为了互利互惠而最终实现了互利互惠。当然，人们的利益并不仅仅是物质利益或狭隘的经济利益，而且还有精神利益，特别是心灵意义上的利益，在一定物质利益实现的基础上促进和实现人们彼此的精神利益，特别是促进心灵上的沟通、交流与自由，是一个真正地拥有精神生活和心灵生活因而作为纯粹的自我的人更有重要意义的事情。因此，互利互惠内在地蕴涵着物质利益和精神利益双重维度，一般情况下，两个维度不可分割，能够超越物质利益的束缚而更多地追求精神利益，特别是心灵上的利益，即心灵上的自由，是一个人超越伦理层面而升华为道德人的标志。道德人并非不考虑双方利益的实现，而是更多地着眼于精神利益或心灵利益，甚至为了精神利益和心灵自由而放弃了物质利益或经济利益，实现了现实生活中伦理道德博弈双方物质利益意义上的互利互惠。因此，着眼于道德的层面，互利互惠仅仅是一个结果的原则，而不是期望的原则。

当然，伦理层面的互利互惠和道德层面的互利互惠之间的细微差别，对于现实生活中的很多人来说可能未曾深入地考虑过，但如果稍加深入分析就不难发现这种细微差别的存在。事实上，我们生活中所遵循的伦理道德原则中，往往体现着这种细微差别，最典型的是“人人为我，我为人人”与“我为人人，人人为我”。乍一看，这两个原则就是同一个伦理道德原则，只不过是两种不同的表达，或者说话人不严谨顺口说出来的颠倒话而已。但事实上它们就是两种稍带差别的表达，而且如果深究起来，就会发现它们反映了人们是基于不同程度上的伦理道德自觉意识的。具体说来，“人人为我，我为人人”所蕴涵的精神实质是，只要“人人为我”，即他人首先为“我”做了善事，给“我”带来了好处或利益，那么，“我”保证为他人做好事、善事，也就是说，只要他人不亏欠“我”，“我”绝对不亏欠他，“我”是遵循客观公正的交换原则的。在此,“人人为我”是“我为人人”的必要前提。从这种逻辑关系和实质中不难推出,如果说他人并没有为“我”做出什么善事,那么,“我”也没有必要去“为人人”做什么善事。毫无疑问,在“人人为我,我为人人”的伦理原则中,实质上体现着典型的功利主义思想,即人们之间的伦理交往完全成为一种市场经济条件下的商品等价交换。不仅如此,在这一原则中,“我”并不是一个伦理道德行为上的真正自觉者,“我”的觉悟仅仅停留于“我”在他人为我做出了善事之后而不得不回报的被动触动上,仅仅停留在欠债还钱的层次上。客观而言,这种意义上的“我”,不是完全没有伦理意义的,其行为只是具有最一般的伦理价值,而缺少较高的伦理价值。因此,我们还不能否定这种人的存在,他比那些突破伦理底线而损人利己的人要强得多。与“人人为我,我为人人”相比,“我为人人,人人为我”则具有较高一些的伦理价值。这在于,“我为人人,人人为我”原则所蕴涵的精神实质是,“我”是自觉的伦理道德行为主体,在“我”对自己的伦理道德行为、规范进行选择和实施时,我没有考虑他人是否已经为了“我”做出了什么善事,而“我”所考虑的或者说作为心理基础的预设,仅仅是一旦“我”为他人做出了一定的善事,他人是能够为“我”做善事的。也就是说,“我”为他人做善事,是当下实然的事,而他人为“我”做善事,仅仅是一种应然,只是一种可能。然而,很显然,“应然”和“可能”并非事实,能否成为事实,存在着一定程度上的不确定性。但是,尽管如此,“我”依然抱有良好的伦理预期,即坚信只要“我”能够做到“为人人”,为他人做善事,终究会得到回报的。毫无疑问,这是总体上对整个社会美好未来的向往和期盼,它建立在对人性向善的朴素而坚定的信仰上,因而是伦理信仰的体现。与此相反,因为一方面“我”具有较高的伦理自觉性,“我”处于主动的地位,我坚信我的行为能够得到合乎逻辑的回报,另一方面“我”也确实在行为上做出了善事,因而在现实中我可能面临着实际上的损失,即我可能得不到任何善的回报。葛剑雄说:“我认为,这是一个比较好的中期目标,尽管不是完全无私忘我,但这句话是把‘我’放在了一个核心的地位。”[①]当然,我们也不能由此就过高地推崇“我为人人,人人为我”的

① 葛剑雄:《继承传统文化　切忌混淆“精华”与“糟粕”》,《文汇报》2014年9月1日第9版。

伦理原则。而且,甚至在更大的意义上,也不能过高地推崇互利互惠原则。

互利互惠理应是基于发自内心的尊敬、关爱乃至热爱从而在实际的互帮互助的具体行动中的理想结果,按说这一原则与功利主义伦理学和德性伦理学的原则有着根本的不同。但我们之所以不能过高地推崇互利互惠原则,因为纵使道德上的互利互惠,依然存在着功利主义的痕迹或思想残余,或者说依然存在着遭受其他人诟病的可能性。但事实上,对于指导人们建构正常的社会生活秩序或人们之间正常的伦理秩序和融洽关系来说,它已经是一个比较合理的伦理道德原则,本无可厚非。客观而言,我们应当首先自觉地确立和贯彻"人人为我,我为人人"和"我为人人,人人为我"的伦理道德原则,特别是后者,在现实的生活中切实地促进人们对正常的物质利益的实现,从而满足人们对美好幸福生活的向往和追求,在此基础上,我们再追求和奉行更高的道德原则,从而能够超越物质利益或狭隘的经济利益的束缚而追求精神利益,特别是心灵意义上的自由与和谐。毫无疑问,在此意义上,我们不再在意于"我为人人"是否必然地出现"人人为我"的结果。

六、宽容宽恕原则

人们彼此基于互敬互爱的情感,通过实际的互帮互助而真切地实现了互利互惠,是伦理道德交往的最理想状态。然而,人们在现实生活中所遇到和面对的人,即伦理道德生活中的交往对象,千差万别,而与之所发生的伦理道德问题更是千变万化,甚至同样一个人,出于同样的目的,在不同的环境和条件下,或者说在特别的境遇里或情境下,其实际的伦理道德实践及其结果也可能呈现出极为不同的情形。与彼此都期望的最理想状态或结果相比,很多情况下结果并不一定理想,甚至出现非常糟糕乃至意想不到的结果,如造成了对方身体上的伤害、财产上的损失、名誉上的贬损,在极端的情况下,甚至造成对方的死亡。除已经触及违法犯罪问题因而需要通过法律诉讼来解决外,在多数情况下,还需要在伦理道德范围内通过彼此的交往来解决。客观而言,一旦出现这些不愉快的结果,无论哪一方,如果不端正自己的心态,不以宽容、宽恕原则对待自己在现实生活中不得不长期与之共存和交往的其他人,就不可能持续地维护彼此之间的感情和关系,因而就不可能很好地建构起一个公共的伦理道德生活世界。完全可以说,没有宽容就不可能有不断扩大的伦理道德生活世界,而没有宽恕就不可能有持续的伦理道德博弈或正常的伦理道德生活,归根结底,没有宽容就不可能接受对方,没有宽恕就不可能拥有共同的未来。

人们之所以需要以宽容的心态面对自己的伦理道德生活,就在于每个人事实上就生活在一个极端复杂的现实生活世界里,不得不面对生活中的事实。在现实生活中,人们所遇到的人,即伦理道德生活交往对象,往往极为复杂,各种各样的人都有,如血缘上有远近之分,身材上有高低之分,容貌上有美丑之分,财产上有贫富之分,能力上有强弱之分,权力上有大小之分,等等。而且每一个人待人处事的风格和方式更是千差万别,如有人比较豪爽,有人比较拘谨,有人比较精明,有人比较憨厚,有人比较狡猾,有人比较朴实,等等。每一个人不可能不需要面对自己所不喜欢、不熟悉、不欢迎的人,不可能完全期望对方按照自己所喜欢、熟悉、欢迎的态度和方式进行交往,这是最普遍也最正常的社会事实。积极地、态度端正地承认和接受这一事实是任何人生存在这个社会,进而与其他人进行交往,发现各种伦理道德问题的前提。而要积极地承认和接纳这种极端复杂的社会事实,归根结底接纳各种各样的人及千差万别的待人处事的风格和方式,所需要的科学的、端正的态度就是宽容。尤其是,在此基础上,我们还应当主动地承认,世界上没有绝对的完人、至人、圣人,任何人都是不完善的人,都可能存在着这样那样的缺点、毛病、短处或不足,因此在现实的各种复杂的社会历史环境下,由于受制于主观或客观多种因素的影响,尽管他的确出于一定的尊敬、关爱乃至热爱、深爱,其所做的事,也势必存在着这样那样的问题或差错,而不可能时时处处都达到彼此期望的理想结果,或者使每一个人都满意。可以说,这同样是一个最平凡不过的客观事实。然而,虽然事实如此,常情如此,但是究竟如何对待这一事实,特别是如何看待作为当事人的其他人,是比宽容地承认和接受各种各样的人以及千差万别的待人处事的风格和方式更为严肃的一个重要伦理道德问题。不言而喻,是苛责于人?是不闻不问?还是以宽广的胸襟对对方不涉及根本原则的过错、失误尽可能予以宽恕?显然,按照不同的态度处理问题,其效果往往存在着很大的差异。事实上,宽容和宽恕是任何一个理性的人积极地参与现实伦理道德生活应该采取的科学态度。毫无疑问,人们在考虑与其他人博弈之前,首先要考虑的恰恰是与自然之间的生存博弈,没有不同人基于物质生产、生活而联合起来的整个社会作为自己依赖的对象,自己就根本无法生存下去,而为了生存下去,就要学会以宽容、宽恕的态度对待社会上的任何人。

宽容与宽恕既存在着紧密的联系,也存在着一定的区别。确切说来,宽容强调的背景更多的是人们实际上都存在着多样性、差异性,如果人们不能客观地、冷静地看待对方的差异性、多样性,而只是一味地按照自己的性情、特点和需要去要求别人、规范别人、强制别人,那么,人们势必在交往过程中发生不必要的麻烦与障碍,进而造成一系列的冲突和矛盾,最终造成交往或合作的破裂,甚至彼此成为敌人。因此,人们为了更多地开展交往、交流与合作,就必须以宽容的态度对待对方,就必须客观地、科学地看待和分析彼此间存在的差异性和多样性,充分地认可这些差异性和多样性恰恰构成了彼此存在的前提,只有充分地认可甚至尊重这些差异性、多样性,人们才能更好地开展合作与交流。因此,心胸开阔,宽宏大量,就能够容人、得人,这是最简明的生活道理。与宽容相比较,宽恕更主要强调的是在其他人犯了一定程度的错误或对我们造成了一定程度的伤害后,我们对这些错误或伤害不做相应的报复或惩罚,相反,却主动地原谅对方,消除对方心理上的顾忌,以不妨害我们彼此间的进一步交往与合作。宽恕作为一种美德,基于人的不断涵养而宽厚的德性,而“恕心养到极处,只看得世间人都无罪过”①。俗话说,“冤家宜解不宜结”。然而在现实生活中,却往往是“冤家易结不易解”。也就是说,一旦结下了冤家,很难轻易地化解怨恨,冤家成了世代的冤家,以至于每个人事实上都很优秀或善良,但两个人就是不能进行正常的交往,不能恢复以往有过的友谊。显然,有时我们可能在内心里已经原谅了对方,但我们很难在情感上当面接受对方,也很难在心理上真正地接受对方。而这时对方也可能深深地认识到自己的过错,也与我有着同样的心理,有着同样的打算,结果是,我们彼此之间就是无法真正地进行交往,无法进行必

① [明]吕坤:《呻吟语·存心篇》。

要的沟通和交流。因此,真正意义上的宽恕、宽容,就在于能够以博大的胸怀真诚地对待和接受对方,从而在心灵上直接地容纳对方。

不可否认,任何人都期望与其他人的伦理道德交往或博弈能够取得最理想的效果或结果,都不希望看到彼此不愉快乃至不欢而散的结局,但纵使问题出现了,伦理道德生活毕竟还要进行下去,甚至一时不情愿与之交往的人每天还需要面对,还需要相处,还需要合作。因此,为了达到后续事情的最佳解决,达到人们能够持续地进行博弈的效果,从而有利于整个事业的发展,那么,最佳的选择就是能够对当事人采取比较宽容、宽恕的态度。宽容、宽恕作为伦理道德原则,实际上更根本地体现为伦理道德当事人对其他人的原则,即所宽容、宽恕的对象是其他人而不是自己。但是其前提条件恰恰是个人的道德意识的高度觉醒。换句话说,只有具备较高道德水平或境界的人,因而能够严格要求自己的人,才能够自然而然地给予别人宽容、宽恕。毫无疑问,如果不是严格要求自己,对自己犯的过错轻易地宽恕放过,那么,一个人实际上就是无原则地对待自己,归根结底就是放纵自己。然而,从根本上说,如此一来,人实际上并非在不断地提升自己的德性,以不断地改善与其他人的关系,相反,而是在加深与其他人之间的误解、怨气、仇恨,可想而知,其最终的结果就是导致原本比较融洽的关系,变得比较疏远乃至走向破裂。因此,需要做到的恰恰是严于律己,宽以待人,要始终惦记着别人对自己的好处和恩惠,而淡忘掉别人造成的过错和怨恨。事实上,只有在任何伦理道德活动中、在任何事务中认真地辨别人与己,以更宽容的态度对待其他人,才可能营造出比较融洽、和谐的人际关系,才能更好地促进事业的发展。尤其是,在现实生活中,往往会遇到一些道德品性低劣或者对蝇头小利日常琐事斤斤计较的所谓"小人",在不违反根本原则的前提下,就必须以宽容、宽恕的态度和原则来对待。不仅与"小人"计较不得,而且必须从"小人"的角度适当地考虑其所处的生活境遇和问题,积极地为他着想,或许能够取得意想不到的交往效果。之所以要如此,从根本上来说,如果与小人计较,不但达不到所希望的促进事情发展的良好结果,而且只可能将事情搞得更糟,最终得不偿失。可以说,这是一个无数历史事实证明的真理。

当然,任何的宽恕和宽容也不是毫无底线的。在生活中所能够接受的人们之间所谓的差异性和多样性，绝不是在伦理道德上的根本性的对立，假恶丑绝不能简单地作为差异性、多样性而轻易地以宽容了之。因此，真正说来，所谓能够给予宽容的差异性、多样性，只不过是一些比较具体而特殊的风俗习惯或个性风格而已，相反，绝不是伦理道德上截然对立甚至相反的不同道德品质。而所能够宽恕的现象也是存在着一定的底线的，绝不能将不断涵养的宽恕之心演变成无原则的一味宽恕。事实上，宽容、宽恕作为原则本身亦是有原则的，而不是无原则地对一切事、一切人不加区别地一味宽容、宽恕，而所以给予一定的宽容、宽恕，则是为了更好的合作与交往。博弈论中的著名实验证明，宽容、宽恕是具有非常现实性的策略。赵汀阳指出："根据 Axerold & Hamilton 的研究证明(1981)，一种有着合作愿望和宽恕品质的'针锋相对'(TFT)策略总能够在众多策略的竞争中最后胜出，这说明了高道德水平的策略同时也是最有力的策略。"①"TFT"是"Tit for Tat"的缩写，而"针锋相对"就是通俗所谓"以牙还牙"，即每个人都出于合作的良好意愿，你合作我合作，永不主动背叛，但你背叛我也背叛，给予必要报复，而你对过错和背叛表示忏悔我也不总是记恨，并给予宽容、宽恕。总之，出于合作，以和为贵，不惹事也不怕事，既往不咎，面向未来，是"针锋相对(TFT)策略"的精神实质。事实上，孔子也并不主张"以德报怨"，相反，他说："何以报德？以直报怨，以德报德。"②一般都将"直"解释为"正直"，但实质上这里蕴涵着根据对方策略做出相应策略的意思，即一定程度上的"以牙还牙"，而这同样是正直的。当然，孔子更强调宽容、宽恕的意义，"恕"是其思想的重要方面。客观而言，宽容、宽恕原则所以值得奉行和推广，完全在于人们希望通过尽可能的宽容、宽恕而实现彼此间的谅解、合作与交往，为了实现和增进更多数人的利益。所谓有原则的宽容、宽恕，严格地说，就是内在地遵循公正原则的宽容、宽恕。王通强调："以仁义公恕统天下。"③因此，只有以公正的仁义而宽容、宽恕，才能达到天下一统或和谐的局面。相反，任何人的行为真正地突破了伦理道德的底线因而本质上就是极端恶劣的行为，我们

① 赵汀阳：《博弈问题的哲学分析》，《北京行政学院学报》2005 年第 3 期。

② 《论语·宪问》。

③ 《中说·天地篇》。

不仅没有必要有意地开阔自己的胸怀以容纳对方，而且还必须进行强烈的道德谴责，促使其真正地感受到耻辱，真正地在良心上有所觉醒。如果我们轻易地宽恕、宽容极端恶劣的不道德行为，就等同于支持和纵容罪恶，就等同于我们自己甘于容忍整个社会风气的败坏，等同于放弃了自己捍卫社会良知的职责。

总之，宽容、宽恕旨在为了彼此间持续地生活和交往，而不是武断地拒绝、阻止其他人与我们进一步交往的可能性，无疑宽容能够在更高的境界上赢得别人之心，宽恕能够在造成伤害后减少彼此间的冲突和矛盾，而以宽博的胸怀突破以往彼此间交往过程中出现过的心灵隔膜，跨过心灵上的障碍，从而在更新的氛围和条件下进行新的交往，建立新的关系，最终营造出一个充满温暖和情感的人性世界，既是人超越旧我的标志，也是人能够不断地提升心灵境界的标志。事实上，伴随着自己德性的磨砺与锻炼，因而伴随着自己心胸的开阔与宽厚，人就能够容纳下生活中更多的差异性和多样性，逐渐地消除心中的成见和芥蒂，始终以宽容、宽恕的态度和原则对待其他人，就能够在与其他人持续的伦理道德博弈中提升自己的心灵境界，最终实现自己的完美和完善，实现彼此间心灵的和谐与自由。

第六章　伦理道德博弈的具体过程与实践智慧

从博弈伦理学来看,伦理道德博弈是每天每时每刻都在发生的活动,它几乎贯穿整个人类社会生活的始终,也就是说,自从人类诞生以来,特别是随着伦理道德价值原则、观念和规范的日益形成、丰富和完善,伦理道德博弈就成为人类生活世界里最寻常的活动,它涵盖了所有生活领域,也关系到生活世界里的任何一个人。但是,对于一个人来说,他刚生下的时候,完全没有独立的个人存在,因而往往是作为父母的附属物而被带进了一定的生活世界。按照海德格尔的说法,他是被抛入生活世界的。一方面,在他诞生或出场之前,对于他而言,整个社会上的伦理道德价值原则、观念和规范已经先验地存在了,即先于他的生命、生活和实践而存在了,而在随后的成长过程中,他通过漫长的家庭教育、学校教育以及社会教育逐渐地认识和接受的就是这些已经先验地甚至绝对地存在的东西;另一方面,在整个成长过程中,随着他与父母以及整个社会上其他人的社会交往,才能逐渐地理解他在家庭教育、学校教育和社会教育中所认识和理解的伦理道德价值原则、观念和规范,从自觉学习到接受和内化,从实践检验到反思和批判,甚至有可能进而发现传统伦理道德价值原则、观念和规范自身的不够合理性和有限性,创造性地确立更科学的伦理道德价值原则、观念,创设更合理的伦理道德规范,并使自己逐渐地从一个在意于物质利益、经济利益的功利的伦理人升华为一个追求精神满足和道德价值的无功利的道德人。因此,对任何个人来说,伦理道德博弈既是他对伦理道德价值原则的遵循、对具体伦理道德观念和规范的服从、对具体的伦理道德理想目标实现的过程,也是他与整个社会相博弈的过程。然而无论着眼于个人的成长还是着眼于某一个具体的伦理博弈活动,无论着眼于不断地适应现有伦理道德体系将之不断地内化、外化,还是在此基础上不断地反思和改进伦理道德体系,伦理道德博弈都是一个历史地展开的具体过程。

伦理道德博弈的具体过程是一个当事人身处极为复杂的博弈环境、境遇或情形下接触、了解、学习、接受、内化、外化伦理道德价值原则、观念和规范的过程,是当事人为了实现伦理道德价值目标而通过选择适当的博弈策略以应付对方的过程,是具体地考量、确认、实现、担当或履行伦理道德权利、义务和责任的过程,更是一个需要智慧、提升智慧、彰显智慧的过程。

第一节　伦理道德博弈中的策略选择和实践智慧

伦理道德的博弈环境、境遇、形势相当地复杂,是由多种条件和因素相互影响、相互制约而营造和孕育出来的,身处其中的博弈当事人实际地受制于这些环境、形势、条件和因素。对于任何一个博弈当事人来说,无论他是否自觉参与伦理道德博弈,他都不得不实际地运用一定的博弈策略来作用于对方或对对方所做出的任何策略选择作出相应的、必要的反馈,即针对其伦理道德上的任何行为作出必要的回应。毫无疑问,任何伦理道德博弈策略,其背后都必须隐藏着作为基石的一定的伦理道德价值原则和观念,都体现了根据具体的博弈环境、境遇或形势对一些具体的伦理道德规范的组织和运用,都为了达到预期的伦理道德博弈理想目标和效果,归根结底都旨在实现当事人所诉求的伦理道德价值。然而,现实社会中的伦理道德价值原则、观念和规范不仅很多,而且往往存在着极大的分歧,纵使看似同属于一个价值原则的伦理道德观念和规范也存在着一定程度上的细微差别或歧义。对于任何博弈当事人来说,他或明确或模糊地追求某种伦理道德价值目标,都需要选择和组织伦理道德规范并形成必要的博弈策略以应对对方,实际上由于伦理道德价值原则、观念和规范的歧多性,他所做出的策略选择很可能导致各种意想不到的乃至不愿意看到的结果。因此,博弈当事人如何根据自己的伦理道德价值诉求,根据现有的伦理道德价值原则、观念和规范,恰当地选择和使用博弈策略并发挥其最佳的效果,从而达到伦理道德博弈预期目标或效果，就成了极为关键的问题。客观而言，任何一个博弈当事人，无不希望通过自己对伦理道德博弈策略的智慧选择期望达到自己预期的博弈目标和效果，最终赢得博弈。孔子曾强调："不曰'如之何，如之何'者，吾末如之何也已矣。"[①]这是说，对于一个从不考虑"怎么办，怎么办"的人，连孔子对他也没有办法。因此，如果一个人试图在自己的生活之中处理好复杂的伦理道德问题，就必须对自己的任何伦理道德行为进行一番思考，要多考虑几个"怎么办"。如果说博弈当事人比较明确地选择了自己的伦理道德价值立场和价值原则，形成了自己的伦理道德观念，并能够根据具体的博弈环境、境遇或形势制订了最佳的伦理道德博弈策略，从而达到了最佳的博弈效果，那么，他就成了一个拥有实践智慧的自主、自由的伦理道德生活主体。这其中，他不仅明确了自己所选择的伦理道德价值原则、观念和规范是什么，而且在博弈策略制订中充分地考虑了"怎么办"的问题，而这两个方面的结合，就是最为地道的伦理道德实践智慧的体现。

一、伦理道德的歧多性与博弈策略选择的多样化

人类的伦理道德文化是一个历史地发展着的现象，而越是随着文明的进步，伦理道德体系、价值原则、观念、规范越是丰富而庞杂。梁启超说过："野蛮时代所谓道德者，其旨趣甚简单而常不相容。文明时代所谓道德者，其性质甚繁杂而各呈其用。"[②]毫无疑问，整个世界上或社会上存在着无数的伦理道德体系，而任何一个伦理道德体系归根结底都是以某一伦理道德价值原则为核心建构起来的。任何伦理道德体系所蕴涵的具体伦理道德价值原则、观念和规范都是这一核心价值原则的具体展开或体现。因此，整个世界上事实上存在着无数伦理道德价值原则、观念和规范，因而尽管人们发现世界上或社会上存在着很多看似相同或相近的伦理道德规范，但由于其内在的核心价值原则不同乃至具体价值原则不同，它们实际上存在着根本性的差异。对于世人来说，世界上、社会上所存在的无数多的伦理道德体系及

① 《论语·卫灵公》。

② 梁启超：《饮冰室合集之五·十种德性相反相成义》，《饮冰室合集》第二卷，中华书局2015年版，第427页。

其价值原则、观念和具体规范,在现实地解决或处理比较复杂的伦理道德问题上就会面临一个如何根据它们制订和选择相应的、必要的伦理道德博弈策略的问题。特别是,在社会转型时期,伦理道德领域往往出现更多的混乱局面,因为一方面传统的伦理道德体系、观念还没有退出历史的舞台,还深深地印在人们的头脑中,还发挥着强有力的影响,而另一方面许多新颖的、外来的伦理道德观念,已经入侵到社会生活中来,已经开始影响和左右人们的思想和行为。这些新的、外来的伦理道德观念与传统的伦理道德观念正发生着这样那样或激烈或潜在的冲突,而对整个社会来说,新的、完整的伦理道德体系尚未真正地、全面地建立起来。显然,在这种情形下,人们的确在伦理道德规范的选择上面临着何去何从的问题。总之,伦理道德价值原则、观念和规范的歧多性是造成伦理道德博弈策略制订和选择困难的客观根源。当然,这种歧多性也注定造成博弈策略制订和选择的多样化。

客观而言,价值及价值观问题是与价值主体本身有着紧密联系的主体性问题,任何价值及价值观归根结底都是以主体自身的尺度或内在尺度为尺度而确立起来的生活事实及其观念反映。李德顺指出:"马克思所说人的'本质力量的性质'所规定的尺度,即'人的内在尺度',具体是指作为主体的人的自身结构、规定性和规律,包括主体的需要、目的性及其现实能力等,在主客体关系中,它就是'主体的尺度'。主体的尺度就是价值尺度,它决定了价值现象的本质和特征,它就是价值的根源。"①由此,他强调:"'价值'是对主客体相互关系的一种主体性描述,它代表着客体主体化过程的性质和程度,即客体的存在、属性和合乎规律的变化与主体尺度相一致、相符合或相接近的性质和程度。"②因此,价值在任何时候都是以主体的内在尺度衡量主客体关系的一种主体性描述,离开一定的主体而抽象地谈论价值是没有意义的。与价值本质上是一种主体性的客观描述不同,价值观是对价值的观念反映,它不仅具有主体性,而且具有主观性,甚至主观性很可能遮蔽主体性的客观性。但不管怎样,价值观总以价值为客观基础,与价值一样都是相

① 李德顺:《价值论》,中国人民大学出版社2007年版,第76页。

② 李德顺:《价值论》,中国人民大学出版社2007年版,第79页。

对于一定主体而具有意义的。价值以及价值观的这种主体性乃至主观性的复杂状况，直接导致了社会上各个阶级、各个阶层、各个集团、各个群体、各个家庭乃至各个人所确立起来的生存、生活和发展的目标及其价值原则都有自己的特点和内在要求，因而在现实的伦理道德生活选择中，在具体的伦理道德价值评判中，在具体的价值规范、伦理道德规范或行为准则的制订中，也难以达成比较一致的看法和行动。甚至一家人之间，也往往会因为各自立场不同而出现“公说公有理，婆说婆有理”的现象。“公说公有理，婆说婆有理”实质上揭示了现实生活中，特别是伦理道德生活中始终存在着价值选择、价值规范、伦理道德规范或行为准则的多样性事实以及由此造成的矛盾现象。针对此，冯友兰还曾特别拟设了几个辩论①，如主张中国民族性好的说“中国人爱好和平，是莫大的美德”而反驳者则说“这正是中国懦怯的表现”，主张中国民族性不好的人说“中国人缺少同情心”而反驳者则说“中国主张爱有差等，施由亲始。此最合中庸之道”。实际上，伦理道德领域里如此背反的价值现象不胜枚举。例如，“好马不吃回头草”与“浪子回头金不换”，“兔子不吃窝边草”与“近水楼台先得月”，“宰相肚里能撑船”与“有仇不报非君子”，“男子汉大丈夫，宁死不屈”与“男子汉大丈夫，能屈能伸”，“宁可玉碎，不能瓦全”与“留得青山在，不怕没柴烧”，如此等等。客观而言，对任何一个生活世界来说，在伦理道德生活中出现这种价值选择、价值评判以及价值规范、伦理道德规范或行为准则制订的多样性、歧多性、复杂性的现象并不奇怪，而不出现这种情形反倒是奇怪的、不正常的。

实际上，正是由于伦理道德价值原则、观念和规范的歧多性，一些还没有形成自己稳固的价值观因而确立了自己伦理道德生活的价值原则的人们，在伦理道德的具体博弈过程中，往往会出现伦理道德规范选择上的犹豫不决。也就是说，他们往往对究竟应当选择什么样的伦理道德规范，或哪一条伦理道德规范，一时还拿捏不准，还把握不了其中的分寸。当然，不得不指出的是，尽管人们在具体的伦理道德博弈环境中可以选择多种多样的伦

① 冯友兰：《论“比较中西”》，《三松堂全集》第十四卷，河南人民出版社 2001 年版，第 234—235 页。

理道德价值原则、价值观念、伦理道德规范或行为准则，但一个人如果拥有自己坚定的伦理道德原则或价值立场，那么，他对价值规范、伦理道德规范或行为准则的选择则必将具有自己的价值取向。恩格斯说："人们自觉地或不自觉地，归根结底总是从他们阶级地位所依据的实际关系中——从他们进行生产和交换的经济关系中，吸取他们的伦理观念。"①在社会变动和转型过渡期，一个比较功利的人往往会出于自己利益最大化的目的，有选择地对待伦理道德规范，即任何伦理道德规范只要对他有利，他都会毫不犹豫地选择。这诚如冯友兰所指出的："各人往往为了自己的方便，在一个时候采取这一个标准。在另一个时候采取另一个标准。所取底标准都是于他有利底。"②

但是，不管属于哪一类的人，只要他是一个自觉的、理性的进而明智的伦理道德博弈人，实际上都会根据自己的生活追求和人生追求，自觉地选择自己的生存、生活和发展的伦理道德价值原则，会按照自己所选择的伦理道德规范或行为准则来行动，甚至自觉地养成相应的德行。《周易》曰："默而成之，不言而信，存乎德行。"③这里所说的就是自觉地选择一定的价值原则、价值观念、价值规范、伦理道德规范或行为准则而默默地遵守，从而形成相应的德行。这种德行或许是伦理生活层面的，也或许是道德生活层面的，因而或许仅仅具有伦理价值和意义，也或许具有较高的道德价值和意义。

二、伦理道德博弈策略的选择与观念预演

毫无疑问，伦理道德生活主体在具体的伦理道德博弈环境中，为了实现自己的目的，势必依据一定的伦理道德价值原则、观念和具体规范制订相应的、必要的博弈策略。一般而言，伦理道德博弈策略的制订和选择，往往是为了达到某种目的的，即目的或动机在伦理道德博弈人进行伦理道德博弈的起点上就已经预先决定了将选择什么样的伦理道德价值原则、观念和规

① 《马克思恩格斯文集》第九卷，人民出版社2009年版，第99页。

② 冯友兰：《杂著集·新旧道德问题》，《三松堂全集》第十四卷，河南人民出版社2001年版，第277—278页。

③ 《周易·系辞上》。

范，特别是具体的伦理道德规范。然而，如上所述，就整个社会来说，伦理道德价值原则、观念和规范的歧多性，既客观地造成了博弈策略在制订与选择上的困难，又为博弈策略的多样化制订和选择提供了客观根据。现在的问题是：究竟如何选择博弈策略，并进而将其落实或实施于现实的、当下的伦理道德博弈之中去？客观而言，不同伦理道德博弈策略所蕴涵的价值偏差，如果不深入推敲往往不能为人们所觉察，但是随着伦理道德博弈的持续进行，这种偏差却演变成较大的价值鸿沟。事实上，那些对博弈策略中所可能蕴涵的价值偏差有明确意识的人，会自觉地在伦理道德博弈实际展开之前进行必要的观念预演，以尽可能地预判价值偏差，以期在现实的伦理道德博弈中控制偏差，最终达到动机与目的的统一、观念与实践的统一、思想与行动的统一，归根结底达到最佳的预期的伦理道德博弈效果。

不言而喻，真正具有意义的行为总是有动机和目的的，毫无动机和目的的行为谈不上有什么伦理道德价值，或者说不是伦理道德意义上的行为。作为人而存在的任何个体，在日常生活中为了生存、生活和发展，首先要作为一个生命体而存在，而运动着，他不可能像一个静止的石头那样安稳地存在于大自然为它设置的位置之上。而作为一个生命体，作为一个动物，他现实地运动着、活动着，因而自然而然地发生着各种各样的行为。然而这些行为，首先是在动物的层面上的行为，还不具有一定的社会意义。事实上，纵使这些行为客观地发生在社会生活中，然而也往往是作为人的动物性、自然性的行为来看待的，相反，它们不具有伦理道德上的意义和价值。与人作为自然存在而表现出来的行为不同，人还有意地因而有目的和有动机地去发生一些行为，这些行为因为直接地关涉到其他人的生存、生活和发展，特别是关涉到社会文明体系和伦理道德观念，关涉到彼此关联着的人们的人格尊严、荣誉、权利、义务、责任、自由、平等，等等，因此具有特别重要的意义。阿奎那认识到人的行为本质上存在着这种区别，特意将人在自然状态下的行为称为“人的行为”，而将伦理道德意义上的行为称为“人类特有的行为"[1]。尽管人们对阿奎那做出的这种区分可能不太习惯，但是事实上对人的行为做出这种区分，不仅是必要的，而且具有现实意义。当然，我们完全可以不必太在意于阿奎那的说法，而尽可能地将"人类特有的行为"，即伦理道德行为或有意识、有目的、有动机的行为，全面地归属于"人的行为"，即"人的行为"是一个全面地涵盖人类一切行为因而包括"人类特有的行为"的范畴。因此，人的伦理道德行为不是毫无动机、目的和意志的行为，不是一般意义上的人的行为。伦理道德行为因为总是出于一定的动机，为了实现一定的目的，特别是，都是基于一定的意志自由作出的选择，因此都具有伦理道德上的意义和价值。因此，人们的伦理道德行为都是有目的和动机的，伦理道德博弈当事人选择和实施某些特定的伦理道德博弈策略而作出自己的行为时，内心总表达着一定的价值诉求，这种价值诉求最终都根源于他所选择和奉行的伦理道德价值原则、观念和规范。从表面来看，人们之所以选择或放弃某些伦理道德博弈策略，看似非常地偶然，但如果深究下去，就会发现他们总是以追求、实现和维护某些价值为根本目的的，是遵循着一定的伦理道德价值原则、观念和规范的。对于一个博弈当事人来说，他一般不会直接地暴露每一个博弈策略制订和选择背后的动机和目的，然而他对策略的实施因而在博弈活动中的一举一动却又不可避免地会暴露出他背后的动机和目的。

然而，不管怎么说，出于一定的目的和动机因而根据一定的伦理道德价值原则、观念和规范而制订和选择的博弈策略面临着一个如何从观念到实践、从思想到行动的转化问题。毋庸置疑，任何具体的伦理道德博弈环境往往千变万化，真正日益自觉、理性、明智的博弈当事人必须善于观察、驾驭和把握伦理道德博弈的动态趋势，善于判断当下应当选择什么样的伦理道德规范，并及时准确地捕捉伦理道德博弈策略的制订、选择和实施的时机。特别是，实施和落实所选定的伦理道德博弈策略，远比制订和选择要重要得多，制订完善、选择准确并及时而恰切地、得体地加以实施和落实，才能真正

① ［美］凯利·克拉克、安妮·包腾格著，陈星宇译：《伦理观的故事——人性完善的探究》，世界知识出版社2010年版，第52页。

地实现自己伦理道德实践的预期目的。然而，从观念到实践，从思想到行动，从伦理道德博弈策略的制订、选择到实施、落实，事实上首先表现为伦理道德博弈当事人的伦理道德博弈的观念预演，即当事人在头脑之中、观念之中预先演绎伦理道德博弈当事人之间的伦理道德较量和博弈，在设想之中推演如果自己选择了什么样的伦理道德博弈策略而对方势必作出相应的伦理道德行为以回应从而不断地推进博弈发展下去，进而是否能够达到自己的伦理道德实践预期。这种观念中进行的博弈预演，不仅实际地在每个博弈当事人的头脑里发生着，而且是任何一个真正自觉的、理性的、明智的伦理道德博弈人都应当提前认真思考的问题。如果没有这样的观念预演，乃至反复的观念预演，那么，博弈当事人在博弈实践中往往会陷于博弈的被动局面，从而终为对方所牵制，无法实现自己伦理道德博弈利益的最大化。也就是说，势必造成自己预期目的的无法实现和伦理道德利益的彻底损失。明朝吕坤说："士君子作人，事事时时只要个用心。一事不从心中出，便是乱举动；一刻心不在腔子里，便是空躯壳。"[①]事实上，事事时时用心，处处存心，始终做一个明白人，是一个自觉的、理性的、明智的伦理道德博弈当事人的基本要求，而要做到这一点，就要切实地做好伦理道德博弈的观念预演。做好观念预演，是审查博弈策略的重要环节，也是在现实博弈实践中避免盲目性、轻举妄动和任何愚蠢做法的重要举措，也是达到自己预期的伦理道德博弈结果，实现自己利益最大化的重要保证。

但从根本上说，所制订和选择好的伦理道德博弈策略如何在现实的、当下的博弈实践中实施出来，落实下来，是一个更为重要的事情。如果说能够根据动态发展的伦理道德博弈形势而制订和选准了最佳的伦理道德博弈策略，本身已经表现为高明的实践智慧，那么，如何更好地实施出来，落实下来，则无疑需要更为高超的实践智慧，对博弈策略的观念预演就必须成为迫在眉睫的事情。因为这里体现了博弈情形下意志的当下抉择。事实上，每位博弈当事人都自觉或不自觉地接受、认同和遵循着一定的伦理道德价值原则，都想着要在具体的博弈过程中选择和遵循某些伦理道德规范和博弈

① ［明］吕坤：《呻吟语·存心篇》。

策略，但博弈形势始终处于动态发展之中，刚才具有的恰当时机很快转瞬即逝，因而他只可能根据当下的情形作出意志的抉择，具体地选择和遵循某一伦理道德规范，形成具体的策略，以回应此时正期待着他回应的博弈对方。针对这种意义上的意志抉择，杨国荣强调："这里的意志抉择内在地关联着从'我思'到'我欲'的转换：'我思'主要是观念性活动，'我欲'则既是观念性活动，又具有超出观念之域而走向行动的意向。正是通过情感的接纳、意志的抉择以及与之相关的从'我思'到'我欲'的转换，一般原则的外在性得到消解，行动者与一般原则之间的界限也开始被跨越。"①因此，这种意志抉择体现了人的当下智慧，博弈当事人不仅成功地将自己所认识、理解和奉行的一般伦理道德价值原则贯彻到自己的行动之中，而且切实地遵循了最适合博弈对方的心理期待，达到了最佳的博弈效果。毫无疑问，将博弈策略的观念预演直接与当下的意志抉择紧密地联系起来，这需要高超的伦理道德实践智慧，而这种智慧也只能在无限丰富的伦理道德博弈实践中，在与其他人长期的博弈互动中，在深刻地总结经验教训的基础上不断地积淀起来。

三、实践智慧：个人的明智选择与彼此间的行动默契

在具体的伦理道德博弈环境中，人们对伦理道德博弈策略的制订和选择具有多种可能性，而在这多种可能性中，就伦理道德主体而言，总可以找到与其身份、地位、根本利益、动机、理想、实际效果等，最相关、最吻合、最契合的伦理道德博弈策略。也就是说，人们总能找到最能够实现自己的伦理道德实践目的、目标或预期博弈理想效果的博弈策略。但由于博弈是一个持续发展着的、交往互动的过程，因而人们始终需要根据博弈的客观环境、境遇或形势确立最佳的、最理想的博弈策略，从而形成一个相互链接、逻辑一贯、持续推进的博弈策略联合。这种根据博弈的客观环境、境遇或形势确立和形成的，由多个最佳、最理想的博弈策略组成的连续性的博弈策略联合及其预期达到的博弈目的，共同构成了伦理道德实践理念。客观而言，通过全面地权衡利弊得失，在最合适的时机制订出足够选择的多种博弈策略，并

① 杨国荣：《人类行动与实践智慧》，生活·读书·新知三联书店2013年版，第90—91页。

实际地选择、实施和落实了其中最适合自己的博弈策略，形成了交往互动过程中连续性的博弈策略联合，进而转化成了实践理念，做出了最佳的行为，那么，这本身就体现了人在长期生活经验，特别是伦理道德实践中积淀起来的实践智慧。众所周知，知识并不等于智慧，智慧典型地表现为把知识根据客观的动态环境科学地转化为指导自己行为的实践理念。就伦理道德生活领域而言，归根结底，实践智慧就是指科学地把伦理道德价值原则、观念、规范，等等，根据伦理道德博弈动态发展的实际需要和客观形势制订、选择出最佳、最理想的博弈策略，并及时、准确、妥善地转化为自己的伦理道德实践理念，进而将其得体、灵活地实现的明智表现。实践智慧的最高表现不在于世故圆滑，而是体现为个人的明智选择与博弈当事人彼此间的行动默契。

智慧不是单纯的知识，伦理道德生活中的实践智慧更不是纯粹的有关伦理道德价值原则、观念和规范的伦理道德知识。当然，智慧也必须建立在知识的基础上。因此，尽管有关伦理道德价值原则、观念、规范的知识并不是人们在伦理道德博弈中作出科学选择的充分条件，但是它们却是其必要条件，因为它们是博弈当事人思考伦理道德问题的思想背景，是可供选择的道德资源。一个人只有学习和掌握了一定的伦理道德知识，并深刻地认识和了解了这些伦理道德知识所蕴涵或预设的价值原则，他才能培育起自己的伦理道德观念和意识，知道自己应当遵循什么样的伦理道德规范。因此，如果没有自觉的伦理道德意识，因而根本不清楚到底拥有什么可供选择的伦理道德观念、规范和博弈策略，那么，一个人的伦理道德行为势必是盲目的。而如果自觉地学习、拥有必要的伦理道德观念或规范，特别是清楚地把握了各种伦理道德观念或规范之间的分寸或具体差异，那么，一个人就能够根据伦理道德博弈的具体情形作出最佳的选择，以实现自己的价值追求。因此，从某种意义上来说，这必要的有关伦理道德观念或规范的知识，就成为伦理道德博弈所供选择的资源和利器。《易·系辞下》："君子藏器于身，待时而动，何不利之有？动而不括，是以出而获，语成器而动者也。"伦理道德知识之所以能够成为人们在博弈过程中可以凭借的资源或潜在方案，关键在于它们实际上深刻地反映了人们伦理道德生活中普遍为人们向往和推崇的价值原则和交往常理。在伦理学史上，一些学派，例如唯理论代表人物莱布尼茨，曾经深信存在着不证自明的道德真理，所谓道德知识就是对道德真理的反映，显然，这种意义上的道德知识是根本不存在的。现实地说，道德知识只是人们对社会上普遍存在着的伦理道德价值原则、观念、规范等的知识而已。当然，人也不能过分迷信自己如何地拥有丰富的伦理道德观念或规范的知识，甚至不能迷信自己已经制订了多少可供选择的博弈策略，相反，必须根据客观的伦理道德博弈情形而准确地作出伦理道德博弈策略的选择和实施，因为任何伦理道德价值原则、观念或规范本身往往具有一定的普遍性，是高度抽象概括出来的，它们的实际运用存在着一个具体情况具体分析的问题，而提前制订出来的多种博弈策略虽然相对具体些，但毕竟要根据具体的博弈形势作出具体的选择以实际地实施。孟子说："虽有智慧，不如乘势。"[1]这就是说，在根据伦理道德博弈形势而作出准确的判断方面，对态势、情形的把握与顺从要比单纯运用自己的智慧更为重要。而真正的智慧只能是实践中的智慧，是具体博弈情形下的智慧。

智慧从来都具有鲜明的实践品格，伦理道德生活中的实践智慧尤其如此。如上所述，一个人为人处世，要想立于不败之地，想达到自己预期的伦理道德实践目的或结果，就必须科学地选择、有机地组织伦理道德规范作为自己当下行为的策略或方案。但真正的明智者，决不会只制订一种策略或一个备选方案，注定会自觉地选择于自己真正最有益、有利的伦理道德规范，并根据博弈需要而制订出可供选择使用的多种博弈策略或多套方案。任何一种博弈策略是否具有最佳的、最理想的效果绝不是个人所能够决定的，相应只能求助于实践的证明，纵使博弈当事人自以为是最佳的、最理想的，也往往没有实际意义。因此，这里就存在着一个由尽可能多样化博弈策略的制订，到最佳、最理想博弈策略的选择，再到组织成前后链接、逻辑一贯、持续推进的博弈策略联合的过程，而具体的伦理道德实践理念的形成和实现，是其中更为具体的环节。这一过程是博弈当事人实践智慧不断形成和最终得到彰显的过程。毫无疑问，在伦理道德生活关系和博弈关系的确立上，首先要自觉地选择交往和博弈的对象，确定值得博弈的事宜。众所周

---

[1] 《孟子·公孙丑上》。

知，孔子曾说："可与言而不与之言，失人；不可与言而与言，失言。知者不失人，亦不失言。"[①]冯友兰解释说："智，不是别的，就是对于仁、义、礼的理解和自觉。凡是一种道德，都是要在自觉中进行的。如果没有一种与之相应的自觉，那就是本能，本能是各种动物都有的，而自觉是人这种动物才能有的，所以它是人之所以为人的一种特征。"[②]其次，要明确确立自己的伦理道德价值原则和观念，进而选择和有机组织伦理道德规范以形成博弈策略。孟子说："是非之心，智也。"[③]在伦理道德生活中判断是非，实践上表现为博弈当事人根据自己的伦理道德价值原则、观念和规范来评判伦理道德现象和行为，并根据自己的伦理道德理想和目的来决定自己的博弈策略的制订与选择。冯友兰强调："人在某种社会中，如有某一种事，须予处置，在某种情形下，依照某种社会之理所规定之规律，必有一种本然底，最合乎道德底，至当底，处置之办法。此办法我们称之曰道德底本然办法。此办法即是义。"[④]因此，真正说来，最合乎义的伦理道德博弈策略实际上就是最佳的、最合理的策略。因此，能够科学地判断是非的智者，绝对是具有高度的伦理道德德性的人，是具有相当的伦理道德智慧的人，而他所制订、选择和实施的博弈策略或处置方法实际上就是最佳的、最合理的策略。再次，要根据博弈环境、境遇或形势，根据博弈事宜，选择最佳的、最理想的博弈策略，将其转化为实践理念并付诸实际行动。恩格斯曾说："现实的人过去和现在如何行动，都始终取决于他们所处的历史条件。"[⑤]荀子说："言而当，知也；默而当，亦知也。故知默犹知言也。"[⑥]因此，真正的智慧者总能使言行举止符合具体的博弈环境、境遇或形势。董仲舒指出："其动中伦，其言当务，如是者，谓之智。"[⑦]事实上，"动中伦，言当务"还应当直接决定于博弈环境、境遇或形势，

① 《论语·卫灵公》。

② 冯友兰：《略论道学的特点、名称和性质》，冯友兰著《三松堂全集》第十三卷，河南人民出版社2001年版，第340页。

③ 《孟子·告子上》。

④ 冯友兰：《新理学》，冯友兰著《三松堂全集》第四卷，河南人民出版社2001年版，第115页。

⑤ 《马克思恩格斯文集》第九卷，人民出版社2009年版，第355页。

⑥ 《荀子·非十二子》。

⑦ 《春秋繁露·必仁且智》。

即言行举止完全由形势决定。邵雍强调:"'时然后言',乃应变而言,言不在我也。"①《周易》则曰:"知进退存亡而不失其正者,其唯圣人乎!"②阮逸亦指出:"圣人与神道并行,无所至,无不至。"③因此,最高的实践智慧体现为最佳、最理想的博弈策略和实践理念在现实的博弈活动中的转化和落实达到了完全由客观的环境、境遇和形势支配的境界。即伦理道德博弈当事人自觉的伦理道德实践和博弈仿佛没有任何主动性的痕迹,一切仿佛就是客观的博弈形势支配下的自然过程。因此,最高的实践智慧又看似最自然的表现。与此相反,不合乎伦理道德博弈环境、形势和事宜的言行举止就只是愚蠢的表现。汉刘向所编《说苑》的"古金人铭":"无多言,多口必败;无多事,多事多患。"④尤其值得强调的是,真正的智者,恰恰就是那些非常熟悉机巧、心计然而自觉鄙视并弃之不用的人。这正如明朝洪应明所说:"智械机巧,不知者为高;知之而不用者尤为高。"⑤如果说能够根据伦理道德博弈的需要制订出足够多的博弈策略本身已经体现了一定意义上的智慧,那能够进而根据博弈环境、境遇和形势的动态发展而选择其中最佳的、最理想的博弈策略则是更高智慧的表现。然而,真正的实践智慧却恰恰体现于将多个最佳、最理想的博弈策略前后链接起来,形成逻辑一贯、持续推进的博弈策略,并及时、准确地转化为自己的伦理道德实践理念,进而实际地妥善、得体、灵活地付诸行动,动态地推进着伦理道德博弈的持续、健康发展,最终达到了彼此最期望的博弈效果。

实践智慧具有超越性,不为眼前利益、困境、假象、乱象所迷惑,能够根据最终伦理道德实践的目的逆向分析各种现实博弈中彼此间的策略选择,从而作出自己适时的回应。伦理道德博弈活动中,博弈当事人各自的策略选择和行为看似非常地复杂、多变,但无论是自己还是对方,这些复杂、多变现象的背后往往都隐藏着各自的伦理道德目的,正是这些最终的目的决定

---

① [宋]邵雍:《皇极世经·卷第十二》。
② 《周易·乾卦·文言传》。
③ 《中说·天地篇注》。
④ 《说苑·敬慎》。
⑤ [明]洪应明:《菜根谭·上卷》。

着当事人的当下动机和策略选择。这一实质实际上既是一个人自己认识自己和控制自己的根本理由,也是认识和应对对方的着眼点。一般来说,实践智慧之所以称得上智慧,而不是伦理道德知识或单纯的观念预演,就在于人能够根据这最终的伦理道德目的随着博弈形势的发展随机应对对方所可能作出的任何举措,使自己始终处于博弈上的优势地位。可以说,这是实践智慧的最好表现,是生活的真学问、大学问。熊十力强调:"通智慧、道德、生活而为一,始可云真学问。"[①]毫无疑问,每个人都有自己的伦理道德目的,但真正有德性的人能够将自己的当下决策与自己的道德人格塑造紧密地结合起来,从而在科学地解决了与其他人之间的伦理道德生活矛盾和冲突的同时亦实现了自己的伦理道德目的,直接地将一切思虑、行为融入最普通和最平常的生活中来。显然,这种意义上的实践智慧没有止境,我们在复杂的伦理道德博弈环境下,时刻都面临着新情形的出现,时刻都需要保持高度的自觉和警觉,都需要根据客观的形势变化而作出最佳的选择。因此,真正说来,在实践智慧问题上,一个人总是在不断地积累经验,在不断地提升自己的水平,在不断地改善着自己博弈的处境,在实现着自己的伦理道德目的、目标。这个过程实际上就是人的成熟过程,是人之所以能够成为人的过程,是人最终融入自己周围的生活世界的过程,是人能够最终塑造出真正彰显自由、和谐精神的精神乐园的过程。人的成长既是博弈实践经验的积累的过程,也是人生实践智慧不断提升的过程。

然而,实践智慧的最高境界并不仅仅是个人在伦理道德实践中如何时时处处应付博弈对方的问题,而是博弈当事人彼此间的价值观念上的默会与行动上的默契问题。伦理道德博弈既不是武力斗争,也不是撕破脸皮的破口对骂,纵使文明礼仪掩盖下的勾心斗角也缺乏真正的伦理道德价值。因此,伦理道德博弈中的实践智慧其最高的境界不是通过自己的策略选择和及时行动而取得博弈优势地位或成为赢家。事实上,实践智慧的最高境界不是决胜出伦理道德博弈的输赢,而是达到博弈当事人彼此间的融合与融洽。因为,任何实践智慧所真正需要面临和解决的伦理道德问题本质上

① 熊十力:《读经示要》,《熊十力全集》第三卷,湖北教育出版社2001年版,第691页。

就是发生在不同人之间的问题,单纯从个人角度来思考和解决问题,只能是使自己如何更好地应付博弈过程中可能出现的情况,使自己摆脱各种困惑而能够根据自己的价值原则作出自己的选择,从而创造性地推进自己的生活,实现自己的伦理道德权利。但是,实际上,如果不是心智存在着问题,任何人都会这样想,换句话说,这是每一个正常的人都有的想法。因此,这就出现了一个博弈当事人之间如何协调和统一的问题。事实上,对于共同生活在同一个生活世界里的人们来说,对共同的价值形成共同的价值观或价值共识,并在此基础上形成观念上的默会和行动上的默契,是最高的实践智慧。伦理道德生活本质上是生活在同一个生活世界里的人们,在公共领域里共同参与的活动,因而整个社会伦理道德生活秩序或生活世界秩序的培育和塑造,是一项既关乎所有人的利益又需要所有人共同参与的事业,任何人都没有放弃自己职责的理由,都需要为这一共同事业履行自己的义务,进而才能享有稳定秩序所带来的权利。因此,充分地认识共同参与公共伦理道德生活秩序的培育和塑造的必要性,积极地认识博弈对方,通过对共同价值的科学认识而达成普遍共识,进而在现实的创造活动中培育出新的伦理道德观念和规范体系,就是当事人的伦理道德生活获得更高意义的重要途径,也是他们从事相应伦理道德研究的前提。在这一过程中,实际上涉及不同生活主体如何形成价值共识和行动默契的协调问题。杨国荣指出:"在不同主体共同参与的行动中,行动的协调既基于共识,也需要默契。"①在他看来,共识是显性的理解,其形成往往借助于语言层面的对话、讨论、沟通,默契则是隐性的,其固然渗入了理解,但这种理解并非仅仅以语言层面的讨论、对话为前提,默契更多地以隐默的方式体现于行动过程中,而观念层面的默会与行动中的默契本身存在着内在的联系。共识表现了不同主体间观念上的一致性,取得了理性和逻辑的形态,但并不一定落实到行动之中,而可能存在于行动之前或之外,相反,默契则以行动者彼此间的相互了解、彼此互动为条件,已经内在于行动之中,与行动过程具有更内在的融贯性、一致性,超越了逻辑之域。共识具有自觉的品格,而默契往往表现为行动中的

① 杨国荣:《人类行动与实践智慧》,生活·读书·新知三联书店2013年版,第307页。

自然协调。由此,杨国荣强调:“要而言之,默契惟有建立在共识之上,才具有稳定性、持久性;共识唯有化为默契,才能使行动过程出神入化、达到最完美的效果。”①毫无疑问,人们只有达到这种境界上的共识与默契,达到彼此行动上的协调与和谐,只有创造出来整个生活世界的伦理道德生活和谐才是对每个人而言的最高的实践智慧。当然,这种意义上的共识与默契不是一时能够达到的,在整个互动的过程中,正如欧文·戈夫曼指出的,人们往往总是达成一种互动中的“临时妥协”(modus vivendi):“所有参与者共同促成一种唯一全面的情境定义,它并不意味着在与参与者之间对情境定义具有真实的一致,而是说在什么问题上谁的观点暂时最能为人们所共同接受。”②实际上,这种暂时的共识与妥协,避免了冲突,有助于在深层的共识基础上形成真正意义上的默契。显然,自觉地追求和实现这种意义上的实践智慧是每一个人最明智的生活选择。当然,在这个过程中,最明智的实践智慧还体现为虽然自己已经发现和提供了新的价值观念和更科学、合理的道德规则,但与对方并未达成共识,此种情形下,通过适当的引导使博弈对方、其他陌生人乃至整个生活世界里所有的人提高认识水平,认可和接受自己所发现和提供出来的新的价值观念和道德规则,最终与自己形成共识,从而将之普遍化为整个生活世界里的公共规范。当然,这是实践智慧的至高境界,是每一个人都有权力追求和实现的境界。

与之一致,真正生活中的智慧者,特别是伦理道德生活领域意义上的智慧者,就是能够科学地分析判断伦理道德博弈的现实情势,并使自己的博弈策略的制订、选择和实施符合具体博弈形势的发展,因而言行举止完全符合于博弈环境的演化和博弈事态的发展,最终达到自己最佳的博弈预期效果的人。也就是说,真正的伦理生活中的智者、圣人,实际上能够达到与伦理道德规范或情势发展完全并行的境界,任何的动静或言行举止都达到了无所专至而又无所不至的境界。毫无疑问,人只有做到如此境界才称得上道德高尚的人、纯粹的人。

---

① 杨国荣:《人类行动与实践智慧》,生活·读书·新知三联书店2013年版,第307页。

② [美]欧文·戈夫曼著,冯钢译:《日常生活中的自我呈现》,北京大学出版社2008年版,第8页。

只有拥有最高智慧的人，才能真正摆正自己在伦理道德博弈环境中的地位和身份，才能妥善地解决关涉多方利益的伦理道德矛盾。只有胸中拥有聪颖之心，才能化解世间俗情、世故。柏拉图在《游叙弗伦篇》曾记载了游叙弗伦控告自己的父亲犯了杀人罪这样一件事。针对游叙弗伦的这种非常敏感的事，苏格拉底曾感叹说："天哪，游叙弗伦！普通民众肯定不会深明大义。我想，任何普通人都不会认为控告自己的父亲是对的，而只有那些拥有极高智慧的人才会这样想。"[①]也就是说，只有拥有极高智慧的人才能真正地立足于客观公正的立场上，才能彻底地超越父子亲情的束缚而服务于整个社会的公共利益，相反，普通的民众却不能立足于客观公正的立场上，做到深明大义。梁漱溟指出："儒家之所谓圣人，就是最能了解自己，使生命成为智慧的。普通人之所以异于圣人者，就在于对自己不了解，对自己没办法，只往前盲目的机械的生活，走到那里是那里。儒家所谓'从心所欲不逾矩"，便是表示生命已成功为智慧的，——仿佛通体透明似的。"[②]就儒家所谓的"圣人"，方东美亦强调："夫圣人者，智德圆满，玄珠在握，任运处世，依道趣时而行，'从心所欲，不逾矩'，故能免于任何咎戾。其所以克能臻此者，端赖'存养'、'尽性'功夫，有以致之，明心见性，无入而不自得。由此无上圣智，一切价值选择、取舍从违，皆莫不依理起用，称理而行。其成就之伟大若是，故能德配天地，妙赞化育，而真可以与天地参矣！"[③]因此，拥有极高道德智慧的人，或儒家所谓的"圣人"，不只是道德高尚而已，而是"智德圆满"，能够将自己深厚的德性修养在复杂的伦理道德生活实践中转化为驾驭复杂局面的能力，即做到德与智的实践统一。可以说，伦理道德智慧是最具体实践品格的智慧，因为它直接地促使着善的生成。高来源指出："如果把道德问题放在动态的实践生活层面上来理解的话，寻求终极之善本身及其界定只不过是问题的一角而已，而更主要的还在于我们如何获得'实践智慧'、如何让善

① ［古希腊］柏拉图著，王晓朝译：《欧绪弗洛篇》，《柏拉图全集》第一卷，人民出版社 2002 年版，第 235 页，译文有改动。另参见《游叙弗伦　苏格拉底的申辩　克力同》，商务印书馆 1983 年版，第 15 页。

② 梁漱溟：《朝话·中西学术之不同》，《梁漱溟全集》第二卷，山东人民出版社 2005 年版，第 129 页。

③ 方东美：《中国哲学精神及其发展》，中华书局 2012 年版，第 115 页。

在具体的实践境遇下生成的问题。"①毫无疑问,以往我们话语中常称道的所谓圣人,无不是这样在具体的伦理道德实践境遇下能够妥善地解决伦理道德矛盾和问题、因而超越了私人的狭隘利益达到终极之善或至善的人。

当然,需要强调的是,实践智慧绝不能蜕化为纯粹具有伦理道德表演性的世故圆滑或作秀。孔子曾说:"可与共学,未可与适道;可与适道,未可与立;可与立,未可与权。"②"权",即所谓的随机应变。这里体现的是灵活性。梁漱溟指出:"何谓灵活性?不循守常规而巧妙地解决了当前问题,是谓灵活性;在一时一时形势变幻中而能随时予以适当应付,总不落于被动,是谓灵活性;出奇制胜是灵活性,闪避开突如其来的袭击,亦是灵活性。总之,灵活性就是生命不受制于物而恒制胜乎物的表现。"③在伦理道德博弈活动中,显然灵活性就体现在能够恰当地通过自己的言行举止得体地解决矛盾,而不是受制于伦理道德博弈的客观局势或他人。心思不动则已,动则向善,动就能够控制自己的言行举止而驾驭伦理道德博弈环境,则是真正意义上的灵活性。灵活性不能蜕变成毫无原则和价值取向的圆滑与世故。孔子非常讨厌"乡原(愿)"。他指出:"乡原,德之贼也。"④所谓"乡原(愿)",指乡里貌似忠厚善良,实则没有是非原则与世俗同流合污的老好人。也就是说,这些人在众人面前表演得非常忠厚善良,很难让人觉察到其本质,但是他们实际上在伦理道德生活中毫无是非观念,与公然违反伦理道德规范,缺乏必要的良知的人同流合污。这些人不容易被识破,因而具有较大的迷惑性,在还没有被识破的岁月里,往往欺骗了很多人。毫无疑问,这种意义上的所谓生存智慧,与伦理道德博弈过程中根据具体的博弈形势做出相应的科学策略以反馈对方并进而塑造出彼此心灵自由的灵活性相比,毫无价值和意义。

---

① 高来源:《实践哲学视域下道德的文化维度》,《中国社会科学报》第416期,2013年2月19日。

② 《论语·子罕》。

③ 梁漱溟:《人心与人生》,《梁漱溟全集》第三卷,山东人民出版社2005年版,第556—557页。

④ 《论语·阳货》。

第二节　伦理道德博弈环境的历史生成与人为营造

客观而言,任何伦理道德现象无不发生于特定的伦理道德博弈环境或情境,任何伦理道德问题,特别是所谓的伦理道德难题,无不是特定伦理道德博弈环境中的问题。这在于,伦理道德博弈环境客观地设置了伦理道德问题,使特定的人成为伦理道德活动和伦理道德关系的承担者,即成为伦理道德生活主体,如何根据自身利益的最大化而解决伦理道德问题,就成为他需要解决的根本问题。毫无疑问,伦理道德主体解决伦理道德问题时,由于已经为具体的伦理道德博弈环境所限定,他就不可能超越这一限定,只可能在限定的范围之内解决问题。因此,伦理道德博弈环境对于他究竟如何去解决伦理道德问题就具有决定性的意义,它是一个根本性的前提。但是,伦理道德博弈环境的出现或形成,毕竟存在着多种情况。从根本上说,伦理道德博弈环境的形成,大致上可以分为三种情况:一是历史地生成的;二是人为地营造的,其中后者又包括伦理道德主体的主动营造和由他人促进的被动营造,以及彼此自觉地交往互动的积极营造。从根本上说,从自觉地承认历史生成的博弈环境,到自觉地单方面人为营造,再到博弈双方共同的营造,标志着伦理道德主体的实践智慧的不断提升。

一、伦理道德博弈环境的历史生成

众所周知,人类历史上不同思想家对伦理道德现象的认识表现出极大的分歧,这尤其表现在对伦理道德价值原则、观念、规范的认识上。但是,博弈伦理学注重从人类社会历史发展的客观实际出发,从发生学的角度科学地看待伦理道德现象、观念和规范的历史发生,因而能够更科学合理地揭示出伦理道德博弈环境本身同样是历史生成和演变的。也就是说,正是因为伦理道德原则、思想、观念、规范、信念、信仰等都随着社会历史的发展和伦理道德生活实践而发生着历史性的变化,因而由这些根本要素所塑造和培育起来的伦理道德境遇,即伦理道德博弈环境,也注定是历史地生成和变化的。毫无疑问,伦理道德博弈环境就是由人类社会特定历史时期或一个国家、民族、区域里生活着的人们不断发展着的伦理道德原则、思想、观念、规范、信念、信仰等塑造起来的特殊问题域。伦理道德博弈环境的历史性演变,甚至历史性变革,实质性地改变着整个伦理道德话语体系,改变着整个伦理道德问题域,也就是说,按照传统伦理道德原则思想、观念、规范、信念、信仰等核心伦理道德话语所构成的伦理道德问题,在新的伦理道德问题域里往往已经过时、陈旧,不仅丧失或改变了其原有的意义,而且丧失了其原来在人们心目中所具有的重要地位。例如,就中国传统伦理道德体系中的孝观念的变迁,何兆武强调:“后天的条件可以改变,今天比起一百年前,孝的程度已经大大减低了,孝道要比一百年前差得非常之多了。一个母亲也不必‘夫死从子’。这是后天的不同所造成的。”①因此,我们必须历史地辩证地看待伦理道德原则、思想、观念、规范等方面的实质性变革,正确地看待伦理道德话语和伦理博弈环境的改变,从而科学地分析和揭示由伦理博弈环境所决定的伦理道德问题。

客观而言,伦理道德博弈环境是时代发展和历史进步的产物,是整个社会所有成员通过不断吸收新思想、新观念而改造传统伦理道德观念促成的产物,因而对一个具体伦理道德主体而言,是完全不由自己控制和操纵的外在必然性,即社会历史必然性所促成了的产物。针对这种情况,显然,对于任何一个伦理道德主体而言,如果他希望在这种变化了的新的社会中生存,他就必须自觉地、明智地接受这种事实,即接受这种虽然他不情愿但必须承认的伦理道德博弈环境,按照人们所期望的言行举止标准或伦理道德规范来表现自己、确证自己,使自己在他人的眼中和心中存活下来、发展起来、壮大起来,使自己成为真正意义上的具有独立伦理道德主体地位和人格尊严的伦理道德人,成为既履行由这一套伦理道德规范体系或评判体系所规定的伦理道德义务,同时也享有其所赋予的伦理道德权利,并为自己的言行或伦理道德行为担当相应的伦理道德责任。相反,如果不能自觉地承认这种由历史和时代发展而促成的伦理道德博弈环境,那么一个人很可能就遭到拒绝、否定和排斥,即为整个社会所不容。当然,这种不容,不仅表现为为自

---

① 何兆武:《西方哲学精神》,清华大学出版社2002年版,第16页。

己身边的人所不容，而且其实质就是为历史地、辩证地生成的伦理道德博弈环境所不容。因此，自觉地承认并融入历史地生成的博弈环境，是伦理道德主体智慧的表现。

不言而喻，就整体而言，人们都是伦理道德环境里的被动者，因为对于任何人来说，他无不是不由自主地出生在一个历史地生成的生活世界之中，即完全被抛进了一个已经全面地形成了特定的法律规范、伦理道德规范、风俗习惯和行为方式的生活世界之中。这些特定的法律规范、伦理道德规范、风俗习惯和行为方式已经为这一还没有成长为独立的伦理道德主体的他规定好了人生的前途和方向，为他提供好了判断是非、得失、好坏、美丑的标准。因此，生活世界里的一切都不由他决定，他只能被动地承受这一切，所以对他而言，他是不由自主地置身或陷身其中的。众所周知，康有为曾在《大同书》中将人类社会历史的发展划分为三个阶段，即据乱世、升平世和太平世，他的划分方法虽然缺乏科学性、合理性，但也从某种程度上揭示了一定的问题。例如，他认为据乱世的统治者实现社会统治时，其根本思路就存在着问题："世之言治者，曰明其政刑，又曰修其法律，未尝教人，而多为法纲以待其触，是以罟待兽，以网待鱼也。"[①]在他看来，这种将"法纲"视为"罟""网"，将人视为"兽""鱼""以待其触"的做法，无疑是不合理的。但是康有为仅仅将解决问题的思路归到"教人"，即通过教育使人明确了解法律的存在及其具体规定，以便人们自觉地遵守，还没有彻底地改变人民的被动地位。事实上，这种不合理之处在于故意将人置身于不由其自主的环境之中，剥夺了其参与社会生活的正常权益。在伦理道德博弈问题上，尽管一个人通过一番努力学习认识和了解了自身所处的社会历史地形成的伦理道德体系、规范、话语、逻辑、权利和义务，也是无法彻底地改变自己置身整个被动环境的客观事实。在这种情形下，人往往是与整个社会在博弈，只能按照自己在家庭里、学校里和社会上所学到和习得的伦理道德观念和风俗习惯来要求自己，来与他人博弈。当然，对于博弈双方来说，每一个人都处于如此的状况。也就是说，从某种意义上来说，任何一个人就其生下来就被抛入业

① 康有为：《大同书》，中华书局2012年版，第193页。

已历史地形成的伦理道德环境中来说,都是被动的。如果说历史地生成的伦理博弈环境相对于伦理道德主体而言,已经是一个被动接受的东西,但在生活之中,他们很可能在较多的情况下又不知不觉地,甚至是在更多的情况下清楚地认识到在激烈的伦理道德博弈过程中不得已地被置身于特定的伦理博弈环境。这种"置身",在某种意义上就是"陷身"其中,或者说"身陷"其中。也就是说,在这种伦理道德博弈环境中,他们虽然各自是伦理道德博弈当事人,是伦理道德博弈中的一方,因而拥有一定意义上的主体性和意志自由,但对他们自己而言,已经身处其中的伦理道德博弈环境毕竟不是由他们自己主动设置、营造的,在此之中,他们只可能接受整个博弈环境所提供的条件和可能,受制于整个博弈环境所设置的伦理道德问题,只可能在此特定的伦理博弈环境的大框架内思考和解决问题。因此,这种"陷身"其中,就表现了伦理道德博弈当事人的主体性和自由都受到了一定的限制或束缚,不可能得到充分而自由的发挥,更不可能有效地利用伦理博弈机制实现或维护自己的利益,以确保自己利益的最大化。

然而,历史地生成的伦理道德博弈环境是整个生活世界所有成员的宿命,因为它是外在的必然性,尽管它是一个社会的必然性,但它实际地影响和支配着整个生活世界的伦理道德问题的解决,它客观地提供着所有成员共同遵循的伦理道德原则、观念、规范,提供着能够评判任何人的伦理道德行为的标准和尺度。对于任何现实的人来说,一切现实的伦理道德原则、观念、规范不是他自己不想承认就能够否定的东西,在最正常的情况下,这些东西由不得他自己决定。"如果他要进行选择,他也总是必须在他的生活范围里面、在他绝不由他的独自性所造成的一定的事物中间去进行选择的。"①因此,任何现实的人,他首先要承认自己生活于其中的现实世界,承认生活世界里业已形成和发展着的伦理道德原则、观念和规范,而如果他不能自觉地承认和接受这种历史地生成的伦理道德博弈环境,那么,他就只可能成为一个非人。在此情形下,一个人会深刻地体会到,这种可能将他变成非人的传统意味着什么。恩格斯曾说:"传统是一种巨大的阻力,是历史的 vis iner-

① 《马克思恩格斯全集》第三卷,人民出版社 1960 年版,第 355 页。

tiae[惰性力],但是由于它是消极的,所以一定要被摧毁。”[①]因此,一方面任何人都需要客观地承认历史地发展和演变着的伦理道德文化观念和体系,要自觉地学习和适应现有的伦理道德原则、观念和规范,按照其进行伦理道德的评判,但另一方面也要清楚地认识到,历史地形成的传统伦理道德原则、观念、规范在存在着一定合理性的情况下还存在着很大的局限性、惰性,客观地阻碍着社会的发展和人际关系的和谐,因此需要突破、摧毁和创新。换句话说,人一方面要承认历史地生活于一定的历史地演变着的伦理道德生活世界之中的宿命和历史必然性,另一方面又要敢于打破这种宿命,在新的伦理道德评价体系中成就新的生命,成为新人。

可以说,正是因为伦理道德原则、思想、观念、规范、信念、信仰等所决定着的伦理道德话语、伦理道德博弈环境是随着人类社会历史的发展而发生着根本性改变,一定意义上的伦理道德现象的发生,伦理道德问题的凸显,以及它们所以引起人们的重视或关注,事实上往往取决于时代的发展、形势的变化,取决于人们社会历史的演变。因此,真正说来,对于绝大多数的人来说,我们之所以在不知不觉中被抛入到伦理道德博弈环境之中,成为特定伦理道德现象的承担者和伦理道德问题中的核心人物或焦点人物,完全在于社会历史环境的变化,是整个社会思想文化,特别是伦理道德文化观念发生根本变化的结果。可以说,正是这种整个社会思想文化观念、伦理道德文化观念、价值观念随着时代发展和形势变化而发生的根本性变化,重新塑造起一个完全区别于传统的伦理道德博弈环境。也就是说,人们重新按照历史地形成的新思想、新观念、新尺度、新准则来规范和评判人们的思想和行为,按照新的伦理道德理想来塑造新的生活世界秩序,而这样一来,就为所有的人塑造和培育出了一个新的伦理道德博弈环境和博弈机制。

与这种任何人一生下来就被抛入的业已历史地生成的伦理道德博弈环境相比,人们在更多的情况下所遇到的所谓被动营造的伦理道德博弈环境,都是那些拥有更多的伦理道德知识、观念或智慧的人,根据不同的博弈契机,通过设置不同的伦理道德的话语体系、问题、逻辑、权力、义务而形成的。

---

① 《马克思恩格斯全集》第二十二卷,人民出版社1965年版,第360页。

二、伦理道德博弈环境的人为营造

伦理道德博弈的目的在于实现当事人各自利益的最大化，在于达到伦理道德上的客观公正。然而，伦理道德公正的自然实现是极为罕见的事情。为此，鲍曼提醒："没有理由盲目相信道德市场中'看不见的手。'"[①]伦理道德公正很大程度上依赖于博弈当事人的主动追求。从一个完整的博弈来看，博弈的次序，即到底是谁先做出策略选择，对于博弈的结果来说具有至关重要的作用，因为，率先做出策略的选择者，无疑往往能够主导博弈的走向，而后次选择策略以应付者，虽然能够根据前者的决策而作出相应的对策，但一般而言他只可能受制于前者的策略选择。事实上，人们所以置身或隐身于特定的伦理博弈环境，不仅取决于我们已经不知不觉地在社会历史的演化中，在时代的发展和形势的变化中成为新的伦理道德博弈环境中的一员，而且在现实的伦理道德实践中，往往决定于我们因其他人人为地营造伦理博弈环境而成为其中的一员，成为特定伦理道德问题或现象的承担者、当事人，成为受人瞩目和讨论的伦理道德问题中的焦点人物。可以说，伦理道德博弈环境的人为营造是日常生活中更大量的伦理道德现象和问题表现出来的重要途径。从伦理道德当事人的角度来说，他所身处其中的伦理道德博弈环境可以具体分为两大类型：一是根据自己的本性、需要、目的、能力和条件，为了实现自己利益的最大化而主动营造的伦理博弈环境；二是由社会或他人控制和营造，而自己则不自觉地或不得不被动地接受的伦理博弈环境。显然，对于伦理道德当事人而言，前者是伦理道德博弈环境的主动营造，后者则是伦理道德博弈环境的被动营造，而两者表明博弈双方当事人的实践智慧存在着明显的区别。

事实上，人生活在环境中，又影响着环境，人与环境之间的关系并不是固定的，对于充分智慧的博弈当事人来说，完全可以通过自己的主观努力改变和改善博弈环境。在现实生活中，一方面实际上存在着不同的伦理道德

---

① ［德］米歇尔·鲍曼著，肖君、黄承业译：《道德的市场》，中国社会科学出版社 2003 年版，第 510 页。

体系，每一套伦理道德体系都有自己比较特殊的话语体系、规范、逻辑、价值取向，规定着伦理道德当事人不同的权利和义务；另一方面，人们实际上也存在着不同的利益或价值诉求。当人们进行伦理道德博弈时，人们完全能够根据自己的利益或价值诉求而选择最有利于自己的伦理道德体系、话语，设置伦理道德问题和话题，使对方受制于自己所设置的问题和话语，因而按照这种伦理道德体系内在逻辑所规定的义务而要求对方，使自己享有更多的权利，实现自己利益的最大化。毫无疑问，如果一个人对复杂的伦理道德体系能够比较清楚地了解，在现实生活中掌握了大量的伦理道德话语，从而在博弈中占有话语上的优势，即享有了比较大的话语权，那么，他就能够比较自由地解释博弈各方的权利和义务，从而要求对方承担更多的义务，而自己则享有更多的权利，以最终实现自己利益的最大化。在纯粹的伦理博弈而非道德博弈中，任何伦理道德体系、观念、话语等都成了自主设置博弈问题、话语和逻辑者的有力工具或手段，即实现自身利益最大化的工具或手段，因为对他来说，整个这一切乃至作为博弈对方的他人都是他的工具和手段而已。他之所以要主动地营造伦理道德博弈环境，就是要“置人于不仁不义”，归根结底就是要对方在伦理道德观念上承认自己是“不仁不义”的，就是让对方自觉承担伦理道德“义务”，从而实现自己利益的最大化。这是因为他实际地掌握着大量的伦理道德观念和话语，他清楚地知道伦理道德博弈的内在逻辑所必然规定的权利和义务，所必然导致的结果。这说明，善于主动营造伦理道德博弈格局的人能够根据自己的需要和设想操纵着博弈事态的发展，能够在整个博弈过程中谋划自己的伦理道德推理和判断，从而形成一个严密的推理链条以最终导出他自己设计好的博弈结果。因此，从整个博弈肇始，如果不出意外的话，他已经清晰地预见到了最终的博弈结局，而现在他之所以认真、严肃地将博弈推进下去，完全是为了将自己的谋划实现出来，而且通过这种实现，他才能实实在在地、让人信服地享有他所期望的伦理道德利益。主动营造博弈格局因而引导博弈发展的人，往往会有意无意地使对方忽略自己的真实利益，而围绕着他所描绘的利益幻象而行动，最终以实现自己的利益偏好，而否定或减弱了对方的利益。

毫无疑问，在这种重心倾斜的伦理道德博弈活动中，主动方和被动方的处境截然相反，他们达到的博弈结果也截然不同。主动营造伦理博弈环境的人，不仅实际地规划着整个伦理道德博弈场景，设置着彼此共同登临的整个博弈舞台，安排着呈现彼此信息的生活事实，设置着全部伦理道德问题或议题，运用着最有利于自己的伦理道德原则、观念和规范，而且还实际地掌握着整个伦理道德博弈的主动权、话语权。换句话说，主动营造伦理博弈环境的人，就是处于优势地位的先发制人者，他不仅发布博弈话题，自主地向对方提供着有利于自己的信息，引导着整个伦理道德博弈的走向，支配或掌控着对方的思想和言行，而且整体地操纵着博弈活动，最终控制着伦理道德博弈的可能结局。社会学家欧文·戈夫曼对这种主动地设置和营造伦理道德博弈环境的人进行过深刻的分析，指出："不管个体心怀何种特定目的，也不管他怀有这种目的的意图何在，他的兴趣总是在于控制他人的行为，尤其是他们应对他的方式。这种控制主要是通过影响他人正在形成的情意定义而达到的。他能通过表达自己来影响这种定义，给他人留下这样的印象，这种印象将引导他们自愿按照他自己的计划行事。"[①]因此，对于主动营造伦理博弈环境的当事人而言，他是真正意义上的伦理道德主体，或者说，充分意义上的伦理道德主体，因为在此伦理道德博弈的过程中，他处于绝对的主体性地位，享有充分的意志自由，掌握着强有力的话语权，为实现自己的利益最大化发挥了伦理道德博弈机制的最大功效。相应地，如果伦理道德博弈完全由对方操纵和支配而自己成为被动方，那么，人就完全陷入了被动的局面，在对方猛烈进攻的态势之下，就会疲于应付，就会难以招架。甚至从某种意义上来说，受制于由别人营造的伦理道德博弈环境，实际上就如同身陷由无数或明或暗的陷坑的未知森林，由于人不能清楚地认识到自己周边的情况，因而就可能身陷陷坑之中而不能自拔。在此情形下，他却很可能被洗脑，真的在不知不觉中跟着对方走向自己并不期望的目的。当然，这更多地是就伦理博弈而言，而不是就道德博弈而言。

在这种更多地停留在伦理层面上的博弈中，任何人尽管还是作为一定

① ［美］欧文·戈夫曼著，冯钢译：《日常生活中的自我呈现》，北京大学出版社 2008 年版，第 3 页。

程度上的伦理道德主体而存在，因而自己的一切行为都必须由自己来承担相应的伦理道德责任或后果，但是实际上，必须充分地认识到自己必须保持高度的警惕和谨慎。这就要求人们如同《诗经》中所描述的那样："惴惴小心，如临于谷。战战兢兢，如履薄冰。"①当然，这种伦理道德博弈环境中的陷坑，并不是商业竞争领域里的陷坑，并不直接造成经济利益上的损失，而是说人毕竟会受别人的支配而身陷更加不利于自己的博弈循环之中。在被动的博弈格局中，人的思想和意志很可能紧紧地被对方牵制着，始终处于疲于接招、拆招的过程中，而不是主动地出击，因而很多话可能来不及深思熟虑就脱口说出，很多想法还没有来得及作出最终决断就变成了行动，而一旦说出不可收回的话，或做出不可更改的行为，注定为对方所重视和纠缠，其结果就是在进一步的博弈中使自己更深地陷入被动状态之中。然而，这种重心倾斜、因而单方处于绝对优势的伦理道德博弈，如果更多地实现着单方利益而忽视乃至抹煞了另一方的利益，最终必然走向崩溃，导致任何一方利益的损失。

与这种重心倾斜且很可能导致崩溃的伦理道德博弈相比，伦理道德博弈环境人为营造的最高境界或最佳状态是当事人之间积极互动形成的均衡或平衡，即任何一方最终不再将对方视为自己需要征服的对象，不再想着如何通过征服对方能够得到什么回报，而是将各自曾有的旧我作为征服的对象，如何在彼此的互动过程中相互促进和提高，如何实现彼此间的均衡与和谐，成为自己策略思考的最核心问题。可以说，这才是伦理道德博弈所能够达到的最值得期望的状态。宋会群、苗雪兰高度肯定了博弈作为智力游戏的强烈思维特征，他们指出："这种思维游戏的本质于中国传统文化而论，是在不变中求变，在变中的不平衡中求平衡，如达到平衡和谐的境地，就是完美和结局。于当代文化而论，博弈的本质当是在变中选择最优策略以求平衡，借以达到胜出的境地，就是完美结局。不变是博弈的前提条件；求变是胜的主要手段，胜是博弈的实际目标；衡是博弈追求的最高境界。"②在中国

① 《诗经·小雅·小宛》。

② 宋会群、苗雪兰：《中国博弈文化史》，社会科学文献出版社2010年版，第285页。

传统文化中,博弈更表现为阴阳辩证关系,阴阳相互对待,你中有我,我中有你,不可分割地形成了一个统一体。宋会群、苗雪兰更是强调:"需要指出的是:中国的阴阳辩证论并不等于西方矛盾辩证法,首先,阴阳不是纯对立的,主要是互相对待的;其次,不是矛盾的一方战胜另外一方而引起质变,使事物上升而形成另一质的东西,而是阴阳对待的双方,互相感召,互相和谐,互相补充,达到阴阳协调的状态才是事物发展变化的理想境界;再次,事物的进步线性,不是螺旋式的直线上升,而是圆周式的循环往复,平衡与和谐是事物进步的显著标志或最佳状态。"①在此种博弈格局中,任何一个人都更加理性地、礼貌地对待对方,而且也充分地认识到在尊重对方的同时如何更好地做到自尊,因而每一个人恰恰以"你敬我一尺,我敬你一丈"的态度来对待对方,对待彼此间的心灵博弈和心灵交往。毫无疑问,这种意义上的博弈已经远远地超越了世俗功利的境界,摆脱了任何外在因素的束缚和制约,使人能够在心灵自由的层面上,因而完全遵循着自由意志对德性和至善的祈求而不断地塑造彼此间的心灵关系,塑造更加和谐的生活世界。这是一种心灵上美美与共的过程,是真正地促进整个社会进向盛世和谐、崇德向善的过程。

第三节　伦理道德博弈考量的主题:权利、义务与责任

伦理道德并不是纯粹空洞的观念,伦理道德博弈不是纯粹的娱乐游戏,而是有非常扎实的内容和客观的要求的,它深刻地反映了人们在现实的社会物质生产、生活和交往过程中不可避免地要发生的物质利益关系、经济往来关系和精神交往关系。人们借助伦理道德来认识和理解彼此间的关系,来规范和协调彼此间的思想和行为,从而塑造和维护一个社会生活秩序或生活世界秩序,是通过要求所有参与社会生活的人们必须确认、履行或担当一定的权利、义务与责任而实现的。相对于各种伦理道德原则、观念、规范而言,权利、义务与责任是伦理道德的基本要素,任何外在的伦理道德规范从根本上都是对它们的反映和体现,它们也因这些伦理道德规范而得到明

① 宋会群、苗雪兰:《中国博弈文化史》,社会科学文献出版社 2010 年版,第 286 页。

确。任何伦理道德本身都蕴涵着相应的权利、义务和责任,正是这些最基本的权利、义务和责任紧密地联系在一起,才能真正地实现了伦理道德所蕴涵的根本价值,达到伦理道德规范和调节人们社会生活的最终目标。

事实上,伦理道德博弈的现实开展,都是建立在伦理道德博弈当事人对伦理道德权利、义务和责任的认识、确认、履行、实现或担当上的。如果没有这些必要的认识、确认、履行、实现或担当,那么,伦理道德博弈就无法有效地进行,或者说,人们之间的伦理道德关系世界就不复存在:要么,退回到野蛮的状态,要么不共戴天。当然,既然伦理与道德本质上存在着区别,因而权利、义务与责任在伦理意义上和在道德意义上既存在着一致性,又存在着较大的区别。现实的伦理道德博弈过程是使伦理道德当事人不断地认清自己的过程,既是自己不断地辨明自己的身份、所处地位、与其他人的社会关系的过程,也是自己不断地明确自己的伦理道德权利、义务和责任的过程,因此,归根结底是使自己成为一个真正的伦理道德人的过程,成为一个能够享有自己的伦理道德权利,需要履行伦理道德义务,自觉担当伦理道德责任的人的过程。在伦理道德博弈的实际过程中,任何一个人都必须通过彼此的交往和较量而深刻地辨析自己所能够拥有或享有的伦理道德权利,所必须履行的伦理道德义务,所必须承担的伦理道德责任。一个人具有鲜明的权利意识,并不意味着清楚地认识到究竟哪些权利属于自己,哪些权利实际上本来属于其他人,同时具有鲜明的权利意识,并不意味着就具有强烈的义务意识和责任意识,也就是说,他可能始终将自己应当享有的权利放在首位,而有意或无意地淡化了义务意识和责任意识,甚至有意地回避自己理应承担的义务和理应担负的责任。当然,也存在着这样的现象,即一些人具有一定的义务意识和责任意识,因而愿意承担义务,愿意为自己做出的事情负责任,但他们对自己理应承担什么样的义务,理应为哪些事情或后果担负责任,以及义务和责任的分量到底有多大,实际上并不十分地清楚。因此,如何超越单纯的权利意识、义务意识和责任意识而具体地享有应当的权利,履行自己的义务,担当自己的责任,是伦理道德博弈过程中必须实现的过渡。因此,对任何个人来说,无论着眼于自己的成长还是着眼于某一个具体的伦理道德博弈活动,伦理道德博弈都是一个历史地展开的具体过程,都是一步步地落实到伦理道德权利、义务和责任之上的过程。显然，如果说伦理道德博弈还没有落实到伦理道德权利、义务和责任，那说明博弈还停留在口头上、言语上、表面上、形式上。事实上，伦理道德博弈当事人对伦理道德权利、义务和责任的科学认识、确认，对它们的自觉实现、担当和履行是伦理道德实践智慧的最终体现。

一、伦理道德权利的源泉、实质、确认与实现

一个人究竟享有哪些和多少伦理道德权利，离开一定的伦理道德生活世界或伦理道德博弈境遇往往是无法清楚地说明的。因此，伦理道德权利实际上是在一定的伦理道德生活世界里，在具体的伦理道德博弈境遇和博弈过程中通过当事人之间的交往互动的博弈而逐渐地明晰起来的。从整个的博弈过程来看，当事人有一个深刻认识和把握伦理道德权利的实质及确认和实现自己的伦理道德权利的过程，这是他真正地拥有实践智慧的表现。

伦理道德权利是人们在伦理道德生活领域中所享有的权利。揭示伦理道德权利的实质，不仅要清楚地阐释伦理道德权利得以发生和存在的伦理道德生活所具有的根本不同于政治生活、经济生活的特征，而且还要清楚地揭示权利所具有的内在规定性。严格地说，“权利”是一个复合概念，它内在地蕴涵着两个方面的内容，即权力和利益。权力和利益在权利概念里彼此关联，辩证统一，不可分割，因为权力是实现和维护利益的前提，而利益是权力的目的。换句话说，没有权力就无法在现实中实现、维护和保障自己的利益，而没有利益作为目的，权力就成为毫无意义的东西，成为毫无价值的虚设。伦理道德生活根本不同于政治生活、经济生活，它根本上是基于物质生活、经济生活的精神文化生活、心灵生活，它的秩序不是依靠外在的强制力来维护和实现的，相反，是通过一定的社会舆论和个人信仰等实现的，因此，伦理道德权利不具有严格的刚性，而是相对性的空间，无论其享有和实现都具有相对意义，都只有在一定的伦理道德生活世界里得到呈现，都是在伦理道德当事人的彼此认同中体现出来的。当然，伦理道德权利是一个极为丰富的概念。物质利益或经济利益只是伦理道德权利，特别是伦理权利的标的物，而且直接地就是伦理权利，如果用物质利益或经济利益直接取代伦理

权利乃至道德权利，那么，人们实际上就否定了自己的高贵存在，而将自己降低为单纯的功利主义者甚至存活于社会上的动物。

如上所说，“权利”概念蕴涵着权力和利益双重意蕴，而权力是实现和维护利益的前提和条件。一个人要想实现自己的伦理道德利益，或者说，维护自己的伦理道德权益，就必须拥有相应的、必要的伦理道德权力。但对人而言，在何种意义上享有伦理道德权力，以及在有自觉的权力意识和实际能力享有权力之前是否已经享有了伦理道德利益或权益，却是一个极为复杂的理论问题。客观而言，一个人自诞生之日起，他就已经享有了伦理道德利益或权益，也就是说，尽管他还没有任何伦理道德意识，因而根本不可能产生权利或权益意识之时，他就已经实实在在地享有了属于他的伦理道德利益或权益。梁漱溟强调，虽然权利和义务是彼此对待的概念，但伦理道德上的权利和义务并不像法律上的那样是同时出现的，而是先有权利后有义务。他指出：“人非有所享用享受不能生活，而生活是尽义务的前提，显然生活权利不能没有。其所以不提来说，正为事先存在了。须知这义务原是从伦理彼此相互间生出来的；我既对四面八方与我有关系的人负担着义务，同时四面八方与我有关系的人就对我负担着义务；当人们各自尽其对我的义务那时，我的权利享受不是早在其中了吗？具体点来说：父母之情义在慈，子女之情义在孝，子女的生活权利不是早在父母慈爱抚育的义务之中了吗？父母年老，子女负责奉养，父母的权利也就在子女的义务中，不是吗？”①事实上，纵使在法律上，权利与义务也并不必然地绑在一起或相依相随的。熊秉元列举了真实世界里权利与义务分布不对待的状况。他指出：“首先，无论中外古今，婴儿出生和幼年时期，享有被照顾抚养的权利。可是，呱呱坠地的婴儿和襁褓学步的稚子，难道承担了任何‘义务’吗？其次，现代社会的都会区里，人行道上普遍铺有盲人专用的导盲砖。因此，盲人‘行的权利’得到实质的保障，可是相对地，盲人难道要承担任何义务吗？再进一步，身体或智力障碍的学童，在农业社会里可能终日被关在房里，现在则能到学校里接受特殊教育，耗用的资源甚至超过一般学童。他们受教育的权利得到捍卫，

① 梁漱溟：《人心与人生》，《梁漱溟全集》第三卷，山东人民出版社2005年版，第739页。

可是并没有对应的义务可言！最后，现代社会里，动物的权益也得到保障。鸡鸭不能被倒提，活鱼不能被热油淋浇（活鱼十八吃），猫狗不能被踢打虐待等。宠物牲畜们都享受了某种‘权利’，它们又有何‘义务’要承担呢？”①因此，在社会生活中，特别是相比于法律上的权利与义务中的不对待现象，人们总是历史地先享有了伦理道德权利，并又逻辑地派生了伦理道德义务，归根结底是权利在先而义务在后。而且，只要国家法律、伦理道德规范没有明确禁止，只要不违背整个社会风俗或习俗，人们都可以做自己想的事情，甚至在一定的意义上具有随心所欲的性质，因而实际上享有很多的伦理道德权利。但人们为什么能够先于义务而享有伦理道德利益呢？事实上，我们之所以承认一个人享有一定的伦理道德权利，根本上在于承认他是一个与我们一样的、因而生活在同一个生活世界里的人。这无疑是一个不证自明的理论预设，即尽管他在肉体生命意义上刚刚诞生，但人们已经立足于人的立场将他视为人，视为一个将来注定与大家一样的人。因此，任何人虽然诞生于家庭，是家庭的一位成员，但从社会的角度来看，他自诞生之日起就是一个社会的成员。尽管这个时候他还没有作为一个独立的社会人而存在，但他已经具有社会人不可抹煞的资格，具有作为一个社会人能够独立存在的权力。通常我们称这种权力为人权。也就是说，尽管一个人诞生于家庭，是父母所生，但他并不是父母的私有财产或物品，相反，他是一个人，尤其是，他是一个社会人，如果说他刚生下来还没有自我意识，还没有独立的能力生活于社会上，因而还不是作为真正完全意义上的社会人而存在，“人”这一概念在他身上只具有抽象的意义，那么，只要正常发展，不出任何意外，即只要不夭折，他也是一个准社会人，是一个准备通过自己的终生来丰富和充实“人”这一概念的人。按照萨特存在主义“存在先于本质”的观点，人先拥有的实际上只是自己的肉体，只是一个有待获得自己本质的“存在”，人要在随后的生活中通过自己的选择把自己创造成人。但是，在这种仅仅作为肉体“存在”的准社会人身上，人们已经赋予其作为人的资格和权利。与西方

① 熊秉元：《正义的效益——一场法学与经济学的思辨之旅》，东方出版社 2016 年版，第 176 页。

“天赋人权”理论相区别，赵汀阳提出了“预付人权理论”以说明这一问题。他强调：“预付人权理论认为，每个人生来就获得人类预付借贷给他的与任何他人相同的权利，人权虽然不劳而授，但绝非不劳而享，否则损害公正。一个人获得并接受了预付人权就意味着承诺了做人的责任，并且将以完成做人的责任来偿还所借贷的权利。如果拒绝了预付人权所要求的部分或全部义务，就视同自动放弃了部分或全部人权。”①也就是说，刚生下的孩子，实际上人类提前赋予了其人权，而之所以赋予其人权，是期望着他最终按照人的标准和要求来活着，而一个人获得并接受了预付人权，就意味着承诺了做人的责任，并将以完成做人的责任来偿还所借贷的权利，要履行预付人权要求的义务，否则就视同自动放弃了人权。赵汀阳提出的“预付人权理论”其中所谓的“预付”是相对于刚出生因而还没有权利意识的婴儿的，但是这种“预付”本质上是人类或社会预付的，而不是上天或上帝预付的。由人类或社会预付，实质上就是一种“人赋人权理论”。熊秉元强调，在现实法律实践中，一个新生儿甚至动物应当享有一定的权利，是法学家在权力权重共识下做出的认定。由此他强调：“权利和义务来自人们的赋予，而不是来自哲学家或上苍（天赋人权）。……当共识变化时，对权利的认定也自然与时俱进。”②事实上，权利，特别是伦理道德权利，都是人赋予的，特别是生活在同一个社会里或生活世界里的所有人赋予的。无论是在原始社会还是在日益发达的现代社会，人们的物质生产、生活本质上都是社会性的，人们在物质生产和交往过程中发生着千丝万缕的联系，从而使整个社会所有的人不可分割地联系在一起。钱穆曾说：“大群人生乃是一种‘公生活’。个人人生则只是一种‘私生活’。”③因此，任何人都不能将自身完全地孤立于社会，不能将自己完全地视为一个仅仅生活在家庭这一私人生活世界里的人。然而，生活在社会上或生活世界里，人实际上已经享有了整个社会或所有人预付给自己的权利，当然，也规定了自己应履行的义务，这是过公共生活的宿命

① 赵汀阳：《“预付人权”：一种非西方的普遍人权理论》，《中国社会科学》2006年第4期。

② 熊秉元：《正义的效益——一场法学与经济学的思辨之旅》，东方出版社2016年版，第181页。

③ 钱穆：《中国文化精神》，九州出版社2011年版，第2页。

和必然选择。正如李德顺所指出的:“公民的道德权利和义务都不起源于个人自我决定,而是来源于社会体系(经济制度、政治体制、文化传统、道德风尚、宗教习俗等)的历史规定。”①因此,对于任何人来说,做一个人不是要做一个纯粹的私人,而是要做一个为人类或社会,特别是为自己所在生活世界所有人承认的人,就要承担社会责任,要履行社会要求于自己的义务,这是人天然地享有自己权利之后的必然逻辑。

当然,伦理道德权利在历史上却并不必然地为所有人所享有。在历史上,在阶级社会里,很多人事实上往往享受不到自己应有的权利,例如,奴隶、未成年人乃至女人,就没有享有像成年男人那样的伦理道德权利。早在18世纪,玛利·沃斯通克拉夫特就对历史上人权仅仅属于男人,女人是非理性的、有缺陷的、因而是不完整的,只适合学习礼貌和顺从这种观念提出了异议和批判,呼吁尊重女性的权利。她说:“如果我们已经充分证明理性需要尊重、需要为一半的人类群体大声疾呼正义,那么女性权利就可能获得尊重。”②并强调说:“理性和经验向我证明,可使女人完成其特殊职责的唯一手段是通过允许她们分享人类固有的权利,从而把她们从各种束缚解放出来。让她们自由,她们会迅速变得聪明而高尚。”③毫无疑问,玛利·沃斯通克拉夫特是当代女权思想的先驱。还有,在西方社会,至今依然存在着非常严重的种族歧视,黑人争取自身社会权利的斗争依然是一个备受重视的社会话题,他们在伦理道德生活中得到尊重,享受到人际关系之间的心灵和谐显然更难。充分地尊重任何人,无论其年龄和性别,更无论其容貌、收入、权力、地位乃至种族,是现代社会文明的重要标志。从伦理道德博弈来说,伦理道德权利是任何伦理道德博弈当事人理所当然的合法权利,是凭借自己在具体的伦理道德博弈活动中拥有的身份和所处的平等地位而应当享有的利益。因此,任何具体的伦理道德博弈都基于伦理道德的价值原则和伦理道

---

① 李德顺:《公民的道德权利不是软权利》,《与改革同行——中国特色社会主义的哲学理路之思》,黑龙江教育出版社2008年版,第276页。

② 转引自[美]凯利·克拉克、安妮·包腾格著,陈星宇译:《伦理观的故事——人性完善的探究》,世界知识出版社2010年版,第85页。

③ 转引自[美]凯利·克拉克、安妮·包腾格著,陈星宇译:《伦理观的故事——人性完善的探究》,世界知识出版社2010年版,第91页。

德规范而实际地被赋予了相应的伦理道德权利，即每个当事人都能够根据博弈双方所公认的伦理道德价值原则和规范，既享有思想和行动的权力，而且能够相应地获取博弈活动所分配的利益。

按说任何伦理道德博弈者都享有因自己的身份和地位的伦理道德权利，但具体的伦理道德博弈当事人并不必然地清楚自己在整个博弈活动中的身份和地位，甚至根本没有意识到自己的身份及所处的地位，因此，不仅表现为对其他人的伦理道德权利的肆意侵害，而且还表现为对自己的伦理道德权利的模糊，甚至彻底无视。事实上，任何一个自觉的、理性的、明智的博弈人都必须清楚地认识伦理道德权利，合理地确认自己的伦理道德权利，这不仅是恰当地实现和维护自己的伦理道德权利的必要条件，也是科学地实现和维护对方伦理道德权利的前提。

二、伦理道德义务的根据、实质、确认与履行

当一个人被当作人看的时候，纵使他是刚刚生下来的婴儿，他就已经享有了不可剥夺的权利，这些权利不仅有政治法律意义上的权利和经济意义上的权利，而且有伦理道德意义上的权利。就是说，虽然人还没有意识，还无法清楚地认识到自己已经享有伦理道德权利以及享有什么样的权利，但他被赋予了伦理道德利益却是一个不争的事实。但是，任何权利本质上都是与相应的义务紧密地联系在一起的。当一个人享有了伦理道德权利，就已经注定了他必须履行相应的伦理道德义务。然而，事实上，伦理道德义务与政治法律意义上、经济意义上的义务根本不同，它既不是与权利同时产生的，也不具有强制性，因而一个人能否自觉地认识和履行自己的伦理道德义务，往往取决于自己的伦理道德觉悟，而这种伦理道德觉悟又往往是在与周围其他人，与整个伦理道德生活世界或者说社会相博弈的过程中激发和促成的。因此，在具体的伦理道德博弈中，任何当事人都时刻存在着对自己所应当履行的伦理道德义务的确认和履行的问题，而清楚地觉醒到这一问题远比对伦理道德权利享有的认识更有意义，更能显示当事人的明智。

伦理道德义务是伴随着伦理道德权利而出现的。对于任何人来说，自诞生之际，就享有了伦理道德权利，因而也预先赋予了伦理道德义务。也就

是说,无论是伦理道德权利还是伦理道德义务,都是与人毫无商量地被赋予的。在伦理道德权利之中,权力和利益两个因素之中,尽管人实际上在诞生之际还没有能力直接地运用自己的权力,但他已经享有了利益,即享有了作为人而在一定的伦理道德世界里应当享有的利益,因此,他已经实际上被赋予了伦理道德义务,或者说,无论他是否认识到自己享有了伦理道德权利,是否有能力直接地、自觉地运用自己的权力,他都已经被要求履行相应的伦理道德义务。李德顺等人指出:“生活在一定文化环境中的人,即传统的主体之人,不论其对本民族的传统是爱是恨、态度如何,因为他正是在这一传统中的母体中发育的,所以都不可能是,或者很难是外在于传统、超越于传统的人。”①麦金太尔曾这样阐述了传统伦理道德在我们身上的体现:“我是某人的儿子或女儿,另外某人的表弟或叔叔;我是这个或那个城邦的公民,是这个或那个行业或职业的一个成员;我属于这个氏族、那个部落或这个民族。因此,对我来说是好的事情必定对处于这些角色中的任何人都是好的。这样,我从我的家族,我的城邦、我的部族、我的民族承继了它们的过去,各种各样的债务、遗产、合法的前程和义务。这些构成了我的生活的既定部分,我的道德起点。”②当然,人在诞生之际以及在随后的相当岁月里还没有能力履行这种义务,但他无法彻底地拒绝履行这一义务的要求。如果说在随后的岁月里,他一直享有着父母、其他人或整个社会赋予他的伦理道德权利,特别是他已经自觉地运用自己的权力,在社会上,在与其他人的交往互动中,充分地享有了伦理道德权利,真正地作为一个堂堂的人而存在,那么,他就不得不清楚地认识到自己必须履行的伦理道德义务。

然而,如果说只要国家法律或伦理道德规范没有明确或严格制止的事情都能做,因而人们实际上享有较宽泛的、多样的伦理道德权利,那么,伦理道德义务恰恰是通过伦理道德规范而得到明确或确认的。也就是说,伦理道德义务总是明确的,因为一定的伦理道德规范已经规定了这些义务,这些

① 李德顺、孙伟平、孙美堂:《精神家园——新文化论纲》,黑龙江教育出版社 2010 年版,第 107 页。

② [美]麦金太尔著,龚群、戴扬毅等译:《德性之后》,中国社会科学出版社 1995 年版,第 277 页。

义务的存在是因伦理道德规范而成为现实的,没有伦理道德规范也就没有伦理道德义务,而根据不同的伦理道德规范,就存在着不同的伦理道德义务。归根结底,伦理道德规范成为伦理道德义务的先决条件。顺理成章地,如果伦理道德规范发生了变化或改革,那么,原来的伦理道德义务也将发生改变或随之消失。但现在的问题是,当一个人还没有认识到这一点,因而整个社会都还相信和依赖社会上现有的、约定俗成的、主流社会所倡导的伦理道德原则、观念和规范时,他只能遵循社会习俗,顺应整个社会的要求而认识和承担着因现有伦理道德规范而派生的义务,他的一切现实的行为都必须接受这些规范的评判。但是如果他通过自己的理性反思,而且通过与其他人的博弈互动和思想交流,发现现有伦理道德原则、观念和规范本身存在着问题,那么,他现在正承担的伦理道德义务本身就变得可疑。换句话说,一旦人质疑现有的伦理道德原则、观念和规范的科学性、合理性乃至合法性,那么,因这些原则、观念和规范而派生的义务也注定遭到怀疑和否定。当质疑和否定现有的伦理道德原则、观念和规范的科学性、合理性或合法性成为整个社会普遍的现象和趋势,除一些极端的保守者依然固守并为之辩护外,绝大多数的人会参与到新的伦理道德原则、观念和规范的培育和创立活动中来,而随着新的原则、观念和规范的确立和普遍化,新的伦理道德义务随之出现。可以说,这是人类社会发展的总体趋势。当然,人类的伦理道德实践总能为历史沉淀下来最值得珍惜的东西,人们在不断的探索和实践过程中,注定逐渐地认识和把握到为了人类更好地生存和发展,为了社会的稳定与和谐,为了人们彼此间心灵的和谐与自由,为了人自己的身心和谐,所应当遵循的最基本的、最重要的伦理道德价值原则、观念和规范,从而自觉地发现整个世界上任何人都理应承认和履行的伦理道德义务。从某种意义上说,这种义务就具有极大的科学性、合理性,因而也具有不容置疑的合法性,仿佛它们就是天然的、先天的义务。

然而,如果伦理道德义务不是自觉自愿地承认的,不是自课的,就会变成一种勉强的甚至完全被动的接受。但是,一旦伦理道德义务变成了被动接受的东西,它就不会得到有效的履行,而只可能遭到变相的拒绝。伦理道德博弈过程,实质上就是推敲伦理道德义务归属的过程,也是促使伦理道德博弈当事人自觉地承认和担当伦理道德义务的过程。客观而言，现实生活中，人们往往过分在意于自己的物质利益、经济利益，因而维系整个社会正常运行的伦理甚至变成了纯粹的经济伦理，因而伦理义务变成了经济伦理义务。也就是说，人们仅仅关心伦理生活中的经济利益，为彼此间实现经济生活的正常化而承担义务，除了经济交往之外，其他更为丰富的社会生活中的伦理道德交往则被抹煞或忽视。因此，人们在伦理道德博弈的过程中，除了个别有着长远眼光的人之外，往往非常在意自己是否多承担了哪怕一丁点儿的义务。也就是说，人们往往在意于自己是否承担了仅仅属于自己的义务，是否多承担了按照自己的职责要求和工作量规定根本不属于自己的义务。在他们看来，该是谁的义务就是谁的义务，自己没有必要去承担其他人的义务，没有必要去干该由其他人去干的活或事，而把别人的活或事揽在自己身上，这既没有必要也是很傻的表现，完全是出力不讨好的事情，因为别人不仅利用了自己，躲开或逃避了义务，享受了清闲或利用这些时间做了更强有力地反过来与自己较量的工作或业绩，而且在背后嘲笑自己是一个傻子。显然，在此博弈态势之下，无法超脱也从不愿意超脱的人就越来越精于算计，精于盘算自己与对方在任何一个方面上的利益得失，更关注于自己在新的或下一轮持续博弈之中能否赢得对方的优劣势比较和分析。而且，日益精明的人，彻底地隐藏了自己的内心世界，在生活中变得不苟言笑，而任何一次在公共场合里的言谈举止，甚至看似非常自然的谈笑，也都是精心的表演，其真正的目的在于赢得人缘，扩大自己的人脉，在于在最终的博弈较量中获得更多的支持，即壮大自己的博弈决胜的力量和砝码，提高决胜的机率，减少取胜的威胁和风险。当然，生活中也存在似乎积极主动承认义务的现象，甚至承认一些按照职责不属于自己的义务的奇怪现象，但实际上这种积极态度背后却隐藏着更深层的动机和更长远的目标，因为他很可能担心如果自己现在不表现得积极些，而是不主动地或怠慢地认领自己的义务，很可能受到对方或其他人的不满，招致非议，引起持续博弈过程中不必要的波动，最终导致博弈处于劣势乃至失败。因此，客观地承认自己的义务对他而言就成为最正确的事情。梁漱溟说："伦理道德上的义务是自课的，不同乎国家法律所规定的那种义务是集体加之于我的。后者只有强制性，而前者非强制性的，正为其出于生命自由自主之本性故耳。法律上的义务恒与权利相对待，而道德上的义务则否，义务只是义务而已。”[①]显然，只有当伦理道德义务成为人自觉担当起来的义务，成为自课的义务，才能在现实生活中得以履行。

但是，伦理道德义务的确认与履行在生活实践中并非完全一致。毫无疑问，对伦理道德义务的确认是履行的前提，不清楚自己应当履行什么样的义务，也就不可能承认它，进而承诺在现实生活中履行它。但是，纵使一个人确认了自己的伦理道德义务，他也可能在现实生活中由于种种原因而没有或无法给予履行。因此，伦理道德义务的履行相比确认来说可能更为复杂。确认更多地是伦理道德觉悟的表现，属于精神意识层面，归根结底是义务意识高度自觉的表现，而履行则涉及现实各种复杂的因素，是必须全面地依赖和考虑现实生活中的各种环境和条件的。在此过程中，来自内外的各种因素或力量影响和制约着人对伦理道德义务的实际履行或践履。但无论如何，一个自觉的、正常的人，是能够在确认自己的伦理道德义务之后认真地履行的，因为只有认真地、完满地履行自己所应当承担的义务，他才能实现和维护自己完整的伦理道德人格，才不至于造成人格上的分裂和心灵上的不安。恩格斯曾强调：“对头脑正常的人来说，判断一个人当然不是看他的声明，而是看他的行为；不是看他自称如何如何，而是看他做些什么和实际是怎样一个人。”[②]一个人如果确认了自己应当履行的伦理道德义务，特别是又作出了明确的承诺，结果如果不是因为他不可抗拒的力量而实际上并没有履行，相反，仅仅是因为各种因素的干扰而寻找各种托辞进而推脱义务，特别是，根本没有任何因素的干扰而故意放弃和抗拒自己的义务，那么，他实际上就否定了自己对伦理道德义务加以履行的承诺，归根结底否定了自己。因此，他明显地就成了一个伦理道德人格分裂的人。毫无疑问，一旦他成为一个伦理道德人格分裂的人，尽管这种分裂还不为自己所认识或意识到，他已经在自己所处的伦理道德世界里成为不可信任和信赖的人。也

① 梁漱溟：《人心与人生》，《梁漱溟全集》第三卷，山东人民出版社 2005 年版，第 739 页。

② 《马克思恩格斯文集》第二卷，人民出版社 2009 年版，第 438 页。

就是说，一个人作出了承诺而实际上却不履行自己理应承当的伦理道德义务，他必将失信于人，必将遭受所有其他人的排斥，最终在整个生活世界里蜕变为一个非人。当然，除了这种情况外，还可能存在着的确因为不可抗拒的因素而导致人无法现实地履行义务的情况，例如，儿子遭受着疾病的摧残而卧床不起，不仅无法赡养年迈的父母而且还需要父母像照顾婴儿一样照顾自己，如此等等。显然，这种情况下，任何人都无权指摘像这样的人，不会要求他必须履行相应的伦理道德义务，相反，还会给予谅解和同情。但是，纵使如此，一个具有高度自觉伦理道德觉悟的人，因而正常的人，不仅不为他没有履行应当的伦理道德义务而为自己寻求开脱，相反，他的内心很可能充满着愧疚，时刻进行着自责。因为，他不是伦理道德人格分裂的人，他始终都在寻求着自己内在心灵的和谐。

对伦理道德义务的承认，就其根据是否真正自觉自愿来说，还可能看到，人们实际上还表现着不同的情感。显然，那些仅仅在意自己的利益最大化和自我完善，而不是还在意其他人的利益最大化和自我完善的人，特别是那些更加不关注整个社会普遍的福利的人，在义务的承认上往往表现出迫不得已的勉强心理。他们承认自己的义务，但毫不积极，毫不主动，毫不情愿，毫不慷慨，变得缺乏耐心，缺乏感情，因而义务完全是外在的、被动接受的东西。显然，在此情形下，人虽然按照伦理道德规范或康德所谓的道德法则履行了自己的义务，因此做对自己而言最正确的事情，但这种履行仅仅具有伦理意义，实际上缺乏道德价值，也就是说它是一个按照伦理道德规范而言正确的行为，但却不是值得赞美的高尚行为。康德坚信，只有人按照伦理道德规范或道德法则来行动时，他的行为才是有道德价值的，但事实上，康德的说法总存在着极大的矛盾。因为在现实生活中，例如，本来恨一个人，而出于义务善待他；本来不喜欢亲戚的孩子，却出于义务而送他礼物，这是否算得上具有道德价值呢？实际上这些问题说明，单纯从是否出于义务因而按照伦理道德规范来行动，其行为还不能直接判定就具有道德价值。实际上，这种不情愿地履行义务的行为，充其量只具有伦理意义，而不具有道德价值。当然，康德在强调出于义务而行动时，他也并没有完全否定必要的情感表达在做善事时的作用，甚至更强调只有在内心培养出做正确事情的情感时，才能更好地帮助人、善待人。

客观而言，任何一个人为了避免遭受所有人的排斥，或者说为了避免自己被其他人或整个社会骂为不讲诚信的人，被视为一个不可接触和交往的人格分裂的人，他就必须在其他人的劝诫或整个社会舆论的压力之下，自觉地、明智地担负和履行自己先前确认和承诺的伦理道德义务，以保障与其他人、与整个社会的伦理道德博弈持续下去，而不是导致博弈的崩溃，遭到自己彻底被赶出生活世界的结局。失信于人，是不明智的表现，对任何人来说都是极为可怕的事情，因为一旦失信于人，任何其他人都将自觉不自觉地将他视为异己的人，不断地与之疏远，最终彻底地将其拒斥于自己的生活世界之外，或者说，将其从自己的生活世界里清除出去。如果不仅失信于个别人，而且甚至失信于众人，失信于生活世界里所有其他人，那么，他将彻底地遭到所有的人的拒斥，从而在整个生活世界里失去立身之地。因此，为了不导致失信，不导致众人或所有其他人的拒斥，特别是不导致自我人格的分裂，就必须自觉地承认和履行自己的身份和职责所规定的伦理道德义务。实质上，人对自己的社会伦理道德身份和职责所规定的伦理道德义务的履行就是对自我的拯救，它使人摆脱动物的层面而留存于人的社会，留存于彼此共处的公共生活世界。毫无疑问，只有这样才能确保伦理道德博弈的持续进行，才能持续地赢得周围其他人的认同和接受，从而牢固地占有自己在公共生活世界里的立身之地，享有相应的伦理道德权利。因此，对伦理道德义务的履行，客观地构成了确保自己的人格完整、赢得其他人信任的必要条件，任何真正成熟的、明智的人都应当自觉地承担起这一义务的担子。总之，伦理道德博弈的过程，既是使伦理道德义务不断得到确认的过程，也是使伦理道德义务最终不断得到履行的过程。

三、伦理道德责任的产生、实质、确认与担当

在伦理学中，“义务”与“责任”是两个极为相关的概念，很多情况下，视为一个概念。但是，真正说来，“责任”概念最好还是区别于“义务”概念。从根本上说，责任是指人们对自己的行为的过失及其不良后果在道义上所应承担的职责和分内要做的事。但如果深究起来，伦理道德责任可以划分为

伦理责任与道德责任:伦理责任偏重于在物质利益、经济利益方面担当自己必须履行的职责,而道德责任则偏重于在精神利益方面担当自己必须履行的职责。从伦理博弈与道德博弈的实质来说,伦理道德责任总是相对于伦理道德规范而言的,它意味着人违背了伦理道德规范规定给人的义务和职责,做出了不能为整个社会所接受的罪恶。这种罪恶不是政治法律意义上的必须通过外在的法庭来裁定和审判的,而是整个社会舆论在精神的法庭中裁定和审判的。特别是,任何一个自觉的伦理人,特别是道德人,是通过在自己的内心世界里裁定和审判的。如果说一些人不能自觉自愿地承认自己所犯下的罪恶,因而不能在自己的内心感悟到罪恶的存在,因而产生负罪感,那么,遭受他人和社会舆论的指责就势必不能对他产生实际的影响。甚至,他很可能反过来抵制这种指责和社会舆论的压力。但是,任何真正地承认普遍存在的伦理道德规范具有合理性,而自己只不过是因自己的过错无意破坏和违反了伦理道德规范,那么,他会自觉自愿地承认自己犯下了不可饶恕的罪恶,自己需要担当罪责,感受到罪恶感始终纠缠着自己的心灵,使自己不能得到心灵上的安顿、宁静、自由与和谐。而对于那些伦理道德意识并不坚定的人来说,虽然他并不具有遵循伦理道德规范的良好习惯,只是在有其他人存在的时候才能表现得具有较好的文明素质,因而在别人不太注意的时候或在人数较少的情况下犯了过错,一时认为自己能够免于惩罚,免于众人的谴责,但随着自己反省的深入,总感觉到自己存在着不可宽恕的罪恶,那么,当他内心折磨造成的痛苦不断地超过他为侥幸逃避惩罚而带来的快乐时,他亦感觉到重新履行自己的伦理道德责任的必要性。因此,对于这两种情况的人来说,为了达到自己心灵上的安顿、宁静、自由与和谐,他就能够产生履行自己的义务和职责的责任感,就会承认自己的伦理道德责任。事实上,自觉地、及时地承认和履行伦理道德责任,特别是道德责任,是一个道德人拥有实践智慧的最高表现。

如果着眼于伦理道德责任的确认是否出于自觉自愿、心甘情愿甚至强烈欲望,可以将伦理道德责任区分为伦理责任与道德责任;前者在更大的程度上是基于外在博弈的紧张态势不得不回应对方或其他人而被迫承认的,相反,后者则更大的程度上是基于内在博弈的紧张态势而自觉地认领的。

伦理责任始终表现为公共生活世界里的责任，表现为伦理博弈当下面对博弈对方、其他人或生活世界里所有人的责任，因而对于伦理人来说，他时刻都要求自己及时地回应对方、其他人或所有人的期待，因此他必须尽可能快地承认自己的责任，将自己所业已造成的后果担当起来。在这种情形或态势下，伦理人的人格、信誉始终面临着挑战，他不得不考虑自己的人格、信誉可能因为自己不承担自己的责任而遭受毁掉的风险，而且这时对方、其他人乃至整个公共生活世界里所有人也往往逼迫他不得不考虑这一严峻形势的存在。梁漱溟曾深刻地揭示了激烈的伦理博弈过程中双方当事人对对方的要求，对于共同生活在中国土地上的中国人，他曾强调："我要求是一个中国人都要讲人格，负责任。你不讲人格，我请你讲人格。"①事实上，只要是激烈的伦理博弈，共同生活在同一个生活世界里的任何一个人都有权力和资格要求另一个人讲人格、负责任，都能当面向他喊出"你不讲人格，我请你讲人格"这句话。毫无疑问，喊出这句话本身也是出于被逼，但对方、其他人乃至所有人向他喊出这句话的时候，依然是出于礼节，依然以尊重他的人格为前提的，因为毕竟是"请"讲人格。换句话说，还是依然将他视为与他们自己具有同等人格的人而向他提出这一要求的，相反，不是直接将他斥为不是人、如同禽兽，乃至骂作猪狗不如。孔子弟子曾子曾强调："仁以为己任，不亦重乎？"②康有为解读为："凡为人皆有人之责任。人者仁也，仁乃人之责任也。"③他强调："若废疾人，则无责任，而待养于人。是故，放弃其人道之责任者，等于废疾人矣。是故，其自任重者，其人贵而重，其自任轻者，其人贱而轻。"④毫无疑问，任何人如果不想遭到这种斥责，乃至丝毫的或者潜在的怀疑，不想与整个社会玩自己根本不可能胜算的危险博弈，他就必须始终着眼于伦理博弈的紧张态势而及时地回应对方、其他人乃至整个生活世界里所有人的心理期望，自觉地承认自己的伦理责任，将自己曾经做出的任何事情

① 梁漱溟：《论和谈中一个难题》，《梁漱溟全集》第六卷，山东人民出版社 2005 年版，第 816 页。

② 《论语·泰伯》。

③ 康有为：《孟子微礼运注中庸注》，中华书局 1987 年版，第 121 页。

④ 康有为：《孟子微礼运注中庸注》，中华书局 1987 年版，第 121 页。

的后果担当起来。然而，由于伦理责任归根结底总是面对外在的他者而不是内在的自己，因此，在伦理博弈过程中，如果人们彼此间实际上可能信奉着不同的伦理道德价值观念和原则，因而实质上都在选择着最有利于自己的伦理规范，在激烈的博弈过程中，实际上存在着双方彼此争执、深究的过程，那些本身还不具有纯正的伦理德性的人，始终抱有如果能够推卸自己的责任就决不愿意多担当一丝责任的心理，因为在他看来，他已经在道理上说清了自己，甚至他认为无论是否说服了对方，他已经没有了任何责任。当然，从内心来说，他始终认为自己纵使得不到对方的承认，也不至于存在着严重危及自己的人格和信誉的风险，甚至一时存在着这样的风险，也不至于有损自己当下的利益。特别是，一旦离开了当下进行着的伦理博弈现场，一个伦理修养不高的人如果是独处时，或者自己相信没有其他人在场的时候，他的内心思想和外在言行很可能不再受任何伦理规范的约束，而彻底陷入放任自由的状态，在此情况下，他不是像儒家的君子那样做到慎独，而是很可能产生违背伦理规范的冲动，甚至产生故意挑战伦理道德观念和原则的邪恶念头，放纵自己，做出自己在公共场合绝不会做出的事情。他不仅没有负罪感，而且也根本不会为自己造成的后果，乃至恶劣的后果承担责任。在他看来，既然没有任何人见证，他完全不需要承担任何责任，纵使有人可能窥见自己不文明的劣行，或听到自己诋毁乃至污辱他人的话语，也完全可以寻找各种理由为自己寻求开脱，否认这一切。在此情形下，他通过放纵自己，享有了一种变态的快乐和自由，甚至将自己长期被社会规则压抑的心理得到释放视为一种合理的、应当的调节，甚至将放纵自己挑战和打破伦理道德规范的举动视为一种勇敢的行为。毫无疑问，这本质上是一种自惑惑人、自欺欺人的事情，并不能持久，一旦被人以充足的证据给予揭露，就会遭受到沉重的打击。但如果没有人较真地去揭露，没有人当面撕毁他的伪善的面纱，他总能招摇撞骗于一些不知他底细的人之间。因此，对于伦理人而言，特别是对于精致的功利主义者而言，他更看重的是伦理博弈的当下在场，更看重的是通过当下的博弈明确地辨别彼此间需要担当的伦理责任，不愿冒较大的风险去与整个社会进行不能胜算的博弈，但也只是在不危及自己的人格和信誉的时候，他才担当起自己的责任，而且如果他本身是一个具有较高的伦理修养的人，他甚至会自觉地担当起这一责任，其根本目的就是为了取信于人，使自己继续确保参与公共生活世界里博弈活动的资格和权力，继续获取自己的最大利益。

与伦理责任本质上表现为一种被外在伦理规范所赋予的、强加的、因而不得不接受和承认的责任不同，对道德责任的确认则表现为自觉自愿、心甘情愿甚至强烈的欲望。伦理博弈直接关乎着人们现实的物质利益、经济利益，因而其结果能够在现实生活中直接地核算出博弈当事人具体的利益得失，因此它直接地造成了激烈的博弈态势，使任何人都无法彻底地摆脱对方或其他人乃至生活世界里所有人的关注和评判，归根结底，这种直接决定着得失或输赢的伦理博弈使任何人不得不紧紧地联系在同一个博弈场中，始终处于在场的状态。然而，与此不同，道德博弈既可能是当下在场的，即每位博弈当事人在具体的道德生活事件中或道德生活交往中直接地在场，又更可能不是基于具体的道德生活事件或道德生活交往而在另一种意义上在场，即它很可能不是具体时空意义上的在场，而是心灵上的在场。这种突破了具体时空意义上的在场，实际上就是人们的心灵与心灵之间交往的在场，乃至人自身心灵意义上的在场。尤其是，超越功利的道德博弈，关注的重点已经不再是物质利益、经济利益上直接可以盘算和衡量的得失或输赢，因而很可能无法使人直观到道德博弈的当下情形，特别是直观到道德博弈当事人各自的心事和动机，因此，在很多情况下，它内在蕴涵的道德责任不是非常直观地赋予当事人的。然而，道德责任这种并非当下因为激烈的博弈态势赋予当事人因而显得没有得到直观确认的现象，仅仅是表象而已，相反，真正的道德博弈，所面对的不是当下的物质利益、经济利益而是彼此间的精神利益，特别是个人的心灵，因此它实际上远远比伦理博弈来得更深刻，更穿透人的心灵，因而也更激烈。事实上，当每位道德博弈当事人真正着眼于提升自己的道德修养、道德境界时，他始终需要反省和扪心自问的恰恰是自己是否恰切地处理了彼此间心灵上的自由与和谐，是否真正地做到了问心无愧，特别是超越问心无愧的境界而促进了彼此间心灵上的融合与共生。因此，不仅在突破因现有的道德规范所规定的道德责任确认上表现出高度的自觉，而且更基于日益成熟和发展着的理性和自由意志而创造、创新出来的新的更高道德规范的确认表现出强烈的欲望，是一个具有强烈的道德责任意识的真正的、彻底的道德人的必然表现。毫无疑问，这种基于内在的道德博弈或心灵博弈的紧张态势所自觉担当起来的道德责任，本质上远远突破了基于外在的伦理博弈或功利博弈的紧张态势所被迫担当起来的伦理责任的狭隘意义，对它的确认是具有真正崇高的道德价值的行为。

事实上，无论是伦理责任还是道德责任，一个真正成熟的人，纵使他是一个久经世故的老练的或者说圆滑的人，他都会自觉地、明智地确认或认领自己的责任，而不是通过各种理由或借口而逃避自己的责任，更不会抱着侥幸的心理掩盖自己的过失或罪恶。吕坤曾指出："有过是一过，不肯认过又是一过。一认则两过都无，一不认则两过不免。彼强辩以饰非者，果何为也？"[①]事实上，如果已经存在着过错本身就已经是一过，结果不仅不承认，而且还刻意地掩饰这种过错，那已经是错上加错，如果甚至还强加辩解，更甚至寻找各种牵强附会的理由将其美化为德行，那简直就是极端的无耻，是强词夺理，就是明目张胆地侮辱对方的人格。因此，一个真正的成熟者，尽管他是老于世道的、处世圆滑的人，他也会自觉地担当自己的责任，而不会轻易逃避自己的责任，而对于一个真正地理性成熟而且自觉地追求崇高美德的人来说，自觉自愿、心甘情愿甚至积极地承认自己的道德责任是本身具有高度的道德自觉意识、德性意识和责任意识的必然体现，同时也说明他拥有最终的实践智慧。

伦理道德责任的确认并不直接等同于伦理道德责任的担当，因此严格地说，在伦理道德博弈的过程中确认伦理道德责任仅仅是明确相应的伦理道德责任究竟归属于谁，即最终应当由谁来在道义上担当，归根结底由谁来为业已造成的后果或过错给予相应的补偿，或者受到相应的惩罚。因此，确认仅仅是担当的必要前提，并非直接地就是担当，只有在明确了伦理道德博弈过程中当事人各自的伦理道德责任，而且每位当事人事实上也确认了按道义划归自己的伦理道德责任的时候，他才实际地为自己业已造成的伦理道德行为后果、恶果、过错或罪过承担必要的责任，给予现实的补偿或接受

---

① ［明］吕坤：《呻吟语·修身篇》。

必要的惩罚。换句话说,不仅事实上已经造成了恶果、过错或罪孽,而且事实上已经在激烈的博弈过程中推定了这些恶果、过错或罪孽的实际制造者,不仅这些恶果、过错或罪孽的实际制造者确认或承认了自己的责任,表示了真实的愧疚或悔罪感,而且接下来在现实生活中作出必要的、切实的补偿或受到必要的、切肤的惩罚,构成了整个伦理道德责任问题的完整逻辑。因此,绝不能简单地将伦理道德责任担当简化为当事人对伦理道德责任的承认,因为当事人表面上或口头上承认了自己的责任,承诺自己将担负起应负的责任,但在随后的伦理道德生活中却很可能以各种理由或借口加以推脱,结果他并没有作出必要的、切实的补偿,也没有受到任何必要的、切肤的惩罚,归根结底放弃了应当给予博弈对方、其他人乃至整个社会的补偿,逃脱了整个社会要求于他的必要惩罚,使补偿和惩罚流于形式、化为乌有。事实上,每位伦理道德博弈当事人在博弈的过程中总是基于自己的利益诉求、伦理道德觉悟和德性水平,遵从和选择着最适合自己的伦理道德价值观念、伦理道德原则和规范对已经确认和承认的伦理道德责任做出或自觉自愿担当或被迫担当或设法逃避的选择,而博弈的具体态势也往往随时影响和改变着他的选择。

确认不等同于承认,口头上或表面的担当不等同于实际的担当。伦理道德责任的实际担当是以这一或这些责任的实际制造者作出必要的、切实的补偿或接受必要的、切肤的惩罚来实现的。毫无疑问,伦理道德的博弈绝不只是口头上的交锋与妥协,而是实际地以现实的物质利益、经济利益和精神利益,乃至心灵上的利益为基础的,当博弈双方或多方当事人在激烈的博弈较量过程中趋于伦理道德观念上的认同,因而按照彼此认同的伦理道德原则或规范推定或确认了彼此对业已造成的后果、恶果、过错、罪过或罪孽所应当担负的伦理道德责任,就实际上需要重新分配或协调彼此间的物质利益、经济利益或精神利益乃至心灵上的利益的关系,重新恢复或重塑彼此间的正常关系或和谐关系。具体而言,伦理责任的担当偏重于物质利益、经济利益上的重新平衡,即重新恢复或塑造博弈当事人之间的物质和经济交往关系,使彼此间的物质生活、经济生活恢复正常与和谐,而道德责任的担当则偏重于精神利益,特别是心灵利益的重新平衡,即重新恢复或塑造博弈当事人之间的精神交往关系和心灵交往关系，使彼此间的精神生活乃至心灵生活恢复正常与和谐。毫无疑问，对于时刻关注于自己的物质利益、经济利益得失的伦理人或普通人而言，他更看重对方或其他人是否在现实中给予了他相应的物质或经济补偿，即是否得到了看得见、摸得着的货真价实的物质或金钱，对方是否实际地遭受到物质或金钱上的损失；而超越了功利束缚的道德人则更看重自己的精神利益乃至心灵上的利益是否得到了补偿，自己的名声、荣誉或道德权利、道德形象、道德人格是否得到了恢复和保障，自己的心灵是否重新得到了安顿，恢复了宁静、自由与和谐，对方是否在名声、荣誉或道德权利、道德形象、道德人格上承受了应当的贬损，在心灵上是否受到了应当的谴责，表达了悔罪。实际上，激烈的伦理道德博弈不仅强劲地促使着每位当事人认真地确认各自的伦理道德责任，而且促使着当事人切实地履行自己对伦理道德责任口头担当的承诺，变成现实的担当，而不是导致这种担当最终流于形式，化为乌有，结果反倒逃避了责任。

客观而言，对于伦理道德博弈当事人来说，特别是对于伦理道德责任已经具体确认的责任人来说，实际上总存在着是否自觉自愿、心甘情愿乃至内心迫切要求的分别。显然，对伦理责任的担当从根本上是为了回应伦理博弈的对方、其他人乃至整个生活世界里所有人，归根结底是回应外在的他者，其根本的目的在于取信于人或不失信于人，就是继续确保自己始终能够得到对方、其他人乃至生活世界里所有人的认可和接受，确保自己业已确立起来的个人形象和人格，使自己能够继续参与生活世界里的博弈，确保自己继续享有环境、条件、资格和机会以实现自己物质利益和经济利益的最大化；而对道德责任的担当不再偏重于回应道德博弈的对方、其他人或生活世界里的所有人，而根本上在于回应自己，回应自己内在的呼声，其根本目的在于取信于己，在于始终做到自诚自信，在于确保求得自己心灵的安顿、宁静、自由与和谐。因此，事实上，真正具有高度自觉的博弈当事人，总会自觉自愿地履行自己的职责，通过牺牲自己的一定物质利益、经济利益乃至精神利益以补偿对方，以赢得对方或其他人乃至整个生活世界里所有人的重新认可和接受，特别是心灵上的重新接受，彻底消除因自己业已造成的后果、恶果、过错、罪过或罪孽造成的不良影响，特别是造成的彼此间心灵上的伤害,重新恢复彼此在物质交往、经济交往和精神交往乃至心灵交往中的正常的、和谐的关系,即不仅实现物质生活、经济生活上的和谐,而且实现精神生活、心灵生活上的和谐,不仅让对方对自己的态度、心情恢复正常,让对方的心灵得到安顿、宁静、自由与和谐,而且让自己的心情、情绪得到平静,让自己的心灵同样得到安顿、宁静、自由与和谐,归根结底,就是要恢复人们之间的心灵契约,即心与心之间的契约。实际上,自觉地履行自己对道德责任的担当就是人的自我拯救、自我超越和自我完善的过程。现实生活中,许多人唯恐履行自己的伦理道德责任不够及时、全面或充分,总表现出强烈的自责,不肯轻易饶恕自己,反复向博弈对方、其他人乃至整个生活世界里的所有人表示歉意和忏悔,以赢得对方的谅解和宽恕,甚至在别人已经高度谅解而认为再表示歉意和忏悔已经显得极为多余的情形下,还坚持如此,就是这种高度自觉的自责意识、自我拯救意识、自我超越意识和自我完善意识的综合表现,就是重新恢复心灵契约,特别是自我心灵契约的努力,他不再相信外在的力量,例如靠上帝来拯救自己,来超拔自己,来完善自己,而是相信自己就有能力做到这一点。毫无疑问,这是超越了宗教信仰的道德信仰。当道德还依存于宗教信仰,当上帝还是自己最绝对的心灵契约者时,人就把上帝看成了自己灵魂的拯救者,看成了自己精神力量的源泉,然而正如费尔巴哈所深刻指出的,上帝不过是人的自我异化而已,是将自己最美好和最绝对的东西都赋予了这一异化形象。事实上,人与上帝之间的契约只不过是人与自己之间的心灵契约,而宗教的曲折形式遮蔽了这一实质。当人们彻底地认识到这一实质,道德就会突破宗教信仰成为真正属人的信仰,即道德信仰。因此,伴随着博弈的深入推进,特别是伴随着伦理道德意识的高度自觉,大多数人会超越功利境界而进入道德境界,从一个伦理人升华为道德人,从而更自觉自愿地履行自己的伦理道德责任,甚至对这种伦理道德责任的履行表现为强烈的内在要求。而人的这种强烈的内在要求本质上体现了人对自己而不是任何外在力量或权威的信任。可以说,相信自己而不是相信任何外在的力量或权威,是一个道德人之所以为道德人的最终标志。

道德人对道德责任的自觉担当和履行,使道德人的道德人格更加牢固和充满无穷的魅力,更能赢得其他人乃至整个生活世界里所有人的认可和敬仰。任何人都不会再责怪他，追究他，而渴望与之交往，并将自己的生命融入他的生命之中。显然，这一切都是道德人伦理道德实践智慧在塑造自由和谐的伦理道德生活世界中的最终成就。

第七章　底线伦理与至善境界的博弈生成

伦理道德博弈的持续进展必将使人们不可分割地联系在一起。这不仅意味着在人们之间形成了真正意义上的伦理道德生活世界,任何一个人都成为伦理道德生活世界里的一员,都必须遵循着这一世界里为所有人普遍认同和接受的公共伦理道德规范,追求与其他人紧密地联系在一起的人生,而且还意味着任何一个人必将随着伦理道德意识的觉醒和提高历史地从一个伦理人成长为一个道德人,即他不再简单地将自己的物质利益、经济利益视为他追逐的唯一目的,相反,他更在意于自己精神上的满足、宁静和愉悦,自觉地锤炼自己的德性修养,不断地创造和遵循新的德性规则,最终以终极至善为目的,使自己真正地成为一个具有至善美德的人。

博弈伦理学并不盲目地预期未来,也不对任何人抱有幻想,而是相信这是一个非常艰难的历史博弈过程,是人类至善世界的历史诞生过程,它坚信,在此过程中,以至善的原则追求至善的崇高道德意识、超越任何狭隘意义的人类至善的实现与个人自身至善美德的形成,终将实现高度的统一。

第一节　人生境界的超越:从伦理生活到道德生活

正如任何人都是历史地生成的一样,一个现实的伦理人、道德人也是历史地生成的。所谓现实的伦理人、道德人,是指伦理道德意识、伦理道德实践、伦理道德行为和伦理道德德性高度统一的人。一个仅仅拥有伦理道德意识,因而只在观念中生活而没有付诸具体的伦理道德实践,没有表现出一定的德行,特别是没有通过长期的伦理道德实践而锤炼出伦理道德德性,展现出淳厚德性的人,就不是一个真正现实意义上的伦理人特别是道德人。

毫无疑问,这种意义上的现实的伦理人、道德人不是横空出世的,而是在现实的伦理道德博弈过程中,在不断地权衡现实利弊得失和拷问自己心灵的过程中历史地生成的,是一个通过外在的行为和内在的德性来证明的存在。一般来说,任何人都不可避免地同时过着伦理生活和道德生活,要么以伦理生活为根本立场,要么以道德生活为根本立场,而道德人所经历的从伦理生活到道德生活的人生境界的提升,是一个非常具体地、感性地、不能忽略掉任何必要环节的历史过程。

一、人最基本的生活事实:同时过着伦理生活和道德生活

事实上,任何真正立足现实生活世界和真心关注现实的人的生活实践和伦理道德生活的人,都不会停留在对伦理道德现象和问题仅仅空谈的层面上,而会深入到每个人的历史地发展着的成长中。众所周知,当年费尔巴哈停留于抽象的人的层面试图解决一切时代、一切民族、一切情况的伦理道德问题,然而他"不能找到从他自己所极端憎恶的抽象王国通向活生生的现实世界的道路",恩格斯强调:"要从费尔巴哈的抽象的人转到现实的、活生生的人,就必须把这些人作为在历史中行动的人去考察。"①因此,对人的考察,特别是对人如何从自然人成长为社会人,进而从一个伦理人成长为道德人的考察,必须切实地把人作为在历史地行动中的人来看待,认识到这本身是一个历史过程。而且,这一成长的历史过程不仅真正地指向人在有限的生活世界里的成长,而且还指向超越了狭隘的生活世界的更宽广的公共社会生活领域乃至整个人类公共生活世界里的成长。着眼于这两个维度,不难发现,任何人实质上同时过着伦理生活与道德生活,要么以伦理生活为根本立场,要么以道德生活为根本立场,前者为伦理人而后者为道德人。

客观而言,现实生活中的每一个人都不可避免地同时过着伦理生活与道德生活。伦理生活和道德生活的区别总是相对的而不是绝对的,两者紧密地联系在一起。这在于,作为现实的人,任何人都不可避免地需要满足基本的物质生活需要、肉体生存需要,因此需要通过必要的社会物质生产和物

---

① 《马克思恩格斯文集》第四卷,人民出版社2009年版,第294页。

质交往、经济交往而与其他人发生最基本的社会关系,要与其他人产生这样那样的世俗生活问题。同时,任何人也都不可避免地需要满足日益发展起来的精神生活需要、心灵生活需要,因此需要通过必要的社会精神文化交流和思想交流与其他人发生思想关系,要与其他人产生这样那样的精神生活问题。毫无疑问,这两个方面都涉及伦理道德问题,前一方面以物质利益、经济利益的分配和交换为核心内容,而后一方面则以精神利益、心灵利益的交换和分享为核心内容,两个方面同时又都涉及各自利益最大化和伤害最小化的问题。这两种生活不可分割地联系在一起,共同构成了一个现实的人的全部伦理道德生活。

对于一个人来说,仅仅遵循、恪守伦理规范或达到中庸的境界虽然已经很难,但是对于实现自身心灵的自由和谐而言毕竟还远远不够。个人道德也不仅仅局限于作为公民的个人道德,因为严格地说,这种意义上的道德只是伦理德性而已,而且还包含着自觉地追求更高价值和意义的道德。这在于,伦理与道德毕竟不是一个境界上的问题,一个人的行为之所以是"伦理的",其根本的判断根据是人对社会上的伦理规范具有明确的认识,能够清醒地意识到自己的行为及其相应的后果,因而自觉地遵循或遵守这些规范。然而,"道德的"不仅意味着人对自己的行为具有明确的意识,能够自觉地去遵循、遵守社会上的伦理规范,而且超越了伦理规范而创造出了其所不能涵盖的德性价值。完全可以这样说,无论是"伦理的"行为或"道德的"行为,都必须以内在的德性为基石,然而,赋予"伦理的"行为以内在动力的是社会公德意义上的"德性",是强烈的社会责任感,而赋予"道德的"行为以内在动力的则是个人道德意义上的"德性",是个人对道德的敬畏与信仰,是个人对美德的自觉追求和内在良知。毫无疑问,与社会公德匹配的德性注定是伦理道德上最基本层次的德性,即伦理德性,而与个人道德相匹配的德性,恰恰是个人超越社会最基本的限定因而也往往是最底线意义上的德性所祈求的更高境界的德性,即道德德性。罗素强调:"个人行为的地位在伦理学上不能被看作低于社会责任的地位。相反,一些最卓越的人类活动至少在情感上,与其说是社会的不如说是个人的。”①在他看来,“预言家、神秘主义者、诗人、科学发现者都是由一种洞察力来支配自己生活的人,他们实际上是孤独者。当他们的主导性冲动强烈的时候,如果权威有悖于他们深信是善的东西的话,他们就会感到不能服从权威。尽管由于这个原因他们经常为自己的时代所迫害,他们却常常成为那些后人报以最崇高敬意的人们。正是这些人给世界带来了那些我们不仅在宗教、艺术、科学方面,而且在对我们邻人的情感方面最为珍视的东西”②。因此,客观而言,道德的人实际上已经超越了社会伦理的层面或境界,他不仅勇于担当一定的社会责任,而且以善或道德价值为追求的目的本身。也就是说,道德的人自为地追求道德本身,而不再以其他东西为目的,相反,伦理的人注定是以其他东西为目的的,遵循伦理规范旨在实现自身利益的最大化,伦理规范仅仅具有手段价值。归根结底,任何一个人不仅首先应当做好一个伦理人,而且还必须超越伦理的、功利的境界,不再把伦理规范作为实现自身利益最大化的手段,不断地提高、提升自己的道德修养和道德境界,从而做一个道德人,即一个道德高尚的人。

伦理生活与道德生活的区别和联系深刻地体现在任何一个现实的个人身上,体现在他在不同维度和领域里的生活世界里,体现在他与不同人之间的交往上。因此,对于任何的个人来说,只要他现实地生活在世界上,他就不可避免地在不同的生活世界里,在与不同的人交往中发生着伦理道德生活关系,因而实际上根据不同的情况而过着伦理生活或道德生活,而这两种生活又是不可分割地联系在一起的。

然而,伦理生活与道德生活毕竟存在着区别。任何人之所以是一个现实的个人,还在于他的生活毕竟存在着立场、层次或境界之分,而正是由此,他又明显地成为一个具体的伦理道德人,即要么根本上立足于伦理生活、伦理层面,基本上过着较低境界的伦理生活;要么根本上立足于道德生活、道德层面,基本上过着较高境界的道德生活。基本上过着伦理生活的人就是

① [英]罗素著,肖魏译:《权威与个人》,中国社会科学出版社 1990 年版,第 97 页。
② [英]罗素著,肖魏译:《权威与个人》,中国社会科学出版社 1990 年版,第 97 页。

一个伦理人,而基本上过着道德生活的人就是一个道德人。伦理人并不是不过道德生活,只是他根本上立足于伦理生活的视野来看待和解决与其他人发生的一切伦理道德矛盾和问题,着眼于实现物质利益、经济利益最大化乃至伤害最小化,而道德人并不是不过伦理生活,只是他根本上立足于道德生活的视野来看待和解决与其他人发生的一切伦理道德矛盾和问题,着眼于实现精神利益、心灵利益的最大化乃至伤害最小化。毫无疑问,轻易地否定伦理人可能在一定的场合里和一定的对象身上表达着自己的道德关怀、道德追求,因而实际地过着道德生活、精神生活,和轻易地否定道德人可能在一定的场合里和一定的对象身上特别在意自己的物质利益、物质享受因而实际地过着伦理生活、世俗生活,都是极端错误的。世间没有绝对的不食人间烟火的圣人,也没有绝对的不渴求灵魂安顿的凡夫。事实上,纵使是一个极端的恶魔,他也可能在自己的灵魂深处过着特殊的心灵生活。

从现实生活的常态来看,绝大多数人,即正常的人,实际上始终徘徊于伦理生活与道德生活之间,或者说进退于伦理层面与道德层面之间,只有少部分人基本上过着伦理生活或道德生活,而一些比较自觉的、理性日益成熟、道德修养日益提升的人,才逐渐地超越伦理层面、伦理生活而过上了道德生活,从而从一个伦理人转变、升华为一个道德人。

二、人生境界超越的历史过程:从伦理生活到道德生活的博弈升华

客观而言,在日常生活中,绝大多数的人既生活在私人生活世界里,又生活在公共生活世界里,既现实地生活在伦理层面,又时刻面临着道德上的问题,因而注定不仅与自己的心灵打交道,而且与周围的他人打交道,他不仅必须实现自身心灵秩序的和谐,而且还要与他人建立良好的人际交往关系。但是,当人们在现实生活中遇到物质利益、经济利益的分配和享有存在着矛盾和冲突时,究竟如何解决呢?是否将在现实生活中无法解决的矛盾和冲突仅仅移入头脑中,进行思想观念中的自我斗争,通过改变自己的观念,就能够取得自己内在心灵的安顿、宁静、自由与和谐?因此,如果深入考察一个现实的人从伦理生活到道德生活的升华,就能够发现这绝不是一个靠纯粹的抽象实现的活动,相反,它是一个非常具体、感性的博弈过程,是一

个在现实生活中解决矛盾和难题，克服困难和障碍的过程。可以说，正是现实的伦理道德博弈促使着他实现了人生境界的不断超越和提升。

任何人如果试图提高自己的伦理道德境界因而超越伦理生活过上道德生活，那么他就不可避免地会遭遇到各种困难和障碍，遇到各种矛盾和难题。然而，这些矛盾和难题是无法通过将它们简单地移入头脑就能够解决的，现实中的矛盾和难题毕竟还需要通过现实的方式来解决。众所周知，马克思、恩格斯在《德意志意识形态》中批判施蒂纳将世界神圣化从而将现实生活中的矛盾转移到意识形态之中的做法，指出："把世界神圣化的一个最一般的例子，就是把实际的冲突（即个人和实际生活条件之间的冲突）变成思想的冲突（即这些个人和个人自己产生的或自己塞进自己头脑中去的那些观念之间的冲突）。这套戏法也是非常简单的。正像圣桑乔（马克思送给施蒂纳的外号——引者注）以前曾把个人的思想变成某种独立存在的东西的情形一样，他在这里又使现实冲突在思想上的反映离开了这些冲突本身并使这种思想上的反映成为独立存在的东西。个人所遇到的现实矛盾变成了个人和自己的观念的矛盾，或者——像圣桑乔说得更直截了当一些的那样——变成了个人和观念本身的矛盾，即和圣物的矛盾。这样一来，他就狡猾地把现实的冲突，即它在思想上的反映的原型，变成这个思想上的假象的结果了。于是他得出一个结论：问题不在于实际消除实际的冲突，而仅在于抛弃关于这种冲突的观念。他以一位道貌岸然的道德家的姿态号召人们抛弃这种观念。"①因此，人们在现实生活中遇到的矛盾和冲突不能简单地通过观念化而转变成纯粹的思想冲突，转变成个人同自己的观念之间的矛盾和冲突，或者说转变成了个人与观念本身的冲突，并最终通过对个人观念的改造而简单地化解了这一矛盾和冲突。客观而言，这并没有从根本上消除而是回避了实际生活中的矛盾和冲突，放弃了在现实生活中通过自觉的努力奋斗和合理争取，实现物质利益分配的客观公正，赢得与社会其他人平等发展的机会和条件的权力、责任和使命。充分地利用自身的条件，发挥自己的才能，努力奋斗而过上与其他人平等的、公正的物质生活，不仅是每个人的

① 《马克思恩格斯全集》第三卷，人民出版社1960年版，第324页。

权力，也是每个人的责任和使命。可以说，对于任何现实的人来说，每个人都应当真切地存活在当下，存活在为争取自身存在、生活和发展环境、机会和条件的努力工作中、努力奋斗中，不能轻易地放弃自己的权力、责任和使命，否则就是退让、无能与懦弱的表现，就是甘心向现实的环境、困难和矛盾投降。

不甘心向现实环境、困难和矛盾投降，是任何一个有人生追求、有使命感和责任感、因而真心渴望改善伦理道德生活的人的应有态度。从根本上来说，着眼于从现实中解决矛盾和问题，人首先应当自己立足于现实物质生活、生存和发展的需要，自觉地、积极地、正当地追求物质利益，正常地开展经济交往，实现经济利益的最大化，如在商界就要做一个精明而非愚蠢的商人，只要他遵循国家法律和商业伦理，他就有合法争取自己合理利益的权力和责任，而对于每一个现实的人来说，过好自己的物质生活，就是充分地享有自己的权利，履行自己的责任，担当自己的使命。这就要求每一个人不仅必须自觉地做一个生活在公共生活领域或公共生活世界里的公民，而且要做一个充分的、合格的公民。这就要求每个人事实上首先作为一个公共生活领域里追求和实现自身物质利益、经济利益最大化的伦理人而存在，即作为一个自觉遵循、恪守社会法律规范、伦理规范的公民而存在。在此意义上，人追逐物质利益，或者说追逐功利，不仅是应当的，而且是必须的，只有如此，他才真正地实现了自己的充分存在，而充分的存在也就是最真实的存在，是以客观的、感性的物质生活基础为保障的存在。在这种以物质生活、生产、交换为基本内容的社会生活中，每个人都应当自觉地按照国家法律、社会伦理规范与其他人乃至所有的人（自然包括各种陌生人）进行合法的、合情的交往和合作，以实现各自利益的最大化。罗素曾指出："没有公民道德，社会就会灭亡；没有个人道德，他们的生存也就失去了价值。因此，对于一个美好的世界来说，公民道德和个人道德是同样必要的。"[①]对于每个人来说，尊重、遵守国家法律和社会伦理规范、社会公德或公民道德，不仅是整个社会存在的前提，是一个公共生活世界秩序稳定的前提，而且也是确保每个

① ［英］罗素著，肖魏译：《权威与个人》，中国社会科学出版社1990年版，第95页。

人或每个公民的物质利益最大化的前提。而为了更科学地运用、利用国家法律乃至社会伦理规范以赢得现实博弈，每个人又都不得不自觉地加强自身的伦理德性或公民道德修养。在公共生活世界里按照规则、规范待人处事不仅首先应当成为每个公民的本分，而且还能够彰显和验证着每个人的伦理德性或公民道德修养。

毫无疑问，只有在此基础上，一个人才可能进而超越自己比较狭隘的民族公共生活世界而彻底地立足于整个人类社会的立场，从人类社会发展的整体利益上，从至善的高度全面地衡量和评价自己的任何思想和行为。从人类的高度和立场上看待自己的伦理道德行为，因而在整个世界舞台上展现自己的伦理道德形象和人格魅力，一个人就历史地成了生活在人类公共生活世界里的公民，即世界公民。毫无疑问，只有那些真正地将自己置身于人类文明发展的高度，因而从整个人类文明维护和发展的角度对待任何一个来自不同国家、民族或其他生活世界里的人，从人类普遍认同的伦理道德原则、观念和规范来对待他，而不是将他视为异类、异己，才真正地拥有了世界公民的意识。事实上，并不是任何人都必然地、自觉地以世界公民的眼光来看待问题，因为他还没有在自己的伦理道德生活中遇到过涉及超越自己狭隘的生活世界范围的伦理道德问题，还没有牵连到来自其他生活世界里的人的各种现实物质利益、经济利益、精神利益乃至更深层的心灵利益。但是，随着现代社会人们日益扩大的普遍交往，实际上每个人都处于与来自其他生活世界里的人或其他民族的人相互交往的环境里，纵使这些伦理道德问题并没有直接发生在自己身上，也是需要自己去考虑和解决的，因为它们本身已经具有非常现实的意义，而自己也可能不可避免地发生这样的问题。客观而言，伦理道德博弈所具有的强大力量，使任何人在此博弈过程中都处于被动与主动相互作用的状态，并最终使人从不自觉、不主动变得自觉和主动，真正地超越伦理人而成为一个具有坚定的道德信仰的、道德高尚的道德人，使任何狭隘的地域生活世界或民族公共生活世界在博弈过程中不断突破其内部伦理道德体系、观念、规范和最高美德的狭隘性、有限性和局限性，最终不约而同地将追求人类社会发展整体利益奉为至善，从而促进人类公共伦理道德生活世界历史地诞生出来。

总之，伦理道德的博弈，使任何人都与其他人不可分割地联系在一起，任何人的伦理道德意识始终都面临着考验，面临着其他人和实践的拷问，任何人都被检验着是否现实地恪守了伦理道德规范，甚至以更高的道德规范来约束和规范自己的思想和行为，特别是任何人都在内心反思自己的心灵是否得到了安顿、宁静、自由与和谐，因而任何人都不能停留在纯粹意识之中，而必须将自己的伦理道德意识付诸实际的伦理道德实践，都必须通过锻炼自己的美德而不断地改进自己，从而使自己得到其他人的认可和接受，使自己的心灵得到安顿、宁静、自由与和谐。可以期待的是，伴随着人类社会历史的发展和文明的进步，特别是整个人类普遍意义上的伦理道德生活世界，尤其是道德共同体的生成，自觉地以社会公德和人类至善为原则，遵循人类普遍的伦理道德规范，成为具有良好公德和至善美德的人，成为一个高度文明的世界公民，势必越来越多地成为许多人的追求，而正是在这种追求下，无数个人终将历史地从外至内，再从内至外成为现实的伦理人，成为真正意义上的道德人。

第二节　伦理秩序的塑造与底线伦理的生成

毫无疑问，对于任何人来说，一方面自他诞生以来，就客观地进入了一个既定的伦理道德生活世界，现有的伦理道德原则、规范、价值理念等因素，已经为他设置了既定的伦理道德权利、义务和责任，向他呈现了不可逾越的伦理道德生活秩序，要求他必须认真地去认识和了解这些东西，树立明确的伦理道德观念和规范意识，增强自己的德性，以及自觉地担当起义务和责任，另一方面他可能在现实的伦理道德博弈过程中，发现既定的伦理道德世界实际上存在着较多的甚至严重的矛盾和问题，即现有的伦理道德原则、规范、价值理念极可能存在着逻辑上的冲突、违背人之常情甚至违背和扭曲人性，因而产生了抵制和改造这些伦理道德原则、规范、价值理念，重新设置伦理道德权利、义务和责任，归根结底重塑生活世界伦理道德秩序的强烈要求，积极地参与现实重塑伦理道德秩序的活动。客观而言，伦理道德博弈的现实推进，必将任何真正地关心社会生活秩序、追求美好生活的人推向对社会生活伦理道德秩序的塑造，使人从不自觉到自觉地树立和培养自己的伦理道德意识，积极参与到伦理道德原则、规范和价值理念等伦理道德体系核心要素的重新审核活动之中，并在日常生活中不断地锤炼自己的德性，使自己真正地成为一个为所在整个伦理道德生活世界的所有人认同和接受的人。当然，对于任何人来说，在最初的阶段，他首先会自觉地参与伦理秩序塑造，参与伦理规范和社会最一般的伦理价值理念的设置，而不可能着眼于崇高的道德问题。因此，他更倾向于把自己视为一个社会公民，更倾向诉求普遍的社会公德和个人的公民道德，更关注社会文明和个人的文明素质。事实上，一个自觉地参与伦理道德博弈的人，就应当首先将自己视为一个社会公民，树立公民意识，即一个生活在社会生活里的最普通的人，最具有公共意识的人，因而最能遵守社会公共秩序的人和更具有文明素质的人。

一、私人情义的超越与公共伦理秩序的塑造

在一定的生活世界里，究竟什么样的伦理价值原则、伦理规范和伦理秩序是合理的，这一问题直接关系到所有人的幸福，是一个极端重要的事情。然而，暂时先撇开复杂的社会历史过程，就每个人生活的当下来说，任何人都不可回避地同时生活在两个维度的生活世界里，即私人生活世界和公共生活世界，因而实际上同时在运用着两个生活世界里的不同的价值原则、交往规范，即私人情义和公共伦理规范，维护着不同的生活秩序，即私人亲情秩序和公共伦理秩序。客观而言，两个生活世界里的规范和秩序如何协调，归根结底，与两个生活世界里的人如何相处，与他们培育和塑造什么样的关系，始终是当下伦理道德博弈的首要问题。随着现代文明的发展和伦理道德博弈的理性化，事实上人们终将看到，任何博弈当事人都在权衡着自己与亲人、朋友、熟人、陌生人之间的利害关系，在私人情义和社会公正之间寻找平衡，因而都历史地超越了私人情义而创造出更合情合理的伦理规范，从而继承和革新了传统伦理规范，塑造了更合理、和谐的公共伦理生活秩序。

毫无疑问，在文化的意义上，除却极端特殊的情况，任何一个人最初都诞生在家庭里，成长于私人生活世界里，人是在家庭和私人生活世界里通过父母和周边人的教育、教化及与他们的交往而习得伦理道德原则、价值观念

和交往规范的，去认识和塑造自己与所有其他人的远近亲疏关系的，去了解整个私人生活世界的伦理秩序的。从根本上说，私人生活世界或熟人生活世界，就是人们能够持续地进行伦理道德博弈的生活世界。也就是说，在这种生活世界里，每一个人在日常生活中，始终都会与周围的人打交道，彼此间的伦理道德生活，就是日常生活的常态，每个人彼此不可分割地联系在一起，谁也没有真正地脱离开这个生活世界而生活，因而每一个人都与其他人发生着千丝万缕的联系，大家低头不见抬头见，就是身边人，就是邻里，就是亲戚，就是朋友。这种由生活世界自身的性质所决定的人们彼此间的依存关系，注定人们彼此间的生活交往或伦理道德互动势必成为终生持续不断，甚至数代人之间持续延伸的博弈活动。从某种意义上说，一个人的生命价值和生活意义的实现，完全就体现在这种相互依存中，体现在长期的伦理道德博弈之中，就实现在他终生生活、成长、衰老、死亡并最终被埋葬于其中的这个世界之中。可以说，正是因为这些因素，人们必须遵循可持续博弈的原则。人们在私人生活世界里，基于血缘、地缘等自然前提而发展着特有的交往规范和生活秩序，这就是私人情义。私人情义，归根结底就是直接地派生于血缘、亲情、邻里、朋友、同学等关系的人情和义理。毫无疑问，由于血缘关系、地缘关系、居住条件和环境，由于社会交往、共同学习、共同工作、共同战斗等因素，人们在相互依存中不断地培育着私人情义，尤其是，私人情义也没有严格的界限，往往因为人们通过各种机缘的交往和互动而不断地变化着、延伸着，因而很难作出比较精细的量化区分，它的浓厚与否甚至完全取决于当事人的内心体验和态度。梁漱溟指出："处在彼此相关系中，其情其义既若规定了的，却又是有增有损，转变不定的。此即因彼此在生活上互相感召，有施有报，要视乎其事实情况如何，顺乎生命之自然而行。"①更为关键的是，私人情义总是体现着鲜明的主体性特征，即任何私人情义总是一个特定的伦理道德当事人围绕着周围的其他亲戚、邻里、朋友、同学等关系而产生的，尽管按照某种关系为尺度来衡量出现同样的关系或现象，但是，在这一当事人的眼中，实质上却根本不同。因此，一些场合下看似非常相同或

① 梁漱溟：《人心与人生》，《梁漱溟全集》第三卷，山东人民出版社2005年版，第739页。

近似的现象，在不同的人的心理体验中却存在着本质性的区别。毋庸置疑，由于私人情义总是基于血缘、地缘等自然前提，因而它是最自然的情感。梁漱溟强调："中国人的伦理，由近以及远，自是人情常理。这就是情意关切，气脉相通，通了一层再一层，通了一节再一节。这无所谓公私之别存于其间。"①因此，从某种意义上来说，重情义的人往往能够超越利害关系，能够弃绝世俗观念而追求精神上的契合。梁漱溟说："人生实存于此各种关系之上，而家乃天然基本关系。故所谓伦理者，要以家庭伦理——天伦——为根本所重；谓人必亲其所亲也。人互喜以所亲者之喜，其喜弥扬；人互悲以所亲者之悲，悲而不伤。外则相和答，内则相体念，心理共鸣，神形相依以为慰，所谓亲也。人生之美满非他，即此各种关系之无缺憾。反之，人生之大不幸非他，亦即此各种关系之缺憾。鳏、寡、孤、独，人生之最苦，谓曰'无告'；疾苦穷难不得就所亲而诉之也。"②他总结说："中国人生上极占重要位置的是家庭与宗族，亲戚乡党亦看得很重，其他如师徒东伙朋辈，皆推准以家庭骨肉之谊，比之为兄弟父子的关系。所以中国社会人与人的情义益为重。"③私人生活世界或熟人生活世界里的伦理道德博弈，所遵循的原则和规范，归根结底都是为了增进和改善私人情义，而不是有损于私人情义。私人情义基于纯粹的自然情感，人们在私人生活世界里，在日常生活中，广泛地培育和发展这种情感，实际上无可厚非。但是，私人情义是一个复杂的概念，它包含着丰富的内容。事实上，它不仅包含着基于私人关系而产生的深厚感情或情谊，基于伦理关系而产生的伦理义务，而且还包含着以特别的情感为基础的义气。私人情义因为内在地蕴涵着深厚情谊甚至义气，因而它在实际伦理道德生活中往往发挥着特别的作用，如果不能很好地控制和驾驭，很可能出现偏差，造成意想不到的破坏作用。

人拥有私人情义本身是一个最正常不过的事情，然而私人情义如果超

---

① 梁漱溟：《公私辨》，《梁漱溟全集》第五卷，山东人民出版社 2005 年版，第 813—814 页。

② 梁漱溟：《中国民族自救运动之最后觉悟》，《梁漱溟全集》第五卷，山东人民出版社 2005 年版，第 86 页。

③ 梁漱溟：《中国文化的特征在哪里？》，《梁漱溟全集》第五卷，山东人民出版社 2005 年版，第 706 页。

出了它应该发挥作用的私人生活世界，它的破坏作用就会表现出来，往往会危害着其他人正当的利益。人不仅生活在私人生活世界里，因而与自己的亲戚、朋友、同学、邻里、同事等熟人共生活、相联系，而且生活在公共生活世界里，因而面临着与无数陌生人相处、发生各种关系的必要和可能。从私人生活世界或熟人生活世界转换到陌生人组成的公共生活世界，人们之间的交往则发生了根本性的变化，这在于私人或熟人生活世界里的人们，由于总是出生、成长和生活于这个大家共同拥有的生活世界，整日朝夕相处，因而所展开的伦理道德博弈始终处于不得不持续的情形之中，相反，在陌生人构成的公共生活世界里，由于人们并不具有彼此间的依赖性，相互的交往和合作几乎没有，在很大程度上大家仅仅是相遇而已，彼此间所发生的事情具有极大的偶然性，因而重复进行博弈的现象几乎很难发生。由私人生活世界进入陌生人生活世界，人们之间的伦理道德博弈就已经从可持续且必须持续的博弈转向未必需要持续的博弈。严格地说，如果单就两个陌生人之间的博弈而言，再次直接地发生在原来的当事人之间，就近乎不可能。因此，这种由陌生人构成的公共生活世界，它实际上却恰恰遵循着另一番的伦理道德博弈原则。与私人生活世界里人们普遍遵循着私人情义来处理和解决各种熟人间的伦理道德关系不同，为了更好地解决和处理在公共生活世界里与众多陌生人发生的复杂关系或矛盾，就必须遵守公共生活世界里的规则。实际上，公共伦理就是公共生活世界里的人际规范。也就是说，只要作为人而在公共生活世界里存在，就必须明确地意识到只有遵循公共生活世界里为所有社会成员所普遍认同的伦理规范才能妥善地解决和处理远比私人生活世界里复杂得多的人际关系或伦理道德问题。任何一个人只要出现或生活在公共生活世界里，首先应该和必须作为公民而存在。在此，首先应当就“人”与“公民”作一必要的辨析。无疑，“人”是一个泛指概念。冯友兰曾与学者们讨论过“人”与“民”这两个名词的意义不同的问题，他强调说：“‘民’这个名词包括有政治地位的意义；‘人’这个名词没有这样的意义，只是一种泛指。”①一个人的身份是多重的，在不同的场合下其表现是多种多样的。例如，他可能出现在家庭、家族、亲戚关系中作为其他人的亲人而存在，如作为父亲、母亲、儿女、子孙等而存在，出现在朋友圈、同学圈作为其他人的朋友、同学而存在，如此等等，但是，如果他一旦出现在公共生活世界里，也就是说，一旦他涉及其他人特别是陌生人，涉及公众利益时，那么，他就应当且必须作为公民而出现，也就是说，必须作为公共生活世界里的一员而存在。从根本上说，公民不仅具有单纯法律上作为某国的合法居民的内涵，而且更主要的是他必须以遵守、遵循公共生活世界里为所有成员所普遍认可、认同的公共活动规则或公共游戏规则为基本要求。因此，真正能够决定一个人是否为公民，关键在于他是否具有明确的公民意识，即在于他是否清楚地认识到自己就是公共生活世界里的一员，尤其是是否为合法的一员，这种合法不仅意味着他有正当的出身，而且意味着他有正当的出场和表现，也就是说，他能够完全地遵循和履行一个合法的公民所必须遵守的公共活动规则、公共游戏规则，履行由这种身份和地位所决定了的公民义务。显然，只有做到了这一点，一个人才能名正言顺地成为公民，即享有公民特有的政治地位、政治权利、政治义务。事实上，人能够自觉地作为公民而存在，实际上就是为整个公共生活世界里的所有其他人而存在，而作为公民而存在，是参与公共生活世界里一切公共生活、处理一切公共事务和解决公共问题的必要前提。例如，只有首先作为公民而存在，一个人才进而有资格成为政府或公共管理机构、公共服务机构中的一员。阮逸曾强调：“官则为天下设也。”②也就是说，“官”并不是对出任官职的个人而有意义的事情，它恰恰是为公共生活世界里的所有人设置的，是为了促进、服务、维护和保障所有人的利益而设置的。归根结底，一个人只有隶属于一定的公共生活世界时，他不只是作为一个人而存在，而是成为一个公民，他所以能够成为一个公民，也关键在于他能有清楚的公民意识、公民素养确保他能够觉解到自己的公民地位和公民身份所规定了的公民权利与公民义务，并按照公共生活世界里为所

---

① 冯友兰：《再论孔子——论孔子关于“仁”的思想》，《三松堂全集》第十二卷，河南人民出版社2001年版，第309页。

② 张沛撰《中说校注》，中华书局2013年版，第95页。

有成员普遍承认的公共生活秩序、活动规则或游戏规则来生活，来与其他人相处。

然而，在私人情义面前，任何社会公共规范都可能面临被弱化或取消的危险。也就是说，一个身担公职履行公务的人，一旦事情牵涉到自己私人生活世界里的熟人、家人、亲戚或朋友时，公共规范就会被忽视或抹煞，就会对自己的熟人、家人、亲戚或朋友网开一面，把原本应该与其他人同等对待的这些人给予特别的照顾和帮助，甚至不惜运用公共资源、条件来为其谋取更大、更多的利益或好处，相反，对在公共事务方面应当享有同等条件的其他人，则表现出某种程度上的冷淡和漠视，只是消极服务，履行公务，摆架子，耍官腔，走形式。因此，在私人情义面前，公共规范或规则都是给陌生人制订的。也就是说，按规则办事，是对陌生人而言的，而对熟人、家人、亲戚或好友等私人生活世界里的人，规范就变成了无所谓的东西。特别是，如果私人情义蜕变成纯粹的江湖义气或哥儿们义气，那么，任何社会的普遍规范，即无论是国家法律制度规范，还是社会公共伦理道德规范，都会遭到无情的挑战、摧毁和践踏。在此，“义”蜕变成了以义气为主宰的、向特殊个人（即哥儿们）负责的狭隘义务。这种狭隘的义务，由于出自义气，从根本上往往违背了向更高的价值主体，如广大人民群众、社会公众负责的高级别义务。结果是，为了自己的兄弟或朋友，就敢于无视和挑战社会普遍的法律制度或人间的良知。总之，私人情义如果演变或退化成江湖义气或哥儿们义气，那么，它就已经变得极为偏狭。毫无疑问，相比于私人情义来说，社会伦理规范就是公义，即公共领域里的公平正义。客观而言，克服、抵制私人情义，在任何公共生活领域里，因而在作为公职人员承办公共事务、解决公共问题时，就是应当理所当然地把一切人视为无差别的人，即做到一视同仁。换句话说，身担公职的人，当履行自己的公职时，就不再是私人生活世界里的角色，而是以公职的身份来面向所有公共事务、公共问题的利益关涉人，即当事人、任事者。明朝陈眉公强调：“任事者身居事中，当忘利害之虑。”[①]因此，当事人或处理事情的人都必须看到，对于公共事务、公共问题而言，自己需

① ［明］陈眉公：《小窗幽记》。

要解决的是当事人的事，而不是自己的家人、亲戚、邻里、朋友等熟人、亲人的事，即不是私人的事，在这种情境里，自己就不能把私人情义作为解决问题的基础，相反，必须把任何当事人视为无差别的个人，视为具有同等对待资格和条件的人，严格地说，视为陌生人。也就是说，每一个都是陌生人，在此情况下，没有一个人与我有特殊的利益关系或情感关系，每个人都是我应当按照自己的公职身份和公共事务、公共问题本身的性质同等对待的人。显然，不仅把自己从私人生活世界里的各种特殊身份或角色中解放出来，而且把原本为自己所熟悉的家人、亲戚、朋友、邻里、同学等熟人还原为陌生人，消除、抵制其与自己业已建立起来的各种关系和情感，这是需要很大的勇气才能克服的困难和障碍。众所周知，亚里士多德曾勇敢地说出了“吾爱吾师，吾更爱真理”的名言。孙中山在处理国家大事时也曾说过：“吾爱吾友，吾尤爱公理。”①但像他们这样的人毕竟太少。一个本身担当着公职的人，在解决公共事务或分配公共利益时，容易犯糊涂，犯错误，其根本原因在于有私心，在于盘算着如何为“我”谋利益。如果说最直接的“我”只是作为个体的自己，那么，千丝万缕地与我存在着利益关系的其他人，如父母、兄弟姐妹、亲戚、邻里、朋友、同学、熟人等，何尝不是“我”的化身？实际上，在公共事务的解决上，要做到“无心”而公，就不仅不应当去考虑直接的“我”，即作为个体的自己，而且也不应当去考虑间接的“我”，即作为“我”的化身的家人、亲戚、邻里、朋友、同学等其他人。秉执公共伦理规范来解决公共事务，就理应自觉地回避直接关涉家人、亲戚、邻里、朋友、同学等这些以“我”的化身而存在的其他人的私人情义。因此，摆脱私人情义的束缚，因而超越私人情义是一个极为艰难的事情，也是一个极为复杂的、具体的历史过程，只有那些真正地立足于公共立场上的高度自觉的人才能彻底地消除私人情义对公共事务、公共规范的危害。

然而无论如何，在公共生活世界里，在涉及公共事务时，超越私人情义而按照社会公共规范办事，是社会文明成熟的标志之一。《淮南子》曰：“道

① 孙中山：《复杨汉孙函》，《孙中山全集》第三卷，中华书局1981年版，第185页。

胜，则人无事矣。”[1]按照现代话语，“道胜”实际上就是公道、公共伦理规范或公平正义胜出，而私人情义则消退。事实上，只要人们能够自觉地把自己视为公民，即按照公共生活领域里的公共伦理规范、公共规则、公共生活制度、公共秩序来对待和处理一切涉及公共生活或其他人的事情、事务，那么，就能够最大限度地消除因为复杂的私人情义所导致的无限是非。因此，从某种意义上说，公道或公共伦理规范对私人情义的胜出，意味着人们能够更科学地解决复杂的生活问题，更科学地塑造和谐的社会秩序。

二、社会公德的诉求与伦理德性的锤炼

“公共伦理”是人们讨论社会伦理道德建设时必然涉及的范畴，然而其内涵却往往在人们宽泛和不严谨的运用中被遮蔽了。事实上，公共伦理实质上至少包含着四个方面的内容，即公共伦理价值诉求、公共伦理秩序、公共伦理规范和公共伦理德性。公共伦理秩序的塑造是以维系整个社会生活的基本价值或核心价值为基础的，归根结底它实现和维护着某些人、社会阶层、阶级的利益。因此，以追求和实现这些基本价值或核心价值为宗旨的伦理价值诉求、公共伦理规范、个人必需的公共伦理德性以及最终塑造起来的伦理秩序，可以概括地称之为社会公德。因此，社会公德既是整个社会所有成员最简单、最基本、最起码的价值诉求，又是实现这一价值诉求或维护和保障整个社会基本价值、核心价值所必需的伦理行为规范，既是塑造起来的公共伦理秩序，又是为实现和维护公共伦理秩序、履行公共伦理规范而要求每个人所必备的公共伦理德性。然而，一方面，对于伦理道德博弈当事人而言，现有的公共伦理秩序所内在的价值诉求、公共伦理规范是否合理，归根结底整个伦理秩序是否合理，是一个值得怀疑的事情；另一方面，任何人不可能天生地就具有了与践履伦理规范、遵守伦理秩序所必需的公共伦理德性。因此，对于现实地参与伦理道德博弈的当事人来说，首先认识、理解现有的伦理道德规范，特别是最基本的、狭隘上的伦理观念、伦理规范，自觉地承认其合理性，因而未加反思地将其内化，并通过自己的行为将其外化，接

---

① 《淮南子·诠言训》。

着通过理性的反思发现其局限和问题，参与更高意义上的社会公德或社会基本价值观、核心价值观的培育，辩证地创设更科学、合理的伦理道德规范体系和社会公正制度，并严格地锤炼自己的德性，使自己真正地成为一个有德性的人，一个具有社会公德的人，是一个现实的历史过程。

事实上，任何意义上的公共伦理秩序都内在地隐含着一定的价值原则，归根结底实现和捍卫着某些人、社会阶层、阶级的利益，然而随着社会历史的发展，人们势必不断地挑战不合理的价值原则，表达各自的价值和利益诉求，从而在各个社会生活领域里通过各种激烈的博弈和斗争日益趋于变革和改进为公共伦理秩序奠基的价值原则，塑造着新的伦理道德规范，形成新的公共伦理生活秩序。宋希仁指出："伦理关系、伦理秩序就其最初形成而言，是人们于实践中自生自发的产物，然而，一旦伦理关系、伦理秩序被人们自觉意识，并通过恰当的方式将其中的一部分固定为社会的制度性安排时，伦理秩序事实上就已经成为某种特殊的被设计的秩序；或者说，伦理秩序这种原初'自生自发的秩序'，在其充分展开过程中，至少会有部分被提升为'人造的秩序'。"①对于一定历史时期的社会来说，占统治地位的阶级实际上总是支配着整个社会的伦理道德建设，塑造和维护着的伦理道德秩序，其根本目的在于实现和保障其阶级利益，满足其价值需要。因此，统治阶级的核心价值观、伦理道德观事实上支配和统率着整个社会的价值观念和伦理道德观念，如果说在一定的历史时期，统治阶级拥有足够的实力维护其统治地位，从而维持好整个社会生活的秩序，那么，他们的核心价值观往往能够取得相应的合法性，甚至一种程度上的合理性，在蒙蔽或扭曲了社会其他各阶级的价值观念、伦理道德观念后，成为引领整个社会各个阶级努力奋斗的精神文化力量。在此历史时期，整个社会能够保持相对的稳定。尽管稳定并不意味着必然和谐，但它说明一定意义上的核心价值观的确是整个伦理道德观念、所有伦理道德规范和公共伦理道德秩序得以稳定、有序的前提。然而，伴随着社会历史的发展，特别是由于生产力的发展，整个社会物质生产

① 宋希仁：《论伦理秩序（代前言）》，载高兆明、李萍等著《现代化进程中的伦理秩序研究》，人民出版社2007年版，第12页。

结构、物质交往和经济关系都将发生重大的变化，整个社会阶级、阶层都潜在地发生了实质上的变化，最终导致不同阶级利益和价值诉求的冲突和矛盾，导致维系整个社会伦理道德观念、伦理道德规范、伦理道德秩序的内在的、核心的价值观发生了变化，甚至在整个社会形态或社会性质没有发生根本性变化的社会转型和变革时期，起支配和统率作用的核心价值观也往往发生这样那样的变化，已经势微，新的价值观念已经萌芽、出现，结果导致整个社会上的伦理道德观念、伦理道德规范和伦理道德秩序发生一定程度上的混乱。事实上，在社会变革和转型时期，社会上的伦理道德领域里的复杂的、混乱的现象，从较肤浅的层面看，往往是由于公共伦理道德观念、规范本身存在着混乱、矛盾造成的，但如果从深层来看，就应当认识，尽管造成社会伦理道德领域混乱现象的原因可能有许多，但是一个根本的原因往往是社会伦理道德观念之间缺乏必要的核心理念，伦理道德规范之间缺乏必要的根本规范，归根结底整个伦理道德体系缺乏必不可少的作为根本原则而存在的核心价值观。可以说，正是由此，繁芜丛杂的社会伦理道德观念、规范就很难形成一个以核心价值观为根本原则的社会伦理道德规范体系或伦理道德体系，特别是明确的社会公正制度。由于伦理道德观念、规范之间存在着这样那样的矛盾和冲突，因而人们在伦理道德规范的选择上必然面临着困惑，而这也给那些机会主义者方便自己提供了可能。身处清末民初中国社会大变革时代的梁启超，曾深切地感受到这些机会主义者是如何地利用各种彼此矛盾着的伦理道德观念和规范为自己辩护的。他指出："我国数千年来道德上之嘉名，为彼巨憝小丑假之以为恶者，既不知凡几。海通日新，而所谓个人道德、社会道德、国家道德之种种新名词，其流转于吾人之口耳间者亦日多。无论何种类之罪恶，皆得缘附一二嘉名以自文饰，无论何方面何种类之人物，皆能摭拾一二嘉名以捍圉以逃人责备。"①类似现象不独清末民初有，每逢社会转型期都会出现。也就是说，机会主义者完全可以有选择地遵循伦理道德观念，以达到实现自身利益最大化的目的，甚至他完全可以

① 梁启超：《伤心之言 · 天下几多罪恶假汝之名以行》，《饮冰室合集》第十二卷，中华书局 2015 年版，第 3321 页。

对他所选择的伦理道德规范作出自己的曲解，以实现各种原本互相矛盾和冲突的伦理道德规范之间的顺接、过渡与照应，最终堂而皇之地实现和维护自己的利益。按照公共伦理的本质要求而塑造、创设、凝练科学的伦理道德规范，进而建设和培育出完善、科学的伦理道德规范体系，特别是社会公正制度，是确保人们有规可循的必要前提。显然，完善、科学的伦理道德体系和明确的社会公正制度因为能够按照一定的核心价值观而统率整个伦理道德观念，因而它保证了伦理道德观念或规范之间能够达到有效的协调与一致，从而不再出现较多的伦理道德规范之间的歧多性、歧义性，不再造成人们思想上的混乱，不再导致行为上的偏差。尤其是，它能够阻止和杜绝机会主义者利用伦理道德观念、规范之间的矛盾和冲突有选择地遵循伦理道德规范，甚至曲解伦理道德规范为自己开方便之门以谋私利。总之，完善、科学的伦理道德体系，实际上能够为人们的伦理道德规范的选择提供最佳的可能性。

然而，历史地发展着的伦理道德体系的变革展现在一个个人身上却是更为具体而现实的过程。对于每个人来说，传统的伦理道德体系自他诞生之际就已经存在了，在不为他所认识和理解之前就已经历史地、约定俗成地存在着，为主流社会所倡导着，因而是某种先验的伦理道德观念、伦理道德规范、伦理道德生活秩序，而他需要做的事情就是毫无选择地认真学习、理解和接受这一切，这一过程就是通过父母的生活教导、学校的课堂教育和社会的舆论，通过自己反复的人际交往实践、试错、反思而习得的，因而这里经历了一个将外在的、约定俗成的、主流的伦理道德价值原则、观念、规范内化的过程，并在内化的基础上形成自己相应的伦理道德德性，进而将这些伦理道德外化出来。因此，如果着眼于现有的伦理道德原则、观念和规范，对于每一个人而言，都经历了将外在的东西内化并外化的过程。然而，对于伦理道德博弈当事人而言，在最初的层面即功利的层面上，所进行的本质上是伦理博弈、功利博弈，因而每个人更关注现有的伦理价值原则、伦理规范和伦理德性，任何人并不热衷于谈论崇高美德，他们的伦理意识的觉醒和自觉体现为对彼此相应伦理德性的重视和辩护，因而更自觉地将现有伦理价值原则、伦理观念、伦理规范内化，去维护现有的伦理生活秩序。通过广泛而丰富的伦理生活实践，每个人都真正地成了一个伦理人，即一个现实的甚至精致的功利主义者。这种人已经习惯于旧的伦理道德价值原则、观念和规范，享有了这些东西给自己带来的种种好处，他们也终究成为这些东西的守护者。梁启超强调："知修旧而不知改旧，交际虽有规则而其所谓规则者皆由习惯而成，如是者谓之半开之人。"①事实上，现有的伦理价值原则、伦理观念、伦理规范乃至最终需要维护的伦理生活秩序，虽然已经为世人所普遍接受和遵循，但本身并不一定合理，一旦伦理博弈当事人在激烈的博弈过程中，反复地辩诘和质疑彼此所选择和遵循的这些价值原则、观念和规范是否具有科学性、合理性甚至合法性时，他们就会有意识地反思和批判现有的、约定俗成的、主流的伦理价值原则、观念、规范乃至整个社会确立起来的伦理生活秩序，而不是再极力为之辩护。显然，现有的伦理价值原则、观念、规范和秩序虽然为人们所约定俗成或者为主流社会所倡导，为世人所普遍接受和遵循，但约定俗成、成为主流、为世人普遍接受和遵循并不等同于科学、合理，并不意味着能够真正地促进人的自我完善、获得自由从而过上幸福美好的生活，因而简单地将传统的、约定俗成的、主流的伦理价值原则、观念、规范内化于心已经明显不济事，再加以辩护已经没有任何意义。在梁启超看来，真正富有怀疑精神因而敢于质疑传统伦理道德价值原则、观念、规范的人实际上是文明之人。他说："范围天地间种种事物于规则之内，而以己身入其中以鼓铸之，其风气随时变易而不惑溺于旧俗所习惯，……自修德行，自辟智慧，而不以古为限，不以今为画，不安小就，而常谋未来之大成，有进而无退，有升而无降，……而以创辟新法为尚，……使一切人皆进幸福，如是者谓之文明之人。"②尽管梁启超所描绘的这种文明之人多少有些像马克思、恩格斯曾批判的任何新兴阶级总喜欢将本阶级的利益吹嘘成全社会的普遍利益那样，但他毕竟说明了只有这些不断质疑传统的人才能使社会发生真正的变革，从而推进整个文明的进步。然而，这对任何个人来说却是一

① 梁启超：《自由书·文野三界之别》，《饮冰室合集》第十八卷，中华书局2015年版，第4774页。

② 梁启超：《自由书·文野三界之别》，《饮冰室合集》第十八卷，中华书局2015年版，第4774—4775页

个极为艰难的抉择过程，因为他实际上要面向整个社会，因而与整个社会相博弈，这是需要巨大的理论勇气和现实魄力的。

挑战传统伦理道德价值原则、观念和规范而实现变革和创新，必须为其寻求更高的、更科学的、合理的价值原则和观念，将伦理道德规范变得更具普遍性，因为只有如此才能真正地超越传统规范，具有更高的有效性。这是任何一个真正地谋求利益最大化的现实的伦理人所追求的基本目标，而任何真正着眼于公共伦理秩序建构的人，也势必推进这一过程。但这也是极为艰难的过程。对于任何一个广为传统社会接受和遵循的伦理价值原则、观念和规范是否应当打破而赋予其新内容，理性地制造合理例外的能力，作为功利主义思想家，摩尔虽然允许有一些例外以确保某些规则的普遍有效性，但整体而言则抱有守旧而悲观的态度，他“坚持认为，即便看起来打破规则可以产生更多的善，可是我们仍然必须遵循普遍接受的规则”①。然而，事实上，在伦理博弈过程中培育起来的伦理人或精致的功利主义者，都会自觉地盘算公共伦理的本质，会认识到任何真正的公共伦理所蕴涵的价值原则注定是实现和维护整个生活世界里或整个社会阶级、社会阶层所有人普遍利益的原则，所蕴涵的伦理观念是人们对物质利益、经济利益、私人利益的普遍共识，所制订的伦理规范是具有逻辑普遍性的、因而能够经受住普遍模仿的规范。对于伦理博弈当事人来说，一旦着眼于按照公共伦理的本质来塑造和创设、凝练科学的伦理道德规范，那么，任何人都必须坚持公民的立场，秉持公心、公意，从伦理规范的普遍性要求出发来提出自己的意见和建议。梁漱溟强调：“对于一件事，而两个人所见不同，主张各异，除了各有其立场与用意外，便是彼此的识见问题了。构成一个人之识见的，一则在他的头脑聪明，二则在他的学识经验，三则在他对此一事之见闻所得。这些地方，无论贤愚每每不肯让人。谁都觉得自己聪明，谁都相信自己的判断，谁都自以为是而不肯服人。彼此不能合作，亦多由于此。其实聪明关乎个性，经验限于一隅。与其各执一偏，不如善观其通，任何不对的见解，亦都是真

① ［美］凯利·克拉克、安妮·包腾格著，陈星宇译：《伦理观的故事——人性完善的探究》，世界知识出版社2010年版，第131—132页。

理的一面影子。彼此所见不一致,未尝不可相资为用,正不必抹杀人家。"①在此场合下,任何人所提出的意见和建议,从根本上来说只能是意见和建议,而不可能是最高的权威,因为任何人的意见和建议都不是最终的立法,都需要接受公共理性的审判。在此,自负就是无知与狂妄,都将受到公共理性的抵制。这种公共的理性,是无数私人有限理性在交往互动中生成的,它不是纯粹先验的演绎,而是基于每一个人现实的物质利益、经济利益和生活需要的,是充分地考虑每个人的能力和条件的,因而能够通过彼此长期的博弈实现的。可以说,正是通过这种持续的伦理道德博弈,人们对彼此间最基本的、核心的价值形成了价值共识,从而能够为了实现共同的、普遍的价值和利益而塑造出相应的伦理道德规范,特别是形成最基本、最起码、最必要的伦理规范,即通常所谓的"道德底线",而不是具有崇高道德价值和意义的道德规范。何怀宏指出:"道德底线的大致确定和具体阐述是需要通过所有相关人、所有各方进行平等的对话、交流和讨论来达到的。"②因此,对于一个公共生活世界来说,人们是通过伦理道德博弈,特别是功利层面的伦理博弈而认识和理解现实生活中最基本、最核心的价值的,来形成和达成相应的基本价值观、核心价值观以及以其为基础的伦理道德观念的,来塑造和创设相应的伦理道德规范和伦理道德秩序的。对于现代社会来说,随着文明的进步和公民文明素质的提升,自觉地参与到伦理道德博弈之中,从而参与社会基本价值观、核心价值观的培育和践行,参与伦理道德观念、伦理道德规范和伦理道德秩序的塑造,参与社会公正制度建设,是一个历史的必然趋势,也是人类社会不断前进的客观要求。恩格斯曾经满怀希望地说过:"如果说,文明甚至现在就已经教人们懂得,只有维护公共秩序、公共安全、公共利益,才能有自己的利益,从而尽可能地使警察机构、行政机关和司法机关变成多余的东西,那末,在利益的共同已经基本成为原则、公共利益和个人利益已经没有什么差别的社会里,情况还不知好多少倍啊!"③

① 梁漱溟:《树立信用　力求合作》,《梁漱溟全集》第六卷,山东人民出版社 2005 年版,712—713 页。

② 何怀宏:《底线伦理是公民道德建设的可行之路》,《绿叶》2009 年第 1 期。

③ 《马克思恩格斯全集》第二卷,人民出版社 1957 年版,第 609 页。

伦理道德的博弈，特别是功利层面上的伦理博弈，将每一个人始终最直接地呈现在公共生活世界里，推到公众面前，使他在参与公共伦理塑造和创设，参与公共伦理秩序建构时，不可回避自己与社会公德要求相匹配的个人伦理德性是否具备和纯正的问题。事实上，任何公共伦理道德规范，一旦是博弈的产物，因而是博弈当事人在彼此利益较量的过程中为了更好地维护自身的利益以不致造成彼此的伤害而共同协商、讨论和争取过来的，那么，它从某种意义上就是人们彼此间的契约，因此是自己为自己颁布出来的规则和法令。这一规则和法令不仅要求对方遵守，而且还要求自己遵守，自己与任何一个其他人都具有同样的资格和权力借以实现和维护自己的利益，也有同样尊重、遵守的义务。在此，“公共生活世界”“公民”“公共伦理”是任何一个人生活在公共生活世界里更好地处理和解决与其他人所发生的复杂的人际关系或伦理道德问题所必须认真清楚认识和理解的三个概念。如果说诸葛亮曾试图辅佐刘备一统天下，达到“普天之下，莫非汉民”的境界，那么，套用其语言，当代社会伦理道德建设，一个最基础的工作，就是每一个人都要通过现实的伦理博弈而达到“普天之下，莫非公民”的境界。也就是说，每个人都是作为公民而出现在公共生活领域里的，每个人都必须以严格地遵循、遵守公共伦理道德规范为最基本的前提。尤其是，每个人不仅要从公共生活世界的视域来看待自己，使自己成为公民，而且还必须切实地培养公民意识，锤炼自己作为公民的个人伦理道德德性，特别是最基本的伦理德性。伦理德性是履行伦理规范，维护伦理秩序所必备的个人德性，是社会公德体现在公民个人身上的道德要求。毫无疑问，任何伦理道德规范的遵循与恪守，归根结底都凭借于人的内在的德性。孔子曾强调：“知及之，仁不能守之，虽得之，必失之。”[①]也就是说，如果人的智商很高，能够达到，但是如果不以内在的“仁”，即德性坚持着，那么，纵使得到了，也势必会失去。因此，伦理德性不仅是整个社会向个人提出的要求，而且本身就是遵循和恪守伦理规范所不可缺失的内在品质，而不以伦理德性为扎实基础和可靠保障的伦理行为归根结底仅仅具有偶然性、相对性。德性在履行伦理道德规范问

① 《论语·卫灵公》。

题上的必要性在现代社会日益凸显。赵汀阳指出:“现代社会是个‘喻于利’而且见利忘义的小人社会,为了给小人社会建立秩序,制度问题变成了首要问题,于是德性问题衰落了。”[①]然而,正如他说:“现在,现代社会的弊端已经积累到几乎完全毁掉了生活的幸福的地步,人们在空虚的快乐中饮鸩止渴,幸福和德性的问题才卷土重来。”[②]对于一个真正地渴望成为合格公民从而在现实的社会生活中过上幸福生活的人来说,将自己的伦理道德观念、规则意识、德性意识转化为自然而然的德行,即变成一种良好的习惯,没有在日常伦理道德博弈过程中经历自觉的、长期的锤炼是根本不可能的。

一般情况下,任何人在私人生活世界里的私人情义往往是最真实的,人们之间的情感是最真挚的,因此熟人之间关系比较融洽,而在公共生活世界里面对陌生人,即一个虽然与自己拥有同等的社会身份,即公民,但并不与自己熟悉的人,更不是自己的亲人、朋友,往往抱着比较冷漠的态度,关系就不容易达到融洽。客观而言,对于解决公共生活领域里的人际交往问题而言,公共伦理必须积极地吸收私人情义的优点与长处。私人情义富有情感,如亲情、友情、邻里之情等,当人以私人情义来对待自己的家人、亲戚、朋友、邻里等熟人时,就会表现出极大的热情,态度会非常地和气、和善,就会耐心解决问题。显然,当身担公职的人面对任何人时,无论是否相识,都应当积极地以高度的热情,以和气、和善的态度给予适当的接待和服务。客观而言,无论对于哪个行业,都必须积极地吸收和借鉴私人情义的优点和长处,不断地改进和改善自己的行业服务,提高伦理意识。从某种意义上说,现在一些行业逐渐认识到切实提高自己的行业服务水平和服务质量对于促进自己行业的发展、提高行业业绩具有重要的意义。为此,这些行业机构不断加强员工的职业伦理或职业道德建设,其中就从微笑服务、使用礼貌用语等方面着手。客观而言,这是一个极大的进步。但是,理所当然地应当认识到,这还远远不够,因为,这一切归根结底还都是为了自己行业利益的最大化服务,为了自己行业的私利服务。特别是,尽管把任何一个人视为自己同等对

① 赵汀阳:《修订版前言》,《论可能生活》,中国人民大学出版社2004年版,第9页。
② 赵汀阳:《修订版前言》,《论可能生活》,中国人民大学出版社2004年版,第9页。

待的服务对象,因而以微笑服务对方,但是,很多人因为其根本的出发点就在于为了自己利益的最大化,如员工如果不微笑服务或不使用礼貌用语,就将受到单位领导的批评甚至受到处罚,他们的微笑就仅仅具有形式上的意义,是走形式主义道路,是典型的皮笑肉不笑。客观而言,这种形式主义的改善,因为不是以内在的热情、热心为情感的基础,因此,它就不具有更值得赞美的道德价值。事实上,如果自觉地面对公共生活世界里的任何一个人,充分地认识到自己注定在公共生活世界里获得自己的物质利益、经济利益,特别是获得自己的生命价值和人生意义,那么,陌生人将随着交往的扩大和频繁进而成为自己生活世界里的人,成为与自己不可分割的存在。当然,这注定是一个漫长的过程。因此,人们首先考虑的,也是应当考虑的,就是如何不断地超越私人情义而锤炼自己的伦理德性,而不是较高要求的道德德性。事实上,也就是做一个最起码的、守规矩的好人而已。

三、人类底线伦理的生成与世界公民素质的培育

如果对于一个人来说,要超越自己狭隘的私人生活世界而进入到公共生活世界里,要自觉地使自己成为一个社会上的公民,做一个最起码的好人,已经是一个不可推卸的任务,那么,伴随着人类现代社会的发展和整个世界范围内的广泛交流,任何一个人还面临着一个更为迫切的任务,那就是,要自觉地使自己成为一个世界公民。作为世界公民,意味着人不只是自己原来所属的公共生活世界里的人,而且是一个生活在整个人类世界里的人,是一个与世界上其他国家、民族和地区的人,与生活在不同文化传统里的人相互交往的人。对任何人来说,这已经是一个历史发展的必然趋势,自觉地顺应这种时代趋势将自己转化为世界公民,因而立足于整个人类世界来看待自身的身份、地位、权力和义务,自觉地遵守为整个世界各个国家、民族和地区的人所普遍认可和接受的伦理道德原则、观念和规范而生活,就是最明智的选择。由此,人不仅要习惯和适应自己国家、民族和地区的文化传统和伦理道德体系,而且也要学习和尊重其他国家、民族、地区的文化传统和伦理道德体系,并在相互尊重的基础上促进文化的交流与融合,在相互取长补短、相互借鉴的基础上达成价值共识,从而塑造和培育出能够为世界各

个国家、民族和地区的人们所普遍接受的伦理道德观念和规范。显然，这一过程是一个极为复杂的过程，是一个各个国家、民族和地区的人们交往互动的博弈过程，而博弈所形成的普遍性伦理道德，实质上包含两个方面，一方面是作为底线的普世伦理，另一方面则是作为人类最高道德追求的终极至善。与这一过程相适应，任何一个人都必须自觉地培育、锤炼、磨砺自己的德性，使自己首先具有世界公民所应有的现代文明素质，从最起码的要求上，要具有与普世伦理规范相匹配的最基本素质以及具体行为所必需的秉性。

历史演变成世界历史是任何一个国家和民族乃至每一个人不可避免的命运。马克思曾指出："人是特殊的个体，并且正是人的特殊性使人成为个体，成为现实的、单个的社会存在物，同样，人也是总体，是观念的总体，是被思考和被感知的社会的自为的主体存在，正如人在现实中既作为对社会存在的直观和现实享受而存在，又作为人的生命表现的总体而存在一样。"[①]因此，任何人本质上既是一个现实的个体或单个的社会存在物，同时也属于总体，属于整个人类，是作为总体存在着的人的一部分，任何人都无法彻底地使自己割裂这两个方面之间的联系，因为一旦人不承认这一点他就不能再作为人而存在。如果说一个人在各个国家和民族的历史还没有日益融入世界历史之前，因而真正的世界历史还没有形成或出现时，他还能比较孤立地存在于世界之外，那么，自近代以来，随着资产阶级在世界各地推销产品，尤其是20世纪以来随着经济全球化的深入推进，任何一个人实际上都已经置身于世界历史发展的洪流之中，都不可能完全无视世界历史对自身生活、生存和发展的影响。当今时代，世界上各个国家、民族之间的经济、政治、文化、科技等方面的往来已经高度普遍化，整个世界上处处都游走着来自不同国家和民族的人们，因而任何人无意之中已经成为一个在世界历史舞台上登场的人，一个时时向世人展现着自己的伦理道德修养和文明素质的人。归根结底，现在的人类历史发展趋势已经不可避免地将任何人都既悄无声息地又急速地演变成一个世界公民。也就是说，时代已经使任何人都既在

① 《马克思恩格斯文集》第一卷，人民出版社2009年版，第188页。

自己的国家和民族生活世界里成为一个个人或单个的社会存在物，而且还使他在人类生活世界里或世界舞台上成为一个世界公民。不难理解，随着人类社会历史的进一步发展，每个人日益地被卷入世界历史发展的洪流，日益地成为一个彻底的世界公民，就是不可更移的、无可逃避的命运。

然而，迄今为止，除一些难以适应时代发展要求或无法抵制外来文化的侵袭的民族及其文化消失、断绝外，分布在地球各个角落的不同国家和民族都依然客观地传承着自己的文化和历史，都有自己历史地形成的社会制度、政治模式和发展道路，因而在融入世界历史的发展过程中，始终存在着与其他国家和民族在文化传统、价值观念、伦理道德观念、风俗习惯、社会制度、政治模式、发展道路等问题上的碰撞、冲突和较量，归根结底，各个国家和民族在上述各个方面始终存在着与其他国家和民族的博弈和较量。毫无疑问，在此过程中，任何国家和民族本质上都是自己生存和发展的主体，都有权力根据自己的发展要求和目标选择自己的发展道路和社会制度、政治模式，选择自己的文化和伦理道德生活。这种情形客观地造成了不同国家和民族实际上都必须在世界历史舞台上为了自己的存在和发展而与其他国家和民族展开较量和博弈。显然，任何国家和民族都无权要求其他国家和民族必须按照自己的价值原则、价值观念和行为准则来行动，纵使借助武力、强权能够一时迫使其他国家和民族接受自己的选择，也不可避免地会导致这样那样的矛盾和问题，造成实际上整个世界的动荡不安。客观而言，冷战结束之后世界上爆发的一些局部战争、地区战争，除一些明显地具有经济因素外，多数涉及文化霸权，是文化帝国主义侵略的表现。然而，历史证明，通过文化侵略达到世界统一，或者说按照自己的价值观念、文明模式来改造其他国家和民族，本质上都是一种纯粹的妄想，违背了人类历史发展的大方向。与之相反，世界文明的出现及其合理化发展，必然是各个国家和民族通过彼此的交往、交流、碰撞、冲突最终趋于融合而实现的。与此同时，不同民族文化之间的碰撞和交流，也势必造成无限繁多的新文化、边缘文化或杂交文化的出现。针对人类社会历史发展的这种局势，不少学者曾指出了人类“文化趋同”的观点，并进而萌生了创建“普世伦理”的想法，试图从不同民族伦理道德规范中摘取出最具有代表性的某种道德主张作为全球普遍遵循的

“道德金规则”。李德顺等人指出:“事实证明,断言某些价值是普世价值,或从几大主要文化中摘取某些道德主张作为全球伦理,这种做法既不现实,也不公正。在人类的群体划分、利害关系、价值取向、宗教信仰、文化传统等千差万别的条件下,试图靠少数知识分子来‘为生民立命’,确立普世价值和全球伦理,会有意无意助长文化霸权主义和文化奴化主义,加剧不平等格局的泛滥。”①而针对“国际惯例”或共同“游戏规则”,他们也指出:“它们并不是天生不变的,往往不过是多元文化相互协调,甚至是各种势力相互较量的产物。”②归根结底,不同国家和民族之间的博弈是生成世界文明的内在机制,也是形成人类普遍性的伦理道德观念和规范的内在机制。

客观而言,对于处于博弈局势中的世界各国、各民族来说,最初必然地形成的是底线意义上的所谓普世伦理,即具有最广泛意义、最一般意义、最基本规定性的伦理道德原则、观念和规范。也就是说,对于任何一个国家和民族来说,只要它承认自己属于人类社会,因而它的任何公民或成员能够作为人而存在,它就不得承认人之所以为人所具有的最基本、最基础的人性规定或伦理道德规定。事实上,各个国家和民族在自身历史发展的过程中都已经形成了自己独立的文化传统、价值观念和伦理道德规范体系,都内在地规定着一些最基本、最基础的伦理道德规范,借以规范和约束人们的思想和行为,塑造和维护社会伦理道德生活秩序,但这些作为底线的价值原则、观念和规范却很可能存在着矛盾和冲突,甚至存在着不同的层次和境界。不难想象,随着各个国家和民族的文化价值观念、伦理道德观念深入的碰撞、冲突、较量和融合,最终为世界各国、各民族普遍认同和接受的所谓普世伦理必将历史地出现。孟子说:“人不可以无耻,无耻之耻,无耻矣。”③当世界上各个国家、各个民族的人普遍地认为某种行为是不能再无耻的事情,即相信如果再突破就彻底地堕入到纯粹动物的层面或世界里时,作为底线的普

① 李德顺、孙伟平、孙美堂:《精神家园——论文化论纲》,黑龙江教育出版社2010年版,第12—13页。

② 李德顺、孙伟平、孙美堂:《精神家园——论文化论纲》,黑龙江教育出版社2010年版,第75页。

③ 《孟子·尽心上》。

世伦理就历史地出现了。就当前而言，人类底线伦理并没有真正彻底地形成，而是还处于形成之中，因为世界各国、各民族在文化价值观念、伦理道德观念上的碰撞、冲突、较量和博弈依然在持续地进行着，甚至激烈地进行着，这一过程还将持续相当长的一段历史时期。而且，这一博弈不是任何国家和民族能够根据自己的意愿随时终止的，或不想参加就置身其外的。当然，所谓普世伦理道德绝不仅仅限于底线意义上的最基本、最基础的伦理道德价值原则、观念和规范，而且还包含着比较正常、普通的伦理道德价值原则、观念和规范，乃至为整个人类所普遍向往的崇高美德。不仅如此，随着整个人类社会历史的发展和文明进步，一些人类的底线伦理乃至道德戒律，也会逐渐地丧失其存在的价值和意义。恩格斯曾指出："对同样的或差不多同样的经济发展阶段来说，道德论必然是或多或少地互相一致的。从动产的私有制发展起来的时候起，在一切存在着这种私有制的社会里，道德戒律一定是共同的：切勿偷盗。这个戒律是否因此而成为永恒的道德戒律呢？绝对不会。在偷盗动机已经被消除的社会里，就是说在随着时间的推移顶多只是精神病患者才会偷盗的社会里，如果一个道德说教者想庄严地宣布一条永恒真理：切勿偷盗，那他将会遭到什么样的嘲笑啊！"①事实上，作为人类最基本、最基础的伦理道德原则、观念和规范的底线伦理，无论其形成、发展和被淘汰，都只可能是人类历史发展的结果，是世界上各个国家、各个民族博弈和较量的结果。

与历史地形成的人类底线伦理相一致，任何一个人在自己日益成为世界公民的过程中，需要培育、锤炼和磨砺的就是自己作为世界公民的伦理道德素质或文明素质。也就是说，一个人无论他本人是否走出国门到其他国家，是否深入其他国家和民族的生活世界，他本身都已经作为世界公民而现身于世界舞台之上，归根结底已经亮相于世人面前，历史和现实已经客观地要求他作为一个世界公民而存在，要求他必须具备作为一个世界公民所应当具有的公民素质或伦理道德修养。毫无疑问，对于任何人来说，都可能存在着这样那样的德性和修养，但是对于同为世界公民的其他人来说，人们无

① 《马克思恩格斯文集》第九卷，人民出版社 2009 年版，第 99 页。

法期望他拥有较高的文明素质和伦理道德修养乃至崇高的美德，而完全可以要求他具备最基本的文明素质和伦理道德修养，即能够遵循最基本、最基础的底线伦理来行动的必要素养或素质。因此，对于任何人来说，在历史已经转变成世界历史的时代背景下，自觉地加强自身的世界公民意识和世界公民素质是一个不可推卸的使命。只有如此，他才可能更好地活在世界之上，活在世人心目之中。

第三节　道德秩序的塑造与至善境界的生成

公共伦理规范是塑造公共生活世界普遍伦理道德秩序的基本规范，它们本身并不具有崇高的道德价值，因此，在很多情况下，伦理道德博弈当事人往往会发现对方在不违背公共伦理规范的情况下其道德境界其实并不高，认识到自己绝不能像对方那样仅仅停留在不违背公共伦理规范和社会一般秩序的层面上，而必须以更高的道德情操赢得自己心灵的安慰，消除因对方道德修养不高而带来的心灵不适，以塑造和谐的心灵秩序。由此，正是在与那些虽然遵守了公共伦理规范和社会一般秩序但道德境界毕竟不高的人的伦理道德博弈过程中，具有更高的伦理道德觉悟的人就逐渐地超越公共伦理生活的层面而跃进到公共道德生活的层面。他不再仅仅将传统的伦理价值原则、伦理观念、伦理规范内化，培育自己的伦理德性，乃至参与一般意义上的伦理规范、伦理秩序的创新和塑造，而且还积极地将整个社会所推崇的传统崇高美德作为自己的价值诉求对象，进而在反思的基础上投身于更高层次的道德规范和道德秩序，归根结底心灵秩序的创新和塑造之中。在这一过程中，他不仅参与对整个社会起引领和范导作用的崇高美德的培育和弘扬，而且最终通过无数次的伦理道德实践将崇高美德熔铸到自己身上，彻底将自己的任何行为修炼为时刻彰显着崇高美德的德行，使个人的形象和气质无不展现着高尚的道德人格。

一、公共道德秩序的塑造与心灵和谐的追求

公共伦理生活秩序着眼于实现和维护人们世俗的物质利益或经济利

益,因而归根结底停留在功利的层面上,然而人们的利益绝不仅仅只有物质利益或经济利益,还有更高层面上的精神利益乃至心灵利益,特别是,人与人之间的和谐也绝不仅仅在于实现利益最大化时做到伤害最小化或者没有伤害。为了更好地解决人们之间超越物质利益或经济利益在精神生活、心灵生活中产生的矛盾和冲突,实现心灵之间的和谐,就必须塑造超越功利层面的公共道德生活秩序,而道德生活秩序归根结底是人们之间的心灵秩序,即心与心之间的秩序。然而公共道德建设,是一项复杂的工程。正如公共伦理一样,“公共道德”实际上包含着四个方面的内容,即公共道德价值诉求、公共道德秩序、公共道德规范和公共道德德性。就一个特定的生活世界来说,任何伦理道德博弈当事人首先面对的是历史地传承下来的、因而自己诞生之际就已经先验地存在着的传统美德,即传统的道德价值原则、观念和规范以及要求于个人的道德德性,他们不仅需要学习和了解这些内容,预先将自己提高到相应道德德性层面上,而且还必须在具体的道德博弈过程中不断地反思传统美德的长处和不足,从而进行创造性转化和创新性发展,塑造出更科学、合理的时代美德和公共道德秩序、心灵秩序,以实现人与人之间的心灵和谐及自身的心灵和谐。事实上,一个真正地具有道德觉悟和道德修养的人,势必在与周围所有人的伦理道德博弈中不断地超越公共伦理层面,自觉地参与到公共道德秩序的塑造,因为他始终在更高的层面上追求着人与人之间的心灵和谐,而追求自身的心灵和谐则是积极参与这一活动的内在动力。

自觉投入公共道德生活秩序塑造的人充分地认识到公共伦理虽然超越了私人情义的局限性却依然存在着自身的局限性。公共伦理在伦理价值诉求、伦理规范、伦理秩序和伦理德性四个方面超越私人情义的局限而具有一定的合理性。公共伦理所以能够超越于私人情义,是因为伦理人把任何一个他人视为与自己平等的生活主体,即既把自己视为人,而且也把他人视为人,换句话说,能够用平等的眼光看待他人。但客观而言,公共伦理毕竟存在着自身的局限性,它并非无可挑剔,因为尽管人们已经认识到公共生活世界里的任何人都是人,与自己在公共事务方面具有同样的资格和权利,因而不能抹煞他人的存在。然而,伦理人处理和解决公共事务,立足于伦理的、功利的立场上,从根本上关注的是物质利益或经济利益的实现和分配,因此公共伦理实际上有一个潜在的底线,那就是私人或个人利益的最大化。公共伦理以私人或个人利益最大化为目标,实际上就承认了个人利益的合法性。从某种意义上也可以颠倒过来说,公共伦理所得以确立的最基本前提恰恰就是承认个人利益的合法性,承认任何个人都有追求、实现和维护自己合法的私人利益的权力和资格。我们不得不承认,公共伦理不仅没有否认私人利益,而且鼓励和支持个人通过自己的合法行为去追求、实现和维护自己的私人利益,去实现利益的最大化,本身具有相当程度上的合理性,因为任何人追求合法的利益,不仅是合理的,而且也是应当的,这本身就体现着一种现实的价值,它实际地保障了人们的生存和发展,促进了人的自我实现和自我完善。然而,公共伦理的局限性恰恰就在于它仅仅止步于此,因为伦理人始终纠缠于物质利益或经济利益的交往、公共利益的分配或私人利益的实现是否合法的问题,即始终停留在这些问题的合法性拷问上,停留在对对方或其他人是否侵占了自己的合法利益的思考上,相反,没有站在道德立场上为了对方乃至与自己毫无关系的陌生人更好的生活、生存和发展而超越功利地思考,宁愿牺牲自己的物质利益、经济利益慷慨地去帮助和提升他人。因此,公共伦理的这种局限性使任何一个着眼于自身利益最大化的人受自己的狭隘利益的束缚而不能自拔,使他始终局限于有限的生活空间之内不能从情感的角度看待他人。毫无疑问,这种情形下的伦理人,只可能把公共生活世界里的人,即与自己进行利益争夺或较量的人,始终视为一个无差别的人。换句话说,无论对象是谁,对伦理人来说都是无所谓的。然而,对于一个较高道德意识逐渐萌芽和发展的人来说,仅仅将对方或其他人视为无差别的个人,视为与自己时刻在较量着物质利益、经济利益的获得和分配是否具有合法性的人,他所能实现的生活秩序和谐与人际和谐就缺少了情感维度,而情感的缺失是远远不能满足自己的精神需要、心理需要的,整日盘算着如何在博弈的较量中赢得对方终将使他冷漠、焦虑和不安,使他无法达到心灵上的安顿、宁静、自由与和谐。显然,这是心灵失序或混乱的表现。

因此,如果一个人清楚地看到了公共伦理的局限性而又不愿重新退回到私人情义的层面上，相反，想充分地融合两个方面的优点和长处，那么，他势必在激烈的伦理道德博弈中不断地升华自己的德性意识，为自己树立更高的价值原则，从而生活在道德的层面上，进而在反思传统道德生活秩序的基础上参与新的道德生活秩序的塑造。如前所述，对于他来说，他所面对的是自从他个人诞生之际已经存在的传统道德体系，即传统道德价值观念、传统道德规范、传统道德生活秩序、传统美德，归根结底一切都是传统的，都是先验地存在着的。马克思曾指出："甚至当我从事科学之类的活动，即从事一种我只在很少情况下才能同别人进行直接联系的活动的时候，我也是社会的，因为我是作为人活动的。不仅我的活动所需的材料——甚至思想家用来进行活动的语言——是作为社会的产品给予我的，而且我本身的存在是社会的活动。"①传统崇高美德从价值高度引领着整个社会所有人的思想和行为，因而对于培育和塑造和谐稳定的社会伦理道德生活秩序具有极为重要的作用。对于每一个人来说，我们不仅通过家庭教育、学校教育和社会教育而逐渐地认识、理解了一般意义上的伦理价值原则、伦理观念、伦理规范，以实现和维护人们之间的一般伦理生活秩序，而且还被引导着认识和理解更具道德价值和意义的传统崇高美德。事实上，从伦理博弈向道德博弈的演变和推进中，一个自觉的博弈当事人就会不断地将认识和理解的传统崇高美德进行必要的内化，自觉地在与其他人的道德生活交往和互动过程中培育和锤炼自己的道德德性，并在后续的博弈过程中展现出自己的高尚品质和美德来，即外化出崇高美德。毫无疑问，崇高美德的内化和外化已经超越了仅仅在伦理层面上对伦理价值原则、伦理观念的内化和外化所具有的极为有限的意义。然而，同样如前所述，先验地存在着的传统道德生活秩序本身是否具有科学性、合理性却是一个值得怀疑的问题，特别是，它所确立起来的号召和鼓舞整个生活世界或社会所有人奋力追求的传统崇高美德是否具有科学性、合理性，是一个关系着整个社会利益的核心问题，对人们各个方面的生活起着极为重大的影响。也就是说，虽然传统崇高美德先验地存在着，甚至在一定的社会历史时期具有合法性，但它究竟是否真正地符

① ［德］马克思：《1844 年经济学哲学手稿》，人民出版社 2000 年版，第 83 页。

合人的本性需要,是否真正地促进和实现了人的自由全面发展,是否切实地保障了绝大多数人对幸福美满生活的实现,却是值得反思的事情,如果这种为整个社会所推崇的崇高美德本身存在着问题,并不能最有效地促进人的自我完善、自由的获得和幸福美好生活的追求,实质上意味着整个生活世界伦理道德生活体系注定随着历史的发展而遭受怀疑和挑战,最终崩溃和瓦解。事实上,一个真正置身于道德博弈而不只是伦理博弈中的人,势必自觉地反思传统道德价值观念、传统道德规范、传统道德生活秩序、传统美德尤其是传统崇高美德的合理性或正当性,势必在深刻批判的基础上继承和弘扬传统美德,创造性地发展传统道德价值观念,创新道德规范,以塑造新的道德生活秩序。因此,与以往仅仅将现有传统道德价值观念、传统崇高美德内化、融化到自己身上又最终在道德生活中将其外化不同,在此趋势之下,每一位道德博弈当事人都成为自觉地运用自己的理性和自由意志为自己确立崇高美德和道德规范的人。毫无疑问,以往将现有的传统道德观念、道德规范内化、融化到自身,虽然本身已经是一种高度自觉的行为,因而呈现出自觉性和主动性,但毕竟这些现有的传统道德观念、道德规范相对于自己的理性和自由意志来说依然是外来的、外在的。也就是说,纵使每个人都实现了这种内化,但一旦随着理性进一步成熟和意志获得真正的自由,进而因博弈形势的逼迫而反思传统道德价值观念、传统崇高美德得以奠基的理性根据,发现其本身缺少科学性和合理性,这种内化了的现有传统道德价值观念、崇高美德与自己的理性和自由意志之间的外在性就日益凸显出来,显得格外地矛盾。与此相反,道德博弈当事人一旦凭借自己的成熟理性和自由意志为自己重新确立新的道德价值观念和道德规范,实际上就是让理性和自由意志为自己颁布道德法则,毫无疑问,这种意义上的道德价值观念、道德规范本身已经成为德性规则,是真正地为提升、磨砺或锤炼自己的德性修养而颁布的自由法则。真正自由的法则,是充分地实现和维护彼此心灵和谐的法则,因为它与人的自由心灵是高度一体的,本身已经不存在所谓内化外化的需要,而直接地就呈现出来。

当然,塑造新的道德生活秩序绝不是单个人的事情,而是所有自觉的道德博弈当事人的事情,是影响整个生活世界所有人的事业,因为它要全面地实现生活世界更高意义上的和谐，即在物质生活和谐基础之上的精神生活和谐，归根结底要实现人与人之间的心灵和谐，即心与心的和谐。对于每一个自觉的道德人来说，这种更高意义上的和谐道德生活秩序的塑造，旨在于实现自身的身心和谐，即达到心灵上的安顿、宁静、自由与和谐。客观而言，在公共生活世界里，如果每个人只遵从社会公共规范或公共游戏规则追逐私人利益最大化，因而客观地塑造了整个社会的稳定生活秩序，那么这种秩序毕竟更多地还停留在创造物质生活世界的层面上，它只不过意味着稳定而已，还谈不上什么真正意义上的和谐。然而，对于人来说，人不只是作为纯粹的肉体而存在，或者说作为物而存在，相反，人还是精神存在，还必须拥有丰富的心灵生活，否则人的生活、生命终将失去意义。仅仅停留于稳定意义上的秩序还不足以促进人们在精神生活、心灵生活上的沟通和交流，更不能实现心灵之间的和谐。因此任何一个自觉的道德人，都需要在伦理道德博弈过程中不断地超越公共伦理而进入到公共道德层面，与周围其他人一起去塑造人与人在精神生活、心灵生活上的融洽与和谐，因而塑造具有更高意义上的生活世界秩序。

需要指出的是，以较高标准和要求的道德规范塑造道德生活秩序，从而与周围其他人一起塑造人与人在精神生活、心灵生活上的融洽与和谐，只能是一些在伦理道德博弈过程中不断提升自己的伦理道德意识、修养和德性的自由选择，而不是任何外在强制性的要求。李德顺等人强调："对于普通百姓来说，强求人人都去做'大人'、'圣人'，这本身就是不适当的。不仅多数人没有必要，而且逻辑上也说不通，实践中更是难以操作。用这种过高的人生目标普遍性地要求普通大众，意味着对普通人人生选择的过分干预——为什么普通人自主自在、平平淡淡的生活就不合理，就不值得肯定，就不能予以宽容？高调提倡、强制推行的结果，除了会造成更多的'野心家'、'假道学'、'伪君子'之外，还会因理想与现实之间存在巨大的反差（毕竟不可能人人成功），造成更多人的社会心态失衡。"①或许，遵循每个人在伦

① 李德顺、孙伟平、孙美堂：《精神家园——新文化论纲》，黑龙江教育出版社2010年版，第128页。

理道德生活中的主体地位，尊重其权利、义务与责任的统一，归根结底尊重每个人的道德生活自由选择权，能够更好地激发更多人自觉地超越伦理层面而进入到道德生活，从而自觉地参与公共道德秩序的塑造，追求更高意义上的心灵自由与和谐。

二、崇高美德的诉求与道德德性的锤炼

道德博弈超越伦理博弈而追求和弘扬崇高美德，是伦理道德博弈当事人创造道德规范和道德生活秩序的内在动力源泉。任何的道德规范和道德生活秩序如果不以一定的崇高美德为诉求的对象，它们本身注定失去存在的意义。当人们超越伦理博弈而升华到道德博弈境界中时，特别是当人们不再遵循着传统道德规范实现传统意义上的美德，从而维护和巩固传统道德生活秩序，而是通过理性的反思全面地审视传统道德价值观念、传统道德规范、传统道德生活秩序、传统美德的是否合理，从而自觉为自己创新伦理道德观念，自己创设道德规范、塑造道德生活秩序时，追求崇高美德就已经成为一种内在的价值诉求。而且事实上，一旦人们自觉地超越传统美德而追求更合理的、更崇高的美德时，为了切实地实现美德，他势必在伦理德性基础之上锤炼和磨砺自己的道德德性，使自己的思想和行为全面地充盈着德性的力量，使自己与期望达到的美德浑然一体，从而处处、时时彰显着崇高的美德形象和无穷的人格魅力。毫无疑问，只有这样，追求善、发现善、实现善才真正地统一起来。

崇高美德是任何社会伦理道德观念中的核心价值，任何超越功利属性的道德规范都起着范导、引领和超拔作用，使人趋向崇高美德，在更高的境界上实现整个社会的和谐，从而形成整个生活世界的良好秩序。这种意义上的秩序就是道德生活秩序，而不再是伦理生活秩序，因此，崇高美德是任何道德观念、道德规范和道德生活秩序最内在的价值诉求。对于伦理道德博弈的当事人而言，伴随着彼此伦理道德意识的不断提升，因而伴随着自觉的道德意识日渐取代伦理意识，即越来越超越功利的思维而进入到无功利的思维，尤其是伴随着各自理性的成熟和意志的自由，他们势必进一步追问社会上现有崇高美德是否合理的问题。客观而言，如果理性没有真正成熟，

每个道德博弈当事人只可能信奉着现有的道德观念,选择现有道德规范以实现当前社会所崇尚的崇高美德。在此情况下,每个人自觉的道德意识或德性意识,就是主动地学习和接受现有的道德价值观念,自觉地将其内化到思想之中、心灵之中,将现有的崇高美德作为追求的对象,并严格地遵循实现这些崇高美德的道德规范。毫无疑问,这样持续努力的结果,就是成为按照现有道德价值观念和评价标准值得高度赞美的道德高尚的人。然而,仅仅将传统的道德价值观念、传统崇高美德内化或融化到自己身上,对于始终都处于道德博弈之中而不是伦理博弈之中的人来说,还远远不够。一方面,对真正处于道德博弈之中的人,一个追求真正的崇高美德的人,归根结底为了提升自己的道德修养和道德境界的人来说,他会发现现有的崇高美德还不够崇高,当博弈对方达到一定高度的时候,总还可能向更崇高的境界发展,另一方面随着博弈的深入发展,特别是随着人们在道德博弈中道德意识的进一步提升和理性辨析能力的增强,他势必自觉地反思现有传统道德观念、传统崇高美德是否具有科学性、合理性,从而批判和扬弃现有崇高美德而发现新的崇高美德,即发现新的善。在道德博弈过程中,每位当事人都在运用着自己的理性,也在磨砺着自己的理性,都在实现着理性从有限向无限的突破和发展,因而每位当事人都是更新的崇高美德、道德规范或德性规则的发现者,结果是,当谈起道德时,任何人所能够提出的所谓崇高美德,所确立的道德规范或德性规则,都很快变得陈旧和有限,都显得贫乏和苍白,而且任何人无法专横随意地、毫无根据地倡导某种崇高美德、创设某种道德规范,故意标新立异,相反,倡导、创设某种道德规范必须征得对方、更多其他人乃至整个社会的认可,因而要求具有客观性、普遍性。因此,对崇高美德的自觉向往和追求成为超越功利的道德人的必然诉求,在他们看来,在道德生活中,做一个最起码的好人,甚至老好人,显然意义已经不大,仅仅提出一些偶然性的、特殊化的某种崇高美德或道德规范不能满足彼此的道德需要和期望。因为尽管做到了这一点,甚至已经达到了别人心目中所期望的乃至高不可攀、令人敬仰的境界,但在他们看来却没有使自己得到肯定、充实和满足,自己依然感觉到空虚或不实在。因此,在道德博弈中,人不再将自己的道德行为是否符合社会上为人们所普遍推崇的具有崇高道德价值的道德规范，普遍赞美和颂扬的崇高美德作为自己实现心灵宁静的重要参考因素，相反，他始终在内心寻求着更高意义上的崇高美德，在自己所塑造的道德形象和道德人格中确证自己的存在。这种新的崇高美德是主体性的美德，它不再是外在的权威通过教育和教诲灌输进来的东西。然而，在这一过程中，人一方面基于自己的心灵自由而为自己颁布着最新的道德律法，创造着新境界上的崇高美德，成为自己的道德权威，另一方面他又时刻地反思自己刚刚确立起来的道德权威，不断地挑战和打破这一暂时性的崇高美德和道德权威，从而为自己确立新的道德律法。毫无疑问，这又是一个无止境的过程，是一个只能不断地推向逻辑终极点的过程。因此，在此意义上，任何人在任何时候、任何领域、任何条件下所能够达到的道德德性，其最高性、至善性都是值得怀疑的，所取得的道德权威都是暂时性的，对错不取决于任何当事人，更不以某个特定时空条件下的个人意志和头脑里的一闪念为标准，所有一切在持续的道德博弈进展中都是能够不断地突破的，任何人在道德判断和道德主张上所可能发生的偏向、偏见、偏执、固执和错误也都能得到必要的纠正。而且，任何人对单凭自己的有限理性所推导出来的所谓道德真理或规则作夸大其词的宣扬只能引起众人的反感和厌恶。任何人如果不是出于公心，稍有偏私，竟然提出了与伦理道德普遍发展要求和博弈形势不符合的或低于众人心理期待的道德主张，作出了不符合当下情形的道德判断，他的道德人格就会遭受到怀疑的威胁。而任何人固守自己的偏见，甚至隐藏自己的私心和偏好，不仅毫无意义而且也不可能持久，因为这一切不仅终有可能被暴露，而且还注定一旦暴露还会遭受更猛烈的挑战和嘲笑。可以说，道德博弈既是理性和智慧的博弈，也是德性和美德的博弈，其目的就是通过塑造更美好的道德生活秩序而实现人们之间的心灵和谐。而对于真正的道德人而言，他们试图通过对更高道德境界的追求而彻底地实现人们彼此间的心灵和谐，从根本上在于实现自己内在心灵的和谐。当然，这种对崇高美德的自觉诉求和实际的探索，注定将不断地改进人们彼此之间的关系，从而在整个社会上起着范导、引领和超拔的作用，最终将自觉地进行崇高美德探索的道德人最初为自己确立的新的崇高美德真正地变成世人普遍向往和追求的崇高美德。毫无疑问，这些由道德博弈当事人率先运用成熟的理性反思和探索出来的新的崇高美德，注定会随着世人理性的普遍成熟而得到认可和接受，从而由比较狭隘的道德生活领域传播和蔓延出来，最终普遍化为每位向往崇高美德和更和谐的道德生活秩序的世人的共同追求。

既然对崇高美德的自觉向往和追求，是道德人超越伦理人之后的必然诉求，道德人也势必通过切实的道德生活实践而实现崇高美德，即实现善，特别是践履通过理性和自由意志为自己颁布出来的道德法则。为此，他必须培养与之相适应的道德修养，锤炼和磨砺出与之相匹配的道德德性。事实上，只有坚持对崇高美德的追求，并通过丰富的伦理道德实践将崇高美德彻底地熔铸到自己身上，熔铸到具体的道德行为上，使之成为时刻充分地彰显着崇高道德价值的德行，一个人才能真正地达到言必行、意必到、行必果的道德境界，才能不因失信于自己而造成自我心灵的矛盾和冲突。毫无疑问，失信于人，最直接的表现是造成人与其他人之间心灵上的矛盾和冲突，然而不仅失信于人，而且失信于自己，是自己最不能容忍的。对自己来说，这就等同于犯罪，注定在内心产生强烈的负罪感。因此，真正地具有高度的道德意识因而追寻崇高美德的人，一旦他认识到某种崇高的美德，他就不会故意地去违背它，而是强烈要求自己在道德实践中去践行它、实现它，使它彻底地熔铸到自己的身上、自己的行为中。因此，他会自觉地抵制各种诱惑，甚至抵制那种想塑造自己美好道德形象和赢得美名的欲望的诱惑，归根结底不再在意于任何外在的因素而回归到自己的内心世界，回归到摆脱了外在迷惑的心灵世界，直面自己的灵魂而回答它提出的拷问和需要，直接通过现实生活实践的磨砺而熔铸自己的道德德性，去体验和确证自己的存在。众所周知，苏格拉底提出了“德性即知识”的命题，并强调无人故意作恶，而之所以作恶，在于他无知。他认为，一个有真正德性知识的人就是有自制能力的人，根本不存在有了真正的知识依然为外在事物所掌控因而像奴隶般被牵着走的情形。亚里士多德指出：“苏格拉底终生和这种说法作斗争，认为不存在这种不自制，因为这种行为不是出于对最善事物的判断，而是出于无知。”①事实上，在此，如果没有理解错的话，或者严格地说，苏格拉底所指的人并不是一般意义上的人，也不是具有较纯正的伦理德性的人，而是具有高度的道德自觉意识、德性意识因而时刻追寻着崇高美德的人，是深刻地认识了崇高美德并努力在实践中践行的人，是自身已经锤炼、磨砺、铸造或积淀起浑厚的道德德性的人。很可能，人们不能理解苏格拉底，就在于既没有达到他的认识高度也没有达到他的道德境界，而只是停留在对人最一般的理解层面上，即仅仅将人从形体上区别于动物，视为一个游走于社会上的活物而已。

然而，从产生高度自觉的道德意识到拥有浑厚的道德德性，对于一个超越了伦理功利层面的道德人来说，是一个极为漫长的生活实践过程，而且注定是一个终生的事业。因为，对于道德人而言，崇高的美德是无穷尽的，在崇高之上还有更加崇高的美德，从逻辑上来说，只有将崇高美德推向极限因而达到至善美德时才能停止下来。众所周知，亚里士多德非常重视德性问题，但他区分了道德德性与理智德性，一方面将道德德性视为目标，另一方面又高扬理智德性，并教导说心智活动就是最好的美德，因而沉思美德就是最佳的生活。许多人认为亚里士多德在教诲人们过最佳生活问题上存在着前后不一致的矛盾，但泰西托雷却通过自己的深入分析，揭示了亚里士多德在理论更深层次上的一致性，认为亚里士多德实际上拒绝将最佳生活问题简单化。他指出：“亚里士多德对道德德性的描述忠实于道德德性的现象，因为德性显现于最卓越者的生活。同时，亚里士多德对哲学生活的描述也注意到伴随着彻底追问生活的那个无法避免的矛盾。亚里士多德缓和了哲学德性与道德德性之间的紧张关系，同时又承认这种张力的持续性。并不是亚里士多德前后不一，而是他始终抵制调和两种高尚的生活方式的冲动，因为二者无法调和。”②事实上，亚里士多德深刻地揭示了人们在道德生活实践中，在激烈的道德博弈过程中，尤其是道德人在内心的自我博弈中，道德

① ［古希腊］亚里士多德，苗力田译：《尼各马科伦理学》，中国社会科学出版社 1990 年版，第 136 页。

② ［美］泰西托雷：《亚里士多德对最佳生活的含混解释》，载刘小枫、陈少明主编《政治生活的限度与满足》，华夏出版社 2007 年版，第 74 页。

意识的觉醒和道德觉悟的提升是一个激烈的心灵较量或意识斗争活动，是一个扪心自问的沉思活动，而这一活动及其产生的认识成果势必又很快地成为道德实践活动的指导方针，因而积淀和锤炼成更加纯正、浑厚的道德德性。显然，这是一个循环往复的过程，是一个螺旋式向上发展的过程，两个方面始终存在着内在的张力，始终处于动态发展之中，它本身就是一个人的终生事业。如果仅仅沉思美德，显然能在道德意识的觉悟上达到一定的高度自觉，在意识中构建出人与人之间的最高和谐，但这终究没有实际地改善人们之间的伦理道德生活现状，并没有真正地解决矛盾和问题。相反，只有将高度自觉的道德意识通过终生的伦理道德生活实践转化为自身浑厚的道德德性或美德，因而切实地改善着人们之间的伦理道德生活现状，解决着人们彼此之间的矛盾和问题，才能具有最现实的意义。

三、人类至善境界的生成与至善美德的彰显

一般来说，尽管公共道德超越了公共伦理，然而究其实质，任何现实的公共道德归根结底是某一特定生活共同体的道德，也就是说，它总是属于特定的公共生活世界里的道德。它对这一特定的公共生活世界来说具有有效性，具有意义，而言外之意，它对超越了这一特定公共生活世界的人们来说则很可能丧失了有效性，丧失了意义。总之，在一般的语境中，无论是公共伦理还是公共道德，它们都是相对于特定的生活主体或伦理道德主体而言的，因而具有相对性而不具有绝对性。如果我们考虑的伦理道德行为已经超出了所限定的伦理道德主体，那么，这些原来所讨论的伦理道德规范，或者说是否善与恶的问题，就不再具有任何实际意义。完全可以说，公共道德基本上都是在一个特定的公共生活世界里为人们所推崇、信奉的最美好、最利于促进人际关系和谐或社会和谐的公共道德价值诉求、公共道德秩序、公共道德规范和公共道德德性，而它所谓的“公共性”，恰恰是针对这一特定的公共生活世界而言的，也就是说，它只在这个给定的公共生活世界里具有普遍性、约束性，而一旦离开这个给定的公共生活世界，就不再具有更普遍的约束力。

事实上，所以如此限定一定意义上的“公共道德”，就在于随着我们实际

伦理道德实践的拓展，我们的确发现，不仅在我们的身边存在着其他所谓的公共生活世界，而且我们往往还会与另一个公共生活世界相接触、相交涉，我们不得不承认，那原来甚至不为我们所预想、所知道、所熟悉的其他群体的人所形成、建构、营造出来的生活世界，同样是一个公共生活世界，在其中，人们如同我们一样，不仅具有分属不同个体的私人生活世界及其生活习惯、传统和作风，而且形成了为那个群体的所有成员普遍习惯、认可、遵循、信奉的公共伦理道德体系、价值原则、观念和规范。如果说，那里的公共伦理价值原则、观念和规范具有更多意义上的特殊性，而公共道德原则、观念和规范则具有较少意义上的特殊性。那么，我们依然不能否认，虽然这种公共道德原则、观念和规范具有较少意义上的特殊性，它毕竟是具有特殊性、相对性的公共道德。也就是说，这种所谓的“公共道德”毕竟是更多地适应于这一特定的公共生活世界的，它在这个公共生活世界里具有普遍性、针对性，具有现实意义。这种情形，恰恰就如同我们自身的公共道德一样。我们在一定意义上说崇高美德成为“世人”的普遍向往，但此“世人”之“世”，往往是某一特定的“生活世界”之“世”，即一定的时空范围内的“世”，因此，这样的“世”事实上有很多，它们不容我们置疑，更不容我们抹煞。这样具有相对性的“公共道德”究竟算得上什么呢？梁漱溟说：“各有各的道德，实际上不是真道德，实际上是礼俗。”[①]梁漱溟在此强调的“真道德”，实际上就是指具有普遍性、绝对性的道德，即能够普遍为世界上所有人认可和接受的、因而具有绝对性的道德。因此，我们任何一个人，应当清醒地认识到，一般意义上所谓的“公共道德”，基本上是相对于一个具体的、因而特殊的公共生活世界而言的，而由于历史地形成了不同的民族和国家，在整个世界上实际上存在着很多所谓的公共生活世界，因而相应地形成了很多实际上存在着一定程度差异性的“公共道德”。这也说明，如果我们不置身于某一特定的公共生活世界，实际上根本无法给善或恶下一个令所有人满意的定义，因为不同生活世界里的人们对善或恶的理解千差万别，善恶概念能在不同的语境中使用。这一点尤其为维特根斯坦所主张。他强调，在伦理道德的语境中，

① 梁漱溟：《这个世界会好吗——梁漱溟晚年口述》，东方出版中心 2006 年版，第 313 页。

"善"的用法就像棋类游戏中棋子的用法,除非理解其他棋子的用法,对"善"的使用只有与其他棋子的使用联系起来才是可理解的,没有一个用法具有严格的规则,且用法总是彼此依存的①。

因此,我们说,在一个特定的公共生活世界里,当公共道德超越公共伦理之时,它已经不断地提升了伦理道德主体的境界,但是这种提升毕竟还是有限的,还有待于随着伦理道德问题卷入更为复杂的伦理道德境遇时去解决涉及其他伦理道德共同体或其他公共生活世界里的人们所遇到的问题。毫无疑问,一旦生活在特定公共生活世界里的人们与生活在其他公共生活世界里的人们发生伦理道德问题时,就会发现,事实上,我们就不能单纯依据某一公共生活世界里的伦理道德价值原则、观念、规范来评判当事人,相反,就必须充分地去考虑两个或多个公共生活世界里的伦理道德价值原则、观念和规范,去寻找各自公共生活世界里最高的伦理道德原则、观念和规范之间的共同性、一致性或契合性,归根结底寻找不同伦理道德体系之间的内在一致性。事实上,既然不同公共生活世界里的公共伦理,除了伦理底线之外,相对于公共道德而言,具有较多意义上的特殊性,那么,在这种时候,我们就不能各自着眼于自身所生活的生活世界里的公共伦理来解决问题,而要理所当然地去着眼公共道德。不仅如此,任何一个群体中的人又都不能以自身所生活的公共生活世界里的公共道德为唯一的准则,相反,必须基于共同生存、生活,特别是促进彼此群体、彼此公共生活世界的和谐、和睦或友好往来的良好意愿而超越彼此公共伦理所形成的最基本的价值观念,去寻求各个不同的特殊"公共道德"之间的普遍性,寻求更高意义上的"公共道德",即适用于跨越不同狭隘公共生活世界而形成的具有更高层次和更宽广领域的公共生活世界里的公共道德。不可否认,由于各个公共生活世界里的公共伦理是基于人们最基本的价值观念而形成的规范,因而往往是人类任何群体都可能承认的底线伦理,但是,如上所述,这种底线意义上的伦理规范,归根结底只能起着最起码的维护秩序的作用,它本身还不是更好地促进人们共同生存、发展,特别是和睦相处、友好往来、共同繁荣的最佳的、最

① [美]鲍斯玛著,刘云卿译:《维特根斯坦谈话录》,漓江出版社2012年版,第60页。

理性的规范。因此，严格地说，我们理应超越伦理，特别是底线伦理的狭隘层面而进展到公共道德，在群体自身公共道德基础上寻求更高意义上的公共道德。因为，只有按照这种更具普遍性、绝对性的伦理道德价值原则、观念和规范，才能比较妥当地解决跨越狭隘公共生活世界而发生在更高级、更宽广的公共生活世界，特别是人类公共生活世界里的伦理道德问题，才能使得各个当事人比较心平气和地接受解决的结果，达成一致的认识。

无疑，在此仿佛开设了一场道德博弈的高峰论坛，任何一个特定民族公共生活世界里的道德的代言人都参加了这一论坛，都参与了与其他代言人的论战，整个的论辩使人们不得不超出自身生活世界的局限性、狭隘性而达到更高的公共道德，以宽容的心态承认和接受整个人类世界里各民族国家历史地形成和不断发展着的伦理道德文化传统的多样性和丰富性，去涵盖、包容和借鉴其他民族公共生活世界里的道德的优点和长处、科学性和合理性。在此过程中，任何一个道德体系的代言人所可能提出的道德主张实际上只具有相对的合理性，而不同代言人通过交往互动而不断地促成的道德主张或形成的道德规范，往往也只具有暂时的合理性或必然性。显然，随着整个人类社会的日益融合，随着民族的历史日益地转变为世界历史，世界伦理道德文化就不可避免地出现了。这种一层一层地超越了民族的或特殊的公共生活世界里的公共道德的公共道德，越来越能够达到最高程度上的抽象性、一致性、共同性、普遍性乃至绝对性，因而就是具有对整个人类而言能够统摄世界上各个民族、国家的伦理道德规范的公共道德或真道德。显然，这种具有绝对超越性、普遍性、一致性、共同性的公共道德，就是以整个人类为道德主体的、道德形而上学意义上的“至善美德”。因此，至善美德不是仅仅依靠个人的理性在思维中推演出来的，也不是理性逻辑在极致上的推导结果，而是人们在普遍化社会交往、世界交往过程中，在具体的不可分割的联系、联络过程中，特别是在物质利益、经济利益博弈互动的过程中，不断地生成和发展出来的，是历史地产生的。至善美德蕴涵着多个方面的意义，它不仅意味着在境界上的绝对超越性，而且意味着相对于人类而言的最大普遍性，不仅意味着道德价值诉求的一致性，而且意味着不同道德观念、规范之间的共同性。在人类还无法彻底地摆脱阶级斗争因而还存在着阶级的历史阶段，不同的阶级都各有自己特殊的道德。恩格斯说："哪一种是合乎真理的呢？如果就绝对的终极性来说，哪一种也不是；但是，现在代表着现状的变革，代表着未来的那种道德，即无产阶级道德，肯定拥有最多的能够长久保持的因素。"①不仅如此，这种历史地产生的至善意识或至善美德在任何历史阶段都是有限的，而不是绝对的，因为我们对人类自身的认识还存在着极大的空白，还难以真正彻底地认识和把握人的本质或本性，因而还难以谈到底什么对人来说是彻底地至善的。恩格斯曾说："整个人类历史还多么年轻，硬说我们现在的观点具有某种绝对的意义，那是多么可笑。"②因此，至善或至善美德是历史地发展的东西，在一定历史时期所达到的普遍性、一致性或绝对性，但从整个人类历史社会的角度来看又是相对的。

至善美德所以能够超越公共道德，因为它已经突破了各个特定的生活世界而立足于整个人类来思考问题。毫无疑问，任何意义上的公共道德，本质上都是相对于特定的生活世界而言的，因而对于生活在这一特定的生活世界里的所有成员都是有效的。尽管这一生活世界里的公共道德与那一生活世界里的公共道德可能存在着一定的共性，因而具有一定程度上的普遍意义，但是一旦立足于整个人类而言，任何特定生活世界里的公共道德毕竟又是有限的，还称不上是真正意义上的至善美德。不同特定生活世界里的公共道德之间存在的共性还不够充分，即还没有达到最高程度上的共性，还不具有最大的普遍性乃至绝对性。事实上，只有当人们在整个世界范围内真正消灭了阶级和阶级对立，从而实现了人类的真正平等时，人们才能彻底地超越任何狭隘意义上的生活世界而形成既具有普遍性又具有崇高价值的至善美德。恩格斯说："只有在不仅消灭了阶级对立，而且在实际生活中也忘却了这种对立的社会发展阶段上，超越阶级对立和超越对这种对立的回忆的、真正人的道德才成为可能。"③至善美德以整个人类为自身的价值主体，归根结底，它所揭示的恰恰就是相对于人之所以为人的本质而言的道德。也就是说，真正意义上的至善美德，实际上是对任何人，无论其国家、民

① 《马克思恩格斯文集》第九卷，人民出版社2009年版，第98—99页。

② 《马克思恩格斯文集》第九卷，人民出版社2009年版，第99页。

③ 《马克思恩格斯文集》第九卷，人民出版社2009年版，第100页。

族，都是有意义的，都是能够促进人的道德境界提升的，归根结底，都是有助于整个人类的生存、发展和进步的。客观而言，我们必须自觉地承认特定生活世界里的公共道德自身所具有的有限性、特殊性，又要历史地看待整个人类社会不断地向前发展，因而通过消灭阶级和阶级对立，通过彻底地变革社会制度而实现真正人的道德，实现至善。

因此，一方面，我们要承认任何现实生活世界中的伦理道德都是相对的、有限的。这在于，它所针对的伦理道德主体是相对的，即是相对于生活于这一生活世界里的人们而言的，也正是因为如此，它的意义和价值也是有限的。按照现实而具体的生活世界里的伦理道德规范对人进行约束、规范和评判都是有效的、有意义的，而按照另一个现实而具体的生活世界里的伦理道德规范来评判、规范和约束，往往不仅没有现实的合理性，而且甚至毫无意义可言。因此，严格地说，我们总要根据伦理道德主体所生活于其中的生活世界里的伦理道德规范来约束、规范和评判其言行举止，来认识其思想和行为的伦理道德意义，而不能盲目地胡乱运用任何伦理道德规范来评判具体境遇下的伦理道德行为。可以说，坚持这一观点，我们实际上就能够避免很多伦理道德领域里的争论，我们也会看到许多争论从根本上来说是毫无意义的。另一方面，尽管任何现实生活世界里的伦理道德都是相对的、有限的，我们也不能断然否定就整个人类而言，没有超越各个相对狭隘的民族、国家的生活世界具有更高统一性的人类生活世界，没有相对于整个人类生活世界而言的比较抽象、因而也具有比较普遍意义和价值的人类至善。客观上，就人类而言，甚至就每个人而言，其所以能够从根本上区别于动物，因而成之为人，实际上依然存在着一种更基本的伦理道德原则。也就是说，如果突破狭隘的民族、国家生活世界，那么，我们人类实际上还是能够达成某种最基本的价值共识的。这种价值共识，本质上是人类对自身之所以为人的价值判断，是对人自身的生存、发展和完善的深刻认识。毫无疑问，这种价值共识，彻底地实现了对价值的全面反映，因而两者之间本质上是统一的，是内在一致的。中国传统儒家经典《春秋》中曾记载一个著名的事件：宣公十五年，楚庄王围宋，军有七日之粮，而同时宋国困厄，宋将华元夜见楚将子反，子反以楚军实情相告，结果两者订盟，楚军退军，宋国得以解围。楚将子反的行为曾引发人们的争论。《春秋繁露·竹林第三》载，有人质疑道："司马子反为君使，废君命，与敌情，从其所请，与宋平，是内专政，而外擅名也。专政则轻君，擅名则不臣，而《春秋》大之，奚由哉？"董仲舒则回答说："为其有惨怛之恩，不忍饿一国之民，使之相食。推恩者远之为大，为仁者自然为美。今子反出己之心，矜宋之民，无计其间，故大之也。"也就是说，在董仲舒看来，司马子反所以不为儒家所谴责反而受到赞美，完全在于他能够"出己之心"，超出楚国而"推恩"，不再计较宋国与楚国的差别。换句话说，子反超越了狭隘意义上的君臣关系而立足于整个天下来看待人。然而，超越国家、民族界限而从天下或整个人类来看待问题，来规范和协调人们之间的关系，这是需要至高的道德境界的，对任何国家民族来说都是极为艰难的事情。

事实上，无论是天下大同的至善境界，还是与至善境界相匹配的至善美德，都不是抽象地推演出的，而是在现实的不同的群体、阶级、民族、国家或区域利益博弈过程中历史地发展出来的。众所周知，在西方世界里，康德深刻地认识到人类本性中最不足称道的地方就是各个国家民族间的彼此征服与侵犯。他认为："人性表现得最不值得尊敬的地方，莫过于在整个民族彼此之间的关系方面了。任何时候都没有一个国家在自己的独立或自己的财产方面，是有安全保障的。彼此互相征服的意志或者说侵犯对方的意志，是任何时候都存在的；侧重于防务的军备——那往往使得和平甚至于比战争还更压迫人、更能摧残内部的福祉，——是永远也不会放松的。"[①]在近代中国，康有为所著的《大同书》，以实现天下大同为崇高目的。在他看来，"有国之害"在"文明之国"上体现得最为鲜明，造成的"兵祸之惨剧"最为剧烈，"见异族即杀之"是不同民族之间的必然现象。他指出："有国竞争，势必至此。故夫有国者，人道团体之始，必不得已，而于生人之害，未有宏世硕大若斯之甚者也。愈文明则战祸愈烈。"[②]康有为深刻地认识到战祸对国家经济社会造成的严重破坏和对人民造成的灾难，但他亦强调一个对文明之国而

① ［德］康德著，何兆武译：《论通常的说法：这在理论上可能是正确的，但在实践上是行不通的》，《历史理性批判文集》，商务印书馆 1990 年版，第 208 页。

② 康有为：《大同书》，中华书局 2012 年版，第 68 页。

言的悖论,他说:“虽有仁人义士,不得不各私其国,故其心志所注,识见议论皆为国所限,以争地杀人为合大义,以灭国屠人为有大功,勒鼎刻碑,铸像作史,大号于天下后世以自夸炫,不知其为屠伯民贼也。养成争心,养成私心,于是偏狭残忍之论视为宜然;实如群犬之相搏,猛兽之相噬,强盗之相劫掠耳。积成为义,则其烈祸中于人性,根种相传,展转无已,故其争杀之亦无已,世界人类终不能远猛兽强盗之心。是则有国乎,而欲人性止于至善,人道至于太平,其道相反,犹欲南辕而北其辙也。”①显然,康有为揭示了人类文明发展中的悖论,认识到任何国家和民族都存在着基于人性而对至善的追求,然而在现实的历史发展中却表现为文明国家民族之间的侵略与战争,因而要想达到天下太平,实际上却南辕北辙。按照唯物史观来说,康有为所揭示的这种历史悖论现象,是人类社会历史发展的必然,而国家的消亡则是一个漫长的历史过程,只有遵循人类社会历史发展的基本规律,并自觉地改造旧的社会制度,创建新的社会制度,才能彻底地消除这一悖论。马克思深刻地揭示了现代资本主义列强对落后国家的侵略、掠夺、剥削和压迫,揭示了文明民族对野蛮民族的屠杀与凌辱,但他也深深地认识到:“只有在伟大的社会革命支配了资产阶级时代的成果,支配了世界市场和现代生产力,并且使这一切都服从于最先进的民族的共同监督的时候,人类的进步才会不再像可怕的异教神怪那样,只有用被杀害者的头颅做酒杯才能喝下甜美的酒浆。”②因此,社会历史的发展,尽管充满着不公,然而不公的背后却是历史的必然,整个人类趋向天下大同的至善境界是一个漫长的历史过程,任何意义上的幻想都无助于解决问题。

当然,尽管人类至善境界是一个需要漫长的历史来实现的目标,但并不意味着人们不能在现实生活中培育自己的至善美德,在现实社会阶级斗争中逐步地趋向于这一目标。从整个社会历史发展的整体趋势来说,一个新的革命阶级推翻另一个阶级的统治是一个历史进步的过程,而每个革命阶级总会代表着更先进的生产力和阶级利益,因而能够赢得更普遍的支持和

① 康有为:《大同书》,中华书局2012年版,第68页。

② 《马克思恩格斯文集》第二卷,人民出版社2009年版,第691页。

欢迎,而且它在自己的意识形态建设上,在伦理道德原则、观念和规范的确立上也势必越来越谋求更大的普遍性、共同性,而这一过程就促进着至善境界的历史生成。马克思、恩格斯强调:"每一个企图取代旧统治阶级的新阶级,为了达到自己的目的不得不把自己的利益说成是社会全体成员的共同利益,就是说,这在观念上的表达就是:赋予自己的思想以普遍性的形式,把它们描绘成唯一合乎理性的、有普遍意义的思想。进行革命的阶级,仅就它对抗另一个阶级而言,从一开始就不是作为一个阶级,而是作为全社会的代表出现的;它以社会全体群众的姿态反对唯一的统治阶级。它之所以能这样做,是因为它的利益在开始时的确同其余一切非统治阶级的共同利益还有更多的联系,在当时存在的那些关系的压力下还不能够发展为特殊阶级的特殊利益。"①实际上,任何一个新的、革命的阶级总是以这样的姿态出现的,总是赋予自己的思想以普遍性的形式。因此,从外在形式上看,正如马克思、恩格斯所指出的:"占统治地位的将是越来越抽象的思想,即越来越具有普遍性形式的思想。"②但是,只要新的革命阶级还希望通过这种形式而谋取自己的特殊利益,那么,这样的阶级就不可避免地会遭到另一个更新的革命阶级的反抗,因为一旦非统治阶级认识到统治阶级所宣传的思想并不真正地代表着自己的利益,并没有实现与统治阶级一样的社会地位或获得同样的政治权力的同时,它就成为新的革命阶级。与历史上一切剥削阶级相反,无产阶级是没有任何私利或特殊利益的阶级,它处在整个社会的底层,它只有先解放其他阶级才能最终解放自己,所谓无产阶级的利益也就是全人类的利益,因为它试图消灭所有的阶级,使世界上所有的民族、所有的人实现真正的平等,它要消灭国家,消灭一切权力机关,将国家所攫取的社会力量最终返还给社会。因此,社会分化和阶级斗争最终会随着无产阶级革命的胜利而必然消失,然而这一消失的过程恰恰是在无产阶级争取自身解放和全人类解放的过程中实现的。事实上,在任何一个具体的历史阶段,为了更好地开展工作,分布在世界各地的各个国家和民族的无产阶级必须紧

① 《马克思恩格斯文集》第一卷,人民出版社 2009 年版,第 552 页。
② 《马克思恩格斯文集》第一卷,人民出版社 2009 年版,第 552 页。

密地团结起来，而为了实现这种团结就必须发展和建立起不同民族彼此间共同承认和遵循的具有一定普遍性和绝对性的伦理道德规范。马克思在第一国际成立时发表的《国际工人协会成立宣言》中曾强调，要“努力做到使私人关系间应该遵循的那种简单的道德和正义的准则，成为各民族之间的关系中的至高无上的准则”，“为这样一种对外政策而进行的斗争，是争取工人阶级解放的总斗争的一部分”①。在确立最基本的、为全世界各个国家和民族的人们所普遍地遵守和崇尚的伦理道德原则、观念和规范的基础上，不断地追求更高的道德乃至至善美德，是一个需要更加自觉勤奋的事业。马克思、恩格斯曾经夸奖过无产者，说：“这些无产者的不懈的宣传，他们每天彼此之间进行的讨论，都充分地证明：他们本身是多么不愿再做‘旧人’只及他们是多么不愿人们再做‘旧人’。……但他们非常清楚地知道：只有改变了环境，他们才会不再是‘旧人’：因此他们一有机会就坚决地去改变这种环境。在革命活动中，在改造环境的同时也改变着自己。”②对于恩格斯来说，他还真切地感受过无产阶级或工人阶级为促进整个人类事业同情每一个真诚地追求人类进步的人而做出的努力。他曾兴奋地说：“在英国，顺便说一下，在法国也一样，从来没有一个工人把我看做外国人。我极其满意地看到你们已经摆脱了民族偏见和民族优越感这些极端有害的东西，它们归根结底不过是大规模的利己主义而已。我看到你们同情每一个真诚地致力于人类进步的人，不管他是不是英国人；我看到你们仰慕一切伟大的美好的事物，不论它是不是在你们祖国的土地上培育的。我确信，你们不仅仅是英国人，不仅仅是单个的、孤立的民族的成员；我确信，你们是认识到自己的利益和全人类的利益相一致的人，是伟大的人类大家庭的成员。对你们作为这样的人，作为这个‘统一而不可分的’人类家庭的成员，作为真正符合人这个词的含义的人，我以及大陆上其他许多人祝贺你们在各方面的进步，并希望你们很快获得成功。”③他继续向工人们呼吁道：“继续像以前那样前进吧！你们还将经受许多历练；要坚定，要勇敢，你们必定会获得成功，你们前进中

① 《马克思恩格斯文集》第三卷，人民出版社 2009 年版，第 14 页。

② 《马克思恩格斯全集》第三卷，人民出版社 1960 年版，第 234 页。

③ 《马克思恩格斯文集》第一卷，人民出版社 2009 年版，第 383—384 页。

的每一步都将为我们共同的事业,人类的事业所共有!”①事实上,任何一个人、任何一个民族在人类的整个进步事业面前,都应当摆脱功利主义或利己主义的束缚,摆脱狭隘的民族偏见和民族优越感,同情每一个真诚地致力于人类进步的人,而不管他属于哪个民族或哪个国家,要彼此一起仰慕一切伟大的事物,而不管它是哪个民族或哪个国家培育和创造出来的,要深刻地认识到自己的利益与全人类的利益本质上是一致的,每一个人都是“统一而不可分的”人类家庭的成员,都要做真正符合“人”这一词的含义的人,而每一个人当下的努力和成功,所取得的每一步,都属于人类共同的事业。这是每一个人的职责和使命。客观而言,自觉地通过改造现实世界和环境的革命,从而追求自己在新的境界上的自我实现和自我完善,是整个人类社会发展的必然趋势,也是一个极为漫长的历史过程,它需要无数人不懈地努力奋斗。

当然,从个人的角度来说,事实上,对至善的追求基于人性的内在必然,任何人只要自觉地运用其理性,势必将自己的德性追求推向逻辑上的极致,因而自然而然地祈求至善。梁漱溟强调:“仁者廓然大公,浑然与物同体,没有许多分别之见。其情无所不到,而轻重缓急自亦不乱。盖从乎生命感应之自然,任天而动,原有分寸,不待后天的分别计较。一切的错误,都从分别来。”②实际上,如果人不再作任何的分别,就能够将天地万物与自身融为一体,从而达到至善的意识。当然,拥有至善的意识,或者说在伦理道德生活中自觉地奉行至善原则来对待任何人,严格地说都还不是真正地拥有了至善美德。这种意义上,对至善的追求实际上是建立在对至善的信仰之上的,因而是道德信仰的表现。换句话说,至善是道德信仰的对象。至善境界是内在于有限理性存在者的无限追求,而至善美德的获得需要穷尽自己的一生。如果说任何时代的公共伦理道德规范总具有一定的有限性,但至善美德却始终具有超越性,而人们也总是对它抱有无限发展的期望。

① 《马克思恩格斯文集》第一卷,人民出版社2009年版,第384页。

② 梁漱溟:《公私辨》,《梁漱溟全集》第五卷,山东人民出版社2005年版,第814页。

主要参考资料

著作

《马克思恩格斯选集》第一—四卷，人民出版社2012年版。

《马克思恩格斯文集》第一—十卷，人民出版社2009年版。

《马克思恩格斯全集》第二卷，人民出版社1957年版。

《马克思恩格斯全集》第三卷，人民出版社1960年版。

《马克思恩格斯全集》第十卷，人民出版社1998年版。

《马克思恩格斯全集》第二十一卷，人民出版社1965年版。

《马克思恩格斯全集》第二十二卷，人民出版社1965年版。

《马克思恩格斯全集》第二十五卷，人民出版社2001年版。

《马克思恩格斯全集》第三十九卷，人民出版社1974年版。

王磊选编：《马克思恩格斯论道德》，人民出版社2011年版。

《毛泽东选集》（一—四卷），人民出版社1991年版。

《邓小平文选》（一—三卷），人民出版社1993、1994年版。

马克思：《1844年经济学哲学手稿》，人民出版社2000年版。

习近平：《习近平谈治国理政》，外文出版社2014年版。

康有为：《大同书》，中华书局2012年版。

蔡元培：《中国伦理学史》（外一种），商务印书馆2010年版。

梁漱溟：《梁漱溟全集》第一—八卷，山东人民出版社2005年版。

梁漱溟：《这个世界会好吗——梁漱溟晚年口述》，东方出版中心2006年版。

李奇主编：《道德学说》，中国社会科学出版社1989年版。

周辅成:《问道者:周辅成文存》,中信出版社 2012 年版。

罗国杰:《罗国杰文集》(上、下卷),河北大学出版社 2000 年版。

罗国杰主编:《马克思主义伦理学》,人民出版社 1982 年版。

罗国杰:《马克思主义伦理学的探索》,中国人民大学出版社 2018 年版。

安启念:《马克思恩格斯伦理思想研究》,武汉大学出版社 2010 年版。

宋希仁主编:《西方伦理思想史》,中国人民大学出版社 2010 年版。

李泽厚:《伦理学纲要续篇》,生活·读书·新知三联书店 2017 年版。

李德顺:《价值论》,中国人民大学出版社 2007 年版。

李德顺:《道德价值论》,云南人民出版社 2005 年版。

李德顺、孙伟平、孙美堂:《精神家园——新文化论纲》,黑龙江教育出版社 2010 年版。

魏英敏、金可溪:《伦理学简明教程》,北京大学出版社 1987 年版。

金可溪:《苏俄伦理道德观演变》,中国文史出版社 1997 年版。

陈少峰:《中国伦理学史新编》,北京大学出版社 2013 年版。

赵汀阳:《论可能生活》,生活·读书·新知三联书店 1994 年版。

赵汀阳:《论可能生活》,中国人民大学出版社 2004 年版。

赵汀阳:《坏世界研究——作为第一哲学的政治哲学》,中国人民大学出版社 2009 年版。

赵汀阳:《第一哲学的支点》,生活·读书·新知三联书店 2013 年版。

赵汀阳:《每个人的政治》,社会科学文献出版社 2010 年版。

赵汀阳:《赵汀阳自选集》,广西师范大学出版社 2000 年版。

邓晓芒:《儒家伦理新批判》,重庆大学出版社 2010 年版。

万俊人:《现代性的伦理话语》,黑龙江人民出版社 2002 年版。

万俊人:《思想前沿与文化后方》,东方出版社 2002 年版。

万俊人:《正义为何如此脆弱:悠斋书评及其他》,河北大学出版社 2004 年版。

唐凯麟、邓名瑛:《中国伦理学名著提要》,湖南师范大学出版社 2001 年版。

廖申白:《伦理学概论》,北京师范大学出版社 2009 年版。

杨国荣:《人类行动与实践智慧》,生活·读书·新知三联书店 2013 年版。

郭齐勇:《儒家伦理争鸣集——以“亲亲互隐”为中心》,湖北教育出版社 2004 年版。

江畅:《幸福之路——伦理学启示录》,湖北人民出版社 1999 年版。

王伟光:《利益论》,中国社会科学出版社 2010 年版。

彭富春:《哲学与美学问题》,武汉大学出版社 2005 年版。

何怀宏:《伦理学是什么》,北京大学出版社 2015 年版。

何怀宏:《新纲常——探讨中国社会的道德根基》,四川人民出版社 2013 年版。

何怀宏:《正义理论导引——以罗尔斯为中心》,北京师范大学出版社 2015 年版。

何怀宏主编:《生态伦理——精神资源与哲学基础》,河北大学出版社 2002 年版。

徐向东:《道德哲学与实践理性》,商务印书馆 2006 年版。

徐向东:《自我、他人与道德》,商务印书馆 2007 年版。

徐向东编:《自由意志与道德责任》,江苏人民出版社 2006 年版。

黄裕生:《站在未来的立场上》,生活·读书·新知三联书店 2014 年版。

黄裕生:《真理与自由——康德哲学的存在论阐释》,江苏人民出版社 2002 年版。

甘绍平:《伦理学的当代建构》,中国发展出版社 2015 年版。

龚群:《道德乌托邦的重构——哈贝马斯交往伦理思想研究》,商务印书馆 2003 年版。

王海明:《伦理学导论》,复旦大学出版社 2009 年版。

李萍主编:《伦理学基础》,首都经济贸易大学出版社 2004 年版。

沈善洪、王凤贤:《中国伦理思想史》(上、中、下),人民出版社 2005 年版。

高兆明、李萍:《现代化进程中的伦理秩序研究》,人民出版社 2007 年版。

邱仁宗:《生命伦理学》,上海人民出版社 1987 年版。

卢风:《应用伦理学——现代生活方式的哲学反思》,中央编译出版社 2004 年版。

余涌:《道德权利研究》,中央编译出版社 2001 年版。

石毓彬、杨远:《二十世纪西方伦理学》,湖北人民出版社 1986 年版。

陈真:《当代西方规范伦理学》,南京师范大学出版社 2006 年版。

徐梦秋等:《规范通论》,商务印书馆 2011 年版。

刘太恒、魏长领、朱长安:《中国传统道德与当代精神文明建设》,中央文献出版社 1999 年版。

魏长领:《道德信仰与自我超越》,河南人民出版社 2004 年版。

寇东亮:《德性重建的自由根基——现代道德困境的人学解读》,河南人民出版社 2006 年版。

任建东:《道德信仰论》,宗教文化出版社 2004 年版。

李肃东:《个体道德论》,华中理工大学出版社 1993 年版。

任剑涛:《伦理王国的构造——现代性视野中的儒家伦理政治》,中国社会科学出版社 2005 年版。

蒋庆、盛洪:《以善致善——蒋庆盛洪对话》,上海三联书店 2004 年版。

刘士林:《新道德主义》,百花洲文艺出版社 2002 年版。

崔平:《道德经验批判》,上海文艺出版社 2006 年版。

詹世友:《公义与公器——正义论视域中的公共伦理学》,人民出版社 2006 年版。

俞世伟、白燕:《规范 · 德性 · 德行——动态伦理道德体系的实践性研究》,商务印书馆 2009 年版。

李义天:《美德伦理学与道德多样性》,中央编译出版社 2012 年版。

李义天:《美德、心灵与行动》,中央编译出版社 2016 年版。

李晔:《现代世界中的伦理规范:语言、事实、理由与行动》,广西师范大学出版社 2017 年版。

陈赟:《中庸的思想》,浙江大学出版社 2017 年版。

张德胜:《儒家伦理与社会秩序》,上海人民出版社 2008 年版。

夏伟东:《道德本质论》,中国人民大学出版社 1991 年版。

许斌龙:《从血缘走向契约——马克思实践视野下的经济学、伦理学与法学分析》,法律出版社 2009 年版。

陈泽环:《道德结构与伦理学》,上海人民出版社 2009 年版。

吴思:《潜规则——中国历史中的真实游戏》,复旦大学出版社 2009 年版。

高景柱:《在平等与责任之间——罗纳德·德沃金平等理论批判》,人民出版社 2011 年版。

聂文军:《西方伦理相对主义探析》,中国社会科学出版社 2011 年版。

牛京辉:《英国功用主义伦理思想研究》,人民出版社 2002 年版。

杨高男:《原始儒家伦理政治引论》,湖南人民出版社 2007 年版。

徐儒宗:《人和论——儒家人伦思想研究》,人民出版社 2006 年版。

赵春福主编:《伦理精神与中国社会现代化——兼论儒家伦理与中国社会现代化的关系》,北京出版社 1994 年版。

夏勇:《人权概念起源——权利的历史哲学》,中国政法大学出版社 2001 年版。

王立东:《马克思主义伦理学十讲》,冶金工业出版社 2011 年版。

刘学礼:《生命科学的伦理困惑》,上海科学技术出版社 2001 年版。

韩跃红:《生命伦理学维度——艾滋病防控难题与对策》,人民出版社 2011 年版。

刘湘溶:《人与自然的道德话语——环境伦理学的进展与反思》,湖南师范大学出版社 2004 年版。

李伦:《鼠标下的德性》,江西人民出版社 2002 年版。

熊秉元:《正义的效益:一场法学与经济学的思辨之旅》,东方出版社 2016 年版。

蒋德海:《伦理文明,还是法治文明?》,华东师范大学出版社 2001 年版。

李建华:《罪恶论——道德价值的逆向研究》,辽宁人民出版社 1994 年版。

罗家德:《信息时代的连接、机会与布局》,中信出版社 2017 年版。

李文阁:《复兴生活哲学——一种哲学观的阐释》,安徽人民出版社 2008 年版。

孙光海、陈立生:《传媒博弈论》,生活·读书·新知三联书店 2008 年版。

宋会群、苗雪兰:《中国博弈文化史》,社会科学文献出版社 2010 年版。

徐文:《生活中的博弈》,蓝天出版社 2009 年版。

王春永:《博弈论的诡计——日常生活中的博弈策略》,中国发展出版社 2007 年版。

[古希腊]柏拉图,严群译:《游叙弗伦　苏格拉底的申辩　克力同》,商务印书馆 1983 年版。

[古希腊]色诺芬,吴水泉译:《回忆苏格拉底》,商务印书馆 1984 年版。

[古希腊]亚里士多德,苗力田译:《尼各马科伦理学》,中国社会科学出版社 1990 年版。

[古希腊]亚里士多德,廖申白译:《尼各马科伦理学》,商务印书馆 2003 年版。

[古罗马]奥古斯丁著,周士良译:《忏悔录》,商务印书馆 2015 年版。

[德]康德著,邓晓芒译:《纯粹理性批判》,人民出版社 2004 年版。

[德]康德著,韩水法译:《实践理性批判》,商务印书馆 1999 年版。

[德]康德著,邓晓芒译:《实践理性批判》,人民出版社 2003 年版。

[德]康德著,何兆武译:《历史理性批判文集》,商务印书馆 1990 年版。

[德]康德著,邓晓芒译:《判断力批判》,人民出版社 2002 年版。

[德]康德著,宗白华、韦卓民译:《判断力批判》,商务印书馆 1964 年版。

[德]康德著,苗力田译:《道德形而上学原理》,上海人民出版社 2005 年版。

[德]康德著,孙少伟译:《道德形而上学基础》,九州出版社 2007 年版。

[德]费希特著,梁志学、李理译:《伦理学体系》,商务印书馆 2010 年版。

[德]黑格尔著,范杨等译:《法哲学原理》,商务印书馆 1961 年版。

[德]弗里德里希·迈内克著,时殷弘译:《马基雅维里主义》,商务印书馆 2008 年版。

[荷兰]斯宾诺莎著,贺麟译:《伦理学》,商务印书馆1983年版。

[英]休谟著,关文运译:《人性论》,商务印书馆1980年版。

[英]休谟著,曾晓平译:《道德原则研究》,商务印书馆2001年版。

[英]摩尔著,长河译:《伦理学原理》,商务印书馆1983年版。

[英]乔治·爱德华·穆尔著,戴杨毅译:《伦理学》,中国人民大学出版社1985年版。

[德]马克斯·韦伯著,阎克文译:《新教伦理与资本主义精神》,上海人民出版社2010年版。

[英]伯特兰·罗素著,肖魏译:《伦理学和政治学中的人类社会》,河北教育出版社2003年版。

[英]伯特兰·罗素著,肖魏译:《权威与个人》,中国社会科学出版社1990年版。

[德]莫里茨·石里克著,孙美堂译:《伦理学问题》,华夏出版社2001年版。

[美]罗尔斯著,何怀宏、何包钢、廖申白译:《正义论》,中国社会科学出版社2009年版。

[美]麦金太尔著,龚群、戴杨毅译:《德性之后》,中国社会科学出版社1995年版。

[美]麦金太尔著,龚群译:《伦理学简史》,商务印书馆2003年版。

[美]麦金太尔,万俊人、唐文明、彭海燕等译:《三种对立的道德探究观》,中国社会科学出版社1999年版。

[美]罗纳德·德沃金著,冯克利译:《至上的美德——平等的理论与实践》,江苏人民出版社2003年版。

[美]约瑟夫·弗莱彻著,程立显译:《境遇伦理学》,中国社会科学出版社1989年版。

[英]齐格蒙·鲍曼著,郁建兴、周俊、周莹译:《生活在碎片之中——论后现代道德》,学林出版社2002年版。

[德]米歇尔·鲍曼著,肖君、黄承业译:《道德的市场》,中国社会科学出版社2003年版。

［英］理查德·麦尔文·黑尔著，万俊人译：《道德语言》，商务印书馆1999年版。

［英］D. D. 拉斐尔著，邱仁宗译：《道德哲学》，辽宁教育出版社1998年版。

［英］艾里克斯·弗罗伊弗著，刘丹译：《道德哲学十一讲——世界一流伦理学家说三大道德困惑》，新华出版社2015年版。

［美］凯·尼尔森：《马克思主义与道德观念》，人民出版社2014年版。

［苏］A. И. 季塔连科主编，黄其才等译：《马克思主义伦理学》，中国人民大学出版社1984年版。

［苏］Л. M. 阿尔汉格尔斯基著，杨远、石毓彬译：《马克思主义伦理学的对象、结构、基本方面》，中国社会科学出版社1990年版。

［美］R. G. 佩弗著，吕梁山、李旸、周洪军译：《马克思主义、道德与社会正义》，高等教育出版社2010年版。

［美］亚历山大·J. 菲尔德著，赵培、杨思磊、杨联明译：《利他主义倾向——行为科学、进化理论与互惠的起源》，长春出版社2005年版。

［美］凯利·克拉克、安妮·包腾格著，陈星宇译：《伦理观的故事——人性完善的探究》，世界知识出版社2010年版。

［美］罗斯科·庞德著，陈林林译：《法律与道德》，商务印书馆2015年版。

［美］里奇拉克著，许泽民、罗选民译：《发现自由意志与个人责任》，贵州人民出版社1994年版。

［英］卡尔·皮尔逊著，李醒民译：《自由思想的伦理》，商务印书馆2016年版。

［英］B. 威廉斯著，陈嘉映译：《伦理学与哲学的限度》，商务印书馆2017年版。

［英］戴维·罗斯著，菲利普斯特拉顿－莱克编，林南译：《正当与善》，上海译文出版社2008年版。

［英］布伦达·阿尔蒙德著，刘余莉、杨宗元译：《探索伦理学——通向善恶王国的旅行》，中国社会科学出版社2002年版。

[美]彼得·辛格著,应奇、杨立峰译:《一个世界——全球化伦理》,东方出版社2005年版。

[美]奎迈·安东尼·阿皮亚著,苗华建译:《世界主义——陌生人世界里的道德规范》,中央编译出版社2012年版。

[美]塞缪尔·莫恩著,汪少卿、陶力行译:《最后的乌托邦——历史中的人权》,商务印书馆2016年版。

[美]马克·马陶谢克著,高园园译:《底线》,重庆出版社2013年版。

[美]恩格尔哈特著,范瑞平译:《生命伦理学的基础》,湖南科学技术出版社1996年版。

[美]迈克尔J. 奎因著,王益民译:《互联网伦理》,电子工业出版社2016年版。

[美]迈克尔·桑德尔著,邓正来译:《金钱不能买什么——金钱与公正的正面交锋》,中信出版社2012年版。

[美]海蒂·M. 瑞文著,韩秋红、刘金山、谢昌飞等译:《超越自身的自我——一部另类的伦理学史、新脑科学和自由意志神话》,人民出版社2016年版。

[美]萨姆·哈里斯著,欧阳明亮译:《自由意志:用科学为善恶做了断》,浙江人民出版社2013年版。

[英]威廉·戴维斯著,常莹、郭丹杰译:《幸福乌托邦:科学如何测量和控制人们的快乐》,新华出版社2016年版。

[美]房龙著,胡允桓译:《宽容》,生活·读书·新知三联书店2009年版。

[奥]西蒙·威森塔尔著,陈德中译:《宽恕》,商务印书馆2014年版。

[法]吕克费希著,黄迪娜、许世鹏、吴晓斐译:《什么是好生活》,吉林出版集团有限责任公司2010年版。

[葡]亚历山德拉·索尔纳多著,苗华建译:《心灵之光》,当代中国出版社2014年版。

[美]维克多·弗兰克尔著,吕娜译:《活出生命的意义》,华夏出版社2010年版。

[美]朱瑟琳·乔塞尔森著,鲁小华、孙大强译:《我和你——人际关系的解析》,机械工业出版社 2017 年版。

[美]欧文·戈夫曼著,冯钢译:《日常生活中的自我呈现》,北京大学出版社 2008 年版。

[美]托马斯·卡思卡特:《电车难题》,北京大学出版社 2014 年版。

[英]伯纳德·威廉斯著,徐向东译:《道德运气》,上海译文出版社 2007 年版。

[美]詹姆斯·雷切尔斯、斯图尔特·雷切尔斯著,徐向东译:《道德的理由》,中国人民大学出版社 2014 年版。

[美]威廉·庞德斯通著,吴鹤龄译:《囚徒的困境》,中信出版社 2015 年版。

[美]汤姆·齐格弗里德著,洪雷、陈玮、彭工译:《纳什均衡与博弈论》,化学工业出版社 2013 年版。

[美]迪克西特、奈尔伯夫著,董志强、王尔山、李文霞译:《妙趣横生博弈论——事业与人生的成功之道》,机械工业出版社 2009 年版。

[日]内藤谊人著,赵萍译:《博弈心理学》,北京联合出版公司 2013 年版。

论文

赵汀阳:《博弈问题的哲学分析》,《北京行政学院学报》2005 年第 3 期。

赵汀阳:《论道德金规则的最佳可能方案》,《中国社会科学》2005 年第 3 期。

赵汀阳:《冲突、合作与和谐的博弈哲学》,《世界经济与政治》2007 年第 6 期。

赵汀阳:《有轨电车的道德分叉》,《哲学研究》2015 年第 5 期。

万俊人:《当代伦理学前沿检视》,《哲学动态》2014 年第 2 期。

万俊人:《走在道德生活世界的前沿》,《光明日报》2004 年 12 月 14 日。

黄裕生:《普遍伦理学的出发点:自由个体还是关系角色?》,《中国哲学史》2003 年第 3 期。

石磊、钱勇:《论中国传统社会超稳定结构中的道德博弈和生存博弈》,《上海财经大学学报》2005 年第 1 期。

张践明:《博弈论:解读社会历史的新工具》,《湘潭大学学报》2005 年第 3 期。

张践明:《"囚徒困境"·理性悖论·交互认识论》,《湘潭大学学报》2007 年第 5 期。

张践明:《从"合力论"到"博弈论"》,《云南社会科学》2008 年第 1 期。

李映楠:《博弈的伦理意蕴》,《桂海论丛》2005 年第 5 期。

尚费军:《道德的博弈何以可能——对高塞尔协定道德论的一种解读》,《华中科技大学学报》2007 年第 6 期。

尚费军:《"傻子"困境与"服从"难题——博弈困境中的合作与服从问题的伦理学探究》,《道德与文明》2014 年第 4 期。

陆劲松:《从博弈论研究道德本质及特征》,《理论观察》2010 年第 4 期。

陆劲松:《道德风险博弈论研究》,《和田师范专科学校学报》2010 年第 4 期。

叶文彦、高慧颖:《"囚徒困境"视角下的德福统一》,《绵阳师范学院学报》2009 年第 9 期。

林群丰:《不道德的背反:论法治本土资源论与道德理性之博弈》,《太原理工大学学报》2009 年第 4 期。

孙菲菲、陆劲松:《从博弈论模型考察道德形成的基础》,《贵州师范大学学报》2008 年第 2 期。

马雪影:《诚信与欺骗的良性博弈———从淘宝"信誉度"的道德悖论看网络交易的诚信建设》,《华中科技大学学报》2012 年第 3 期。

杨少涵:《道德困境的博弈分析》,《开封大学学报》2007 年第 2 期。

倪瑞华:《道德难题的博弈论解析》,《中南财经政法大学学报》2005 年第 4 期。

傅鹤鸣:《道德市场的合理性及其存在论基础》,《伦理学研究》2010 年第 1 期。

温旭、倪黎:《德性论道德悖论的完美信息动态博弈分析》,《毕节学院学报》2012 年第 2 期。

张志海:《对嵌入经济域的道德的博弈分析》,《贵州财经学院学报》2005 年第 4 期。

肖平、铁怀江:《截取生活片段　刺激道德判断——一个大学德育课堂游戏教学的案例分析》,《阴山学刊》2008 年第 3 期。

刘磊:《利益生活空间与道德生活空间的联动博弈——哈姆雷特的宿命之源》,《淮南师范学报学报》2012 年第 5 期。

祁林:《伦理博弈抑或道德感召——公共关系履行社会责任的路径探析》,《国际新闻界》2009 年第 11 期。

裴哲:《伦理与情感的博弈——关于电影〈左右〉的思考》,《电影评介》2012 年第 20 期。

韦森:《人的道德禀赋与社会惯例的自发生成——从萨格登〈权利、合作与福利的经济学〉谈起》,《学术月刊》2008 年第 6 期。

常凤英、张云钢:《弱势群体的博弈工具选择与道德强势》,《学园》2010 年第 1 期。

江哲先:《社会转型期道德滑坡的原因探析》,《理论观察》2006 年第 10 期。

刘武军:《试析和谐社会建设中的道德博弈》,《广西民族大学学报》2008 年第 1 期。

黄瑜:《"人肉搜索"的道德哲学反思》,《重庆工学院学报》2009 年第 11 期。

刘丽伟、叶飞:《"义"与"利"的博弈:市场经济条件下的师德建设》,《河北师范大学学报》2006 年第 5 期。

程启军:《博弈与理性:农村养老方式的选择》,《华南农业大学学报》2005 年第 1 期。

杨公安:《从博弈论角度看研究生学术道德问题》,《研究生教育研究》2011 年第 3 期。

袁凌新:《德性与功利的批判——马克思实践哲学范式探析》,《北京师范大学学报》2017 年第 3 期。

吴秀君、王先甲、楚扬杰:《防范道德风险的博弈分析和契约设计》,《运筹与管理》2005 年第 2 期。

刘海军、陈菊红:《供应商管理库存中的道德风险分析与契约设计》,《经济问题》2010 年第 3 期。

王玥、秦学志、张康、黄世英:《和谐共赢视角下投融资多方博弈均衡模型研究》,《管理学报》2011 年第 5 期。

周玉波、黄平意:《基于博弈论视角的品牌伦理制度化研究》,《湖南大学学报》2011 年第 1 期。

董立淳:《基于博弈论视角的新型农村合作医疗中供给诱导需求和供需合谋问题探析》,《经济经纬》2009 年第 2 期。

米欣:《基于不对称信息理论的教学博弈分析》,《湖南师范大学教育科学学报》2007 年第 5 期。

程兰芳:《助学信贷博弈模型及其均衡分析》,《数理统计与管理》2005 年第 1 期。

刘京菊、金海平:《道德:从无序到有序的社会内控机制》,《理论月刊》2002 年第 6 期。

后　记

执著于对一个问题作深入的探索,或许是多少年来养成的习惯。我真的不想再零碎地思考问题,我要形成尽可能全面、系统的认识,形成自己的理论体系。我不想人云亦云,不想老是重复别人的话语,我渴望开拓新思路,渴望创新,渴望对现实复杂的问题和矛盾提出自己认为比较科学、合理的解决思路和方法。当然,因为受限于个人的阅历与学识,对问题认识的深刻性和系统性又毕竟是有限的,甚至由于自己特殊的人生感悟和价值立场会形成比较偏执的观点。避免个人偏见的最好做法,或许就是反复地在现实中检验自己的理论和观点,在与其他学者的交流中激活更多的灵感,汲取他们的智慧和力量,弥补自己在理论上的缺陷与不足。理论是否科学、合理,关键在于它是否如实地揭示了客观事物或社会现实存在和发展的规律,是否为人们的现实生活选择提供了积极、向上的理论指导。我尽可能朝着这一方向努力。古人讲学习写诗“取法乎上,仅得其中”,因而追求完美结果达到中等程度就已经心满意足了！人的一生在理论上的某一个方面有所突破已经是很不容易的事情了,更何况它还是一个普遍地牵连到所有人的人生和生命的大问题!

对于伦理道德问题的思考,源于最直接的现实生活,源于童蒙初开时对身边的人和事的逐渐觉悟。随着年龄的增长,特别是认识的深入和阅历的丰富,原本点点滴滴的感悟在与其他人的思想相互碰撞、较量和借鉴的基础上逐渐地汇聚在一起,进而逐渐地形成了自己的生命体验和理论认识,形成了自己的价值原则和生活态度。自己的观点、立场和做法在现实生活中逐渐地统一起来,而如今我更渴望根据自己的认识,尽可能地达到自己在理论上所阐明的人生的最高境界。人的一生太有限,人的生命就是一场实践,就是克服各种困难将自己的想法或理论付诸实践的过程,就是深刻地体验和感悟自己的生命追求的过程。这有限的生命实践,可能永远也无法达到最完美的状态,总可能受制于现实种种复杂的因素,然而,这难道不正是理论所揭示的实际状况吗?这种状况不是从另一个角度佐证了理论的现实性吗?我的确渴望自己的理论具有最大的普遍性、科学性、合理性,它不仅能够科学地解释和说明具体地发生在我身边的复杂的伦理道德现象和问题,而且能够普遍地解释和说明发生在整个人类社会生活中的伦理道德现象和问题,不仅能够现实地指导我自己的人生和生命实践,而且还能够切实地帮助更多的人正确地认识和分析每天都发生在他们身边的复杂的生活现象和问题,帮助人们走出现代生活中遭遇的伦理道德困境。这是一种奢望,然而历史上任何一个哲学家、思想家又何尝不是这样思考?不正是他们的这种让别人看来近似狂妄、荒谬的想法和冲动促进了人类思想文化的发展?

客观地说,伦理道德现象和问题太普遍了,它们发生在每一个社会生活领域里,发生在每个人身上,但能够对它们进行深入、系统思考的人毕竟太少。专门从事这一研究,最直接的专业是伦理学。然而伦理学毕竟属于哲学,它思考的问题本身就是哲学最核心的问题,因为它思考的是人的问题,是人的生活、生命和人生的大问题,是人与生活世界里一切其他人、一切事物之间的关系问题。人的问题是任何一个真正的哲学家最终都绕不开的问题,如果一个哲学家没有彻底地回到人的问题上,只能说明他的哲学还不够彻底,还停留在哲学的某一个层面或环节上,还没有真正地领悟到哲学的真谛。我并非一个专门从事伦理学研究的人,也不曾全面、系统地学习过伦理学,对伦理道德问题的思考更多基于个人生活和生命的感悟。当然,直接促使我更深入地思考伦理道德问题的机缘是在中国社科院研究生院攻读博士学位期间导师李铁映教授让我从事康德哲学研究的嘱咐。

我的专业是马克思主义哲学,方向是价值论,因而在李德顺等老师的建议下以"康德价值论思想研究"为题撰写博士论文。康德的"三大批判"及其逻辑关系,对我有重要的启示意义。因此,在个人的求学过程中,我经历着从真向善再到美的过程,即先是比较关注认识论问题,特别是真理问题,然后是价值论问题，特别是伦理学问题；而美学、对美的境界的追求则始终引导着我，使我不甘堕落到世俗的污浊与喧嚣之中。我渴望过上一种真正让自己永不后悔的生活，尽管它充满坎坷、令人不解，甚至引发他人的讥笑。我相信人生就是一场生命实践，生活毕竟是自己的生活，而最内在的心灵生活只有自己能够清楚地理解和感悟，自己最值得追求的心灵利益只有自己最明白。追求有境界的人生，就使真善美统一了起来，做一个至真、至善、至美的人就成为人生追求的终极目的，而这个追求过程则是最现实的感性生命实践，是最直接的生活。

多年来，在求学的过程中，在深刻的生活体验中，越来越重视实践，重视生活，重视将一切复杂的现象和问题最终还原到最真实的生活世界里去，从而不抽象地思考和讨论问题成为我的最根本的理论思维特征。我坚信，这是马克思主义哲学最根本的精神品格，即实践的观点是马克思主义哲学首要的基本的观点。然而，我也相信，实践的观点绝不仅仅表现在对理论和认识的实践检验上，它实际上具有丰富的维度，既包含着人类普遍的、群体性的物质生活实践、社会实践又包含着每个特殊的个人的生活实践和生命体验。因为只有如此，才能更全面、更深刻地揭示现实无比丰富和复杂的生活，阐明现实生活的各个维度和各个层面。我相信，在理论上说不清楚的问题最终都能在生活实践中，在一定意义上的生活世界里得到比较合理的说明。生活最能说明一切，实践将证明理论的科学性与力量。对于伦理道德问题，我相信它本质上就是一种生活博弈，但这种博弈本质上存在着不同的类型、层次和境界，只有那些真正地追求着自己的生命存在和心灵自由的人，才能不断地在极为残酷的现实物质生活、经济生活博弈乃至拼杀之中超越出来，在努力改变现实物质生活基础上，在变革现代社会生活制度和秩序上，不断提升生活质量，创造美好幸福生活，并最终达到精神上、心灵上的安顿、宁静、自由与和谐。因此，我始终期望自己能够超越纯粹伦理人、功利人的伦理博弈而跃进到道德人、心灵人的道德博弈，真正地听从自己最内在的心灵的声音痛痛快快地活一次，活出一个真正的自己来！

从博弈论的角度来思考伦理道德现象和问题，实在不是我的创新，但直接地想全面地阐释出一个系统的博弈伦理学理论，却恰恰是我多年来的冲动。我看到学术界有这一趋势,但又不满足于学者们已有的研究思路和成果。然而,徒有冲动往往无法落实下来,系统地思考伦理道德问题毕竟不是一件容易的事。2013 年 9 月河南省哲学学会在安阳师范学院召开年会,会议期间有幸与时任河南人民出版社理论处处长的蔡瑛老师结识,当得知他的身份后,就向他谈起了自己准备写一部博弈伦理学著作的想法,他敏感地认识到这是一个重要的理论创新,突破了原来伦理学研究的思路和框架,因而当下表示愿意出版这样的著作。这给我极大的信任和鼓舞,我没有想到自己当时比较幼稚的想法竟然得到了他的认可。会后,蔡老师亲自打电话表示要约见我具体谈谈思路,要求我拟一个提纲。我无比激动,就拟了一个极不成熟的提纲,前往他的办公室与他进行了一场深入交流。他听取我的汇报后,再次鼓励我,强调一定要抓紧时间再完善提纲,争取早写出来,早出版。但理论的思考总是非常艰难,要想形成一个完整的理论体系,要想在理论上说服自己,就必须进行深入的思考,就必须考虑得更周全,以往许许多多点点滴滴的观点就需要系统地连缀起来、逻辑地贯通起来。这一漫长的过程,是自己的思想成熟的过程,也是让蔡老师焦急等待的过程。近年来,与蔡老师交往日益增多,我们已经成为很好的朋友了,在我的眼里,他就是一位可亲近的兄长,而不是让人望而生畏的出版社领导,而每次他更为谦逊的措辞和态度让我对他更产生无限的敬仰之情。可以说,没有他一直以来的关心,这部《博弈伦理学》可能还停留在想象之中!他对我的信任和鼓励让我永远感激不尽!

思想的成熟是一个漫长的过程,至今我的思想还在形成和发展之中,还很难谈得上真正的成熟。迄今,在这一漫长的过程中,除受到自己的博士生导师李铁映老师、硕士生导师刘太恒老师的谆谆教诲外,主要先后直接受到了李德顺、赵汀阳、黄裕生、江怡等老师学术思想的启发,如今我形成的观点都有他们思想的影子,但又很难说完全模仿了谁,或者说谁更具有决定性的影响力。这些观点,他们也许并不完全认同,甚至会极力反对,但他们向来重视学术上的独立思考,反对人云亦云,他们都是哲学界里具有独立思想品格的著名学者,是我心目中的真正哲学家。"吾爱吾师,吾更爱真理",从根本上,我所形成的观点,我总相信是我自己尽可能地立足在马克思主义实践哲学的立场上来吸收和借鉴他们的思想而已。这部《博弈伦理学》,其根本的立足点就是马克思主义价值论,而这是马克思主义实践哲学在价值论问题上的必然表现,这种观点从根本上源自于李德顺老师。因此,当我给他说明我试图基于马克思主义价值论立场又加入博弈论思维来解释伦理道德问题时,他既认为这是一种理论创新,同时又保留了自己的观点。我一方面认同李老师的不应当将伦理道德问题纳入通常所谓博弈化情境的做法,但另一方面又认为博弈实际上存在着不同的类型、层次和境界,因而如果拓展一下思维,还是能够说明不少问题的。我相信自己对博弈的重新解释是符合马克思主义实践哲学的基本精神的。当然,从目前来看,我自己多年来所坚信的马克思主义实践哲学的根本精神和立场依然存在着极大的可疑之处,仍然需要在不断精读马克思主义经典著作的前提下,在反复学习前人研究成果的基础上,在丰富而广泛的社会实践中,进一步检验与修正。我的博弈伦理学思想还远不够成熟,在此情况下李老师欣然为《博弈伦理学》作序,大力奖掖后学,令我无限敬仰!

非常荣幸的是,我在学院的推荐下获得了教育部“高校思想政治理论课骨干教师国内高级访问学者项目”的资助,前往清华大学马克思主义学院访学一年。这是一个难得的学习、交流与检验思想的机会。我尽可能地多选课,多听课,多与专家教授们和一起访学的同学们交流。在两个学期里,马克思主义学院开设的课程中,除了主要选修了导师王峰明教授主讲的马克思主义经典著作方面的课程,还选修了艾四林教授、邹广文教授、王传利教授、李义天教授、戴木才教授、刘敬东教授、欧阳军喜教授、李成旺教授等主讲的课程。此外,还选修了一些人文学院开设的课程,如万俊人教授、黄裕生教授、田薇教授、丁四新教授、圣凯教授主讲的政治哲学、西方哲学、中国哲学等方面的课程,参与了一系列的读书会,聆听了一系列的学术报告和讲座。这些课程、读书会、报告和讲座对我都具有极大的启发意义,它们既使我比较系统地学习了一些自己不曾深入学习的东西,而且纠正了我多年来形成的一些偏执而肤浅的想法,使我重视思考自己坚持的马克思主义理论立场是否纯正,重新清理自己思想的地基。在此方面,导师王峰明教授的观点具有醍醐灌顶式的警示意义,他从《资本论》的高度对马克思主义的整体把握直接改变了我多年来的许多模糊认识。当然,在伦理道德问题的思考上,李义天教授的《马克思主义伦理学基础问题研究》、万俊人教授的《政治哲学原理》、戴木才教授的《社会主义核心价值观专题研究》等课程具有直接的启发意义。可惜的是,与这些学术界的大专家交流的机会毕竟太少,很难就具体的问题开展深入讨论,更多的是自己听课和思考。

当然,值得庆幸的是,课后我们这些来自全国各地一起访学的同学,总能就课堂上老师所讲的内容和引发的问题展开激烈的讨论,因此,交流更多的实际上是整天一块听课、吃饭、游玩的同学们。就博弈伦理学涉及的诸多问题,我先后与河北中医学院武晓光、湖南农业大学宋媛媛、福建师范大学张一、西藏农牧学院乔宁等人进行了较多的交流,他们虽然没有那些大专家教授们思想渊博,但个个头脑锐利、思路敏捷,与其对话交流很能激发灵感,而他们对我许多思想观点的质疑与反诘,促使我更全面、深入地反思自己的观点究竟是否具有更大的科学性、合理性或说服力,反思自己的理论体系是否更严密、更完整,因而具有比原有理论体系更大的解释力。没有这样的交流、质疑和反诘,恐怕我的思想还远远不够完善和成熟,这部《博弈伦理学》也不会这样迅速地完成,可能还要拖很长时间。在此,我向他们表示自己最真挚的感谢!

除了向以上所有老师和同学表示由衷的感谢,我还要特别向学院领导表示最真挚的谢意:陈娱院长多年来关心我的成长,在学术和工作上给予了我极大的支持;学院徐峰书记、赵民学副院长、郭娟副书记自马克思主义学院正式成立以来,一直都比较关心和支持我的工作,关心我的成长。正是学院整个班子和广大同事的大力支持,我才有机会前往清华大学做一年的访问学者,才有机会在多年之后重返校园,完完全全地重新当了一次学生。他们寄予我厚望,既希望我通过访学不断提高理论水平和教学能力,更希望我加强学术研究,创造出更多的科研成果。遗憾的是,尽管我不想让领导们和同事们失望,但确实没有拿出更多的东西。这种愧疚感,只能使我在今后更加勤奋地工作!此外,原理教研室的同事们,亦给予我很多的支持和照顾,特别是让我从繁重的教学中解脱出来,全身心访学,在此一并表示感谢。在北京访学的一年中,家人给予了默默的支持,妻子蒋娜任劳任怨地操持着一切事务，关心着女儿的成长和双方老人的健康。年迈的母亲更多地仰仗哥嫂等人的照顾。

最后，河南人民出版社的编辑林子认真地校正书稿，排版制作，时间紧，任务重，对于她为本书所付出的辛苦与汗水表示无限的感激！

2018 年 6 月 10 日